本报告的出版得到

"十二五"国家科技支撑计划课题

"遥感技术在中华文明探源中的应用研究"

（项目批准号：2013BAK08B06）的支持

浊漳河上游早期文化考古调查报告

中国国家博物馆
山西省考古研究所　编著
长治市文物旅游局

科学出版社
北京

内 容 简 介

　　本书为2010～2014年中国国家博物馆等单位对浊漳河上游早期文化考古调查的成果汇总，初步梳理并全面展示了该地区从仰韶早期至商时期的考古学文化面貌，并延伸讨论了早期文化的人地关系。

　　本书可供历史学、考古学方面的专家学者和大专院校相关专业师生参考、阅读。

图书在版编目（CIP）数据

浊漳河上游早期文化考古调查报告 / 中国国家博物馆，山西省考古研究所，长治市文物旅游局编著.—北京：科学出版社，2015.7
　ISBN 978-7-03-045320-4

　Ⅰ.①浊…　Ⅱ.①中…②山…③长…　Ⅲ.①文物–考古–研究报告–长治市　Ⅳ.①K872.253

中国版本图书馆CIP数据核字（2015）第181805号

責任编辑：刘　能 / 责任校对：邹慧卿
責任印制：肖　兴 / 封面设计：美光设计

科学出版社 出版
北京东黄城根北街16号
邮政编码：100717
http://www.sciencep.com

中国科学院印刷厂 印刷
科学出版社发行　各地新华书店经销

*

2015年 7 月第　一　版　　　开本：889×1194　1/16
2015年 7 月第一次印刷　　　印张：23 3/4
字数：680 000

定价：**328.00元**
（如有印装质量问题，我社负责调换）

目　　录

插 图 目 录

图 版 目 录

第一章　前　　言

第一节　地理位置与自然环境

漳河是海河流域卫河支流，发源于中国山西省东南山地，有清漳河和浊漳河两源。清漳河大部流经于太行山区的石灰岩和石英岩区，泥沙较少，河水较清；浊漳河流经山西东南部黄土高原地区，水色浑浊；两源在河北省西南边境的合漳村汇合后称漳河，向东流至馆陶入卫河，全长466千米（至南陶），流域面积1.82万平方千米。

浊漳河是山西东南部的最大河流，流经晋东南的12个县、市、区，在长治市流域面积9991平方千米，占全市总面积的71.9%。浊漳河流域呈扇形分布，上游分南、西、北三大支流，河分三源：浊漳南源出于长子县发鸠山；浊漳西源出于沁县漳源村；浊漳北源出于榆社县柳树沟。南源和西源先在襄垣县甘村交汇，又东至襄垣县合河口与北源交汇，始称浊漳河。浊漳河又东南经黎城、潞城、平顺，在平顺县东北部的下马塔出山西省境。在先秦时期，浊漳河被称为"潞"，汉以后才有"潞水""潞川""浊漳"等别称。路，古训为"大"，那么，潞当是以其水势大而得名，《说文》云："潞，冀州浸也。"山西省历史上的政区地名潞县、潞城县、潞子县、潞州、潞安府等皆本于此。

浊漳河上游一般指南、西、北三源合流前的流域范围，包括了榆社、沁县、武乡、襄垣、屯留、长子、潞城、长治和郊区九县区，除榆社外，皆为长治市下辖。浊漳河上游分布于长治地区的西半部，主要包括了南部的长治盆地和北部山区这两大地理单元（图版1）。

长治位于太行山南段、山西省东南部，东倚太行山，与河北省邯郸、河南省安阳两市为邻，西屏太岳山与山西省临汾接壤，南部与山西省晋城毗邻，北部与山西省晋中交界。全境地势由西北向东南缓缓倾斜，东西最长处约150千米，南北最宽处约140千米，总面积13896平方千米。地理坐标为东经111°58′03″~112°44′04″，北纬35°49′~37°08′。

在地质构造上，长治地区属于华北陆块的山西台背斜。古生代以来，一直处于不断的加固过程中，发育了巨厚的上古生代和中生代砂岩、砂页岩、泥岩等[①]。经发生于侏罗纪晚期与白垩纪的燕山运动，晋东南部山地与高原地区形成了狭长的背斜成山、宽平的向斜成盆地的格局。经过长期剥蚀，地面起伏变得和缓。由于受喜马拉雅造山运动的影响，华北平原和山西中

---

① 中国科学院黄土高原综合科学考察队：《黄土高原地区土壤侵蚀区域特征及其治理途径》，中国科学技术出版社，1990年，1页。

部发生沉陷而隆起，隆起的幅度在边缘山地较大，而向斜盆地中央相对较小，盆地曾出现过若干充填上新统或早更新统河湖沉积的小盆地（如武乡、长治等地），并普遍堆积三趾马红土和黄土。此后由于间歇性隆起，逐渐具备了高原特征。由于沁河、漳河等干支流的不断侵蚀，边缘山地沟谷深切，并且已深入至盆地中央，使之成为低山丘陵，局部陷落而成为堆积平原（长治盆地）或山间盆地（黎城），但其总体仍呈现为波状起伏的高原[①]。

长治境内地形复杂，山地居多。山地面积占51%，丘陵面积占33%，盆地面积占16%。东部太行山耸立，最高峰桦树凹海拔2012米。西部位于太岳山脉，最高海拔2453米。南为同地高原，中部为山地、盆地相间，以长治盆地、黎城盆地较大。在240万～70万年前的早更新世时期，长治地区山间盆地均为湖水占据，周边有晋中古湖、临汾古湖、侯马古湖、三门古湖等。70万～10万年前的中更新世时期，长治盆地周边的太行山、太岳山等处于不断抬升的状态，同时不断遭受着侵蚀和剥蚀，长治盆地则处于沉降堆积状态，古湖泊逐渐萎缩，古河道完全贯通。

长治属典型暖温带半湿润大陆性季风气候，全年冬无严寒，夏无酷暑，雨热同季。年平均温度9.7℃，年平均降水549.2毫米，年平均湿度61%，年日照时数2311.5～2664.5小时，年平均无霜期在156.8～181.9天，年平均风速为1.1～2.3米每秒。

第二节　历史沿革

长治古代曾称"上党""潞州"，为历代郡、州、军、府治所所在，自古就因"其地极高，与天为党"而"居天下之脊，当河朔之喉"，成为"晋之东南绝境，一夫当关，万夫难越，我出则易，彼来则难"的兵家必争之地。

长治在商周之前史籍并无明确记载，但后羿在老爷山（三峻山）挽弓射九日与神农氏于百谷山（老顶山）和羊头山尝百草、兴稼穑以及"精卫填海"的传说至今流传。五帝时长治称为"潞"，黄帝封炎帝支子于潞，属潞州。后帝杲受之潞，属冀州。"尧都平阳，潞为旬服，亦在冀州之域"，"舜分十二州，潞在并州之域"，夏时复属冀州[②]。殷商时境内有古黎国，属冀州。春秋时，赤狄夺黎侯地，建立潞子婴儿国，后被晋国吞并。

战国时，韩国于周显王二十一年（前348）于此首置上党郡。长平之战时，因其地"远韩而近赵"，曾短期从属于赵国，后被秦军占领，称为秦国的一部分。

秦王政二十六年（前221），秦统一六国后，实行郡县制，分天下为三十六郡，长治属上党郡，治长子。

秦亡以后，汉承秦制，沿用上党郡，东汉时归属于并州统辖。建安元年（196），上党郡治移至壶关。建安十八年（213），上党郡并入冀州。

---

① 山西省史志研究院：《山西通志·地理志》，中华书局，1996年，121页。

② （明）马墩纂辑：《潞州志》，长治市旧志整理委员会，1995年。

三国魏黄初元年（220），上党郡复归并州，治潞县（今潞城县）。西晋永兴元年（304），上党郡属前赵，建兴中（313～317）归后赵。后上党郡归西燕。东晋升平二年（358），郡治移至安民城（今襄垣城北5千米处），后迁至壶关城。太和五年（370），苻坚灭燕，上党并入前秦，郡治迁回潞县。太元十一年（386），慕容永称帝于长子，上党郡归之。北魏皇始元年（396），上党郡治又改回到安民城。太平真君中（440～450），郡治在壶关城。北周建德七年（578），分上党郡置潞州（是为潞州建置之始），上党郡属焉。

隋开皇三年（583），上党郡废，移潞州于壶关。大业元年（605），改潞州为上党郡，治壶关（今长治城），隶冀州。

唐武德年间（618～627），改上党郡为潞州，并置都督府。开元十七年（729），以玄宗历试尝在潞洲，置大都督府，并置上党郡。开元二十一年（733），潞州、上党郡属河东道统辖。大历元年（766），置昭义军。

五代时期，上党先后属后唐、后梁、后晋、后汉和后周。后唐庄宗初，置潞州。梁末帝时（913～914），改为匡义军，岁余，唐灭梁，改为安义军。后晋（936～947），复为昭义军；后汉、后周（947～960）一直沿用，治在潞州。

宋代，太平兴国初（976），改昭义军为昭德军，后为潞州。元丰年间（1078～1085），先后为隆德府、大都督府、上党郡、昭义军，隶河东路。建中靖国元年（1101），昭义军改为威胜军。崇宁三年（1104），复为隆德府，后为昭德军。

金天会六年（1128），河东路分为南北两路，潞州隶河东南路，并置潞南辽沁观察处。

元初，潞州属晋宁路。初为隆德府（行都元帅府事）。太宗四年（1231），复为潞州，隶平阳路。

明洪武元年（1368），沿用元制。初，潞州隶行中书省布政使司；洪武二年（1369），隶山西中书省，九年（1376），隶布政司。嘉靖八年（1529）二月，升潞州为潞安府，设潞安兵备，分巡冀南道，治潞安。

清代（1644～1912），沿用明制，潞安府治今长治城。

民国元年（1912），实行省、道、县三级制，废潞安府，原潞安府所领各县均属冀宁道。同年4月，于今长治市置潞泽辽沁镇守使署；民国五年（1916）改为潞泽辽沁营务处。民国十三年（1924），撤销营务处。民国十九年（1930），撤销冀宁道，各县直隶山西省。民国二十六年（1937），山西省政府（阎锡山政权）置第三、第五专区。

抗日战争时期，中国共产党以太行、太岳山为依托，建立了抗日根据地。

1945年10月8日，长治解放。当月中旬，长治市（县级）建立，隶太行四专区。1946年6月，长治市升格为地级市，直隶太行区。1950年3月，长治市改为长治工矿区（县级）。1952年3月，工矿区复为长治市，并恢复为地级市，由长治专区代管。1953年7月1日，长治市改由山西省直辖。1958年，长治专区改为晋东南专区，代管长治市。1971年，晋东南专区改为晋东南地区。1975年，长治市复由山西省直辖，设城、郊两区。1983年9月，长治市辖城、郊两区和长治、潞城2县。1985年5月，晋东南地区撤销，晋东南地区所辖平顺、壶关、黎城、屯留、长子、武乡、沁源、襄垣、沁县，划归长治市领属，长治市辖2区11县（市）。

第三节　浊漳河上游早期文化考古工作成果

一、旧石器时代遗存

浊漳河上游所在的山西省东南部地区，经过考古发掘时代最早的人类文化遗址是沁水县城西70千米的下川遗址。该遗址发现于20世纪70年代，是我国北方一处重要的旧石器晚期的细石器文化遗址。遗址位于中条山主峰历山及其附近的阳城、沁水、垣曲三县毗邻的山岳地带，保存较好且遗存丰富，故称为"下川遗址"。70年代，考古机构在该遗址进行过两次考古调查和发掘，其成果受到学术界的广泛关注，对研究细石器的起源和粟作农业起源有着极其重要的研究价值。

二、新石器时代早中期遗存

该地区考古发现的新石器时代早中期遗存主要是20世纪80年代在武乡县石门乡牛鼻子湾征集到石磨盘和石磨棒[1]各1件，这2件石器被认为是新石器时代中期磁山文化的遗物，为目前山西境内发现仅有的新石器时代早中期文化遗存。为此，山西省文物部门曾组织队伍对清漳河、浊漳河上游地区进行专题考古调查，但未能发现更多的线索。

三、新石器时代晚期至夏商时期遗存

新石器时代晚期，在浊漳河上游地区出现了数量众多的文化遗址。这些文化遗址的遗存年代跨越了仰韶早、中、晚期，庙底沟二期直至龙山时期近三千年的时间，出现了屯留柳行[2]、水泉[3]、武乡东村[4]、沁县南涅水、襄垣南峰等较大规模的遗址。据粗略统计，该地区发现并见诸报道的仰韶时期文化遗存地点有38处，庙底沟二期文化地点有52处，龙山文化地点56处。

夏商时代，从二里头文化、二里冈文化至殷墟文化时期，其时间不超过一千年，但浊漳河上游地区的文化遗址数量在前期龙山文化基础上进一步增多，经调查确认的上规模遗址约83处，出现了如襄垣南峰、沁县南涅水、二神和武乡魏家窑等规模较大的遗址。除发现陶器、骨

① 山西省考古研究所：《晋东南、晋南和吕梁地区的新石器时代遗址》，《中国考古学年鉴·1985》，文物出版社，1986年。

② 中国国家博物馆、山西省考古研究所：《山西柳行仰韶文化遗存》，《中国国家博物馆馆刊》2014年8期。

③ 中国国家博物馆、山西省考古研究所：《山西屯留水泉史前文化遗存》，《中原文物》2014年4期。

④ 山西省考古研究所：《武乡东村新石器时代遗址发掘简报》，《三晋考古》第四辑，上海古籍出版社，2012年。

器、石器等遗物外，该地区还数批次出土和征集了商代青铜器。计有：1971～1972年春，长子县北高庙遗址出土青铜器19件，器形有鼎、斝、爵、甗、觚、罍、卣、戈、镞①；1975年9月，潞城县拣选到青铜器3件，包括饕餮纹鼎、饕餮纹斝、弦纹斝各1件；1976年，长治市博物馆入藏青铜器4件，计有饕餮纹觚、弦纹爵、饕餮纹斝、饕餮兽面壶各1件；1973～1976年，长子县拣选青铜器5件，计有饕餮纹鼎、弦纹斝、铭文甗、铭文戈、雷纹刀各1件。这些青铜器年代不一，大致从商代二里冈文化上层至殷墟文化第四期。

浊漳河上游地区的考古工作历来开展较少，截至2011年，代表该地区早期文化的新石器—夏商时期考古活动主要有长治郊区小神、武乡东村、屯留西李高和沁县南涅水遗址的发掘。

1. 长治郊区小神遗址

1986年，长治郊区小神遗址的发掘是长治地区史前文化考古研究的里程碑②。小神遗址位于长治市西北5千米处的郊区小神乡，西北临漳泽水库，由于砖窑长期取土，破坏严重，山西考古所晋东南工作站于1986、1988、1989年先后3次对其进行了抢救性发掘，总计揭露面积600余平方米，发现了从仰韶至周代若干时期的文化遗存，而以龙山和夏商时期为主。从龙山时期的陶器看，其受后冈二期文化的影响较大，多数陶器似与后者相近，另有少数同三里桥和陶寺文化相近。该遗址二里头时期的陶器受到豫北、冀南和晋南地区的影响，但同时与北部晋中地区的交流开始增加，发现了属于后者的文化因素。商代遗存较为单纯，基本与安阳殷墟的商代文化相同，时代约相当于殷墟文化一期到二期，显示了该地区在商代晚期处于商王朝的统治之下③。

2. 武乡东村遗址

2004年，为配合太长高速公路的建设，山西省考古研究所在武乡县东村进行了考古发掘。该地位于浊漳河北源的西岸，地属丘陵地带，西、南为缓坡，东临关河水库。该次发掘面积600平方米，揭露了一处庙底沟二期文化阶段的遗址。该遗址文化遗存包括陶窑、灰坑等遗迹和陶器、骨器、石器等遗物，其中陶器器形丰富、数量众多，还有少量的彩陶和白陶。该遗址陶器面貌较为单纯，陶器面貌所显示年代跨度较小，早段单位年代在白燕一期一段稍晚阶段，晚段单位年代与白燕一期二段相当④。其总体面貌与小神同期遗存最为接近，同时显示了与晋中、晋南、豫北、冀南地区文化的密切联系。

3. 屯留西李高遗址

2006年，为配合潞安矿务局古城煤矿扩建工程，山西省考古研究所在屯留县西李高遗址进行了抢救性发掘，实际发掘面积244平方米，发现了夏、商、周时期的文化遗存。夏商时期遗

① 长治市博物馆：《山西长子县北郊发现商代铜器》，《文物资料丛刊·3》，文物出版社，1980年。
② 山西省考古研究所晋东南工作站：《山西长治小神村遗址》，《考古》1988年7期。
③ 山西省考古研究所晋东南工作站：《山西长治小神村遗址》，《考古》1988年7期。
④ 山西省考古研究所：《武乡东村新石器时代遗址发掘简报》，《三晋考古》第四辑，上海古籍出版社，2012年。

存包括灰坑等遗迹和陶器、骨器等遗物。夏文化遗存比较多，高领刻足鬲、堆纹甗、蛋形瓮等器形反映了典型的太行山区域文化面貌。商文化遗存相对单纯，翻缘鬲较多，体现了商代晚期殷墟文化的时代特征，陶簋侈口，腹部下收，口内壁出现凹弦纹，腹外饰弦纹，这些特征与殷墟文化二期相当。

4. 沁县南涅水遗址

2011年，中国国家博物馆和山西大学历史学院考古学专业在沁县南涅水遗联合进行了发掘。此次发掘面积355平方米，发现了仰韶中期至商时期的文化遗存。遗迹主要有房址、陶窑、墓葬和灰坑，遗物有陶、石、骨器，其中庙底沟二期和夏商时期的遗存是主体。根据遗迹、遗物分布范围和数量、种类来看，该遗址在庙底沟二期阶段已发展成为规模较大的聚落，至夏、商时期，该地与中原地区（甚至南方地区）的交流日益凸显，管流爵、印纹硬陶的发现真实地反映了这种态势。尤其值得注意的是，一些具有二里冈文化特征的特殊功能器物的发现，直接显示出冶炼活动的存在，反映了至商时期，该遗址的功能和地位发生了较为深刻的变化。

第四节　课题源起、过程与主要收获

一、课题源起

上节所述的三次考古发掘，积累了一批重要的资料，取得了丰硕的学术成果，初步开启了浊漳河上游长治地区早期文化考古研究的大门。但是与周边地区的史前考古工作相比，与我国各地目前正如火如荼开展的文明起源研究活动相比，该地区的早期文化考古和相关研究工作均显示了巨大的差距。

无论是省内紧邻的晋南、晋西、晋中地区，还是邻近省份豫北、冀南地区，由于工作起步早，后期又进行了几十年较为细致的调查和发掘工作，在这种扎实的工作基础上进行研究，都已经建立了当地早期考古学文化的发展序列。长治地区的史前考古工作开展较晚、后续工作较少，长期下来导致了早期文化考古资料的严重缺乏，无论从研究的深度还是研究地域的广度上都受到很大的制约，早期考古学文化面貌的认识仍处于较为模糊的状态。

在地理上，长治地区处于山西省东南端，周边被太行山、太岳山包围，形成一个较为封闭和独立的地理单元，这是研究考古学文化区系类型及人类早期聚落形态的有利条件。同时，该地区在东、西、南三个方向距离中原核心文化区域近在咫尺，因此在研究早期文明形成和发展中的作用不可或缺。近年来，在中华文明探源工程的相关研究中，长治周边的晋南、豫北、冀南地区的考古工作在多部门联合、多学科参与的背景下，取得了令人瞩目的成果，但是长治地区在这一过程中却鲜有话语，不得不说是非常遗憾的事情。

基于此种情况，2009年12月，中国国家博物馆综合考古部与山西省考古研究所进行协商，双方商定从2010年开始进行浊漳河上游地区早期文化的联合考古调查，目的是对该区域的早期文化状况进行一个大概的摸底，为后续的深入研究工作进行资料的积累和准备。

二、调查过程与主要收获

在山西省文物局、长治市文物旅游局、山西省考古研究所晋东南工作站和该地区相关县、区文物局、文物管理所的大力支持、参与和配合下，从2010年5月开始，考古队对浊漳河上游西、北、南三源干流及其支流绛河、岚水河、淤泥河、交川河流域约2300平方千米的范围进行了踏查，详细调查了河流两岸的台地。调查活动持续进行了5年。

（1）2010年5~8、10~12月，在浊漳河流域襄垣县境内调查，参加人员有雷生霖、李嵘、杨小川、郭鹏和山西大学历史学院考古专业学生王江、李小龙、王云虎、靖晓亭、白曙璋、李扬、郭晓奇、张春、张凌、郑海伟。

（2）2011年3~6月，在浊漳河流域武乡、沁县境内调查，参加人员有姚乐音、牛健哲、李嵘、杨小川、李胜利及西北大学历史学院学生6人。

（3）2012年4~7、8~10月，在浊漳河流域屯留境内调查，参加人员有李嵘、杨小川、张立强和山西大学历史学院考古专业王江、段双龙、白曙璋、穆文军等6人。

（4）2013年4~7、9~12月，在浊漳河流域长子境内调查，参加人员有李嵘、杨小川、张立强等9人。

（5）2014年4~6月，在浊漳河流域长治郊区、潞城境内调查，参加人员有李嵘、杨小川、吕文强、张耀东、赵琨、郝忠莲、磨占雄。由于本次调查目的是较大范围的初步摸底，因此采用传统的考古调查方法，通过观察农田地头的断面寻找线索，依据文化层和陶片的分布情况确定遗址的范围。调查采集标本的年代下限为商代晚期。实际调查和确认遗址263处，通过筛选，选取标本器形可辨、数量较多的遗址共95处（图1），其中仰韶早期文化遗存地点7处，仰韶中期文化遗存地点27处，仰韶晚期文化遗存地点33处，庙底沟二期文化遗存地点41处，龙山文化遗存地点59处，二里头时期文化遗存地点53处，二里冈—殷墟文化遗存地点32处。本报告即是该次调查的成果。

对于调查中采集的无归属单位的标本编号，本书采用"县区名称"+"遗址地名"+"时间"+"序号"的方式，例如标本QXNNS1104：4，"QX"代表"沁县"，"NNS"代表采集地点"南涅水"，"1104"代表2011年4月，"4"为该标本的序号。

需要说明的是，20世纪90年代当地考古调查活动中曾调查过的一些遗址，因为当地的建设，地面情况已经发生较大变化，已经无法查寻原始地点和采集标本，因此本书中涉及这些遗址的内容选用了部分当时调查的标本，并在文中加以说明。

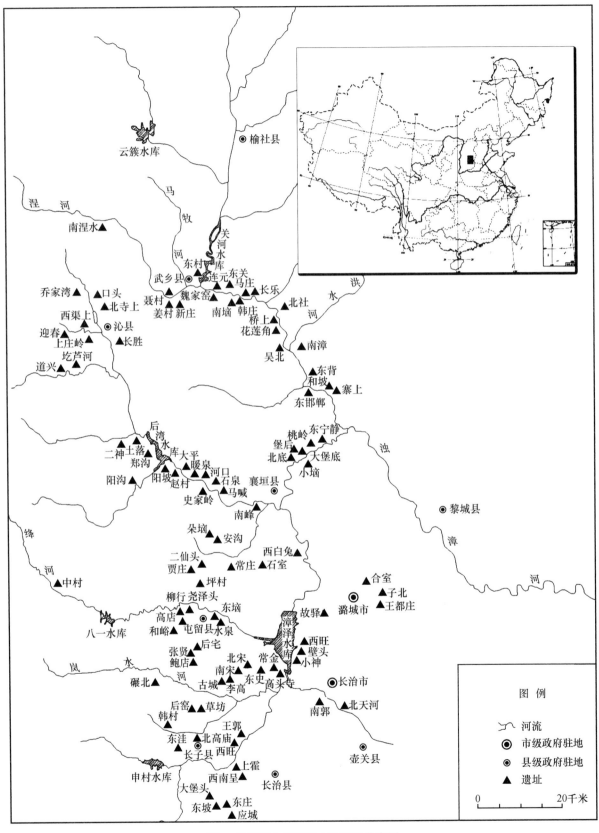

图1　浊漳河上游早期文化遗址分布图

第二章 浊漳河上游早期文化遗址

第一节 沁 县

一、南涅水遗址

南涅水村位于山西省沁县北部，沁县县城北30千米处，属牛寺乡管辖（图2）。南涅水南靠华山，北依涅河，因居涅水南岸而得名，与武乡县故城村隔河相望。南涅水史前文化遗址位于该村西部的涅水南岸台地上。遗址区域地势高隆，最高点海拔1017米，地形略有起伏，东北高西南低，中部和南部有多条冲沟将遗址区分割（图版2-1）。该地土质肥沃，气候温润，农耕条件优越，长期以来一直是人类生活的理想地点。遗址区域内遗迹、遗物分布广泛，陶片、石器在耕土中比比皆是（图版2-2）。村西粮站周边区域遗迹分布尤为密集，灰坑、陶窑随处可见。根据2011年的考古勘察，遗迹和遗物分布在大约东西1.2、南北0.8千米的广大范围内，是目前为止山西东南部发现的规模最大的史前遗址。

南涅水遗址考古调查采集的遗物包括陶器和石器，陶器占多数。陶器主要器形有罐、盆、瓮、缸、鼎、甗、豆、钵、器盖等，石器有纺轮、石刀、石铲等。陶器标本数量众多，其年代包括了仰韶中、晚期、庙底沟二期、龙山时期、二里头时期和商时期等阶段，没有出现大的时间间断。就目前调查的情况来看，在沁县范围内，仰韶时期南涅水遗址的规模不及长胜和道兴，但是从随后的庙底沟二期阶段开始，该地开始发展并不断壮大，并在相当长的时间里一直是该区域内规模最大的史前聚落。

1. 采集陶器

深腹罐 28件。QXNNS1104：46，细砂灰陶。斜折沿，尖唇，颈部饰泥条按压堆纹三周，腹身饰绳纹。口径32、残高10.6厘米（图3-1）。QXNNS1104：200，夹砂灰陶。斜折沿，方唇，唇面压印呈花边状，颈部饰泥条按压堆纹两周，上腹泥条按压堆纹一周，腹身饰绳纹。口径34.9、残高10.1厘米（图3-2）。QXNNS1104：82，细砂褐陶。斜折沿，方唇，颈部附加堆纹两周，器身饰绳纹。口径28.7、残高8.4厘米（图3-3）。QXNNS1104：22，夹砂灰陶。斜折沿，唇面压印索状花边，颈部泥条按压堆纹两周，下饰绳纹。口径34.3、残高8.7厘米（图3-4）。QXNNS1104：116，夹砂灰陶。斜折沿，方唇，唇面压印呈花边状，颈部可见泥条按压堆纹。口径30.8、残高3.9厘米（图3-5）。QXNNS1104：17，泥质褐陶。斜折沿，方唇，颈部

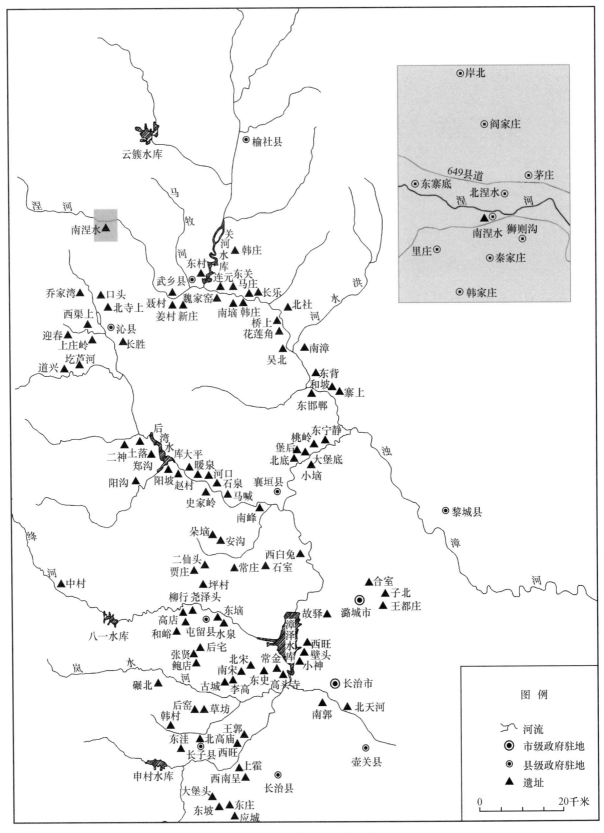

图2　沁县南涅水遗址位置图

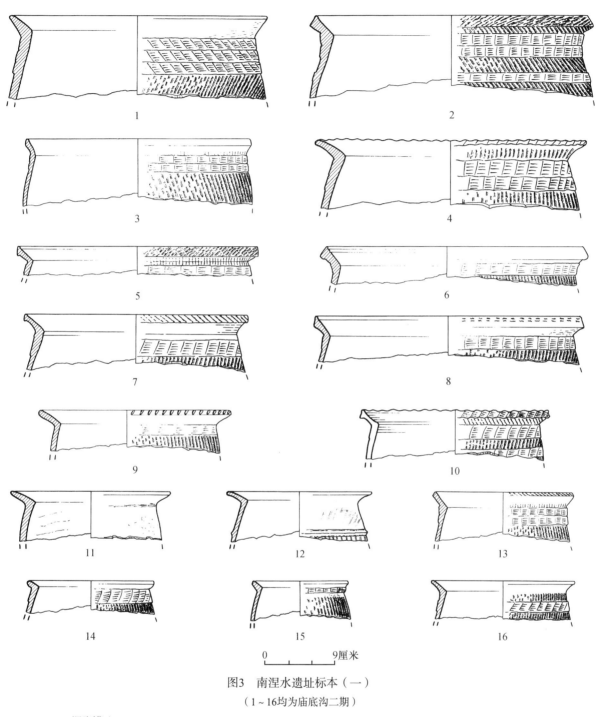

图3　南涅水遗址标本（一）

（1～16均为庙底沟二期）

1～16. 深腹罐（QXNNS1104：46、QXNNS1104：200、QXNNS1104：82、QXNNS1104：22、QXNNS1104：116、QXNNS1104：17、QXNNS1104：5、QXNNS1104：84、QXNNS1104：28、QXNNS1104：98、QXNNS1104：64、QXNNS1104：103、QXNNS1104：40、QXNNS1104：93、QXNNS1104：137、QXNNS1104：194）

可见泥条按压堆纹一周，腹身饰绳纹。口径33.2、残高4.6厘米（图3-6）。QXNNS1104：5，夹砂灰陶。斜折沿，方唇，唇面压印呈花边状，颈部附加堆纹一周，器身饰绳纹。口径28.7、残高7厘米（图3-7）。QXNNS1104：84，夹砂灰陶。斜折沿，沿面略上翻，方唇，颈部泥条按压堆纹一周，腹身饰绳纹。口径34.3、残高6.2厘米（图3-8）。QXNNS1104：28，夹砂褐陶。斜折沿，唇面压印呈索状花边，颈部泥条按压堆纹一周，器表饰粗绳纹。口径24.8、残高5.3厘米（图3-9）。QXNNS1104：98，细砂灰陶。斜折沿，方唇，唇面压印呈花边状，颈部附加堆纹两周，器身饰绳纹。口径24.2、残高6.2厘米（图3-10）。QXNNS1104：64，泥质灰陶。宽斜折沿，尖唇，鼓腹，素面。口径20.5、残高6.2厘米（图3-11）。QXNNS1104：103，细砂灰陶。斜折沿，圆唇，上腹饰细泥条堆纹一周，下部器身饰竖向篮纹。口径18.6、残高6.2厘米（图3-12）。QXNNS1104：40，细砂灰陶。斜折沿，方唇，唇面压印呈花边状，颈部附加堆纹两周，器身饰绳纹。口径18、残高6.2厘米（图3-13）。QXNNS1104：93，夹砂灰陶。斜折沿，圆唇，颈部饰宽泥条按压堆纹一周，腹身饰绳纹。口径16.3、残高3.9厘米（图3-14）。QXNNS1104：137，夹砂灰陶。斜折沿，方唇，鼓腹，颈部泥条按压堆纹一周，腹部饰深绳纹。口径12.4、残高5.1厘米（图3-15）。QXNNS1104：194，泥质褐陶。斜折沿，圆唇，颈部以下饰泥条按压堆纹一周，器身饰绳纹。口径18.6、残高4.8厘米（图3-16）。QXNNS1104：39，夹砂灰陶。斜折沿，方唇，鼓腹，颈部附加堆纹一周，器身饰绳纹。口径36.6、残高7.6厘米（图4-1）。QXNNS1104：90，夹砂灰陶。斜折沿，方唇，唇面压印呈花边状，颈部泥条按压堆纹一周，腹身饰绳纹。口径22.5、残高7.3厘米（图4-2）。QXNNS1104：148，泥质褐陶。卷沿，尖唇，颈部泥条按压堆纹一周。口径30.7、残高5.1厘米（图4-3）。QXNNS1104：177，泥质灰陶。斜折沿，尖唇，沿面外侧饰模糊横向篮纹。口径26.7、残高3.7厘米（图4-4）。QXNNS1104：145，夹砂灰陶。斜折沿，尖唇，颈部附加堆纹一周，器身饰绳纹。口径26.4、残高5.1厘米（图4-5）。QXNNS1104：158，泥质灰陶。斜折沿，圆唇，颈部泥条按压堆纹一周，器身饰绳纹。口径24.6、残高4.5厘米（图4-6）。QXNNS1104：141，夹砂灰陶。宽斜折沿，沿面饰索状花边。口径16.3、残高3.1厘米（图4-7）。QXNNS1104：125，泥质灰陶。斜折沿，圆唇，素面。口径22.5、残高3.1厘米（图4-8）。QXNNS1104：153，泥质褐陶。斜折沿，圆唇，口沿下楔点纹一周，器表磨光。口径20.5、残高8.3厘米（图4-9）。QXNNS1104：129，夹砂褐陶。斜折沿，方唇，颈部附加堆纹一周。口径18.6、残高4.5厘米（图4-10）。QXNNS1104：140，夹砂褐陶。斜折沿，方唇，颈部附加堆纹一周，器身饰绳纹。口径18.6、残高4.2厘米（图4-11）。QXNNS1104：123，细砂灰陶。斜折沿，方唇，颈部附加堆纹一周，器身饰绳纹。口径20.5、残高3.9厘米（图4-12）。

直口罐　3件。QXNNS1104：59，细砂红陶。直口，圆唇外突加厚，素面。口径18.6、残高2.3厘米（图4-13）。QXNNS1104：75，夹砂夹石英灰陶。直口，方唇，沿下泥条按压堆纹三周，器身饰绳纹。口径33.2、残高7.3厘米（图4-15）。QXNNS1104：119，夹砂灰陶。口近直，尖唇，唇面压印索状花边，颈部泥条按压堆纹一周，器身饰绳纹。口径30.9、残高6.3厘米（图4-16）。

筒腹罐　1件。QXNNS1104：187，泥质灰白陶。直口，小折沿，尖唇，腹壁直，素面磨光。口径21.6、残高3.2厘米（图4-14）。

小口罐　3件。QXNNS1104：80，泥质橙陶。敛口，圆唇，鼓腹，素面。口径17.2、残高5.1厘米（图4-17）。QXNNS1104：117，泥质灰陶。侈口，圆唇，矮领，素面。口径20.3、残高3.9厘米（图4-18）。QXNNS1104：191，泥质褐陶。侈口，圆唇，矮斜领，鼓肩，素面。口径20.8、残高3.9厘米（图4-19）。

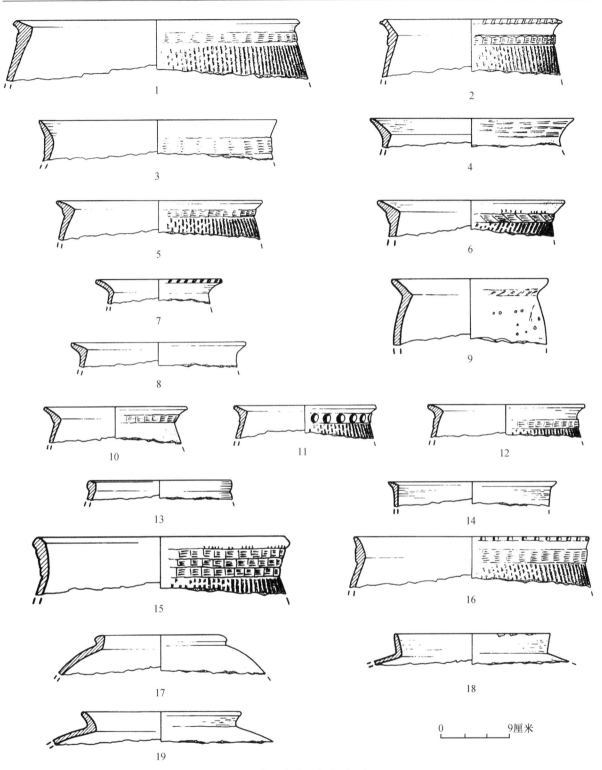

图4　南涅水遗址标本（二）

（13、14、17、19为仰韶时期，8、18为龙山时期，其余为庙底沟二期）

1~12.深腹罐（QXNNS1104：39、QXNNS1104：90、QXNNS1104：148、QXNNS1104：177、QXNNS1104：145、
QXNNS1104：158、QXNNS1104：141、QXNNS1104：125、QXNNS1104：153、QXNNS1104：129、QXNNS1104：140、
QXNNS1104：123）　13、15、16.直口罐（QXNNS1104：59、QXNNS1104：75、QXNNS1104：119）　14.筒腹罐
（QXNNS1104：187）　17~19.小口罐（QXNNS1104：80、QXNNS1104：117、QXNNS1104：191）

　　鼓腹罐　18件。QXNNS1104：14，泥质褐陶。斜折沿，圆唇，鼓腹，颈部泥条按压堆纹两周。口径34.9、残高8.7厘米（图5-1）。QXNNS1104：33，夹砂灰陶。斜折沿，鼓腹，唇面有捺窝状花边，颈部泥条按压堆纹两周，器身饰绳纹。口径30.9、残高8.4厘米（图5-2）。QXNNS1104：62，夹砂灰陶。斜折沿，圆唇，鼓腹，颈部泥条按压堆纹两周，腹部饰绳纹。口径27、残高7.6厘米（图5-3）。QXNNS1104：185，夹砂灰陶。斜折沿，尖唇，鼓腹，上腹饰附加堆纹一周，器身饰细绳纹。口径22.5、残高8.2厘米（图5-4）。QXNNS1104：113，夹砂红陶。斜折沿，圆唇，颈部泥条按压堆纹两周，器身饰绳纹。口径22.5、残高6.2厘米（图5-5）。QXNNS1104：160，泥质灰陶。斜折沿，圆唇，器身饰绳纹。口径20.2、残高4.5厘米（图5-6）。QXNNS1104：73，夹砂灰陶。斜折沿，鼓腹，颈部附加堆纹一周，器身饰绳纹。口径22.8、残高5.3厘米（图5-7）。QXNNS1104：186，夹砂褐陶。斜折沿，方唇，颈部泥条按压堆纹一周。口径21.9、残高4.8厘米（图5-8）。QXNNS1104：138，夹砂褐陶。斜折沿，尖唇，鼓腹，颈部泥条堆纹一周，腹部饰绳纹。口径16.3、残高4.4厘米（图5-9）。QXNNS1104：120，泥质灰陶。斜折沿，尖唇，颈部泥条按压堆纹一周，器身饰绳纹。口径24.8、残高5.1厘米（图5-10）。QXNNS1104：97，夹砂褐陶。斜折沿，尖唇，鼓腹，颈部泥条堆纹一周，器身饰绳纹。口径18.3、残高8.2厘米（图5-11）。QXNNS1104：133，夹砂褐陶。斜折沿，圆唇，鼓腹，素面磨光。口径16.3、残高5.9厘米（图5-12）。QXNNS1104：57，泥质灰陶。斜折沿，圆唇，鼓腹，素面磨光。口径24.8、残高7厘米（图5-13）。QXNNS1104：47，细砂灰陶。斜折沿，尖唇，鼓腹，颈部泥条堆纹一周，腹身饰绳纹。口径33.2、残高4.2厘米（图5-14）。QXNNS1104：157，泥质灰陶。斜折沿，圆唇，颈部泥条按压堆纹一周，器身素面。口径27、残高6.8厘米（图5-15）。QXNNS1104：83，泥质灰陶。斜折沿，方唇，唇面压印索状花边。口径37.1、残高5.6厘米（图5-16）。QXNNS1104：9，夹砂褐陶。斜折沿，方唇，鼓腹，上腹饰鸡冠形鋬，颈部附加堆纹一周，器身饰横向篮纹。口径24.3、残高7.9厘米（图5-17）。QXNNS1104：112，泥质灰陶。残，鼓腹，颈部和器身可见横向泥条按压堆纹三周。残高12.7厘米（图5-18）。

　　高领罐　14件。QXNNS1104：23，泥质灰陶。喇叭形侈口，圆唇。口径18.4、残高4.6厘米（图6-1）。QXNNS1104：181，泥质灰陶。喇叭形侈口，圆唇。口径14.9、残高4.2厘米（图6-2）。QXNNS1104：190，泥质灰陶。喇叭形侈口，圆唇。口径17.2、残高2.6厘米（图6-3）。QXNNS1104：192，泥质灰陶。喇叭形侈口，圆唇。口径16.3、残高2.6厘米（图6-4）。QXNNS1104：44，泥质灰陶。喇叭形侈口，圆唇。口径18.5、残高6.3厘米（图6-5）。QXNNS1104：89，泥质褐陶。侈口，尖唇，斜领。口径16.3、残高5.4厘米（图6-6）。QXNNS1104：74，泥质灰陶。侈口，圆唇，束颈。口径18.4、残高6.3厘米（图6-7）。QXNNS1104：181，泥质褐陶。喇叭形侈口，圆唇。口径14.9、残高4.2厘米（图6-8）。QXNNS1104：87，泥质灰陶。斜领，素面。口径13.4、残高6.5厘米（图6-9）。QXNNS1104：115，泥质灰陶。斜领，素面磨光。口径12.1、残高6.5厘米（图6-10）。QXNNS1104：173，泥质灰陶。斜领，尖唇，颈部外侧模糊可见斜向篮纹。口径15.9、残高6.7厘米（图6-11）。QXNNS1104：50，泥质灰陶。残，领外弧，素面。残高6.7厘米（图6-12）。QXNNS1104：102，泥质灰陶。残，斜领，肩部饰斜向篮纹。残高4厘米（图6-13）。

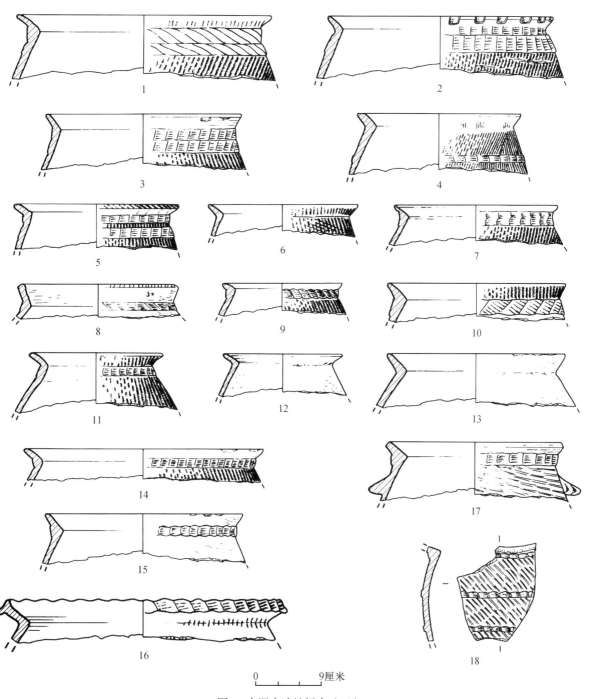

图5　南涅水遗址标本（三）
（6为龙山时期，其余均为庙底沟二期）

1~18.鼓腹罐（QXNNS1104：14、QXNNS1104：33、QXNNS1104：62、QXNNS1104：185、QXNNS1104：113、
QXNNS1104：160、QXNNS1104：73、QXNNS1104：186、QXNNS1104：138、QXNNS1104：120、QXNNS1104：97、
QXNNS1104：133、QXNNS1104：57、QXNNS1104：47、QXNNS1104：157、QXNNS1104：83、QXNNS1104：9、
QXNNS1104：112）

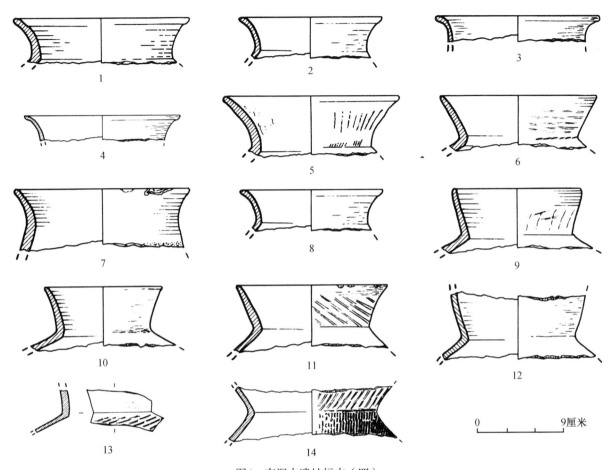

图6　南涅水遗址标本（四）

（3、9、12为仰韶晚期，6、11、13、14为庙底沟二期，其余为龙山时期）

1~14.高领罐（QXNNS1104：23、QXNNS1104：181、QXNNS1104：190、QXNNS1104：192、QXNNS1104：44、

QXNNS1104：89、QXNNS1104：74、QXNNS1104：181、QXNNS1104：87、QXNNS1104：115、QXNNS1104：173、

QXNNS1104：50、QXNNS1104：102、QXNNS1104：105）

QXNNS1104：105，泥质褐陶。残，斜领，领部饰斜向篮纹，腹身饰绳纹。残高5.4厘米（图6-14）。

大口罐　5件，均宽斜折沿。QXNNS1104：21，夹砂夹石英褐陶。方唇，鼓腹，腹饰竖向篮纹。口径33、残高5厘米（图7-1）。QXNNS1104：164，泥质褐陶。圆唇，素面。口径23、残高4.5厘米（图7-2）。QXNNS1104：142，泥质灰陶。颈部泥条按压堆纹一周。口径33.3、残高4.5厘米（图7-3）。QXNNS1104：109，泥质褐陶。唇面压印呈花边状。口径23、残高4.4厘米（图7-4）。QXNNS1104：90，泥质灰陶。颈部泥条按压堆纹一周。口径35.5、残高4.2厘米（图7-5）。

折腹罐　1件。QXNNS1104：134，细砂灰陶。卷沿，圆唇，折腹，上腹素面，下腹饰浅绳纹。口径10.5、残高9.5厘米（图7-10）。

折肩罐　2件。QXNNS1104：107，泥质灰陶。口、底皆残，折肩，肩部素面，腹部饰横向、斜向篮纹。残高7.9厘米（图7-11）。QXNNS1104：104，泥质灰陶。上下皆残，折腹，素面。最大腹径18.5、残高5.5厘米（图7-13）。

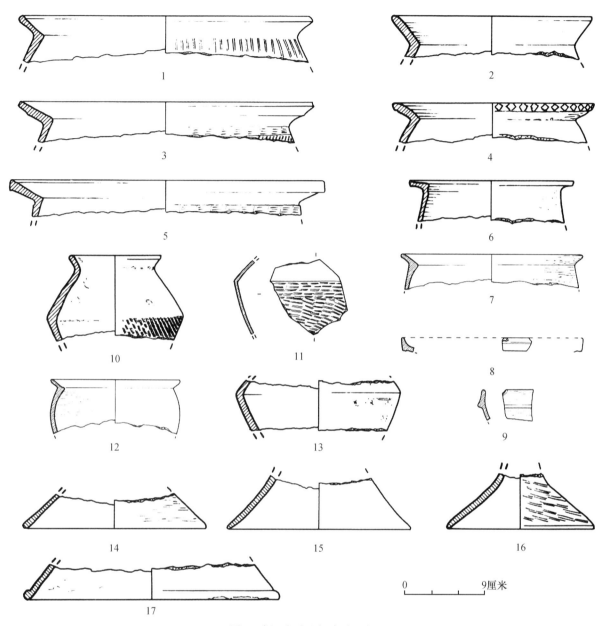

图7 南涅水遗址标本（五）

（3、5、6、9、12、11、14、16为庙底沟二期，其余为龙山时期）

1~5.大口罐（QXNNS1104：21、QXNNS1104：164、QXNNS1104：142、QXNNS1104：109、QXNNS1104：90） 6~9、
12.白陶器（QXNNS1104：162、QXNNS1104：187、QXNNS1104：200、QXNNS1104：124、QXNNS1104：121） 10.折
腹罐（QXNNS1104：134） 11、13.折肩罐（QXNNS1104：107、QXNNS1104：104） 14~17.器盖（QXNNS1104：1、
QXNNS1104：126、QXNNS1104：201、QXNNS1104：183）

　　器盖 4件。QXNNS1104：1，泥质褐陶。覆盆状，斜壁，上残。底径20.8、残高3.8厘
米（图7-14）。QXNNS1104：126，泥质灰陶。腹壁内弧，上残。底径21、残高6厘米（图
7-15）。QXNNS1104：201，泥质褐陶。覆盆状，斜壁，上残。底径17.1、残高6.3厘米（图
7-16）。QXNNS1104：183，泥质灰陶。覆盆状，斜壁，唇面起台。底径29、残高4厘米（图
7-17）。

白陶器　5件。均器壁薄、硬度高。QXNNS1104：162，泥质灰白陶。平折沿，素面磨光。口径18.8、残高4.5厘米（图7-6）。QXNNS1104：187，泥质灰白陶。斜折沿，圆唇，素面磨光。口径20.8、残高3.5厘米（图7-7）。QXNNS1104：200，泥质白陶。侈口，圆唇，折腹。复原口径21、残高1.5厘米（图7-8）。QXNNS1104：124，泥质白陶。直口，圆唇，弧腹，沿下凸棱一周。残高3.5厘米（图7-9）。QXNNS1104：121，泥质白陶。斜折沿，圆唇，鼓腹，素面。口径14.5、残高6厘米（图7-12）。

卷沿盆　6件。QXNNS1104：71，泥质灰陶。直口，卷沿，圆唇，弧腹，腹身可见錾手，面饰横向浅篮纹。口径37.9、残高10.9厘米（图8-1）。QXNNS1104：175，细砂黑皮褐陶。侈口，卷沿，圆唇，束颈，颈部以下器身饰浅绳纹。口径37.6、残高9.5厘米（图8-2）。QXNNS1104：15，细砂灰陶。侈口，圆唇，弧腹，腹身饰绳纹。口径35.4、残高8.4厘米（图8-3）。QXNNS1104：78，细砂褐陶。侈口，卷沿，圆唇，束颈，腹微鼓，腹身饰浅绳纹。口径25.1、残高7.7厘米（图8-4）。QXNNS1104：184，细砂灰陶。口微侈，圆唇，颈部以下器身饰绳纹。口径25.1、残高4.8厘米（图8-5）。QXNNS1104：154，细砂灰陶。侈口，卷沿，颈部微束，颈部以下器身饰斜向浅篮纹。口径43.4、残高4.5厘米（图8-8）。

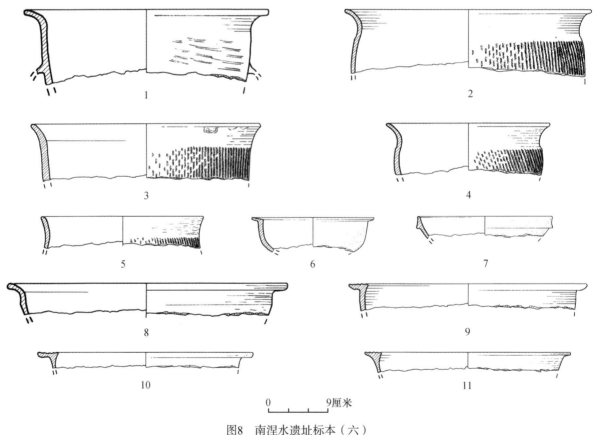

图8　南涅水遗址标本（六）

（9～11为仰韶晚期，1、6、7为庙底沟二期，其余为二里头时期）

1～5、8. 卷沿盆（QXNNS1104：71、QXNNS1104：175、QXNNS1104：15、QXNNS1104：78、QXNNS1104：184、QXNNS1104：154）　6. 直口盆（QXNNS1104：121）　7. 侈口盆（QXNNS1104：124）　9～11. 宽沿盆（QXNNS1104：122、QXNNS1104：178、QXNNS1104：155）

直口盆　1件。QXNNS1104：121，泥质白陶。直口，斜折沿，圆唇，弧腹，素面，器壁薄，硬度高。口径18.6、残高5.1厘米（图8-6）。

侈口盆　1件。QXNNS1104：124，泥质灰陶。侈口，圆唇，弧腹，沿下凸棱一周，素面。口径20.6、残高3.2厘米（图8-7）。

宽沿盆　3件。敛口，宽平折沿，沿面有凹槽数道，弧腹，素面。QXNNS1104：122，夹砂黑皮褐陶。口径36.6、残高3.9厘米（图8-9）。QXNNS1104：178，泥质褐陶。口径33.4、残高2.3厘米（图8-10）。QXNNS1104：155，夹砂褐陶。口径31.5、残高2.9厘米（图8-11）。

缸　6件。QXNNS1104：16，夹砂灰陶。斜折沿，唇面压印成索状花边，沿下泥条按压堆纹三周，器身饰绳纹。口径32.6、残高7.9厘米（图9-1）。QXNNS1104：193，夹砂灰陶。直口，斜折沿，圆唇，唇面压印呈花边状，颈部泥条堆纹三周，器身饰绳纹。口径33.2、残高8.4厘米（图9-2）。QXNNS1104：96，细砂灰陶。斜折沿，沿面略上翻，方唇，颈部泥条按压堆纹两周，器身饰绳纹。口径39.4、残高8.4厘米（图9-3）。QXNNS1104：18，细砂灰陶。直口，斜折沿，沿下泥条按压堆纹四周，器表饰绳纹。口径32.6、残高9厘米（图9-4）。QXNNS1104：94，夹砂夹石英灰陶。直口，窄折沿，方唇，唇面压印成索状花边，器身饰横向篮纹。口径54、残高15.5、壁厚1.7厘米（图9-5）。QXNNS1104：106，细砂灰陶。斜折沿，圆唇，颈部以下4厘米泥条按压堆纹两周。口径32.6、残高5.9厘米（图9-10）。

大口缸　1件。QXNNS1104：101，夹砂夹石英灰陶，侈口，束颈，斜壁，颈部以下饰斜向深篮纹。口径37.1、残高10.4厘米（图9-6）。

缸残块　2件。QXNNS1104：30，泥质橙陶。表面压印方格纹。残长5.2、厚1.3厘米（图9-7）。QXNNS1104：189，泥质褐陶。表面细布纹。残长5、厚1.3厘米（图9-8）。

鼎　1件。QXNNS1104：170，夹砂褐陶。下部残，侈口，斜折沿，方唇，斜腹，颈部及上腹泥条按压堆纹三周，器身饰绳纹。口径36.2、残高10.1厘米（图9-11）。

鼎足　1件。QXNNS1104：20，夹砂褐陶。正面近长方形，竖向饰三道压印索状堆纹。残高8.1厘米（图9-9）。

敛口瓮　9件。QXNNS1104：68，细砂灰陶。敛口，方唇，沿下外侧泥条按压堆纹三周，器表饰斜向篮纹。口径44.4、残高18.6厘米（图10-1）。QXNNS1104：67，细砂灰陶。敛口，内折沿，口部11厘米以下腹部饰浅细绳纹。口径31.5、残高19.3厘米（图10-2）。QXNNS1104：63，细砂灰陶。敛口，平沿内突，鼓腹，沿外侧7厘米以下饰绳纹。口径37.9、残高8.9厘米（图10-3）。QXNNS1104：85，泥质灰陶。口微敛，圆唇加厚，素面。口径37.3、残高6.4厘米（图10-4）。QXNNS1104：168，夹砂灰陶。敛口，圆唇，沿外侧下部饰附加堆纹四周。口径35.4、残高9.7厘米（图10-5）。QXNNS1104：161，泥质灰陶。敛口，平沿，器表饰横向篮纹。口径31.5、残高6.3厘米（图10-6）。QXNNS1104：100，夹砂夹石英褐陶。敛口，圆唇，器身饰绳纹。口径33.4、残高5.1厘米（图10-7）。QXNNS1104：37，细砂灰陶。敛口，平沿向内稍突，沿部以下饰绳纹。口径31.4、残高8厘米（图10-8）。QXNNS1104：179，细砂褐陶。敛口，内折沿，沿下3厘米处开始饰绳纹。口径29.6、残高4.6厘米（图10-9）。

鼓腹瓮　1件。QXNNS1104：77，细砂灰陶，敛口，内折沿，鼓腹，素面。口径33.4、残

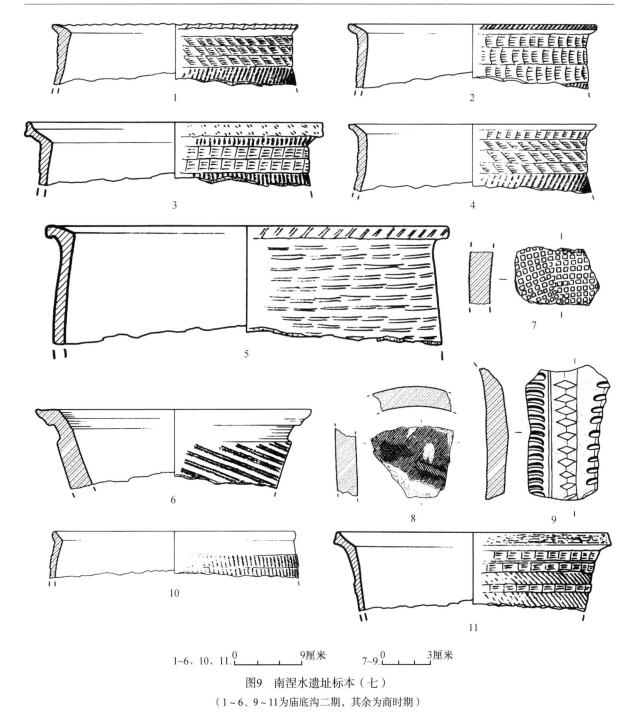

1~6、10、11.　0 _____ 9厘米　　　7~9.　0 _____ 3厘米

图9　南涅水遗址标本（七）

（1～6、9～11为庙底沟二期，其余为商时期）

1～5、10. 直壁缸（QXNNS1104：16、QXNNS1104：193、QXNNS1104：96、QXNNS1104：18、QXNNS1104：94、

QXNNS1104：106）　6. 大口缸（QXNNS1104：101）　7、8. 缸残块（QXNNS1104：30、QXNNS1104：189）　9. 鼎足

（QXNNS1104：20）　11. 鼎（QXNNS1104：170）

高8.9厘米（图10-10）。

　　器底　8件。QXNNS1104：38，细砂灰陶。弧腹下收，平底，器表饰斜向篮纹。底径17.8、残高5.5厘米（图11-1）。QXNNS1104：54，泥质灰陶。素面磨光。底径14.5、残高3.5厘米（图11-2）。QXNNS1104：70，细砂褐陶。弧腹下收，平底，器身饰横向篮纹。底径14.4、

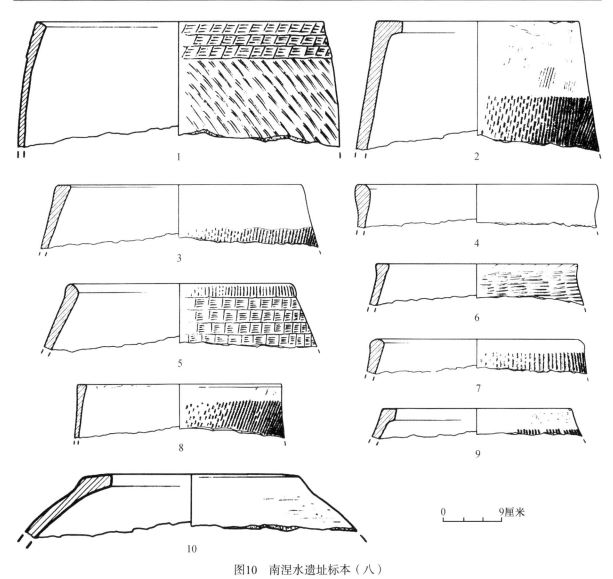

图10　南涅水遗址标本（八）

（1、5、6为庙底沟二期，7、8为二里头时期，其余为商时期）

1~9. 瓮（QXNNS1104：68、QXNNS1104：67、QXNNS1104：63、QXNNS1104：85、QXNNS1104：168、QXNNS1104：161、
QXNNS1104：100、QXNNS1104：37、QXNNS1104：179）　10. 鼓腹瓮（QXNNS1104：77）

残高6.3厘米（图11-3）。QXNNS1104：88，泥质灰陶。素面磨光。底径18.9、残高8.5厘米
（图11-4）。QXNNS1104：10，泥质灰陶。弧腹下收，平底，器身饰斜向篮纹。底径14.7、残
高8.2厘米（图11-5）。QXNNS1104：69，细砂灰陶。弧腹下收，平底，器身饰粗绳纹。底径
16.5、残高13厘米（图11-6）。QXNNS1104：139，夹砂灰陶。弧腹下收，腹饰斜向篮纹。底
径12.8、残高4.3厘米（图11-7）。QXNNS1104：165，细砂灰陶。仅存圈足器底，近底部有捺
窝纹一周，器表饰浅绳纹。底径18.5、残高4.6厘米（图11-8）。

　　瓿　2件。均细砂灰陶，腰部饰捺窝状泥条堆纹一周，器表饰绳纹。QXNNS1104：114，
腰径17.1、残高11.2厘米（图11-9）。QXNNS1104：167，腰部内侧可见算隔一周。腰径18、残
高5.5厘米（图11-10）。

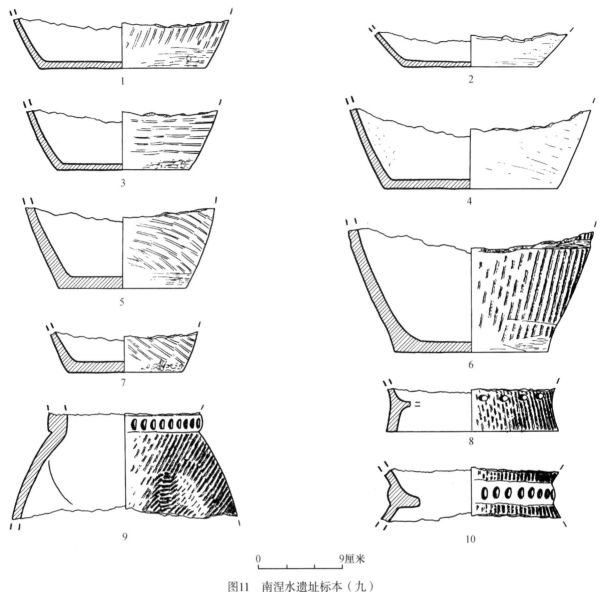

0　　　　　　　9厘米

图11　南涅水遗址标本（九）

（2、4为仰韶时期，1、3、5～7为庙底沟二期，8～10为二里头时期）

1～8.器底（QXNNS1104：38、QXNNS1104：54、QXNNS1104：70、QXNNS1104：88、QXNNS1104：10、QXNNS1104：69、

QXNNS1104：139、QXNNS1104：165）　　9、10.甑（QXNNS1104：114、QXNNS1104：167）

　　器足　　17件。QXNNS1104：6，泥质灰陶。实心锥形足，素面。残高13.1厘米（图12-1）。QXNNS1104：65，细砂褐陶。实心锥形足，表面有竖向凹槽并有横向绑扎痕迹。残高10.3厘米（图12-2）。QXNNS1104：169，泥质灰陶。舌形，表面饰绳纹。残高12.9厘米（图12-3）。QXNNS1104：166，细砂灰陶。实心舌形足，表面饰绳纹。残高14.3厘米（图12-4）。QXNNS1104：176，细砂黑皮褐陶。实心舌形足，器表饰浅、细绳纹。残高10.3厘米（图12-5）。QXNNS1104：95，泥质灰陶。锥形实心足，表面施绳纹。残高10.6厘米（图12-6）。QXNNS1104：26，细砂灰陶。锥形足，绳纹施至底部。残高11.3厘米（图12-7）。QXNNS1104：143，夹砂灰陶。实心锥形足，素面。残高9.1厘米

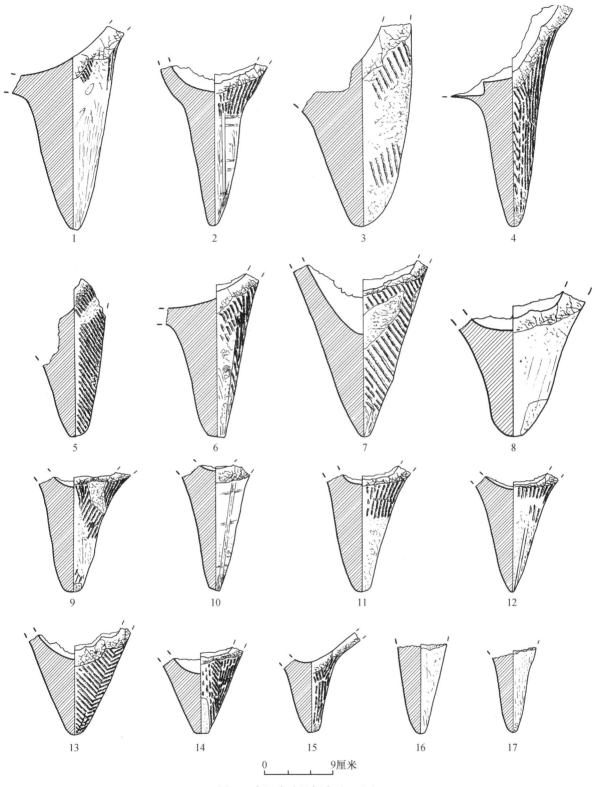

图12　南涅水遗址标本（一〇）

（7、13、14为龙山时期，1~6、9~12、15~17为二里头时期，8为商时期）

1~17. 器足（QXNNS1104：6、QXNNS1104：65、QXNNS1104：169、QXNNS1104：166、QXNNS1104：176、
QXNNS1104：95、QXNNS1104：26、QXNNS1104：143、QXNNS1104：32、QXNNS1104：36、QXNNS1104：58、
QXNNS1104：7、QXNNS1104：45、QXNNS1104：146、QXNNS1104：11、QXNNS1104：136、QXNNS1104：49）

（图12-8）。QXNNS1104：32，泥质灰陶。实心锥形足，器表饰绳纹。残高7.4厘米（图12-9）。QXNNS1104：36，细砂褐陶。实心锥形足，表面有竖向凹槽和横向绑扎痕迹。残高8.3厘米（图12-10）。QXNNS1104：58，夹砂灰陶。实心锥形足，足根素面。残高8厘米（图12-11）。QXNNS1104：7，夹砂褐陶。实心锥形足，表面有竖向凹槽。残高7.6厘米（图12-12）。QXNNS1104：45，细砂灰陶。锥状足，绳纹施至底部。残高6.9厘米（图12-13）。QXNNS1104：146，夹砂褐陶。实心锥形足，绳纹施至底部。残高5.4厘米（图12-14）。QXNNS1104：11，夹砂灰陶。实心锥形足，表面饰绳纹。残高6.3厘米（图12-15）。QXNNS1104：136，细砂红陶。实心锥形足，素面。残高5.9厘米（图12-16）。QXNNS1104：49，泥质灰陶。实心锥形足，素面。残高5.4厘米（图12-17）。

敛口钵　5件。QXNNS1104：188，泥质褐陶。敛口，尖唇，弧腹，素面磨光。口径21.6、残高3.2厘米（图13-1）。QXNNS1104：171，泥质红陶。敛口，方唇，弧腹，素面。口径21.4、残高2.6厘米（图13-2）。QXNNS1104：182，泥质灰陶。敛口，圆唇，鼓腹，素面。口径17.2、残高4.3厘米（图13-3）。QXNNS1104：135，泥质灰陶。敛口，圆唇，素面。口径17.1、残高3厘米（图13-4）。QXNNS1104：128，细砂灰陶。敛口，尖唇，鼓腹，素面。口径21.4、残高6.4厘米（图13-8）。

折腹钵　3件。QXNNS1104：56，泥质灰陶。敛口，圆唇，折腹，素面磨光。口径17.3、残高3.3厘米（图13-5）。QXNNS1104：130，泥质灰陶。敛口，圆唇，折腹，素面。口径16.7、残高4.3厘米（图13-6）。QXNNS1104：149，细砂褐陶。敛口，圆唇，折腹，素面磨光。口径15.8、残高4.5厘米（图13-7）。

豆　2件。QXNNS1104：147，泥质白陶。侈口，圆唇，折腹，素面，器壁薄，硬度高，内外有细密快轮线。口径20.6、残高2.8厘米（图13-9）。QXNNS1104：19，泥质灰陶。仅存豆盘，侈口，平沿，圆唇。口径21、残高5.4厘米（图13-10）。

碗　1件。QXNNS1104：66，夹砂灰陶。侈口，圆唇，弧腹，面饰浅细绳纹。口径12.4、残高4.5厘米（图13-11）。

彩陶片　1件。QXNNS1104：61，泥质红陶。残片，橙色陶衣上绘红彩弧线。残长3.6、厚0.6厘米（图13-13）。

2. 采集石器

石纺轮　1件。QXNNS1104：132，石灰岩。磨制。外径8.1、内径1.5、厚2.6厘米（图13-12）。

石铲　1件。QXNNS1104：31，石灰岩。残，刃部锋利。磨制。残长7.2、宽4.8、厚0.9厘米（图13-14）。

石斧　1件。QXNNS1104：118，石灰岩。残，刃部锋利。磨制。残长7、宽4.8、厚0.8厘米（图13-15）。

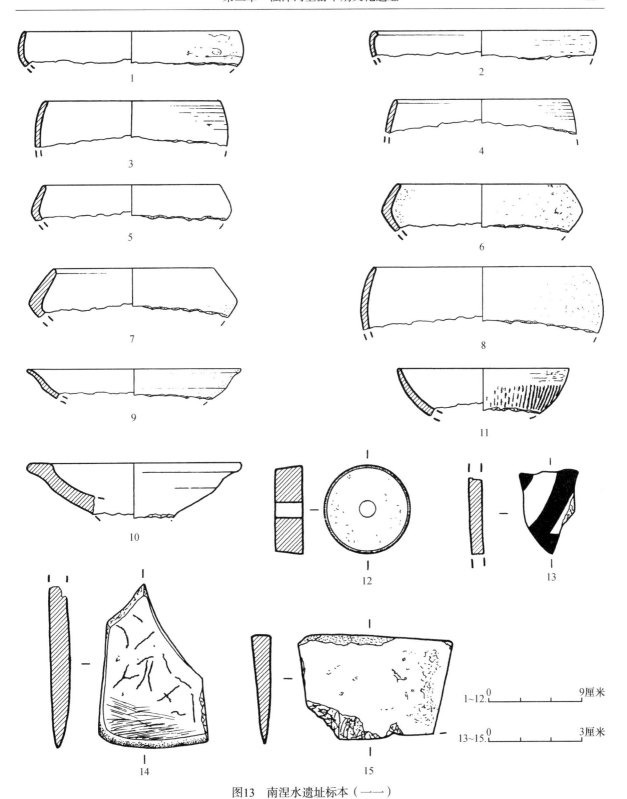

图13　南涅水遗址标本（一一）

（1~4、8、13为仰韶中期，4、6、7为仰韶晚期，9为庙底沟二期，10、11为二里头时期，其他时代不明）

1~4、8.敛口钵（QXNNS1104：188、QXNNS1104：171、QXNNS1104：182、QXNNS1104：135、QXNNS1104：128）

5~7.折腹钵（QXNNS1104：56、QXNNS1104：130、QXNNS1104：149）　9、10.豆（QXNNS1104：147、QXNNS1104：19）

11.碗（QXNNS1104：66）　12.石纺轮（QXNNS1104：132）　13.彩陶片（QXNNS1104：61）　14.石铲（QXNNS1104：31）

15.石斧（QXNNS1104：118）

二、乔家湾遗址

乔家湾遗址位于沁县漳源镇乔家湾村,东为倪村,西为上庄村,南为乔村,北为海拔1189米的黄牛岭(图14)。遗址地处浊漳河西源干流西岸的三级阶地,距离河床1.7千米,地势北高南低,最高点海拔999米(图版3-2)。该遗址发现一处3.4米长、0.4米厚的灰层,应为灰坑被农业耕作平毁所致,灰层内含鬲足若干。在村东耕地地表采集到一定数量的陶片,数量以红陶居多。该地采集陶器器形有缸、盆、罐、瓶等,根据陶色、纹饰、形态等方面因素判断,仰韶时期遗物占比最大,有少量的龙山、二里头和商时期遗物。根据地理位置和遗物特征,该地在仰韶时期应与其东南1.4千米的口头遗址存在较为密切的联系。

采集陶器

缸　1件。QXQJW1104:7,粗砂红陶。口近直,平沿外突,素面。口径28.7、残高3.9厘米(图15-1)。

盆　1件。QXQJW1104:6,泥质红陶。敛口,平沿,沿下置鋬手,器表饰线纹。口径24.3、残高3.4厘米(图15-2)。

鼓腹罐　1件。QXQJW1104:3,粗砂灰陶。斜折沿,圆唇,鼓肩,器身可见横向浅篮纹。口径18.6、残高5.6厘米(图15-3)。

束颈罐　1件。QXQJW1104:8,泥质褐陶。卷沿,方唇,素面磨光。口径18.3、残高3.2厘米(图15-4)。

高颈瓶　1件。QXQJW1104:1,细砂红陶。侈口,圆唇,斜领,颈部细泥条堆纹一周。口径10.1、残高5.1厘米(图15-9)。

器足　2件。皆实心锥形,足根素面。QXQJW1104:4,细砂灰陶。残高6.1厘米(图15-5)。QXQJW1104:5,泥质灰陶,表面刮削痕迹明显。残高4.1厘米(图15-6)。

陶片　2件。皆夹砂红陶,表面饰线纹。QXQJW1104:10,残长3.7厘米(图15-7)。QXQJW1104:11,残长4.9厘米(图15-8)。

三、口 头 遗 址

口头遗址位于沁县定昌镇口头村,东为王家庄,西为景村,南为刘家坡,北为尧上村,其周边2千米范围内有李家沟、上庄岭、西渠上、迎春4处史前文化遗址(图16)。遗址地处浊漳河西源干流东岸的二级和三级台地上,距离河床0.9千米,地势较高,大致为东北高西南低,最高点海拔998米。遗址内遗迹发现较少,仅有一处小型灰坑,距地面0.7米深,内出残豆一件。遗物散布范围较大,从坡地较高处至国道G208东侧皆可见史前陶片。遗物包括罐、盆、瓮、豆、陶环等陶器和石铲等石器,其中年代最早者为仰韶时期的尖底瓶器耳,尺寸较大。侈口盆和敛口瓮等属于二里头时期,年代最晚。

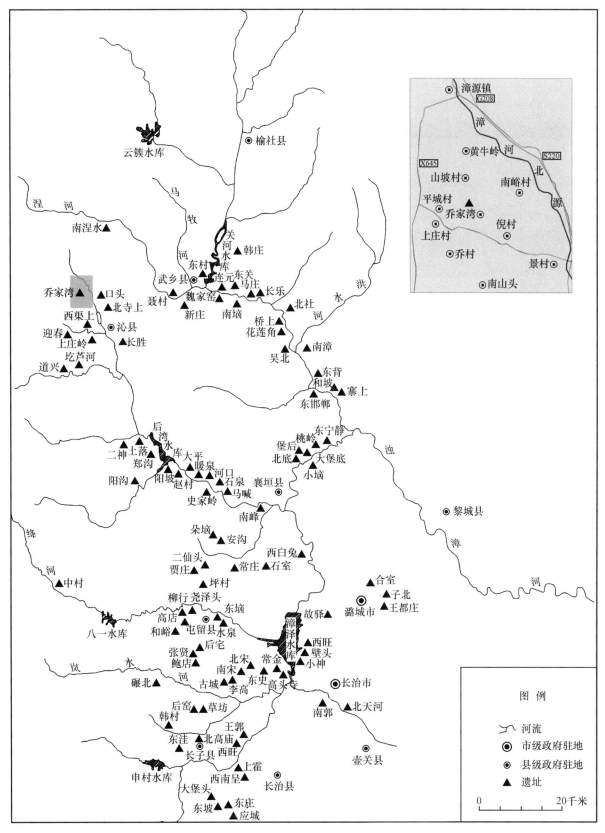

图14 沁县乔家湾遗址位置图

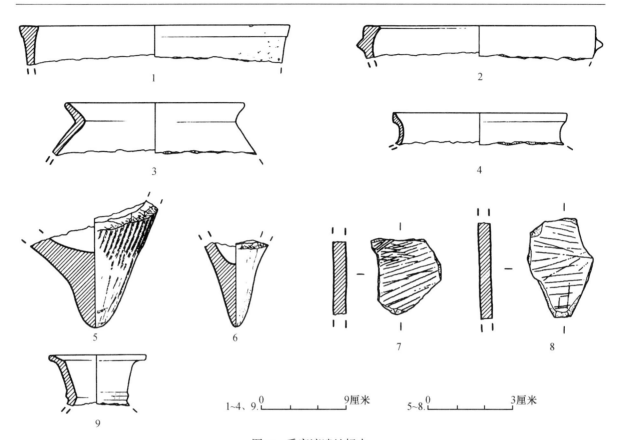

图15　乔家湾遗址标本

（1~3、7~9为仰韶晚期，4为龙山时期，6为二里头时期，5为商时期）

1. 缸（QXQJW1104：7）　2. 盆（QXQJW1104：6）　3. 鼓腹罐（QXQJW1104：3）　4. 束颈罐（QXQJW1104：8）　5、6. 器足

（QXQJW1104：4、QXQJW1104：5）　7、8. 陶片（QXQJW1104：10、QXQJW1104：11）　9. 高颈瓶（QXQJW1104：1）

1. 采集陶器

瓮　2件。QXKT1104：11，细砂灰陶。敛口，方唇，器表饰交错细绳纹。口径37.1、残高
5.6厘米（图17-1）。QXKT1104：8，细砂黑皮褐陶。敛口，内折沿。口径37.3、残高4.5厘米
（图17-2）。

侈口盆　1件。QXKT1104：31，细砂褐陶。侈口，圆唇，弧腹，颈部以下器身饰细绳
纹。口径36.9、残高6.2厘米（图17-3）。

束颈盆　1件。QXKT1104：19，细砂灰陶。直口，圆唇，颈部以下饰绳纹。口径25.3、残
高4.2厘米（图17-5）。

罐　1件。QXKT1104：33，夹砂灰陶。斜折沿，方唇，鼓腹，唇面压印花边，上腹饰细
泥条堆纹一周，器身饰绳纹。口径15.2、残高8.4厘米（图17-8）。

豆　2件。QXKT1104：13，细砂褐陶。残，仅存豆盘。侈口，折沿，圆唇，腹外弧，圜
底，素面磨光。口径16.1、残高4.5厘米（图17-6）。QXKT1104：32，泥质褐陶。侈口，圆
唇，折腹。口径20.2、残高2.8厘米（图17-7）。

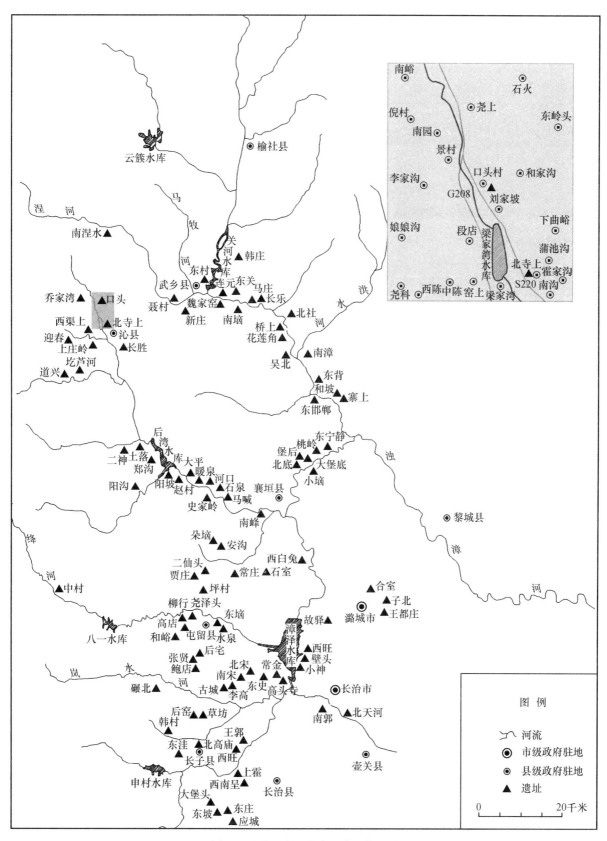

图16　沁县口头、北寺上遗址位置图

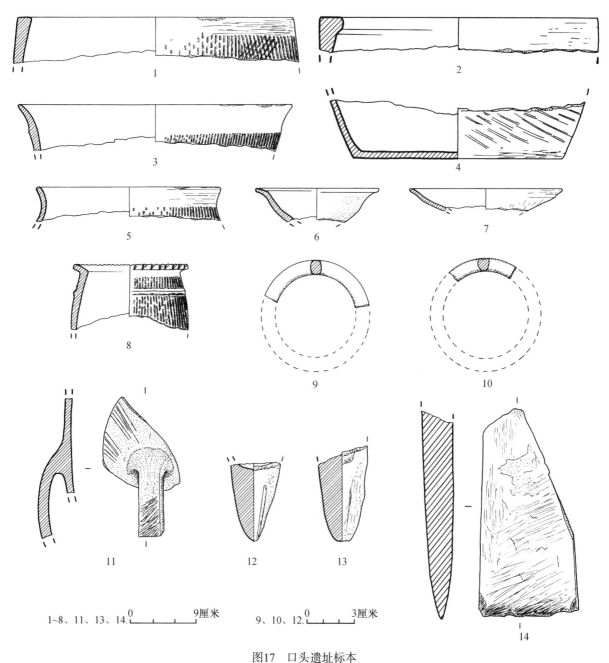

图17　口头遗址标本

（9～11为仰韶晚期，4、7、8为庙底沟二期，1～3、5、6、12～14为二里头时期）

1、2.瓮（QXKT1104：11、QXKT1104：8）　3.侈口盆（QXKT1104：31）　4.器底（QXKT1104：10）　5.束颈盆（QXKT1104：19）　6、7.豆（QXKT1104：13、QXKT1104：32）　8.罐（QXKT1104：33）　9、10.陶环（QXKT1104：17、QXKT1104：18）　11.器耳（QXKT1104：1）　12、13.器足（QXKT1104：20、QXKT1104：21）　14.石铲（QXKT1104：7）

　　陶环　2件。皆残，泥质灰陶。QXKT1104：17，截面为椭圆形。内径5.2、外径7.1厘米（图17-9）。QXKT1104：18，截面为桃形。内径5.5、外径7.2厘米（图17-10）。

　　器耳　1件。QXKT1104：1，泥质红陶。桥形耳，器表饰线纹。残高17.9厘米（图17-11）。

　　器底　1件。QXKT1104：10，细砂褐陶。下腹斜收，平底，面饰斜向篮纹。底径28.2、残高7.3厘米（图17-4）。

器足　2件。皆细砂褐陶，实心锥形足，可见竖向刻划凹槽。QXKT1104：20，残高4.9厘米（图17-12）。QXKT1104：21，残高12.4厘米（图17-13）。

2. 采集石器

石铲　1件。QXKT1104：7，石灰岩。残，略呈梯形，全磨光，刃部锋利。磨制。残长27.1、宽13.4、最厚处4厘米（图17-14）。

四、北寺上遗址

北寺上遗址位于沁县定昌镇北寺上村，东为霍家沟，西为梁家湾，南临县城，北为蒲地沟（图16）。遗址地处浊漳河西源干流东岸的高台地上，距离河床0.6千米，地势大致平缓，平均海拔975米。遗址范围内发现灰坑2处，墓葬1处，部分陶器标本采集于灰坑，其余在村北耕地采得。遗物主要为各种罐类，计有鼓腹罐、深腹罐、高领罐、大口罐、直口罐等，根据陶器诸项特征分析，除个别标本外，遗物的整体年代跨度较小，大致为庙底沟二期的中晚段。标本中还有1件白陶器底，根据与晋东南地区出土史前白陶的比较研究，其年代亦属该时期。

采集陶器

鼓腹罐　3件。QXBSS1104：9，夹砂灰陶。敛口，斜折沿，尖唇，鼓腹，颈部泥条按压堆纹一周，器表素面。口径22.3、残高4.7厘米（图18-1）。QXBSS1104：3，细砂褐陶。斜折沿，圆唇，鼓腹，颈部泥条按压堆纹一周，腹身饰深绳纹。口径19.9、残高7.1厘米（图18-3）。QXBSS1104：10，夹砂褐陶。斜折沿，尖唇，鼓腹，器身中部饰泥条堆纹一周，腹身饰斜向浅篮纹。口径12.3、残高5.8厘米（图18-6）。

深腹罐　2件。QXBSS1104：15，夹砂褐陶。斜折沿，方唇，颈部泥条按压堆纹两周。口径22.7、残高4.9厘米（图18-2）。QXBSS1104：7，夹砂灰陶。斜折沿，尖唇，颈部泥条按压堆纹一周，颈部以下饰斜向浅篮纹。口径16.5、残高7.1厘米（图18-4）。

高领罐　1件。QXBSS1104：2，夹砂灰陶。侈口，高斜领，鼓肩，腹身饰斜向篮纹。口径12.6、残高7.1厘米（图18-5）。

直口罐　1件。QXBSS1104：14，夹砂褐陶。口近直，直腹，方唇，沿面有凹槽一道，沿下器表饰绳纹。口径16.7、残高3.6厘米（图18-7）。

折肩罐　1件。QXBSS1104：11，细砂灰陶。折肩，肩部饰索纹一周，腹饰竖向浅篮纹。肩径25.6、残高4.3厘米（图18-8）。

大口罐　1件。QXBSS1104：1，细砂红陶，可复原。侈口，宽斜折沿，圆唇，鼓腹，器身中部位置有小鋬手两个，并饰楔点纹一周，下腹饰斜向篮纹。口径22.3、底径12.8、通高18.5厘米（图18-13）。

白陶器　1件。QXBSS1104：13，泥质白陶。下腹斜收，平底，素面，器壁薄、硬度高。底径13.3、残高4厘米（图18-11）。

· 32 ·　　　　　　　　浊漳河上游早期文化考古调查报告

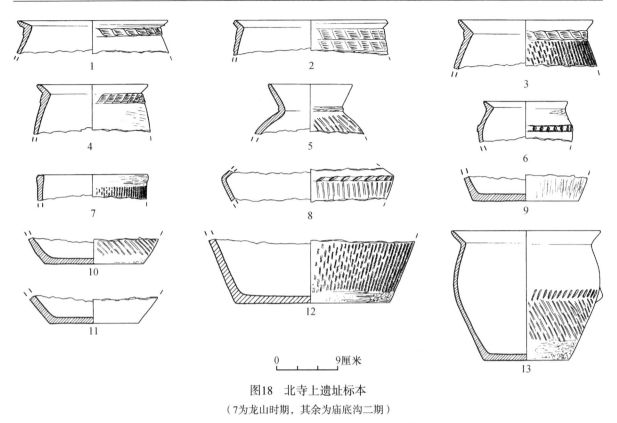

图18　北寺上遗址标本

（7为龙山时期，其余为庙底沟二期）

1、3、6.鼓腹罐（QXBSS1104：9、QXBSS1104：3、QXBSS1104：10）　2、4.深腹罐（QXBSS1104：15、QXBSS1104：7）

5.高领罐（QXBSS1104：2）　7.直口罐（QXBSS1104：14）　8.折肩罐（QXBSS1104：11）　9、10、12.器底

（QXBSS1104：6、QXBSS1104：4、QXBSS1104：5）　11.白陶器（QXBSS1104：13）　13.大口罐（QXBSS1104：1）

　　器底　3件。QXBSS1104：6，夹砂灰陶。下腹斜收，平底，腹部见模糊竖向篮纹。底径15.3、残高3.8厘米（图18-9）。QXBSS1104：4，细砂红陶。下腹弧收，平底，腹饰斜向篮纹。底径14.7、残高3.9厘米（图18-10）。QXBSS1104：5，夹砂褐陶。下腹斜收，平底，腹饰绳纹。底径23.2、残高9.2厘米（图18-12）。

五、西渠上遗址

　　西渠上遗址位于沁县定昌镇西渠上村，东为官道村，西为窑上村，南为西湛村，北为梁家湾，其周边较近范围内有北寺上、上庄岭、迎春等史前文化遗址（图19）。遗址地处浊漳河西源干流西岸的二级台地，距离河床0.8千米，地势低平，平均海拔962米。该地未发现明显的史前遗迹，但在村北农田地表采集到一定数量的灰陶和红陶片，可辨器形有罐、盆、缸、瓮、豆等。遗物的年代最早者为仰韶时期的彩陶片，最晚者为龙山时期的豆，庙底沟二期阶段的陶器占有最大的比例。

采集陶器

　　缸　1件。QXXQS1104：2，细砂褐陶。口近直，沿外泥条按压堆纹三周，腹身饰绳纹。口径34.9、残高6.5厘米（图20-1）。

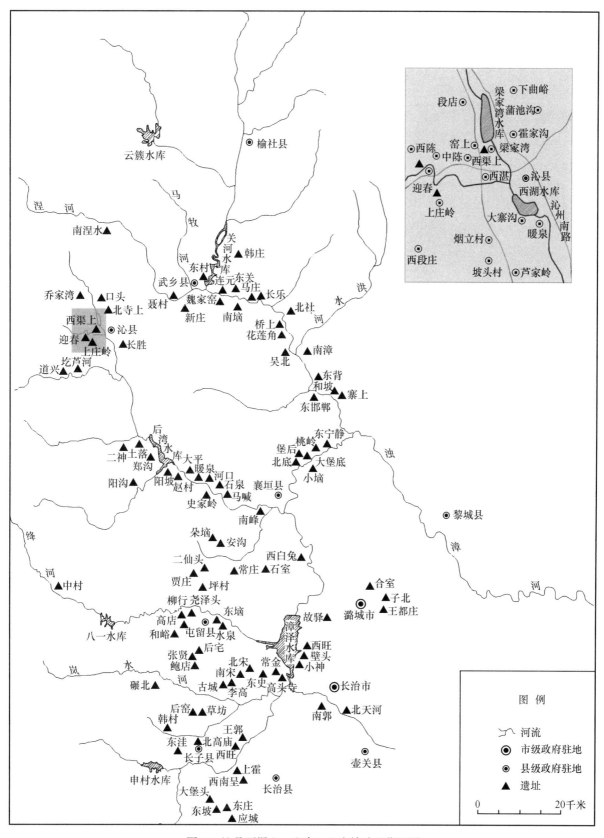

图19　沁县西渠上、迎春、上庄岭遗址位置图

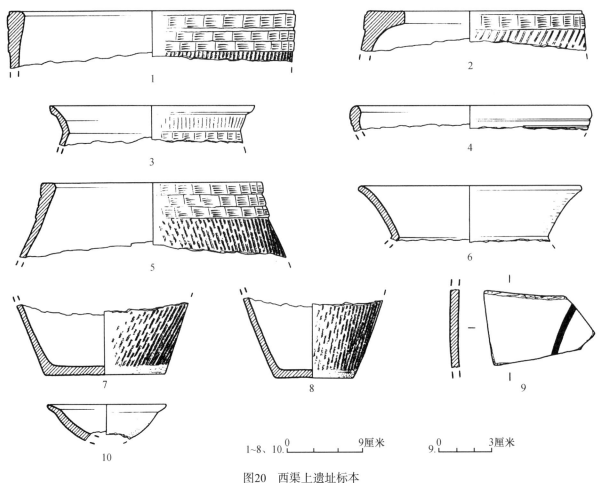

图20　西渠上遗址标本

（9为仰韶晚期，1~3、5、7、8为庙底沟二期，4、6为龙山时期，10为二里头时期）

1.缸（QXXQS1104：2）　2、5.瓮（QXXQS1104：5、QXXQS1104：3）　3.深腹罐（QXXQS1104：13）

4.盆（QXXQS1104：12）　6.高领罐（QXXQS1104：11）　7、8.器底（QXXQS1104：7、QXXQS1104：21）

9.彩陶片（QXXQS1104：8）　10.豆（QXXQS1104：9）

　　瓮　2件。QXXQS1104：5，细砂红陶。敛口，内折沿，沿外泥条按压堆纹一周，器身饰斜向绳纹。口径26、残高4.5厘米（图20-2）。QXXQS1104：3，细砂灰陶。敛口，方唇，鼓腹，沿外泥条按压堆纹三周，器身饰绳纹。口径26.5、残高8.4厘米（图20-5）。

　　深腹罐　1件。QXXQS1104：13，细砂灰陶。斜折沿，尖唇，颈部抹绳纹，其下泥条按压堆纹一周。口径24.7、残高4.4厘米（图20-3）。

　　大口罐　1件。QXXQS1104：11，细砂灰陶。侈口，方唇，领部内弧，器身素面。口径26.4、残高6.4厘米（图20-6）。

　　盆　1件。QXXQS1104：12，泥质褐陶。口近直，圆唇，沿下侧饰凹槽两周，器身素面。口径28、残高2.9厘米（图20-4）。

　　豆　1件。QXXQS1104：9，细砂褐陶。豆柄残。侈口，斜折沿，尖唇，豆盘弧腹，器身素面磨光。口径14.5、残高4.3厘米（图20-10）。

　　器底　2件。QXXQS1104：7，夹砂红陶。下腹斜收，平底，器身饰绳纹。底径14.5、残高8.5厘米（图20-7）。QXXQS1104：21，细砂灰陶。下腹斜收，小平底，器身饰绳纹。底径9.7、残高9.1厘米（图20-8）。

彩陶片　1件。QXXQS1104：8，泥质红陶。残片，红色陶衣上饰以黑彩线条。残长6.2、厚0.5厘米（图20-9）。

六、迎春遗址

迎春遗址位于沁县定昌镇迎春村，东为西良基村，西为丈河上村，南为上庄岭，北向隔河为西陈村，东北距离上庄岭遗址0.6千米（图19）。遗址地处浊漳河西源支流迎春河南岸的二级阶地上，距离河床1.2千米，地势高敞，略呈北高南低，最高点海拔959米。遗址内灰坑较多，距地面普遍较浅，南部阶地断面暴露出史前时期红烧土地面。遗物有罐、盆等陶器和刀、铲、锉、磨石等石器，根据陶器质地、纹饰和形态判断，遗存主体年代为庙底沟二期阶段至龙山时期。

1. 采集陶器

鼓腹罐　6件。QXYC1104：11，细砂灰陶。斜折沿，唇面压印呈索状花边，颈部泥条按压堆纹两周。口径37.1、残高8.4厘米（图21-1）。QXYC1104：13，泥质灰陶。斜折沿，尖唇，素面。口径33.2、残高4.2厘米（图21-2）。QXYC1104：17，细砂灰陶。斜折沿，方唇，唇面压印索状花边。口径10.1、残高3.1厘米（图21-4）。QXYC1104：14，细砂灰陶。斜折沿，方唇，器身饰绳纹。口径12、残高5.3厘米（图21-5）。QXYC1104：16，细砂灰陶。斜折沿，方唇，唇面压印呈索状花边，颈部泥条按压堆纹两周，其下器表饰绳纹。口径44.4、残高7.6厘米（图21-6）。QXYC1104：19，细砂灰陶。斜折沿，唇部压印索状花边，颈部泥条按压堆纹一周，其下器身饰绳纹。口径22.4、残高5.6厘米（图21-7）。

筒腹罐　1件。QXYC1104：10，细砂灰陶。直口，斜折沿，方唇，筒腹，颈部泥条按压堆纹一周，其下器表饰绳纹。口径27、残高4.4厘米（图21-3）。

器底　3件。均下腹斜收，平底。QXYC1104：15，夹砂褐陶。器表饰绳纹。底径14.6、残高3.7厘米（图21-8）。QXYC1104：4，泥质灰陶。器表饰斜向篮纹。底径19.7、残高5.7厘米（图21-9）。QXYC1104：8，泥质褐陶。腹身可见模糊篮纹。底径18.6、残高5.5厘米（图21-10）。

盆　1件。QXYC1104：18，泥质褐陶。侈口，唇部外突加厚，磨光素面。口径37.3、残高2.7厘米（图21-11）。

2. 采集石器

磨石　1件。QXYC1104：5，砂岩。条形，表面磨制规整。磨制。残长17.4、宽4.6、厚1.3厘米（图21-12）。

石锉　1件。QXYC1104：1，石灰岩。一侧边缘经过磨制加工。残长20.2厘米（图21-13）。

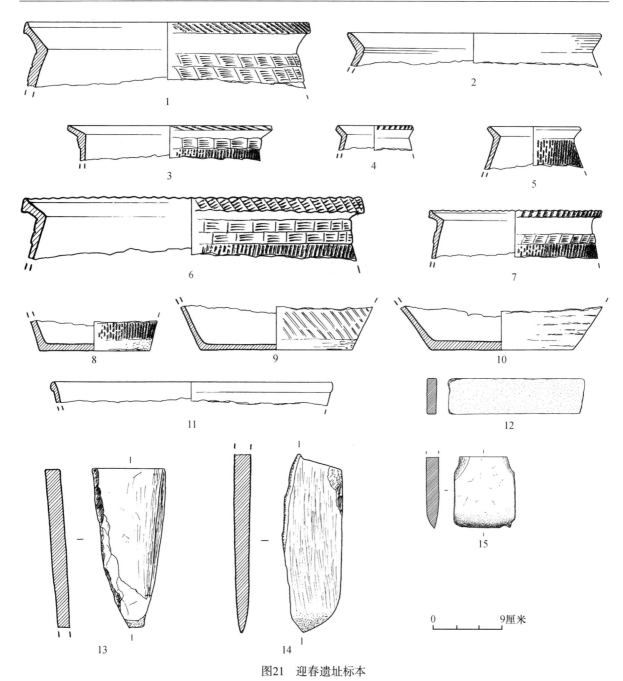

图21　迎春遗址标本

（1、3、4、6～10为庙底沟二期，2、5、11为龙山时期，其余年代不明）

1、2、4～7.鼓腹罐（QXYC1104∶11、QXYC1104∶13、QXYC1104∶17、QXYC1104∶14、QXYC1104∶16、QXYC1104∶19）

3.筒腹罐（QXYC1104∶10）　　8～10.器底（QXYC1104∶15、QXYC1104∶4、QXYC1104∶8）　　11.盆（QXYC1104∶18）

12.磨石（QXYC1104∶5）　13.石锉（QXYC1104∶1）　14.石铲（QXYC1104∶2）　15.石刀（QXYC1104∶6）

　　石铲　1件。QXYC1104∶2，石灰岩。残，表面磨光，刃部锋利。磨制。残长22.5、宽
7.9、厚2.1厘米（图21-14）。

　　石刀　1件。QXYC1104∶6，石灰岩。残，略呈方形，器表磨光，刃部锋利。磨制。残长
8.9、宽7.9、厚1.7厘米（图21-15）。

七、上庄岭遗址

上庄岭遗址位于沁县定昌镇上庄岭村，东为西良基村，西为南沟村，南部高地上有段庄村，北为迎春村（图19）。遗址地处浊漳河西源支流迎春河南岸的二阶台地，距离河床0.8千米，台地地势平缓，上部耕地阶状分布，最高点海拔990米（图版4）。遗址范围内遗迹分布密集，多数灰坑被农业耕作破坏而形成连续的灰层，在遗址西部田埂也堆积不少陶片，遗迹和遗物散布范围东西约270、南北约350米。陶器标本主要有盆、罐、瓮、甗、钵等器形，盆和甗数量最多，侈口盆和堆纹甗属于二里头时期该地的典型器物，年代最早的有一件直口钵，属于仰韶中期，另有部分庙底沟二期至龙山时期的罐和瓮。

采集陶器

侈口盆　6件。根据沿部形态，可分二型。

A型　卷沿不明显。QXSZL1104：1，夹砂灰陶。侈口，圆唇，弧腹，颈部以下器身饰浅、细绳纹。口径32.8、残高7.1厘米（图22-1）。QXSZL1104：14，夹细砂褐陶。侈口，圆唇，弧腹，腹部饰绳纹。口径30.7、残高4.8厘米（图22-2）。QXSZL1104：28，泥质灰陶。侈口，方唇，弧腹，腹部饰绳纹。口径30.7、残高8.9厘米（图22-4）。

B型　卷沿明显。QXSZL1104：29，夹细砂褐陶。侈口，圆唇，弧腹，腹部饰绳纹。口径29.1、残高6.6厘米（图22-3）。QXSZL1104：18，夹砂灰陶。侈口，卷沿，圆唇，弧腹，腹部饰粗绳纹。口径31.2、残高6.9厘米（图22-5）。QXSZL1104：9，泥质灰皮褐陶。侈口，圆唇，弧腹，腹饰绳纹。口径29.1、残高6.6厘米（图22-6）。

直口盆　1件。QXSZL1104：8，细砂黑皮灰陶。口近直，圆唇，颈微束，器表饰弦断绳纹。口径20.6、残高6.9厘米（图22-7）。

直口罐　1件。QXSZL1104：7，夹细砂褐陶。直口，圆唇，斜肩，腹身饰浅、细绳纹。口径19.1、残高9.3厘米（图22-8）。

侈口罐　1件。QXSZL1104：25，夹细砂红陶。斜折沿，方唇，鼓腹，颈部泥条按压堆纹一周。口径22.8、残高3.7厘米（图22-9）。

瓮　3件。QXSZL1104：16，夹细砂灰陶。敛口，平沿内突，器壁较直。口径33.4、残高5.9厘米（图22-10）。QXSZL1104：26，夹细砂灰陶。敛口，斜沿，鼓腹，沿下泥条按压堆纹两周，腹身饰斜向附加堆纹。口径28.8、高4.8厘米（图22-11）。QXSZL1104：27，泥质灰陶。敛口，直壁，沿下泥条按压堆纹四周，腹身饰斜向篮纹。口径35.5、高9.9厘米（图22-12）。

甗　5件，腰部内侧皆有箅隔一周，器表饰绳纹。QXSZL1104：4，夹砂灰陶。腰径18.3、残高8.4厘米（图23-1）。QXSZL1104：32，夹砂灰陶。可见鸡冠形竖向堆纹一处用以加固腰部。腰径16、残高8.8厘米（图23-2）。QXSZL1104：6，夹砂褐陶。腰径22.7、残高4.8厘米（图23-3）。QXSZL1104：30，细砂褐陶。腰部捺窝状泥条堆纹一周。腰径21.6、残高4厘米（图23-4）。QXSZL1104：41，夹砂灰陶。腰径20.8、残高7.2厘米（图23-5）。

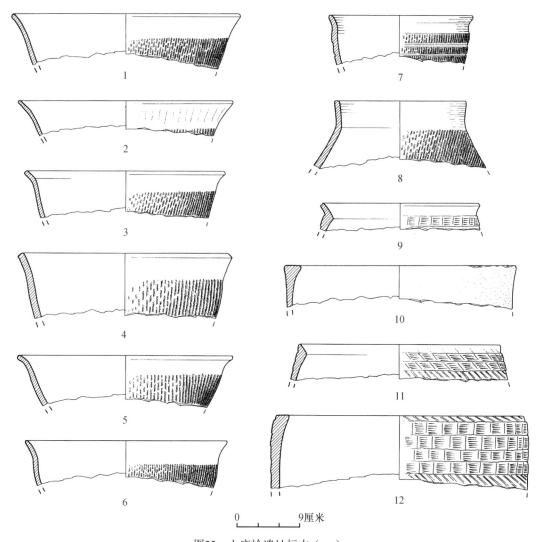

图22　上庄岭遗址标本（一）

（9、11、12为庙底沟二期，10为龙山时期，其余为二里头时期）

1～6.侈口盆（QXSZL1104：1、QXSZL1104：14、QXSZL1104：29、QXSZL1104：28、QXSZL1104：18、QXSZL1104：9）

7.直口盆（QXSZL1104：8）　8.直口罐（QXSZL1104：7）　9.侈口罐（QXSZL1104：25）　10～12.瓮（QXSZL1104：16、

QXSZL1104：26、QXSZL1104：27）

　　钵　1件。QXSZL1104：2，泥质灰陶。直口，圆唇，器表素面。口径18.1、残高2.9厘米（图23-6）。

　　器底　2件。QXSZL1104：17，夹细砂灰陶。下腹斜收，平底，下腹饰泥条按压堆纹一周，器表饰绳纹。底径14.3、残高5.9厘米（图23-7）。QXSZL1104：11，泥质灰陶。下腹内弧，平底。底径12.4、残高3.2厘米（图23-8）。

　　腹片　1件。QXSZL1104：10，细砂灰陶。肩部饰三角几何刻划纹一周，表面磨光。残高8.2厘米（图23-9）。

　　器足　2件。QXSZL1104：15，泥质灰陶。实心锥形足，可见竖向凹槽和横向绑扎痕迹。残高7.5厘米（图23-10）。QXSZL1104：22，泥质灰陶。实心舌形足，器表饰绳纹。残高7.9厘米（图23-11）。

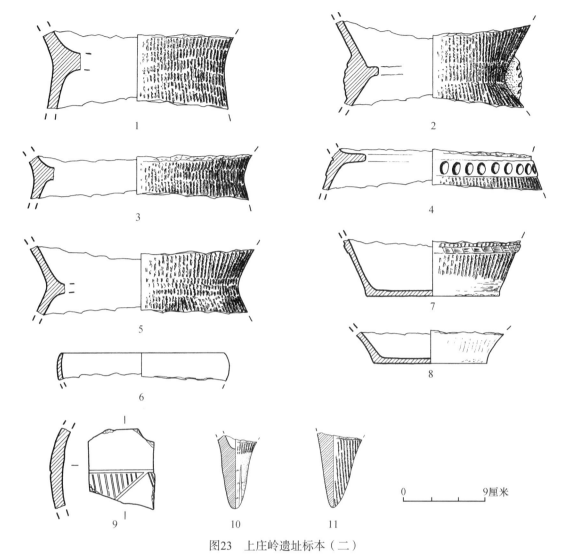

图23　上庄岭遗址标本（二）

（6为仰韶中期，8为仰韶晚期，7为庙底沟二期，2、4、10、11为二里头时期，1、3、5、9为商时期）

1～5.甗（QXSZL1104：4、QXSZL1104：32、QXSZL1104：6、QXSZL1104：30、QXSZL1104：41）　6.钵（QXSZL1104：2）

7、8.器底（QXSZL1104：17、QXSZL1104：11）　9.腹片（QXSZL1104：10）　10、11.器足（QXSZL1104：15、

QXSZL1104：22）

八　道 兴 遗 址

　　道兴遗址位于沁县册村镇道兴村，东为良楼沟村，西为上官村，南为陡沟村，北为灰坡庄村，东南距离二神遗址13.4千米，东北距离南涅水遗址21.3千米（图24）。道兴遗址地处浊漳河西源支流圪芦河北岸的二级阶地上，位于村外东北的农地范围，距离河床0.5千米，最高点海拔966米，地势西北高、东南低。遗址范围内主要有4处灰坑，最大的一处开口和深度均超过2米，遗物分布也较广，遗迹和遗物大致分布在东西约250、南北约300米的区域内。采集的遗物主要为陶器，包括了罐、盆、缸、瓮、钵、甗、瓶、鼎等类，其中仰韶时期的钵、罐、瓶占了较大的比例，其次是庙底沟二期、龙山和二里头时期，商时期遗物稀少。

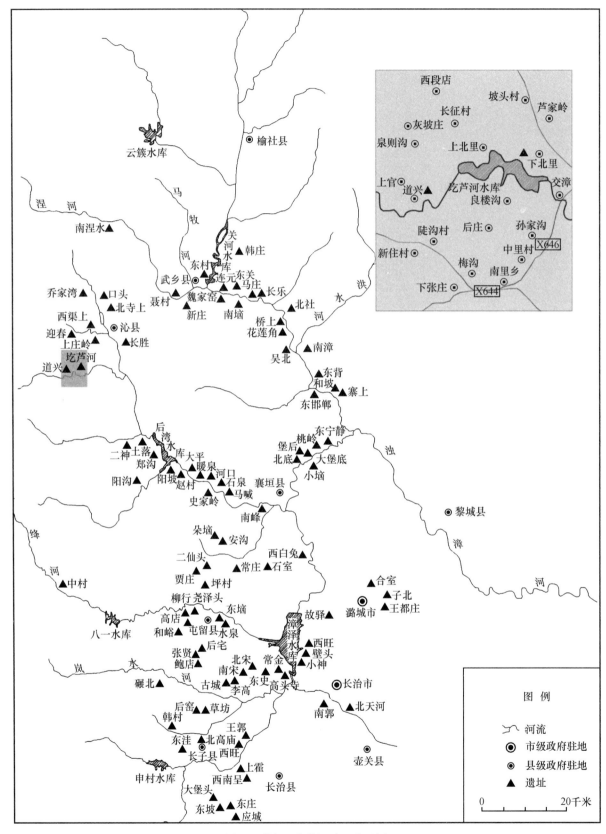

图24　道兴、圪芦河遗址位置图

采集陶器

深腹罐　8件。QXDX1104：50，夹砂灰陶。斜折沿，方唇，颈部泥条按压堆纹一周。口径28.1、残高4.2厘米（图25-1）。QXDX1104：58，夹砂褐陶。斜折沿，方唇，颈部泥条按压堆纹一周，器表饰绳纹。口径22.5、残高7.3厘米（图25-2）。QXDX1104：40，泥质灰陶。斜折沿，圆唇，腹身饰绳纹。口径20.3、残高4.5厘米（图25-3）。QXDX1104：17，夹砂褐陶。斜折沿，圆唇，素面。口径18.6、残高3.9厘米（图25-4）。QXDX1104：65，细砂灰陶。斜折沿，尖唇，素面磨光。口径22、残高10.4厘米（图25-5）。QXDX1104：66，夹砂灰陶。斜折沿，唇面压印索状花边，颈部泥条按压堆纹一周，腹身饰绳纹。口径26.4、残高5.1厘米（图25-6）。QXDX1104：67，夹砂灰陶。斜折沿，方唇，唇面压印索状花边，颈部泥条按压堆纹一周，器身饰绳纹。口径27、残高6.7厘米（图25-7）。QXDX1104：62，泥质灰陶。口微侈，方唇，颈部捺窝一周，腹身饰交错绳纹。口径27.6、残高9.8厘米（图25-8）。

高领罐　2件。QXDX1104：56，夹砂褐陶。侈口，尖唇，弧领，沿下凸棱一周。口径18.6、残高5.6厘米（图25-9）。QXDX1104：73，细砂灰陶。高斜领，器身饰绳纹。口径14.2、残高9.1厘米（图25-10）。

小口罐　1件。QXDX1104：57，夹细砂灰陶。口微侈，卷沿，尖唇，颈部凹槽一周。口径16.6、残高5.3厘米（图25-11）。

大口罐　1件。QXDX1104：51，泥质灰陶。侈口，斜折沿，方唇，素面。口径33.8、残高4.8厘米（图25-12）。

瓮　1件。QXDX1104：43，夹细砂红陶。敛口，沿下泥条堆纹一周，器身可见斜向刮削痕迹。口径36.6、残高7.6厘米（图25-13）。

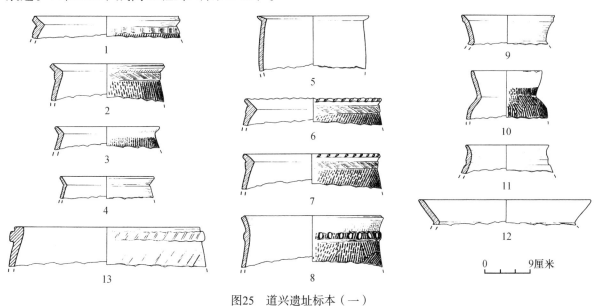

图25　道兴遗址标本（一）

（13为仰韶晚期，1～7为庙底沟二期，8、9、11、12为龙山时期，10为二里头时期）

1～8.深腹罐（QXDX1104：50、QXDX1104：58、QXDX1104：40、QXDX1104：17、QXDX1104：65、QXDX1104：66、QXDX1104：67、QXDX1104：62）　9、10.高领罐（QXDX1104：56、QXDX1104：73）　11.小口罐（QXDX1104：57）
12.大口罐（QXDX1104：51）　13.瓮（QXDX1104：43）

鼓腹罐　10件。QXDX1104：4，夹砂红陶。敛口，圆唇，鼓腹，器表饰弦纹。口径18.9、残高4.5厘米（图26-1）。QXDX1104：30，细砂褐陶。敛口，方唇，鼓腹，唇面有凹槽，器身饰线纹。口径21、残高5.1厘米（图26-2）。QXDX1104：47，泥质红陶，敛口，尖唇，鼓腹，肩部可见密集弦纹。口径19.3、残高3.9厘米（图26-3）。QXDX1104：76，夹砂红陶。折沿，圆唇，鼓腹，器表饰斜向浅绳纹。口径18.9、残高3.8厘米（图26-4）。QXDX1104：31，粗砂褐陶。敛口，圆唇，鼓腹，器身饰粗线纹。口径14.6、残高2.6厘米（图26-5）。QXDX1104：54，细砂灰陶。敛口，圆唇，鼓腹。口径18.6、残高1.8厘米（图26-6）。QXDX1104：63，夹砂褐陶。斜折沿，尖唇，器身饰斜向粗篮纹。口径21、残高5.4厘

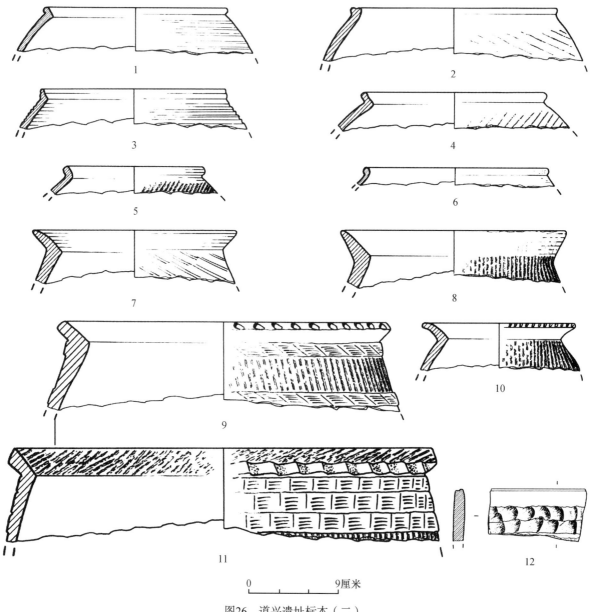

0　　　　　　9厘米

图26　道兴遗址标本（二）

（1～6为仰韶中期，7～12为庙底沟二期）

1～10.鼓腹罐（QXDX1104：4、QXDX1104：30、QXDX1104：47、QXDX1104：76、QXDX1104：31、QXDX1104：54、QXDX1104：63、QXDX1104：68、QXDX1104：55、QXDX1104：49）　11、12.缸（QXDX1104：71、QXDX1104：42）

米（图26-7）。QXDX1104：68，细砂灰陶。斜折沿，尖唇，腹身饰绳纹。口径23.1、残高5.8厘米（图26-8）。QXDX1104：55，夹砂红陶。斜折沿，方唇，唇面压印索纹，颈部和肩部各饰泥条按压堆纹一周，腹身饰绳纹。口径34.3、残高8.8厘米（图26-9）。QXDX1104：49，泥质灰陶。斜折沿，圆唇，鼓腹，唇面压印呈花边，颈部以下器身饰绳纹。口径15.9、残高4.7厘米（图26-10）。

缸　2件。QXDX1104：71，细砂灰陶。斜折沿，方唇，唇面压印呈花边状，颈部泥条按压堆纹三周，器表饰绳纹。口径42.9、残高9.2厘米（图26-11）。QXDX1104：42，夹砂褐陶。直口，方唇，沿下泥条按压堆纹两周。残高5.1厘米（图26-12）。

钵　7件，皆泥质红陶。QXDX1104：5，直口，尖唇，弧腹，素面磨光。口径23.5、残高3.5厘米（图27-1）。QXDX1104：18，敛口，圆唇，素面。口径25、残高4.5厘米（图27-2）。QXDX1104：7，直口，方唇，弧腹，素面。口径23、残高3.8厘米（图27-3）。QXDX1104：52，敛口，圆唇，鼓腹，素面。口径21.5、残高2.8厘米（图27-4）。QXDX1104：32，敛口，圆唇，鼓腹，器身素面。口径23.5、残高4.1厘米（图27-5）。QXDX1104：10，敛口，方唇，素面磨光。口径23.4、残高3.3厘米（图27-6）。QXDX1104：53，敛口，圆唇，口沿外侧绘黑色条带一周，器表磨光。口径17.1、残高1.8厘米（图27-7）。

器盖　1件。QXDX1104：41，泥质灰陶。覆盆形，斜壁，唇面下折，素面。底径27、残高3.2厘米（图27-8）。

甑　2件，内侧可见箅隔一周，器身饰绳纹。QXDX1104：70，细砂灰陶，腰部外侧捺窝状泥条堆纹一周。腰径16.3、残高6.7厘米（图27-9）。QXDX1104：75，夹砂灰陶。腰径18.6、残高9.6厘米（图27-10）。

瓶口　2件，皆泥质红陶。QXDX1104：2，重唇形态退化，上下唇面区分不明显，器表饰交错线纹。内径4.5、外径8.3、残高6.1厘米（图27-11）。QXDX1104：1，敛口，沿下凸棱一周。内径5.3、外径11.5、残高4厘米（图27-12）。

盆　1件。QXDX1104：59，细砂灰陶。侈口，卷沿，圆唇，腹部饰细绳纹。口径28.8、残高7.1厘米（图27-13）。

盂　1件。QXDX1104：22，泥质灰陶。口微敛，尖唇，鼓腹，素面。口径3.8、残高2.2厘米（图27-19）。

器足　5件。QXDX1104：61，细砂灰陶。残，足部正面有三道竖向索状堆纹。残高8.3厘米（图27-14）。QXDX1104：64，细砂灰陶。实心锥形足，绳纹至底部。残高9.5厘米（图27-15）。QXDX1104：28，细砂褐陶。实心锥形足，表面刮削痕迹明显。残高6.3厘米（图27-16）。QXDX1104：72，细砂灰陶。实心舌形足，泥芯可见，面饰绳纹。残高8.1厘米（图27-17）。QXDX1104：60，夹砂灰陶。兽蹄形足，平底，面饰浅绳纹。残高6.2厘米（图27-18）。

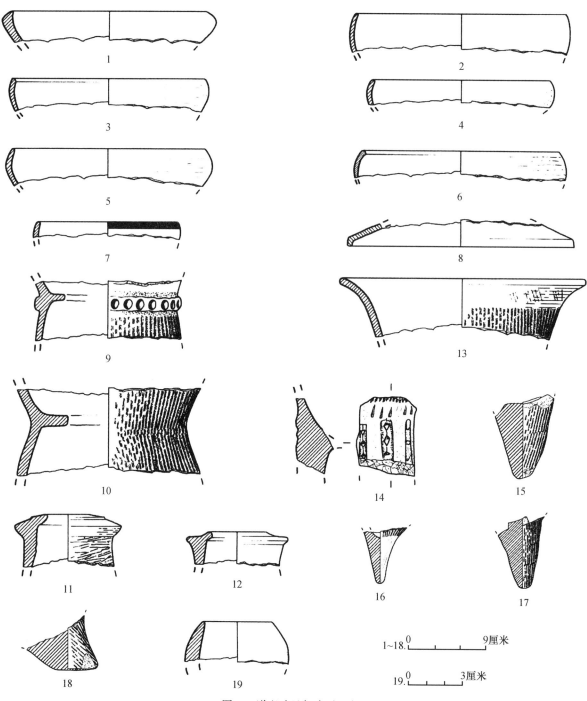

图27　道兴遗址标本（三）

（1～7、11、12、19为仰韶中期，8、14为庙底沟二期，9、13、15、16、17、18为二里头时期，10为商时期）

1～7.钵（QXDX1104：5、QXDX1104：18、QXDX1104：7、QXDX1104：52、QXDX1104：32、QXDX1104：10、

QXDX1104：53）　8.器盖（QXDX1104：41）　9、10.甗（QXDX1104：70、QXDX1104：75）　11、12.瓶口

（QXDX1104：2、QXDX1104：1）　13.盆（QXDX1104：59）　14～18.器足（QXDX1104：61、QXDX1104：64、

QXDX1104：28、QXDX1104：72、QXDX1104：60）　19.盂（QXDX1104：22）

九、圪芦河遗址

圪芦河遗址位于沁县册村镇下北里村，东为青屯村和交漳村，西为上北里村，北为坡头村和芦家岭村，南临圪芦河水库，西南距离道兴遗址1.2千米（图24）。遗址地处浊漳河西源支流圪芦河北岸台地上，距离河床仅0.2千米，地势东高西低，最高点海拔987米（图版3-1）。遗址范围内由于长期建设施工，造成地表土壤严重流失，已无遗迹存在，但是沿水库坡地散布了大量陶片。采集的陶器标本主要有罐、盆、钵、瓮、豆和石刀等石器，根据对标本质地、纹饰和形态的分析，遗物中最早者为仰韶时期，最晚者为商代白家庄文化时期，其中庙底沟二期和龙山和商时期是主体。根据周边地理和遗址分布分析，该地应与道兴遗址存在着密切的联系，在一定的时期应同属于一个规模较大的史前聚落。

1. 采集陶器

鼓腹罐　8件。QXGLH1104：24，细砂灰陶。斜折沿，方唇，颈部泥条按压堆纹两周，器身饰绳纹。口径28.7、残高6.2厘米（图28-1）。QXGLH1104：18，细砂褐陶。斜折沿，圆唇，颈部泥条按压堆纹四周。直径33.1、残高7.3厘米（图28-2）。QXGLH1104：25，细砂灰陶。斜折沿，方唇，颈部泥条按压堆纹一周。口径29.8、残高5.1厘米（图28-3）。QXGLH1104：21，粗砂褐陶。斜折沿，尖唇，颈部泥条按压堆纹一周，器身饰深绳纹。口径18、残高6.1厘米（图28-4）。QXGLH1104：4，泥质褐陶。斜折沿，尖唇，器表磨光，素面。口径15.8、残高3.4厘米（图28-5）。QXGLH1104：15，泥质褐陶。斜折沿，方唇，唇面压印简单花边，颈部泥条按压堆纹一周。口径14.1、残高3.1厘米（图28-6）。QXGLH1104：32，夹砂灰陶。窄折沿，圆唇，素面。口径27、残高4.2厘米（图28-7）。QXGLH1104：70，泥质灰陶。斜折沿，圆唇，唇面压印索状花边，颈部泥条按压堆纹两周，器身饰绳纹。口径41.6、残高12.4厘米（图28-13）。

深腹罐　4件。QXGLH1104：2，细砂红陶。斜折沿，方唇，颈部泥条按压堆纹一周，器身饰绳纹。口径20.8、残高3.7厘米（图28-8）。QXGLH1104：13，泥质灰陶。斜折沿，方唇，器身饰散乱绳纹。口径14.7、残高3.9厘米（图28-9）。QXGLH1104：37，细砂灰陶。斜折沿，方唇，唇面压印呈花边状，颈部泥条按压堆纹一周，器身饰绳纹。口径14.6、残高6.2厘米（图28-10）。QXGLH1104：40，夹砂灰陶。窄沿，器身饰绳纹。口径27.1、残高4.8厘米（图28-12）。

大口罐　1件。QXGLH1104：26，泥质灰陶。斜折沿，尖唇，素面，口沿下部快轮线清晰。口径37.2、残高4.1厘米（图28-11）。

筒腹罐　1件。QXGLH1104：6，泥质黑皮褐陶。直口，折沿，方唇，筒状腹，表面有竖向刮削痕迹。口径24.8、残高10.1厘米（图28-14）。

瓮　1件。QXGLH1104：35，粗砂红陶。敛口，内折沿，圆唇，鼓腹，器身素面。口径29.8、残高4.5厘米（图29-1）。

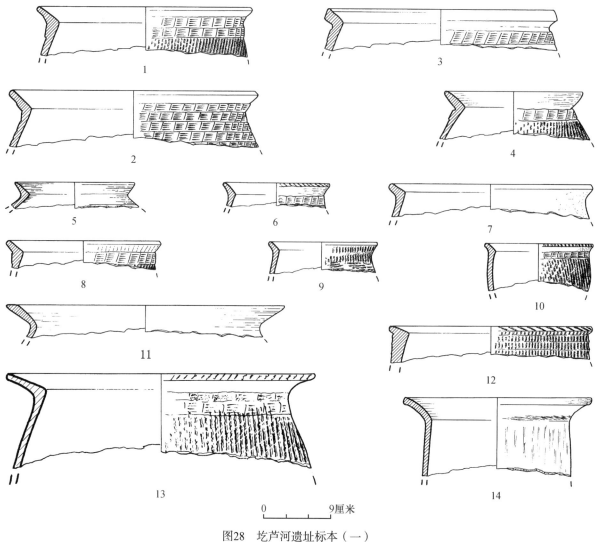

图28　圪芦河遗址标本（一）

（1～10、13、14为庙底沟二期，11、12为龙山时期）

1～7、13. 鼓腹罐（QXGLH1104：24、QXGLH1104：18、QXGLH1104：25、QXGLH1104：21、QXGLH1104：4、
QXGLH1104：15、QXGLH1104：32、QXGLH1104：70）　8～10、12. 深腹罐（QXGLH1104：2、QXGLH1104：13、
QXGLH1104：37、QXGLH1104：40）　11. 大口罐（QXGLH1104：26）　14. 筒腹罐（QXGLH1104：6）

　　钵　1件。QXGLH1104：22，泥质褐陶。敛口，方唇，弧腹，口部有叠烧形成的深色条带。口径23.6、残高3.9厘米（图29-2）。

　　深腹盆　2件。QXGLH1104：1，细砂灰陶。直口，折沿，尖唇，上腹较直，下腹弧收，内表面饰凸棱数周，外表面上部磨光，下腹饰绳纹。口径16.3、残高5.6厘米（图29-3）。QXGLH1104：16，细砂灰陶。直口，折沿，尖唇，上腹较直，下腹弧收，器身素面。口径22.6、残高9.6厘米（图29-4）。

　　浅腹盆　1件。QXGLH1104：31，泥质灰陶。侈口，宽平沿，弧腹，腹身有竖向刮削痕迹。口径16.3、残高3.4厘米（图29-5）。

　　豆　1件。QXGLH1104：20，泥质灰陶。豆柄残。直口，平沿，方唇，弧腹，平底。器身素面，盘身饰凹槽一周。口径18.6、残高4厘米（图29-6）。

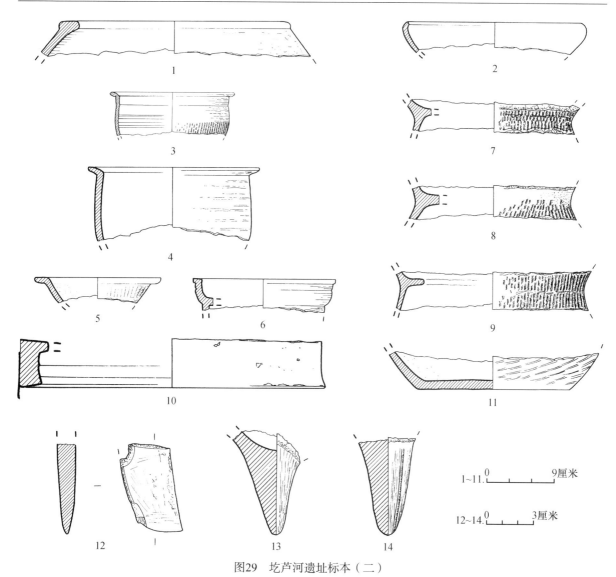

图29　圪芦河遗址标本（二）

（2为仰韶中期，1为仰韶晚期，4、11为庙底沟二期，10为龙山时期，13、14为二里头时期，3、5、6~9为商时期）

1.瓮（QXGLH1104：35）　2.钵（QXGLH1104：22）　3、4.深腹盆（QXGLH1104：1、QXGLH1104：16）　5.浅腹盆
（QXGLH1104：31）　6.豆（QXGLH1104：20）　7~9.甑（QXGLH1104：3、QXGLH1104：11、QXGLH1104：33）
10、11.器底（QXGLH1104：8、QXGLH1104：19）　12.石刀（QXGLH1104：23）　13、14.器足（QXGLH1104：27、
QXGLH1104：36）

　　甑　3件。内侧有箅隔一周，器身饰绳纹。QXGLH1104：3，细砂褐陶。腰径20.8、残高3.9厘米（图29-7）。QXGLH1104：11，细砂灰陶。腰径20.9、残高4.2厘米（图29-8）。QXGLH1104：33，细砂褐陶。腰径24.8、残高5.1厘米（图29-9）。

　　器底　2件。QXGLH1104：8，泥质灰陶。直壁，口径40.5、残高6.2厘米（图29-10）。QXGLH1104：19，泥质灰陶。上部残，下腹弧收，大平底，器身饰斜向篮纹。底径20.3、残高4.4厘米（图29-11）。

　　器足　2件。夹砂灰陶，实心锥形足。QXGLH1104：27，素面。残高6.3厘米（图29-13）。QXGLH1104：36，表面有竖向凹槽两道。残高6.1厘米（图29-14）。

2. 采集石器

石刀　1件。QXGLH1104：23，石灰岩。残，略呈梯形，器表磨光，双面刃。磨制。残长5.4、宽3.3、最厚处1.1厘米（图29-12）。

十、长 胜 遗 址

长胜遗址位于沁县定昌镇长胜村，东为小东岭村和姜家庄村，西为南头村，北为前庄村，南为段柳村，西南距离道兴遗址4.7千米（图30）。遗址地处浊漳河西源干流东岸的高台地上，距离河床约0.9千米，地势平坦，平均海拔1019米，其北侧被一东西向的深沟分割。遗址目前为农业耕地，在农田的阶状断面上可以观察到灰坑，从北部深沟的北侧断面上看，灰坑连绵分布，大量红陶和彩陶片散落于深沟的陡坡表面。遗址采集到的遗物基本为红陶和彩陶片，器形有钵、罐、盆、瓮、豆、瓶等，根据对陶钵标本和彩陶片的形态和纹饰主题进行分析，该地遗存的主体年代为仰韶时期，其中早、中、晚阶段皆有遗物发现：深腹钵、部分弦纹罐属于早期的后冈一期文化，而折腹豆、折肩罐则明显属于晚期。

1. 采集陶器

侈口钵　6件。皆泥质红陶。QXCS1104：6，口微侈，圆唇，弧腹，器表素面磨光。口径25、残高2.4厘米（图31-1）。QXCS1104：43，侈口，方唇，沿部内突成尖棱，弧腹，素面。口径35、残高2.7厘米（图31-2）。QXCS1104：5，侈口，圆唇，弧腹，器表有施黑彩痕迹。口径21、残高4.8厘米（图31-3）。QXCS1104：32，侈口，尖唇，弧腹，素面磨光。口径14、残高3.5厘米（图31-4）。QXCS1104：42，侈口，圆唇，弧腹，下腹呈青灰色。口径25、残高5.5厘米（图31-5）。QXCS1104：48，侈口，方唇，沿部内突成尖棱，弧腹，下腹呈青灰色。口径24.5、残高4.3厘米（图31-6）。

敛口钵　8件，皆泥质红陶。QXCS1104：49，口微敛，方唇，弧腹，下腹呈青灰色。口径29.1、残高4.8厘米（图31-7）。QXCS1104：33，口微敛，圆唇，鼓腹，素面，下腹呈青灰色。口径24.8、残高4.7厘米（图31-8）。QXCS1104：50，口微敛，方唇，弧腹，下腹呈青灰色。口径24.4、残高4.5厘米（图31-9）。QXCS1104：44，口微敛，方唇，弧腹，素面磨光。口径24.1、残高3.4厘米（图31-10）。QXCS1104：45，敛口，圆唇，腹微鼓，素面磨光。口径18.8、残高3.5厘米（图31-11）。QXCS1104：38，敛口，圆唇，鼓腹，素面。口径21.1、残高3.8厘米（图31-12）。QXCS1104：47，敛口，圆唇，鼓腹，素面。口径24.7、残高5.1厘米（图31-13）。QXCS1104：8，敛口，尖唇，鼓肩，素面，器表刮削痕迹明显，口部下侧有单向穿孔一个。口径46.2、残高3.9厘米（图31-14）。

曲腹钵　2件，皆泥质红陶。QXCS1104：15，口微敛，圆唇，曲腹，素面磨光。口径27.4、残高7.2厘米（图31-15）。QXCS1104：46，敛口，方唇，曲腹，下腹呈青灰色。口径26.5、残高5.3厘米（图31-16）。

直口钵　12件。QXCS1104：11，泥质红陶。圆唇，弧腹，下腹呈灰色。口径24.3、残高

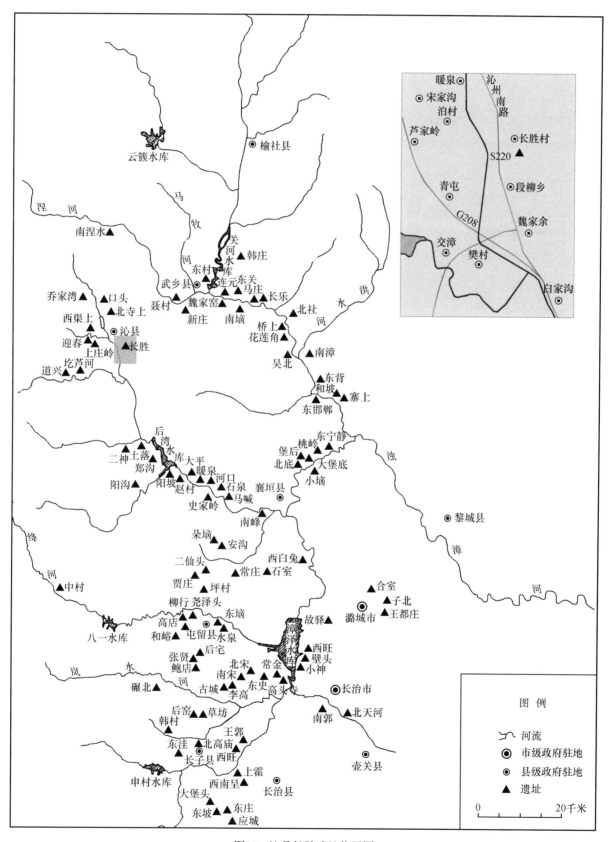

图30 沁县长胜遗址位置图

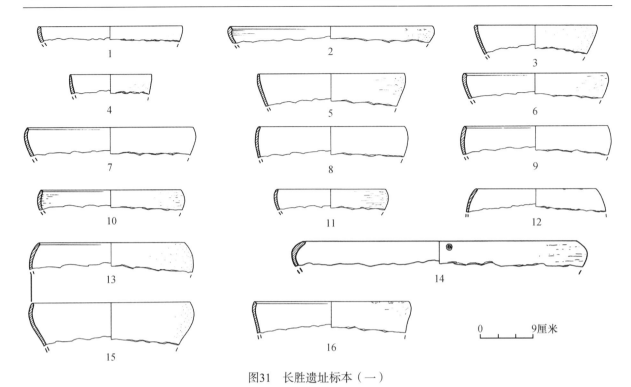

图31　长胜遗址标本（一）

（1～16皆为仰韶时期）

1～6.侈口钵（QXCS1104：6、QXCS1104：43、QXCS1104：5、QXCS1104：32、QXCS1104：42、QXCS1104：48）　7～14.敛口钵（QXCS1104：49、QXCS1104：33、QXCS1104：50、QXCS1104：44、QXCS1104：45、QXCS1104：38、QXCS1104：47、QXCS1104：8）　15、16.曲腹钵（QXCS1104：15、QXCS1104：46）

7.7厘米（图32-1）。QXCS1104：41，泥质黄陶。口近直，圆唇，弧腹下收，素面磨光。口径18.9、残高7.3厘米（图32-2）。QXCS1104：21，泥质黄陶。尖唇，弧腹，下腹呈暗灰色。口径22.3、残高6.9厘米（图32-3）。QXCS1104：1，细砂红陶。方唇，弧腹。口径26.6、残高7.1厘米（图32-4）。QXCS1104：24，泥质红陶。圆唇，弧腹，下腹呈灰色。口径26.6、残高6.4厘米（图32-5）。QXCS1104：61，泥质红陶。圆唇，弧腹，下腹呈灰色。口径28.7、残高6.1厘米（图32-6）。QXCS1104：7，泥质红陶。圆唇，弧腹，器表素面磨光。口径24、残高4.8厘米（图32-7）。QXCS1104：37，泥质红陶。圆唇，弧腹，素面。口径24.4、残高4.2厘米（图32-8）。QXCS1104：14，泥质红陶。弧腹，素面磨光。口径18.9、残高4.9厘米（图32-9）。QXCS1104：35，泥质红陶。口近直，圆唇，弧腹，素面磨光。口径20.6、残高4.3厘米（图32-10）。QXCS1104：30，泥质红陶。口近直，方唇，弧腹，下腹呈青灰色。口径24.5、残高5.1厘米（图32-11）。QXCS1104：60，泥质红陶。圆唇，弧腹，下腹呈青灰色。口径21、残高4.4厘米（图32-12）。

弦纹罐　5件。QXCS1104：2，夹粗砂夹石英红陶。斜折沿，尖唇，鼓腹，肩部可见密集粗弦纹。口径26、残高4.8厘米（图33-1）。QXCS1104：20，粗砂红陶。直口，方唇，鼓腹，沿面有凹槽一周，肩部可见密集弦纹。口径22.8、残高4.4厘米（图33-2）。QXCS1104：56，细砂红陶。敛口，方唇，鼓肩，唇面凹槽两道，肩部可见密集弦纹。口径27.5、残高3.1厘米（图33-3）。QXCS1104：23，细砂红陶。敛口，方唇，鼓腹，沿面有凹槽两道，器身饰密集

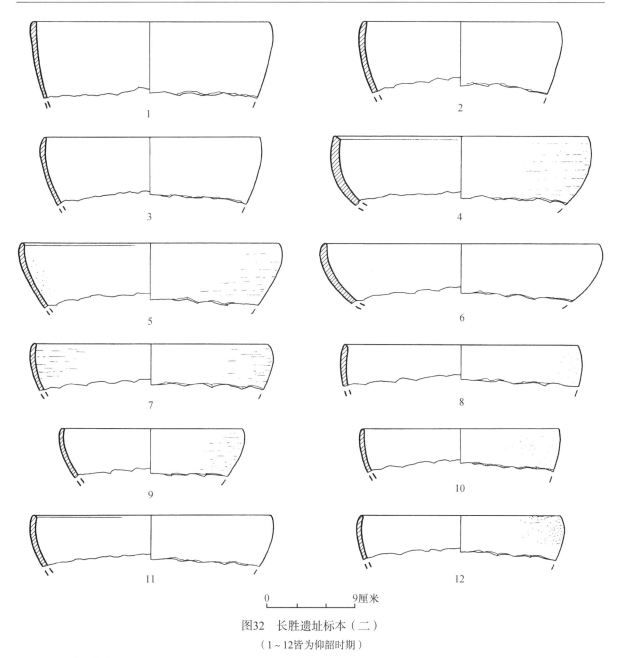

0　　　　　　　9厘米

图32　长胜遗址标本（二）

（1～12皆为仰韶时期）

1～12. 直口钵（QXCS1104：11、QXCS1104：41、QXCS1104：21、QXCS1104：1、QXCS1104：24、QXCS1104：61、
QXCS1104：7、QXCS1104：37、QXCS1104：14、QXCS1104：35、QXCS1104：30、QXCS1104：60）

弦纹。口径27.9、残高6.6厘米（图33-4）。QXCS1104：57，夹砂红陶。斜折沿，圆唇，鼓腹。沿部以下器身可见弦纹数道。口径17.1、残高3.6厘米（图33-6）。

绳纹罐　1件。QXCS1104：12，细砂灰陶。斜折沿，圆唇，唇面捏压呈花边状，腹部饰散乱粗绳纹。口径14.9、残高3.1厘米（图33-5）。

小口罐　2件。QXCS1104：59，细砂红陶。敛口，尖唇，鼓腹，沿下饰弦纹三周，其下可见指甲纹两周。口径15.5、残高4.9厘米（图33-7）。QXCS1104：34，泥质红陶。鼓肩，素面磨光。残高3.3厘米（图33-8）。

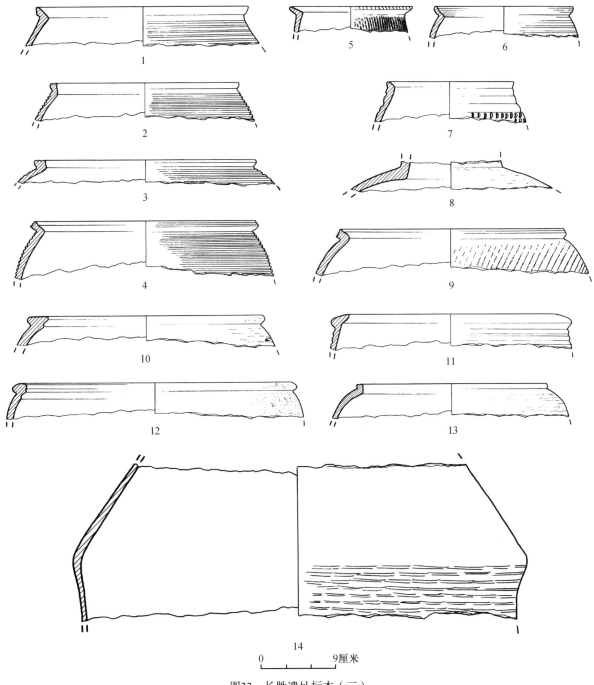

图33　长胜遗址标本（三）

（5为龙山时期外，14为庙底沟二期，其余为仰韶时期）

1~4、6. 弦纹罐（QXCS1104：2、QXCS1104：20、QXCS1104：56、QXCS1104：23、QXCS1104：57）　5. 绳纹罐
（QXCS1104：12）　7、8. 小口罐（QXCS1104：59、QXCS1104：34）　9. 线纹罐（QXCS1104：28）　10~13. 瓮
（QXCS1104：58、QXCS1104：55、QXCS1104：27、QXCS1104：17）　14. 折肩罐（QXCS1104：3）

线纹罐　1件。QXCS1104：28，细砂红陶。敛口，方唇，鼓腹，唇面有凹槽两道，器身饰粗线纹。口径27.3、残高5.3厘米（图33-9）。

瓮　4件。QXCS1104：58，夹砂红陶。敛口，平沿外突加厚，鼓腹，沿内侧有凹槽一道。

口径29.2、残高3.8厘米（图33-10）。QXCS1104∶55，泥质红陶。敛口，尖唇，沿下可见弦纹数道。口径29.4、残高4.4厘米（图33-11）。QXCS1104∶27，夹粗砂夹石英红陶。敛口，圆唇，唇面向外加厚，鼓腹，内壁近口沿处凹槽两周，器表素面。口径33.4、残高4.3厘米（图33-12）。QXCS1104∶17，夹粗砂夹石英红陶。敛口，方唇，鼓腹，沿面有凹槽一周，肩部可见弦纹数道。口径23、残高3.9厘米（图33-13）。

折肩罐　1件。QXCS1104∶3，泥质褐陶。上、下部皆残，斜折肩，肩部素面磨光，腹部饰横向篮纹。肩径56.3、残高17.9厘米（图33-14）。

宽沿盆　2件。QXCS1104∶9，夹粗砂夹石英黄陶。侈口，宽折沿，圆唇，深弧腹，腹身饰密集粗弦纹。口径22.5、残高8.6厘米（图34-1）。QXCS1104∶18，细砂灰陶。侈口，斜折

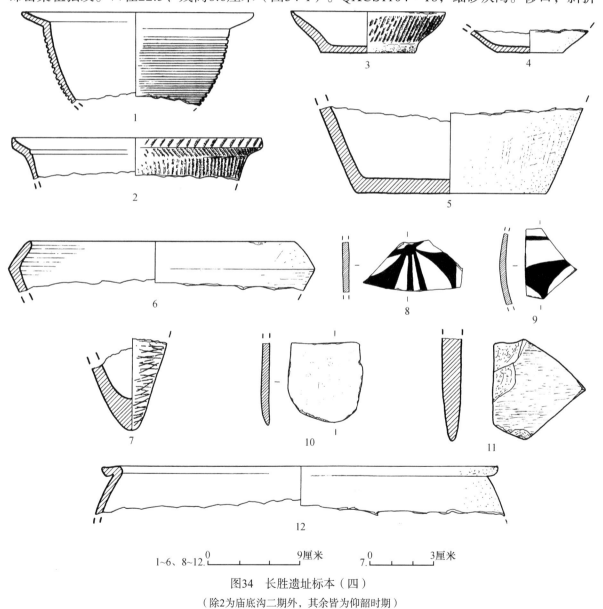

图34　长胜遗址标本（四）

（除2为庙底沟二期外，其余皆为仰韶时期）

1、2. 宽沿盆（QXCS1104∶9、QXCS1104∶18）　3. 浅腹盆（QXCS1104∶19）　4、5. 器底（QXCS1104∶22、QXCS1104∶16）
6. 折腹豆（QXCS1104∶39）　7. 瓶底（QXCS1104∶26）　8、9. 彩陶片（QXCS1104∶31、QXCS1104∶40）　10、11. 石铲
（QXCS1104∶29、QXCS1104∶10）　12. 鼓腹盆（QXCS1104∶13）

沿，方唇，斜腹，唇面压印呈花边状，器表饰深绳纹。口径24.3、残高4.1厘米（图34-2）。

浅腹盆　1件。QXCS1104：19，细砂褐陶。侈口，尖唇，曲腹，平底，面饰散乱绳纹。口径15.1、底径14.7、残高3.8厘米（图34-3）。

鼓腹盆　1件。QXCS1104：13，泥质黄陶。敛口，平折沿，尖唇，鼓腹，素面磨光。口径40.5、残高4.7厘米（图34-12）。

折腹豆　1件。QXCS1104：39，泥质红陶。敛口，尖唇，折腹，器表有施红彩痕迹。口径25.8、残高4.5厘米（图34-6）。

尖底瓶底　1件。QXCS1104：26，泥质红陶。仅余残底，尖底约45°，面饰乱线纹。残高4.2厘米（图34-7）。

器底　2件。QXCS1104：22，泥质红陶。弧腹下收，平底，素面。底径6.4、残高2.1厘米（图34-4）。QXCS1104：16，细砂红陶。下腹斜收，平底，素面。底径18.8、残高8.1厘米（图34-5）。

彩陶片　2件。QXCS1104：31，泥质黄陶。白色陶衣上施黑彩三角弧线。残长9.6厘米（图34-8）。QXCS1104：40，泥质红陶。器表施黑彩三角弧线纹饰。残长6.5厘米（图34-9）。

2. 采集石器

石铲　2件。皆石灰岩，磨制。QXCS1104：29，残，略呈方形，刃部可见单面开刃。残长7.4厘米（图34-10）。QXCS1104：10，残，略呈三角形，刃部为双面开刃。残长9.4厘米（图34-11）。

十一、李家沟遗址

李家沟遗址位于沁县定昌镇李家沟村，东为口头村，西为南山头，北为景村，南为秦家庄（图35）。遗址地处浊漳河西源干流西岸的丘陵缓坡地带，距离河床0.8千米，地势开阔，西北高东南低，最高点海拔1022米。该遗址发现灰坑一处，根据断面观察，其上部开口长约1.4米，距地表0.9米，除此之外，部分陶器遗物采集于村南的阶地断面。遗物包括盆、罐、豆等陶器和石铲，其年代为庙底沟二期至龙山时期，在该地方圆1千米范围内的景村和口头，都有一定数量该时期的遗存发现，但尚未发现有更大规模的遗址。

1. 采集陶器

盆　2件。QXLJG1104：2，泥质褐陶。下部残，侈口，斜折沿，尖圆唇，斜腹弧收，器身饰斜向篮纹。口径31.2、残高12.8厘米（图36-1）。QXLJG1104：8，细砂褐陶。口微侈，器壁似斜直，表面饰绳纹。口径19.6、残高3.4厘米（图36-4）。

鼓腹罐　2件。QXLJG1104：5，夹砂褐陶。斜折沿，尖唇，颈部以下饰绳纹。口径16.2、残高6厘米（图36-2）。QXLJG1104：4，细砂灰陶。斜折沿，方唇，口沿压印呈花边，颈部泥

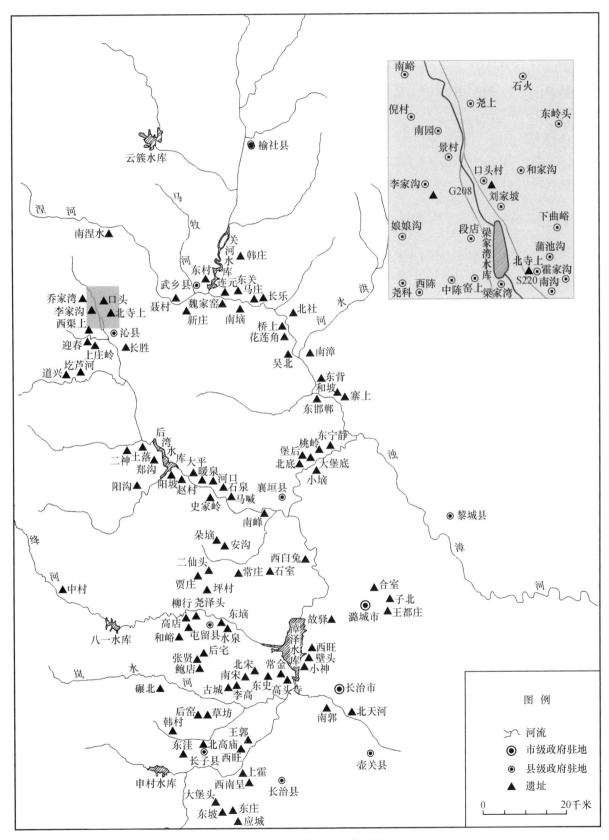

图35 沁县李家沟遗址位置图

条按压堆纹一周，器身饰绳纹。口径24.6、残高6厘米（图36-3）。

器底　1件。QXLJG1104：9，细砂褐陶。下腹斜收，大平底，器身饰绳纹。底径25.4、残高3.2厘米（图36-5）。

器盖　1件。QXLJG1104：6，细砂黑皮褐陶。覆盆形，斜壁，素面磨光。底径25.4、残高5.2厘米（图36-6）。

高领罐　2件。QXLJG1104：7，细砂褐陶。口微侈，圆唇，斜立领，器身素面。口径10.3、残高4.9厘米（图36-7）。QXLJG1104：1，夹细砂褐陶。口部微侈，卷沿，圆唇，颈部以下饰绳纹。口径12.7、残高3.1（图36-8）。

2. 采集石器

石铲　1件。QXLJG1104：12，灰色石灰岩。残，整体近梯形。表面磨光，单面刃，刃部锋利。磨制。残长4.7、宽3.5、最厚处0.7厘米（图36-9）。

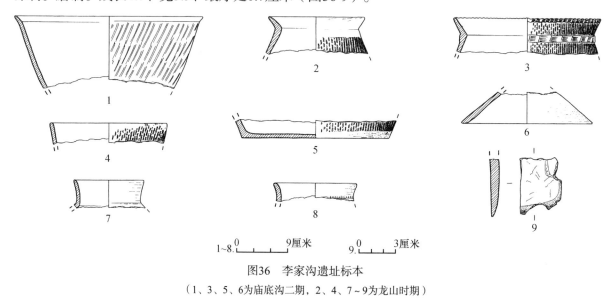

图36　李家沟遗址标本

（1、3、5、6为庙底沟二期，2、4、7～9为龙山时期）

1、4.盆（QXLJG1104：2、QXLJG1104：8）　2、3.鼓腹罐（QXLJG1104：5、QXLJG1104：4）　5.器底（QXLJG1104：9）

6.器盖（QXLJG1104：6）　7、8.高领罐（QXLJG1104：7、QXLJG1104：1）　9.石铲（QXLJG1104：12）

十二、二神遗址

二神遗址位于沁县新店镇二神村，西为南池村，东为襄垣县贺家垴，南为顾家沟，东北为崔家坡（图37）。遗址地处浊漳河西源干流南岸的高台地上，距离河床0.6千米，海拔1002米，岭上地势较为平坦，但被若干南北走向小冲沟分隔（图版7-2）。该遗址在20世纪就开始不断出土彩陶片等史前遗物，2000～2001年，山西大学考古系师生曾在该遗址进行过短期考古实习。2010～2011年的勘察中，在近0.3平方千米的范围内，共发现墓葬、灰坑、房址等遗迹近20处，采集了大量的史前时期遗物。遗物以陶器为主，器形包括罐、盆、缸、鬲、豆、钵、瓶

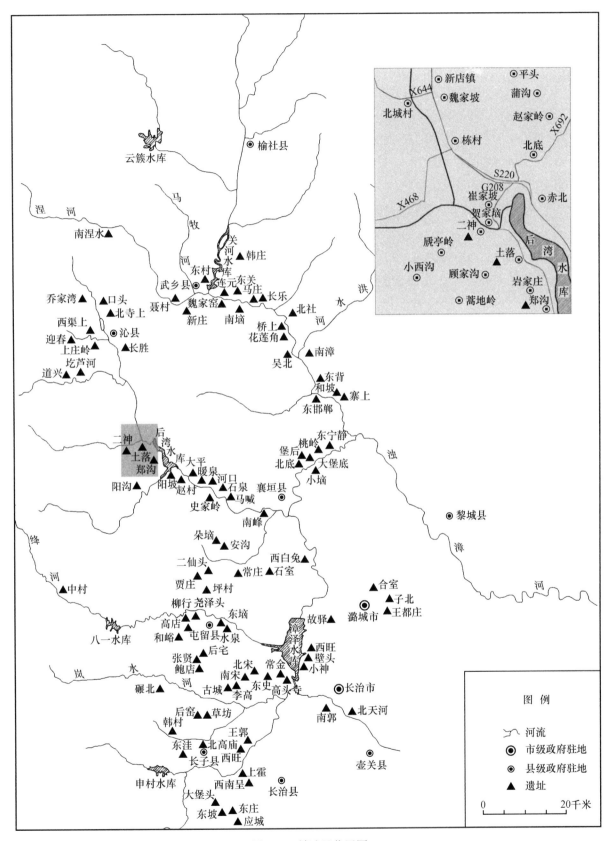

图37　二神遗址位置图

等，其年代从仰韶时期至商时期。其中，大量的商代罐、盆、鬲、豆等遗物时代特征明显，在遗存中比重最大，仰韶、龙山时期遗存也点较大比例。

采集陶器

深腹罐　4件。QXES1104：8，泥质灰陶。斜折沿，方唇，颈部以下可见深弦纹两周。口径34.2、残高4.3厘米（图38-1）。QXES1104：16，泥质褐陶。斜折沿，方唇，腹身饰绳纹。口径30.3、残高4.8厘米（图38-10）。QXES1104：5，夹砂灰陶。斜折沿，方唇，鼓腹，唇面压印呈花边状，颈部泥条按压堆纹一周，上腹细泥条堆纹一周，器表饰竖向篮纹。口径24.4、残高9.6厘米（图38-11）。QXES1104：48，泥质灰陶。斜折沿，尖唇，素面。口径16.2、残高2.6厘米（图38-13）。

大口罐　2件。QXES1104：37，泥质灰陶。折沿两次，尖唇，沿下凸棱一周。口径32.3、残高3.6厘米（图38-2）。QXES1104：43，泥质灰陶。宽斜折沿，方唇，束颈，素面。口径

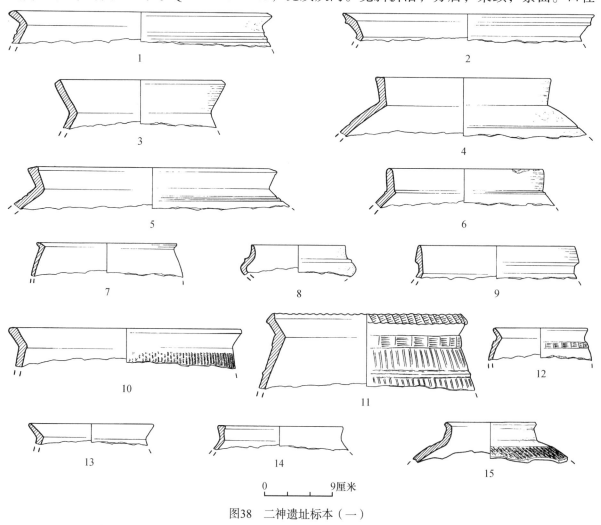

图38　二神遗址标本（一）

（7、11、12为庙底沟二期，2、3、8、9、10、13为龙山时期，1、4～6、14、15为商时期）

1、10、11、13.深腹罐（QXES1104：8、QXES1104：16、QXES1104：5、QXES1104：48）　2、3.大口罐（QXES1104：37、QXES1104：43）　4、6、8、9、14、15.直口罐（QXES1104：10、QXES1104：18、QXES1104：47、QXES1104：30、QXES1104：42、QXES1104：73）　5、7、12.鼓腹罐（QXES1104：17、QXES1104：28、QXES1104：49）

22.6、残高6.2厘米（图38-3）。

直口罐　6件。QXES1104：10，细砂褐陶。直口，方唇，鼓肩，肩部可见规整弦纹一周，素面磨光。口径22.5、残高7.4厘米（图38-4）。QXES1104：18，泥质褐陶。直口，圆唇，弧肩，素面。口径20.7、残高4.6厘米（图38-6）。QXES1104：47，泥质褐陶。直口，尖唇，鼓腹，肩部有凸棱一周。口径12.2、残高3.7厘米（图38-8）。QXES1104：30，泥质灰陶。直口，尖唇，口外侧加厚，素面。口径20.3、残高4.3厘米（图38-9）。QXES1104：42，泥质灰陶。直口，方唇，素面。口径16.4、残高3.1厘米（图38-14）。QXES1104：73，夹砂灰陶。直口，短颈，弧肩，腹身饰交错粗绳纹。口径11.5、残高4.9厘米（图38-15）。

鼓腹罐　3件。QXES1104：17，泥质红陶。斜折沿，方唇，斜肩，肩部可见弦纹两周。口径32.6、残高5.2厘米（图38-5）。QXES1104：28，泥质灰陶。斜折沿，尖唇，鼓腹，器表素面磨光。口径18.3、残高4.2厘米（图38-7）。QXES1104：49，细砂灰陶。斜折沿，方唇，鼓腹，颈部泥条按压堆纹一周。口径12.2、残高3.5厘米（图38-12）。

红陶盆　3件。皆夹砂红陶。QXES1104：13，敛口，圆唇，鼓腹，器身饰线纹。口径32.3、残高8.5厘米（图39-1）。QXES1104：14，直口，鼓腹，沿外侧加厚并中饰弦纹，腹身饰线纹。口径31.8、残高7.9厘米（图39-2）。QXES1104：12，敛口，圆唇外突加厚，鼓腹，沿内侧凹槽一周，器身饰线纹。口径34.4、残高5.5厘米（图39-3）。

直口盆　3件。QXES1104：32，细砂灰陶。直口，卷沿，圆唇，束颈，鼓腹，颈部以下饰绳纹。口径12.2、残高4.5厘米（图39-4）。QXES1104：15，细砂灰陶。直口，斜沿，尖唇，弧腹，腹身饰绳纹。口径14.8、残高4.8厘米（图39-5）。QXES1104：51，粗砂红陶。直口，圆唇外突加厚，颈部凹槽一周，器身素面。口径25.4、残高4.4厘米（图39-8）。

侈口盆　3件。QXES1104：9，细砂灰陶。侈口，圆唇，弧腹，腹部有钩状小鋬，下腹饰横向篮纹。口径24.4、残高6.4厘米（图39-6）。QXES1104：7，细砂灰陶。侈口，卷沿，方唇，弧腹，沿内侧饰凹槽一周，上腹饰凹槽及弦纹数周。口径25.4、残高7.4厘米（图39-7）。QXES1104：27，泥质黑皮褐陶。侈口，平沿，尖唇，颈部以下器壁内弧，沿下饰弦纹三周。口径31.3、残高6.1厘米（图39-9）。

折沿盆　4件。QXES1104：23，泥质红陶，侈口，斜折沿，方唇，弧腹，腹部弦纹一周，下饰绳纹。口径29.6、残高5.3厘米（图39-10）。QXES1104：26，细砂灰陶，侈口，斜折沿，方唇，弧腹，唇面压印成索状花边，颈部以下饰绳纹。口径29.6、残高4.5厘米（图39-11）。QXES1104：33，细砂灰陶，侈口，些折沿，圆唇，颈部以下饰细绳纹。口径29.6、残高4.2厘米（图39-12）。QXES1104：4，泥质灰陶。斜折沿，尖唇，腹身饰绳纹。口径36、残高7.9厘米（图39-13）。

缸　2件。QXES1104：3，泥质灰陶。口微敛，斜折沿，尖唇，腹壁较直，器表饰斜向篮纹。口径38、残高8.9厘米（图40-1）。QXES1104：74，夹粗砂褐陶。小折沿，方唇，口沿压印呈索状花边，器身饰竖向篮纹。口径42.9、残高6.4厘米（图40-2）。

鬲　3件。QXES1104：1，细砂褐陶。斜折沿，圆唇，腹饰深绳纹，整体比例略呈方形。口径17.5、残高11.9厘米（图40-3）。QXES1104：2，夹砂褐陶。斜折沿，方唇，腹饰粗绳纹。口径22.8、残高8.7厘米（图40-4）。QXES1104：72，夹砂灰陶。斜折沿，尖唇，鼓腹，

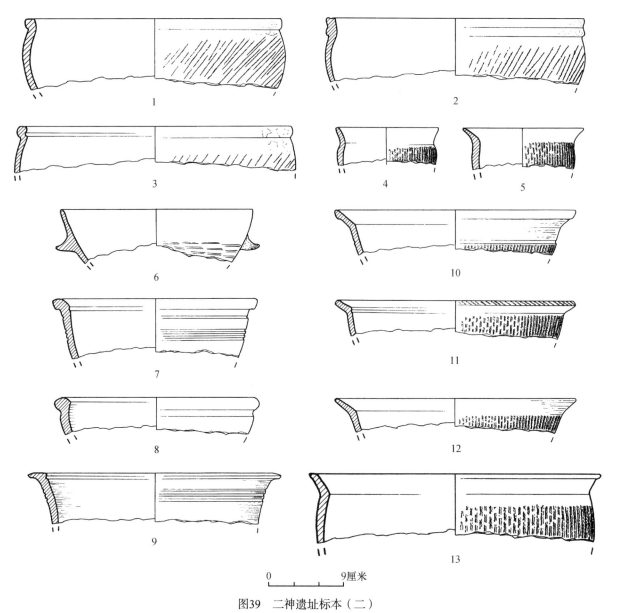

图39　二神遗址标本（二）

（1～3、8为仰韶中期，6为庙底沟二期，其余皆为商时期）

1～3.红陶盆（QXES1104：13、QXES1104：14、QXES1104：12）　4、5、8.直口盆（QXES1104：32、QXES1104：15、QXES1104：51）　6、7、9.侈口盆（QXES1104：9、QXES1104：7、QXES1104：27）　10～13.折沿盆（QXES1104：23、QXES1104：26、QXES1104：33、QXES1104：4）

腹部饰粗绳纹。口径12.7、残高5.3厘米（图40-5）。

豆　3件。QXES1104：11，泥质灰陶。直口，方唇，豆盘似平底，腹中空，沿部下饰弦纹两周，器身素面。口径33.9、残高10厘米（图40-6）。QXES1104：29，泥质灰陶。直口，平沿，直腹，腹中空，颈部凸棱一周。口径16.9、残高3.7厘米（图40-7）。QXES1104：75，泥质灰陶，敛口，内折沿，腹部饰弦纹两周。口径14.8、残高3.2厘米（图40-8）。

钵　5件。QXES1104：19，泥质灰陶。直口，圆唇，素面，器表因磨损显粗糙。口径23.3、残高5.1厘米（图40-9）。QXES1104：38，泥质红陶。直口，圆唇，器表有黑彩残存。

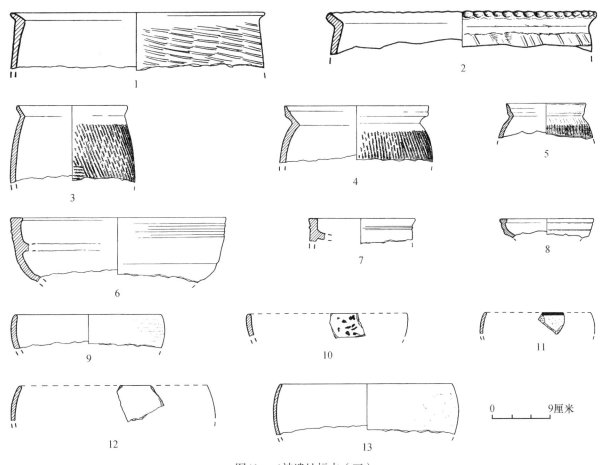

图40 二神遗址标本（三）

（9~13为仰韶中期，1、2为庙底沟二期，3~8为商时期）

1、2.缸（QXES1104：3、QXES1104：74） 3~5.鬲（QXES1104：1、QXES1104：2、QXES1104：72） 6~8.豆
（QXES1104：11、QXES1104：29、QXES1104：75） 9~13.钵（QXES1104：19、QXES1104：38、QXES1104：41、
QXES1104：40、QXES1104：39）

口径25.4、残高3.7厘米（图40-10）。QXES1104：41，泥质红陶。敛口，圆唇，鼓腹，口沿外侧绘黑彩条带一周。口径16.9、残高3.2厘米（图40-11）。QXES1104：40，泥质红陶。敛口，圆唇，鼓腹，表面有黑彩残存。口径30.2、残高5.6厘米（图40-12）。QXES1104：39，泥质红陶。敛口，圆唇，鼓腹，素面。口径27.5、残高7.9厘米（图40-13）。

瓶 1件。QXES1104：6，夹砂灰陶。喇叭口长颈，面饰篮纹。口径24、残高16.5厘米（图41-1）。

器足 11件。QXES1104：22，夹砂灰陶。空心锥形足，面饰绳纹。残高17.5厘米（图41-2）。QXES1104：71，夹砂灰陶。空心袋形足，表面饰绳纹。残高19.6厘米（图41-3）。QXES1104：61，夹砂灰陶。袋形足，足根素面。残高17.5厘米（图41-4）。QXES1104：24，夹砂灰陶。实心锥形足根，素面。残高10厘米（图41-5）。QXES1104：25，夹砂灰陶。袋状足，足根实心锥形，素面。残高14.8厘米（图41-6）。QXES1104：36，细砂灰陶。实心锥形足，素面。残高10.6厘米（图41-7）。QXES1104：55，细砂褐陶。实心锥形足，可见竖向凹

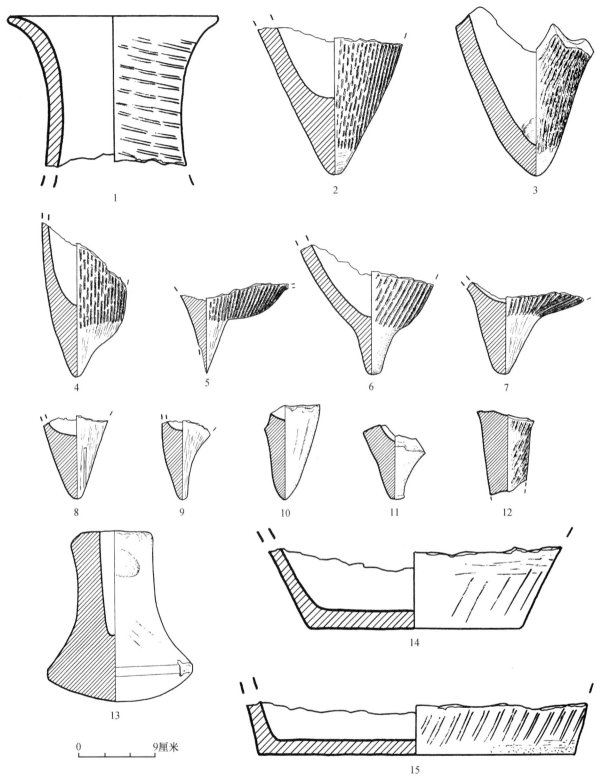

图41 二神遗址标本（四）

（1为仰韶晚期，14、15为庙底沟二期，2、3为龙山时期，8、10、12为二里头时期，4~7、9~11、13为商时期）

1.瓶（QXES1104：6） 2~12.器足（QXES1104：22、QXES1104：71、QXES1104：61、QXES1104：24、QXES1104：25、

QXES1104：36、QXES1104：55、QXES1104：56、QXES1104：76、QXES1104：77、QXES1104：78） 13.陶垫

（QXES1104：79） 14、15.器底（QXES1104：34、QXES1104：35）

槽两道。残高9.5厘米（图41-8）。QXES1104：56，细砂灰陶。实心锥形足，素面。残高9厘米（图41-9）。QXES1104：76，夹砂红陶。实心锥形足，竖向刻划凹槽两道。残高11.1厘米（图41-10）。QXES1104：77，夹砂灰陶。实心锥形足，素面。残高8.5厘米（图41-11）。QXES1104：78，夹砂褐陶。实心锥形足，竖向刻划凹槽数道。残高9.5厘米（图41-12）。

陶垫　1件。QXES1104：79，夹砂灰陶。呈菌帽状，器柄空心。高20.1厘米（图41-13）。

器底　2件。QXES1104：34，细砂灰陶。下腹斜收，平底，表面有刮削痕迹。底径25.9、残高9厘米（图41-14）。QXES1104：35，夹砂褐陶。上部残，下腹斜收，平底，器表饰斜向篮纹。底径38.1、残高5.8厘米（图41-15）。

第二节　武　乡　县

一、聂村遗址

聂村遗址位于武乡县丰州镇聂村，东为雨沟村，西为松村，北部为西城和白芽村，南向隔河为姜村（图42）。遗址地处浊漳河北源支流涅河北岸的缓坡地带，距离河床0.4千米，地势总体平缓，略呈北高南低态势，平均海拔968米。遗址内遗迹稀少，仅在村北农田阶地上发现一段长1.2、厚0.4米的灰层，应为浅层灰坑被耕作活动破坏所致。遗物皆处于该灰层，能辨器形者有陶器3件，石器1件。陶器为红陶和褐陶，其质地、纹饰和形态显示了仰韶文化中期阶段的特征，未发现其他时代的遗物。

1. 采集陶器

钵　1件。WXNC1104：2，泥质红陶。口微敛，圆唇，腹微鼓，素面磨光。口径16、残高4.3厘米（图43-1）。

盆　1件。WXNC1104：1，泥质红陶。敛口，尖唇，沿外突加厚，弧腹，素面。口径22.3、残高3.5厘米（图43-2）。

器盖　1件。WXNC1104：3，夹砂褐陶。覆盆形，尖唇，捉手残。口径25.4、残高7厘米（图43-3）。

陶片　2件。WXNC1104：12，粗砂红陶。表面饰粗线纹。残长4.5厘米（图43-5）。WXNC1104：17，泥质红陶。表面饰交错线纹。残长3.8厘米（图43-6）。

2. 采集石器

石铲　1件。WXNC1104：16，石灰岩。残，略呈方形，器身磨光，刃部锋利。磨制。残长7.1、宽5.3、最厚处0.9厘米（图43-4）。

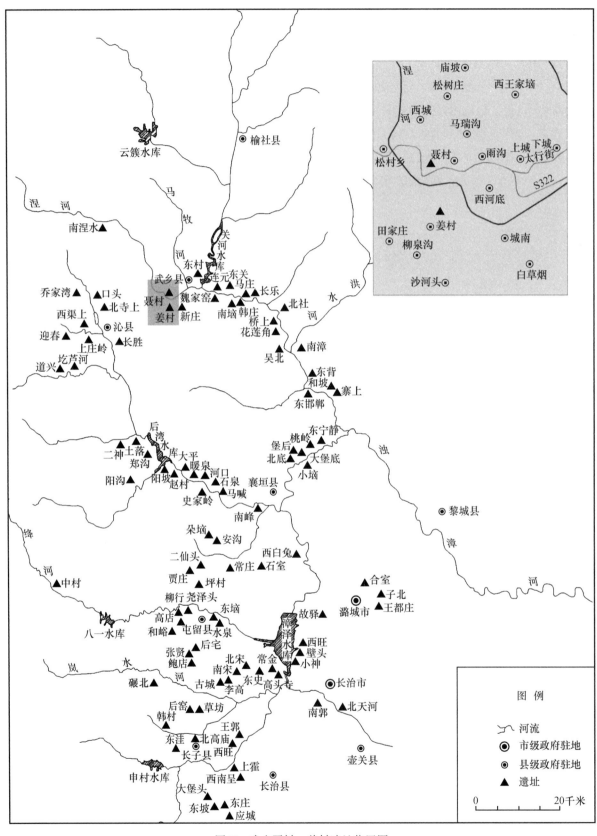

图42　武乡聂村、姜村遗址位置图

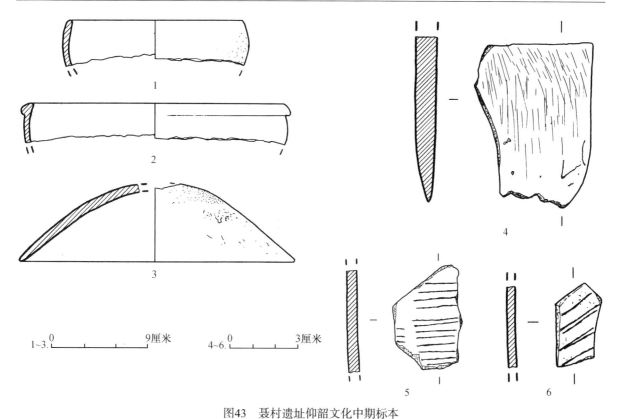

图43　聂村遗址仰韶文化中期标本

1.钵（WXNC1104：2）　2.盆（WXNC1104：1）　3.器盖（WXNC1104：3）　4.石铲（WXNC1104：16）

5、6.陶片（WXNC1104：12、WXNC1104：17）

二、姜村遗址

　　姜村遗址位于武乡县丰州镇姜村，东为城南村，西为田家庄，南为沙河头村，北向隔河为聂村（图42）。遗址地处浊漳河北源支流涅水南岸的丘陵缓坡地带，距离河床0.8千米，地势较为平缓，平均海拔981米。2011年的考古调查中，在遗址内发现灰坑一处，采集到陶片若干，可辨器形3件，其余标本采集于灰坑西北150米的农田地表，遗存分布的大体范围为东西170、南北150米。遗物全部为陶器，器形有鼓腹罐、高领罐和器盖，根据质地和形态分析，该批标本年代为庙底沟二期至龙山时期。

采集陶器

　　鼓腹罐　6件。WXJC1104：13，夹砂灰陶。斜折沿，方唇，鼓腹，唇面压印呈花边，颈部附加堆纹一周（脱落），其下器表饰绳纹。口径27、残高7.6厘米（图44-1）。WXJC1104：2，夹砂灰陶。斜折沿，尖唇，鼓腹，颈部泥条按压堆纹两周，其下器身饰绳纹。口径27、残高6.6厘米（图44-4）。WXJC1104：6，夹砂褐陶。斜折沿，口沿内侧凹槽数道，颈部以下器表饰绳纹。口径24.6、残高4.7厘米（图44-6）。WXJC1104：7，夹砂褐陶。斜折沿，尖唇，颈部泥条按压堆纹一周，其下器身饰绳纹。口径16.6、残高3.1厘米（图44-7）。WXJC1104：14，细砂灰陶。斜折沿，圆唇，颈部细泥条堆纹一周，其下器身饰绳纹。口径

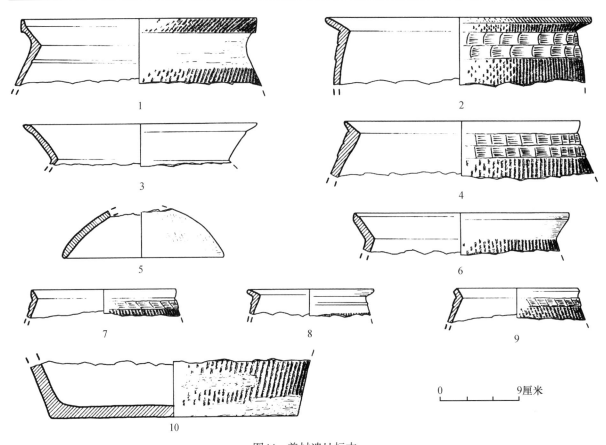

图44　姜村遗址标本

（1、2、4～9为庙底沟二期，3、10为龙山时期）

1、4、6～9.鼓腹罐（WXJC1104：13、WXJC1104：2、WXJC1104：6、WXJC1104：7、WXJC1104：14、WXJC1104：10）

2.深腹罐（WXJC1104：15）　3.大口罐（WXJC1104：4）　5.器盖（WXJC1104：1）　10.器底（WXJC1104：5）

14.3、残高2.8厘米（图44-8）。WXJC1104：10，细砂灰陶。斜折沿，方唇，鼓腹，颈部泥条按压堆纹一周，其下器身饰绳纹。口径14.2、残高3.6厘米（图44-9）。

深腹罐　1件。WXJC1104：15，细砂灰陶。斜折沿，圆唇，颈部泥条按压堆纹两周，其下器身饰细绳纹。口径30.3、残高7.6厘米（图44-2）。

大口罐　1件。WXJC1104：4，泥质灰陶。斜领，尖唇，素面磨光。口径27、残高4.7厘米（图44-3）。

器盖　1件。WXJC1104：1，泥质灰陶。覆盆状，圆唇，器壁外弧，捉手残。口径18.5、残高5.2厘米（图44-5）。

器底　1件。WXJC1104：5，夹砂褐陶。下腹斜收，平底素面，腹部饰绳纹。底径28.4、残高6.4厘米（图44-10）。

三、新 庄 遗 址

新庄遗址位于武乡县丰州镇新庄村，东为白草坡，西为代照岭，北为洞则沟，南为太平庄，其西北3.2千米为姜村遗址（图45）。遗址地处浊漳河北源支流涅水南岸的高台地上，水

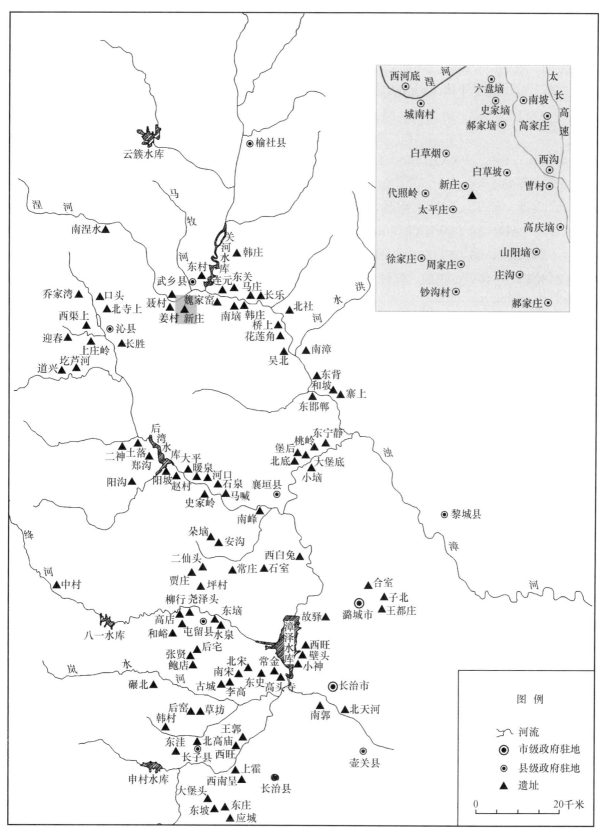

图45　武乡新庄遗址位置图

土流失形成的冲沟将该区域分割成较小的地块，地势高差较大，最高点海拔1083米。遗址内遗迹包括两处灰坑和一处小型陶窑，部分遗物采集于灰坑。遗物包括高颈瓶、盆、罐等，年代最早者为仰韶晚期的彩陶片，颈部饰泥条按压堆纹的折沿罐年代为庙底沟二期阶段，若干素面红陶器如瓶、盆、碗等年代区间应为庙底沟二期至龙山时期。

采集陶器

高颈瓶　1件。WXXZ1306：1，泥质灰陶。直口，尖唇，鼓腹，素面。口径10.4、残高10.4厘米（图46-1）。

盆　4件。泥质红陶，素面磨光。WXXZ1306：2，侈口，圆唇，折腹。口径16.3、残高6.5厘米（图46-2）。WXXZ1306：6，侈口，圆唇，腹微折。口径14.4、残高3.8厘米（图46-3）。WXXZ1306：5，直口，圆唇，腹壁微斜，平底。口径14.3、残高4厘米（图46-4）。WXXZ1306：7，侈口，尖唇，弧腹见两周凸棱。口径24.5、残高9厘米（图46-6）。

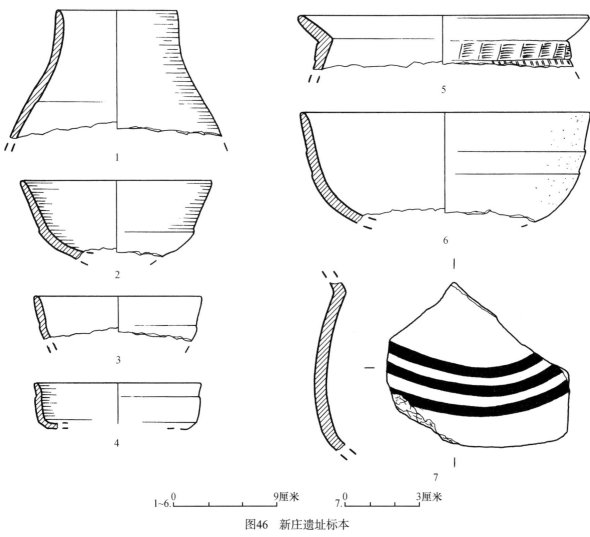

图46　新庄遗址标本

（7为仰韶晚期，5为庙底沟二期，其余皆为龙山时期）

1.高颈瓶（WXXZ1306：1）　2~4、6.盆（WXXZ1306：2、WXXZ1306：6、WXXZ1306：5、WXXZ1306：7）

5.罐（WXXZ1306：4）　7.彩陶片（WXXZ1306：3）

罐　1件。WXXZ1306：4，泥质灰陶。斜折沿，圆唇，颈部泥条按压堆纹一周，其下器身饰竖向篮纹。口径24.8、残高4.7厘米（图46-5）。

彩陶片　1件。WXXZ1306：3，泥质红陶。残片，橙色陶衣上绘红彩弧线一组。残长7.4、残宽6.5厘米（图46-7）。

四、魏家窑遗址

魏家窑遗址位于武乡县丰州镇魏家窑村西，东为白家窑村，北为西寨子，南为松庄村，西临二广高速公路（图47）。遗址地处浊漳河北源干流南岸的高台地上，距离河床约0.9千米，地势北高南低，地表被冲沟分隔成若干小块耕地，最高点海拔977米。遗址范围内遗迹丰富，在西侧和南侧阶地断面上密布灰坑和墓葬共计20多处（图版5-2），地表散布大量的红陶和灰陶片，其分布范围大概为东西230、南北280米。遗址采集到的遗物包括陶器和石器，陶器可见罐、盆、缸、瓮、钵、甗、豆、鬲等器形。根据陶器器形、质地、纹饰和形态分析，该遗址的最早遗存为仰韶晚期，最晚为商代白家庄文化时期（商代中期），主体遗存的年代为二里头和商时期，根据遗存的规模，魏家窑遗址应该是武乡境内目前发现最大的夏商时期文化遗址。

1. 采集陶器

高领罐　5件。WXWJY1103：24，夹砂灰陶。侈口，方唇，高弧领，素面。口径28.5、残高8.5厘米（图48-1）。WXWJY1103：46，泥质褐陶。侈口，圆唇，高领，素面。口径18.5、残高7.9厘米（图48-3）。WXWJY1103：89，夹砂夹石英红陶。侈口，圆唇，束颈，口部有捏压痕迹，素面。口径14.8、残高7.9厘米（图48-4）。WXWJY1103：91，泥质灰陶。口微侈，圆唇，高领，腹身饰绳纹。口径16.7、残高9.3厘米（图48-5）。WXWJY1103：16，泥质褐陶。侈口，尖唇，喇叭口高领，素面磨光。口径18.7、残高4.5厘米（图48-6）。

直口罐　1件。WXWJY1103：25，粗砂褐陶。直口，圆唇，素面。口径31、高5.5厘米（图48-2）。

深腹罐　2件。WXWJY1103：75，泥质褐陶。斜折沿，方唇，素面磨光。口径20.2、残高3.9厘米（图48-7）。WXWJY1103：73，夹砂灰陶。斜折沿，唇面压印呈花边状，颈部泥条按压堆纹一周。口径16.2、残高2.8厘米（图48-10）。

鼓腹罐　6件。WXWJY1103：27，泥质褐陶。斜折沿，圆唇，素面。口径14.5、残高3.6厘米（图48-8）。WXWJY1103：40，泥质灰陶。斜折沿，尖唇，沿外下侧抹绳纹，腹身饰绳纹。口径18.6、残高4.3厘米（图48-9）。WXWJY1103：65，夹砂灰陶。斜折沿，花边状唇面，颈部泥条按压堆纹一周，鼓腹，器身饰斜向篮纹。口径14.6、残高4.4厘米（图48-11）。WXWJY1103：92，泥质红陶。折沿外卷，圆唇，鼓腹，腹身饰绳纹。口径20.6、残高4.7厘米（图48-14）。WXWJY1103：79，泥质红陶。折沿外卷，圆唇，鼓腹，颈部下饰三角折线纹一周，弦纹二周，器身饰绳纹，局部交错绳纹。口径22、残高12.1厘米（图48-15）。WXWJY1103：5，夹砂灰陶。斜折沿，圆唇，鼓腹，颈部泥条按压堆纹一周，腹身饰绳纹。口径12.3、残高5.4厘米（图48-16）。

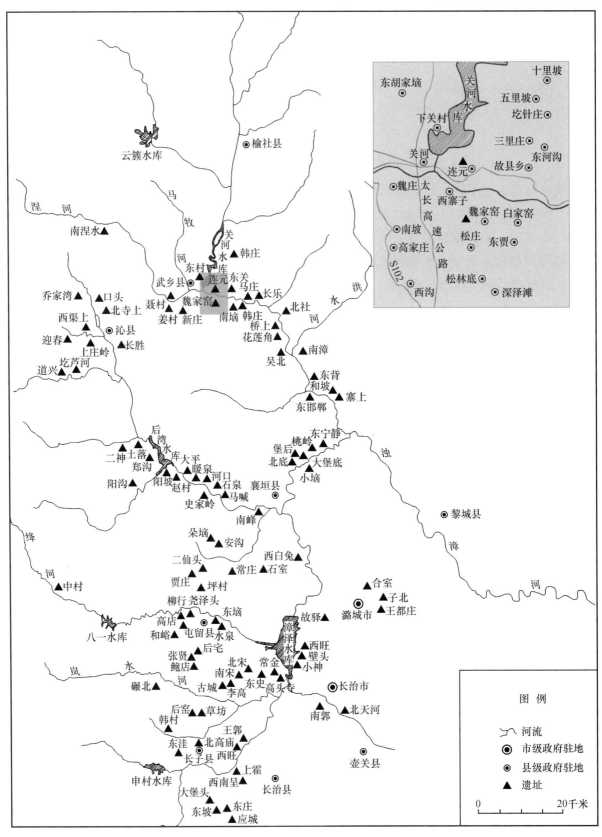

图47 武乡魏家窑、连元遗址位置图

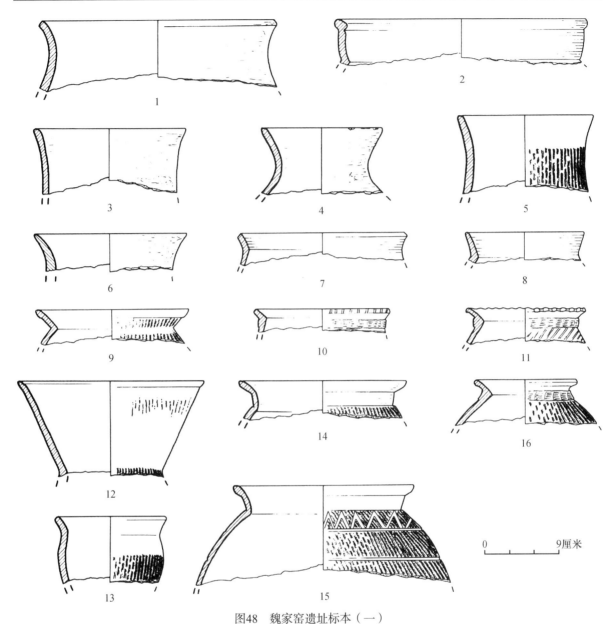

图48　魏家窑遗址标本（一）

（9～11、16为庙底沟二期，1～4、6～8为龙山时期，其余为二里头时期）

1、3～6. 高领罐（WXWJY1103：24、WXWJY1103：46、WXWJY1103：89、WXWJY1103：91、WXWJY1103：16）

2. 直口罐（WXWJY1103：25）　7、10. 深腹罐（WXWJY1103：75、WXWJY1103：73）　8、9、11、14～16. 鼓腹罐

（WXWJY1103：27、WXWJY1103：40、WXWJY1103：65、WXWJY1103：92、WXWJY1103：79、WXWJY1103：5）

12. 大口尊（WXWJY1103：47）　13. 小罐（WXWJY1103：43）

　　小罐　1件。WXWJY1103：43，泥质灰陶。斜折沿，圆唇，弧腹，腹身下部饰绳纹。口径13.4、残高7.9厘米（图48-13）。

　　大口尊　1件。WXWJY1103：47，夹细砂灰陶。侈口，高斜领，领部有抹绳纹痕迹，领部以下器身饰绳纹。口径22.8、残高11.5厘米（图48-12）。

　　束颈盆　3件。WXWJY1103：37，细砂褐陶。侈口，方唇，颈微束，鼓腹，器表饰绳纹。口径28.5、残高10.5厘米（图49-1）。WXWJY1103：41，夹砂灰陶。口微侈，方唇，颈微束，

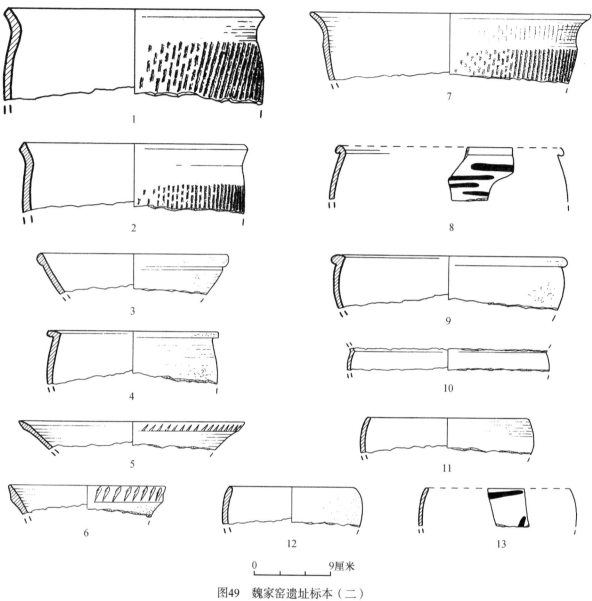

图49　魏家窑遗址标本（二）

（3、8~13为仰韶晚期，4~6为龙山时期，1、2、7为二里头时期）

1、2、7.束颈盆（WXWJY1103：37、WXWJY1103：41、WXWJY1103：54）　3、5、6.侈口盆（WXWJY1103：101、
WXWJY1103：31、WXWJY1103：50）　4、8~10.鼓腹盆（WXWJY1103：22、WXWJY1103：15、WXWJY1103：26、
WXWJY1103：6）　11~13.钵（WXWJY1103：17、WXWJY1103：61、WXWJY1103：18）

腹饰绳纹。口径25、残高7.7厘米（图49-2）。WXWJY1103：54，夹砂灰陶。侈口，卷沿，圆唇，颈部微束，弧腹下收，颈部以下器身饰绳纹。口径31.7、残高7.4厘米（图49-7）。

侈口盆　3件。WXWJY1103：121，泥质灰陶。侈口，圆唇，沿面外突加厚，素面。口径21.2、残高4.4厘米（图49-3）。WXWJY1103：31，夹砂红陶。侈口，尖唇，沿下饰粗线纹。口径25.7、残高3.1厘米（图49-5）。WXWJY1103：50，夹砂红陶。侈口，尖唇，口沿外侧饰索状粗线纹。口径17.8、高3.4厘米（图49-6）。

鼓腹盆　4件。WXWJY1103：22，夹砂褐陶。窄折沿，方唇，腹微鼓，素面。口径19.8、残高5.9厘米（图49-4）。WXWJY1103：15，泥质红陶。敛口，卷沿，圆唇，鼓腹，器表饰黑彩线条。口径25.2、残高6.1厘米（图49-8）。WXWJY1103：26，粗砂褐陶。敛口，圆唇，鼓腹，素面。口径26.5、残高5.7厘米（图49-9）。WXWJY1103：6，泥质红陶。口部及器底皆残，敛口，腹微鼓，素面。残径22、残高2.3厘米（图49-10）。

钵　3件。皆泥质红陶，敛口，圆唇，鼓腹。WXWJY1103：17，素面。口径18.3、残高3.9厘米（图49-11）。WXWJY1103：61，素面。口径14.5、残高4.3厘米（图49-12）。WXWJY1103：18，口沿及腹饰黑彩弧线。口径16.3、高4.2厘米（图49-13）。

敛口瓮　8件。WXWJY1103：81，夹细砂褐陶。内折沿，上腹较直，下腹微鼓，器身沿部10厘米以下饰绳纹。口径28.7、残高15.1厘米（图50-1）。WXWJY1103：38，细砂灰陶。方唇，鼓腹，腹部饰绳纹，局部绳纹交错。口径28.3、残高13.5厘米（图50-3）。WXWJY1103：102，细砂灰陶。方唇，鼓腹，上腹弦纹一周，其下腹身饰绳纹。口径24.8、残高20.3厘米（图50-4）。WXWJY1103：80，泥质褐陶。方唇，鼓腹，外表磨光。口径30.9、残高5.4厘米（图50-5）。WXWJY1103：59，细砂黑皮褐陶。内折沿，鼓腹。口径26.8、残高6.8厘米（图50-6）。WXWJY1103：58，泥质灰陶。内折沿，通体饰绳纹。口径23.1、残高4.9厘米（图50-7）。WXWJY1103：45，细砂灰陶。内折沿，鼓腹，口沿下器身饰绳纹。口径18.6、残高4.8厘米（图50-8）。WXWJY1103：88，夹细砂褐陶。方唇，鼓腹，器身素面磨光。口径18.6、残高7.9厘米（图50-9）。

折肩瓮　2件。WXWJY1103：1，细砂灰褐陶。口部及底部残，折肩，肩部饰三角几何纹两周并间以谷粒纹，上腹饰谷粒纹三周，下腹饰弦断绳纹。肩径41.6、残高25.9厘米（图50-2）。WXWJY1103：86，细砂褐陶。折肩，肩部饰三角刻划纹一周。残高9.5厘米（图50-10）。

甑　11件，器身饰绳纹，腰部内侧均有箅隔一周。根据腰部装饰风格，可分二型。

A型　腰部外侧饰泥条堆纹。WXWJY1103：48，细砂灰陶。腰径26.1、残高4.3厘米（图51-1）。WXWJY1103：56，夹砂褐陶。腰径24.2、残高3.8厘米（图51-2）。WXWJY1103：36，细砂灰陶。腰径29.4、残高6.4厘米（图51-4）。WXWJY1103：19，细砂褐陶。腰径20.8、残高5.2厘米（图51-6）。WXWJY1103：71，夹砂褐陶。腰径18.9、残高4.3厘米（图51-7）。WXWJY1103：21，细砂灰陶。腰径14.2、残高4.5厘米（图51-8）。WXWJY1103：94，细砂灰陶。腰径18.7、残高8.1厘米（图51-9）。WXWJY1103：104，夹砂黑皮灰陶。腰径15.6、残高11.4厘米（图51-10）。WXWJY1103：95，细砂灰陶。腰径18.9、残高9厘米（图51-11）。

B型　腰部外侧无堆纹。WXWJY1103：62，细砂灰陶。腰径23.2、残高5.2厘米（图51-3）。WXWJY1103：2，细砂黑皮褐陶。腰部以下残。侈口，卷沿，圆唇，最大腹径处弦纹一道并设鸡冠形鋬两个，器表饰交错细绳纹。口径35.5、残高31.7厘米（图51-5）。

缸　2件。WXWJY1103：87，粗砂灰陶。斜折沿，唇口压印花边，颈部泥条按压堆纹三周，器身饰绳纹。口径43.5、残高13厘米（图52-1）。WXWJY1103：99，夹砂褐陶。窄沿，方唇压印花边，颈部泥条按压堆纹两周，腹部饰绳纹。口径32.6、残高6.1厘米（图52-2）。

鬲　3件。WXWJY1103：66，细砂褐陶。卷沿，方唇，唇面上翻，腹身饰绳纹。口径20.4、残高4厘米（图52-4）。WXWJY1103：55，夹砂灰陶。口微侈，圆唇，束颈，鼓腹，素面，表面磨光。口径25.2、残高6.6厘米（图52-5）。WXWJY1103：82，夹砂灰陶。斜折沿，

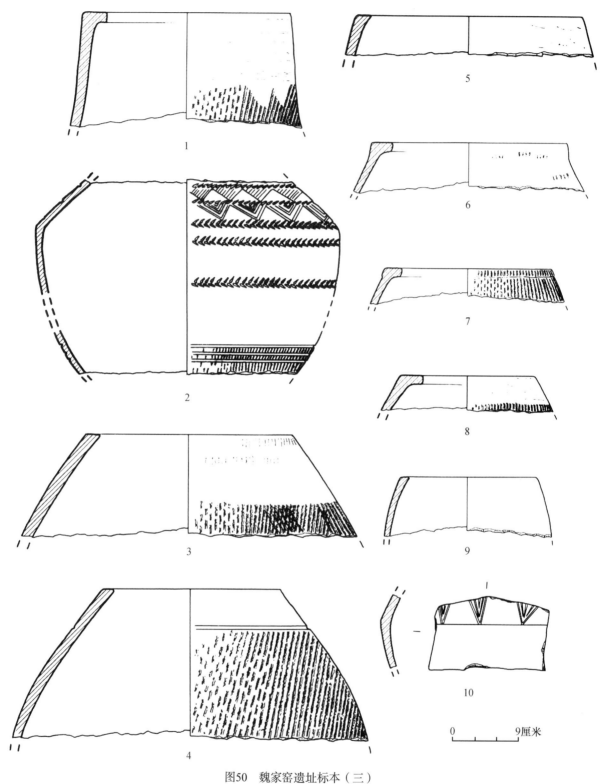

图50 魏家窑遗址标本（三）

（7为龙山时期，2、10为二里头时期，其余为商时期）

1、3～9.敛口瓮（WXWJY1103：81、WXWJY1103：38、WXWJY1103：102、WXWJY1103：80、WXWJY1103：59、

WXWJY1103：58、WXWJY1103：45、WXWJY1103：88） 2、10.折肩瓮（WXWJY1103：1、WXWJY1103：86）

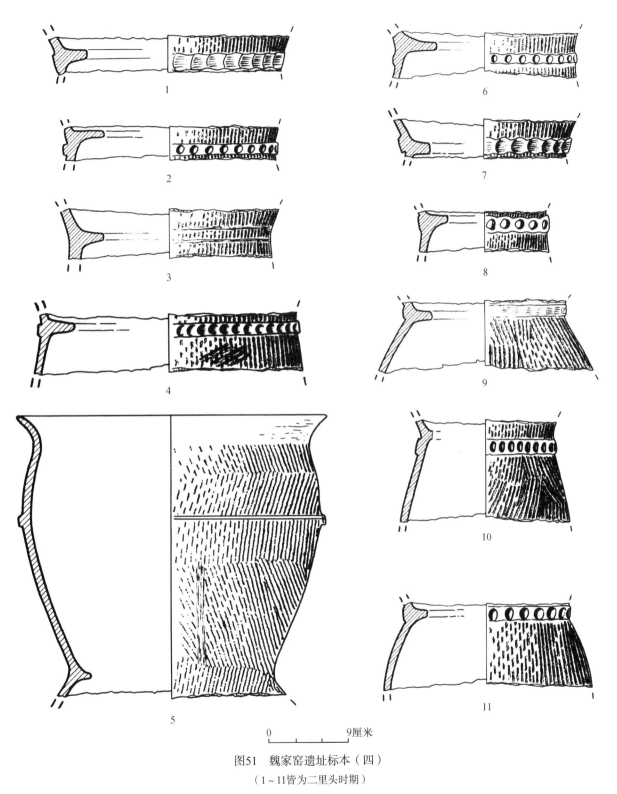

图51　魏家窑遗址标本（四）

（1～11皆为二里头时期）

1～11. 甗（WXWJY1103：48、WXWJY1103：56、WXWJY1103：62、WXWJY1103：36、WXWJY1103：2、WXWJY1103：19、

WXWJY1103：71、WXWJY1103：21、WXWJY1103：94、WXWJY1103：104、WXWJY1103：95）

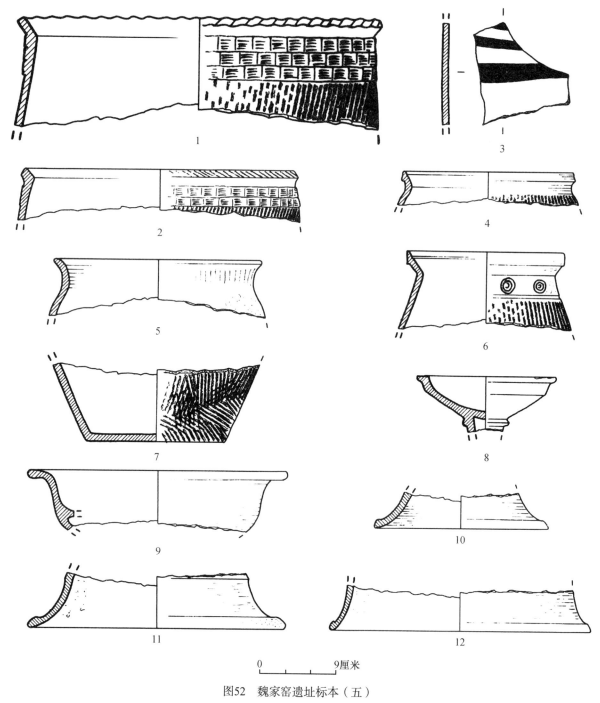

图52　魏家窑遗址标本（五）

（3为仰韶中期，1、2为庙底沟二期，5、8、10~12为二里头时期，4、6、7、9为商时期）

1、2.缸（WXWJY1103：87、WXWJY1103：99）　3.彩陶片（WXWJY1103：13）　4~6.鬲（WXWJY1103：66、
WXWJY1103：55、WXWJY1103：82）　7.器底（WXWJY1103：83）　8、9.豆（WXWJY1103：78、WXWJY1103：85）
10~12.豆柄（WXWJY1103：67、WXWJY1103：14、WXWJY1103：68）

方唇，沿面内侧有凹槽一周，颈部下饰涡纹一周，下饰弦纹一周，腹身饰粗绳纹。口径19.1、
残高9.1厘米（图52-6）。

　　豆　2件。WXWJY1103：78，夹砂黑皮红陶。豆柄残，侈口，平沿，圜底，折腹，豆柄上

部近盘处凸棱一周，器表磨光。口径16.4、残高6.5厘米（图52-8）。WXWJY1103：85，泥质灰陶。侈口，卷沿，圆唇，腹中空，器表素面磨光。口径31.5、残高7.1厘米（图52-9）。

豆柄　3件。皆粗柄，喇叭形圈足，底缘起台，表面磨光。WXWJY1103：67，泥质黑皮褐陶。底径20.9、残高4.2厘米（图52-10）。WXWJY1103：14，夹砂黑皮褐陶。底径31.4、残高6.5厘米（图52-11）。WXWJY1103：68，泥质黑皮褐陶。底径31.2、残高5.2厘米（图52-12）。

器底　1件。WXWJY1103：83，夹细砂褐陶。下腹斜收，平底，表面饰交错绳纹。底径16.5、残高8.9厘米（图52-7）。

器足　8件。WXWJY1103：57，细砂褐陶。实心锥形足，表面可见竖向凹槽痕迹。残高7厘米（图53-1）。WXWJY1103：63，细砂灰陶。实心足，足根素面，可见竖向凹槽数道。

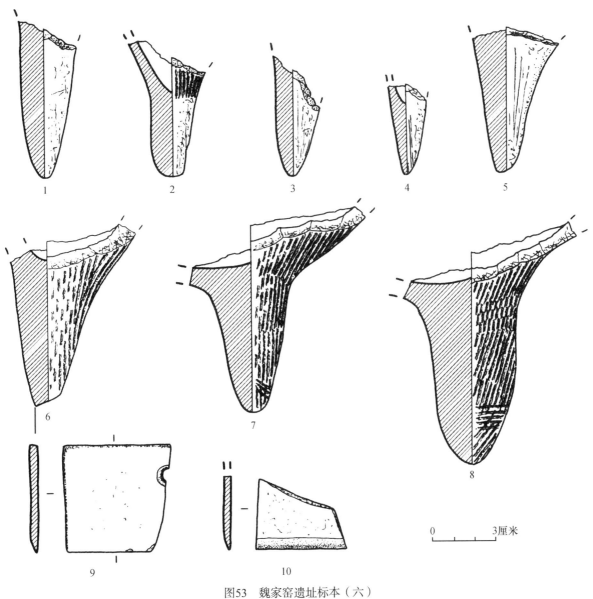

图53　魏家窑遗址标本（六）

（1～10皆为二里头时期）

1～8. 器足（WXWJY1103：57、WXWJY1103：63、WXWJY1103：69、WXWJY1103：97、WXWJY1103：100、WXWJY1103：53、WXWJY1103：76、WXWJY1103：77）　9、10. 石刀（WXWJY1103：8、WXWJY1103：20）

残高6.2厘米（图53-2）。WXWJY1103：69，夹砂红陶。实心锥形足，素面，可见竖向凹槽痕迹。残高5.4厘米（图53-3）。WXWJY1103：97，夹细砂褐陶。实心锥形足，可见竖向凹槽。残高4.1厘米（图53-4）。WXWJY1103：100，夹细砂灰陶。实心锥形足，素面，竖向刮削痕迹明显。残高6.6厘米（图53-5）。WXWJY1103：53，夹砂灰陶。实心锥形足，表面饰绳纹。残高8.1厘米（图53-6）。WXWJY1103：76，夹细砂灰陶。实心舌形足，通体饰散乱浅绳纹。残高9.1厘米（图53-7）。WXWJY1103：77，细砂灰陶。实心舌形足，交错绳纹施至底部。残高10.5厘米（图53-8）。

彩陶片　1件。WXWJY1103：13，泥质橙陶。白色陶衣，上绘红彩弧线。残长11、厚0.4厘米（图52-3）。

2. 采集石器

石刀　2件。WXWJY1103：8，石灰岩。残，表面可见一双向穿孔，单面开刃，较锋利。磨制。残长5、厚0.4厘米（图53-9）。WXWJY1103：20，石灰岩。残，器表磨光，单面开刃，刃部锋利。磨制。残长4.3、最厚处0.4厘米（图53-10）。

五、连元遗址

连元遗址位于武乡县故县乡连元村，东为新庄村，南向隔河为西寨子村，北临关河水库，西近武乡县城和二广高速公路，正南隔河距离魏家窑遗址1.5千米（图47）。遗址地处浊漳河北源干流北岸的高地上，距离河床0.8千米，最高点海拔987米。该地靠近县城和高速公路，近年来工程建设较多，由于大规模的取土和垃圾填埋，地下遗迹毁坏较甚，在较大的范围内散落了大量的陶片。遗物主要采集于村北断崖和取土场内，包括了罐、瓮等陶器和石刀、石铲等石器，这些标本的年代为庙底沟二期至龙山时期。由于标本数量有限，难以对该地与周边如魏家窑等大型遗址的关系做深入的判断。

1. 采集陶器

折沿罐　1件。WXLY1103：13，夹砂灰陶。斜折沿，方唇，颈部泥条按压堆三周，器身饰绳纹。口径28.7、残高5.4厘米（图54-1）。

瓮　1件。WXLY1103：9，夹砂褐陶。敛口，方唇，沿下饰弦纹一周，其下器身饰绳纹。口径24.8、残高5.1厘米（图54-2）。

高领罐　3件。WXLY1103：10，泥质褐陶。侈口，圆唇，高弧领，素面。口径24.8、残高3.9厘米（图54-3）。WXLY1103：3，细砂褐陶。侈口，束颈。口径11.7、残高4.6厘米（图54-4）。WXLY1103：4，泥质灰陶。侈口，斜立领，圆唇，素面。口径10.2、残高6.2厘米（图54-5）。

折肩罐　1件。WXLY1103：1，细砂褐陶。上下部皆残，折肩，肩部以下上腹饰三角楔点纹一周，下饰斜向篮纹。肩径34、残高10.7厘米（图54-6）。

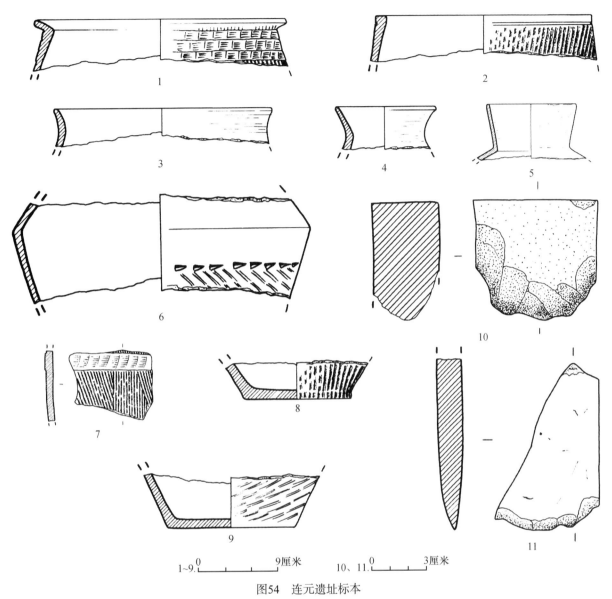

图54　连元遗址标本

（1、5~7、9为庙底沟二期，2、4为龙山时期，3为二里头时期）

1.折沿罐（WXLY1103：13）　2.瓮（WXLY1103：9）　3~5.高领罐（WXLY1103：10、WXLY1103：3、WXLY1103：4）

6.折肩罐（WXLY1103：1）　7.腹片（WXLY1103：15）　8、9.器底（WXLY1103：7、WXLY1103：6）　10.石斧

（WXLY1103：14）　11.石铲（WXLY1103：12）

　　腹片　1件。WXLY1103：15，泥质灰陶。可见横向泥条按压堆纹一周，腹身饰绳纹。残高7.8厘米（图54-7）。

　　器底　2件。WXLY1103：7，细砂灰陶。下腹斜收，平底，器表饰深绳纹。底径12.2、残高4.3厘米（图54-8）。WXLY1103：6，细砂褐陶。下腹斜收，平底，腹饰斜向宽篮纹。底径14.6、残高5.8厘米（图54-9）。

2. 采集石器

　　石斧　1件。WXLY1103：14，黑色花岗岩。刃部残，器表磨光。磨制。残长6.3、宽6.7、最厚处3.7厘米（图54-10）。

石铲　1件。WXLY1103：12，石灰岩。残，表面磨光，刃部锋利。磨制。残长9.1、宽5.7、最厚处1.4厘米（图54-11）。

六、南垴遗址

南垴遗址位于武乡县丰州镇南垴村，东为大窑院，西为东贾庄，北为槐树庄，南为王角角村，西北向距离魏家窑遗址1.7千米（图55）。遗址地处浊漳河北源干流南岸的三级阶地上，距离河床约1.2千米，地势较为平坦，平均海拔1060米，但被冲沟分割而地表破碎。遗址范围内未发现明显的遗迹现象，但村北农地的耕土表层散布有大量的史前陶片，据2011年春季的勘察，遗物大致分布在东西350、南北近400米的范围内。陶器标本有罐、盆、瓮、缸、豆、鼎等器形，并有白陶罐发现。根据分析，该批陶器遗物的年代为仰韶晚期至商时期，但主体为庙底沟二期和二里头时期。参照周边遗址的分布和遗存年代，南垴遗址在仰韶晚期至二里头时期这一阶段，其与西北相邻的魏家窑遗址存在着比较密切的关系，在相当长的一段时期内可能属于魏家窑大型聚落的一部分。

采集陶器

鼓腹罐　9件。WXNN1103：14，夹砂褐陶。斜折沿，圆唇，颈部泥条按压堆纹两周，器身饰绳纹。口径35.4、残高8.4厘米（图56-1）。WXNN1103：22，夹砂灰陶。斜折沿，唇面压印呈花边，颈部泥条按压堆纹两周，器身饰绳纹。口径34.3、残高8.9厘米（图56-2）。WXNN1103：20，夹砂灰陶。斜折沿，方唇，唇面捏印呈花边，颈部泥条按压堆纹一周。口径29.8、残高7厘米（图56-3）。WXNN1103：25，夹砂褐陶。斜折沿，方唇，鼓腹，颈部泥条按压堆纹一周，器身饰绳纹。口径32.6、残高7厘米（图56-4）。WXNN1103：33，夹砂灰陶。斜折沿，鼓腹，颈部泥条按压堆纹两周，器身饰绳纹。口径30.9、残高8.4厘米（图56-5）。WXNN1103：47，夹砂灰陶。折沿，尖唇，鼓腹，颈部泥条按压堆纹一周，器表饰绳纹。口径30.9、残高4.9厘米（图56-6）。WXNN1103：1，夹砂红陶。窄折沿，方唇，颈部附加堆纹一周，器身饰绳纹。口径26.4、残高5.1厘米（图56-8）。WXNN1103：7，夹砂灰陶。斜折沿，尖唇，鼓腹，上腹细泥条堆纹一周。口径13.3、残高4.2厘米（图56-10）。WXNN1103：37，夹砂灰陶。斜折沿，尖唇，颈部泥条按压堆纹一周，腹部饰绳纹。口径18、残高4.5厘米（图56-11）。

大口罐　2件。WXNN1103：61，夹砂褐陶。侈口，卷沿，圆唇，唇面压印索状花边。口径30.4、残高4.5厘米（图56-7）。WXNN1103：23，泥质灰陶。侈口，圆唇，喇叭形口，素面。口径16.3、残高4.8厘米（图56-9）。

高领罐　2件。WXNN1103：39，泥质灰陶。高领外侈，圆唇，器表饰横向篮纹。口径10.7、残高8.4厘米（图56-12）。WXNN1103：13，泥质灰陶。侈口，圆唇，弧领有模糊横向篮纹。口径13.2、残高5.1厘米（图56-15）。

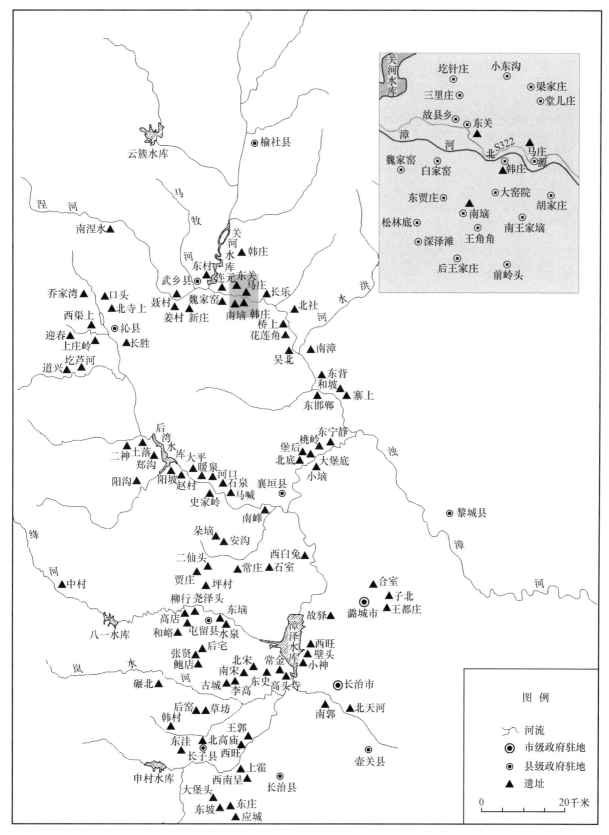

图55　武乡县南垴、韩庄、东关遗址位置图

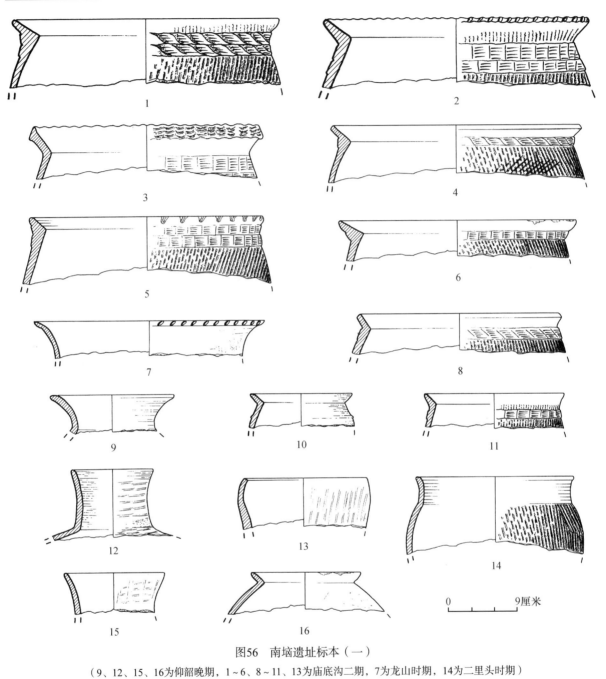

图56 南堆遗址标本（一）

（9、12、15、16为仰韶晚期，1~6、8~11、13为庙底沟二期，7为龙山时期，14为二里头时期）

1~6、8、10、11.鼓腹罐（WXNN1103：14、WXNN1103：22、WXNN1103：20、WXNN1103：25、WXNN1103：33、
WXNN1103：47、WXNN1103：1、WXNN1103：7、WXNN1103：37） 7、9.大口罐（WXNN1103：61、WXNN1103：23）
12、15.高领罐（WXNN1103：39、WXNN1103：13） 13.曲腹罐（WXNN1103：31） 14.直口罐（WXNN1103：8）
16.束颈罐（WXNN1103：53）

曲腹罐 1件。WXNN1103：31，泥质褐陶。敛口，方唇，上腹外弧，下腹内弧，素面。口径16.3、残高6.2厘米（图56-13）。

直口罐 1件。WXNN1103：8，夹砂灰陶。直口，圆唇，鼓腹，腹部饰绳纹。口径20.3、残高10.1厘米（图56-14）。

　　束颈罐　1件。WXNN1103：53，细砂灰陶。斜折沿，尖唇，束颈，鼓腹，素面磨光。口径14.1、残高5厘米（图56-16）。

　　瓮　2件。WXNN1103：30，夹砂褐陶。敛口，方唇，鼓腹，沿下泥条按压堆纹四周。口径31、残高9厘米（图57-1）。WXNN1103：45，细砂灰陶。敛口，内折沿，鼓腹，素面。口径27、残高5.4厘米（图57-13）。

　　深腹罐　8件。WXNN1103：46，细砂褐陶。斜折沿，尖唇，鼓腹，颈部泥条按压堆纹三周，器表饰绳纹。口径34.9、残高11.3厘米（图57-2）。WXNN1103：3，夹砂灰陶。斜折沿，方唇，鼓腹，唇面有指压痕迹，颈部及上腹泥条按压堆纹两周，器身饰绳纹。口径29.8、残高10.1厘米（图57-3）。WXNN1103：13，夹砂褐陶。斜折沿，尖唇，颈部泥条按压堆纹三

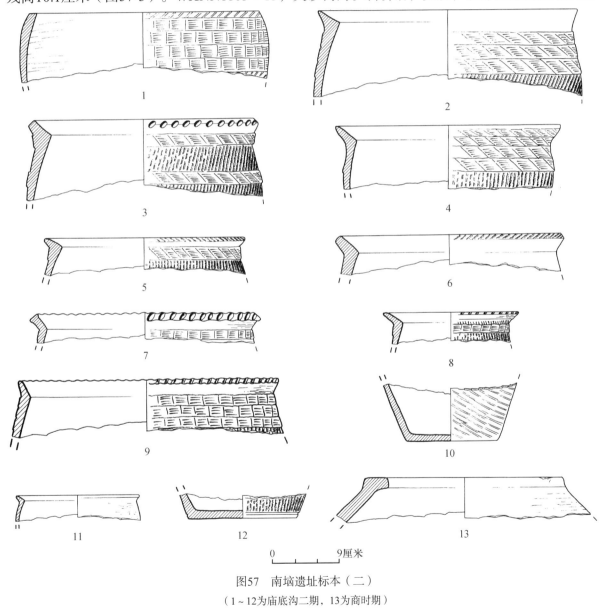

图57　南垴遗址标本（二）

（1～12为庙底沟二期，13为商时期）

1、13.瓮（WXNN1103：30、WXNN1103：45）　　2～9.深腹罐（WXNN1103：46、WXNN1103：3、WXNN1103：13、WXNN1103：54、WXNN1103：43、WXNN1103：4、WXNN1103：28、WXNN1103：34）　　10、12.器底（WXNN1103：27、WXNN1103：24）　　11.白陶器（WXNN1103：40）

周，腹身饰绳纹。口径30.4、残高8.4厘米（图57-4）。WXNN1103：54，夹砂灰陶。折沿，尖唇，唇面压印索状纹，颈部泥条按压堆纹一周，腹身饰绳纹。口径27、残高5.1厘米（图57-5）。WXNN1103：43，粗砂灰陶。窄折沿，方唇。口径30.4、残高5.1厘米（图57-6）。WXNN1103：4，夹砂灰陶。折沿，方唇，唇面压印索纹，颈部泥条按压堆纹一周。口径29.3、残高4厘米（图57-7）。WXNN1103：28，夹砂褐陶。斜折沿，尖唇，颈部泥条按压堆纹一周，器身饰绳纹。口径18.6、残高3.9厘米（图57-8）。WXNN1103：34，夹砂褐陶。斜沿，鼓腹，口沿压印呈花边，颈部泥条按压堆纹三周，腹部饰绳纹。口径34.9、残高7.3厘米（图57-9）。

　　缸　2件。WXNN1103：5，泥质灰陶。直口，方唇，弧腹。口径30.6、残高4.9厘米（图58-1）。WXNN1103：2，泥质褐陶。口微侈，口沿下可见一锥形泥突，器身素面磨光。残高4.4厘米（图58-9）。

　　宽沿盆　2件。WXNN1103：17，泥质黑皮褐陶。直口，斜折沿，尖唇，弧腹，器表磨光素面。口径22.4、残高5.1厘米（图58-2）。WXNN1103：26，泥质灰陶。侈口，宽折沿，尖唇，弧腹，素面。口径22.6、残高4.7厘米（图58-3）。

　　深腹盆　1件。WXNN1103：15，细砂灰陶。侈口，圆唇，颈部以下器身饰细绳纹。口径32.1、残高7.8厘米（图58-4）。

　　浅腹盆　1件。WXNN1103：21，细砂灰陶。侈口，折沿，圆唇，斜腹，下腹饰细绳纹。口径28.7、残高5.8厘米（图58-5）。

　　器盖　2件。皆泥质灰陶，尖唇，器壁内弧。WXNN1103：19，素面。底径9.7、残高3.4厘米（图58-6）。WXNN1103：44，器表抹篮纹。底径14.4、残高4.6厘米（图58-7）。

　　豆　1件。WXNN1103：55，夹砂褐陶。下残，侈口，斜折沿，尖唇，素面。口径17、残高5.1厘米（图58-8）。

　　白陶器　1件。WXNN1103：40，泥质白陶。斜折沿，尖唇，腹微鼓，口沿内有凹槽数道，素面，器壁薄，胎体硬度高。口径16.3、残高2.8厘米（图57-11）。

　　器底　2件。WXNN1103：27，夹砂灰陶。下腹斜收，平底，腹部饰斜向篮纹。底径12.9、残高7.4厘米（图57-10）。WXNN1103：24，夹砂褐陶。近底部凹槽一周，平底，器身饰绳纹，底素面。底径14.6、残高3.1厘米（图57-12）。

　　器足　7件。WXNN1103：32，细砂褐陶。实心锥形足，有斜向凹槽痕迹。残高6.8厘米（图58-10）。WXNN1103：35，细砂灰陶。实心锥形足，面饰粗绳纹。残高8.5厘米（图58-11）。WXNN1103：36，细砂褐陶。实心锥形足，竖向凹槽三道。残高7.3厘米（图58-12）。WXNN1103：6，泥质褐陶。舌状鼎足，面有刮削痕迹。残高12.2厘米（图58-13）。WXNN1103：48，夹砂灰陶。实心舌形足，面饰绳纹。残高7.8厘米（图58-14）。WXNN1103：49，夹砂褐陶。实心锥形足，施绳纹至底。残高9.2厘米（图58-15）。WXNN1103：51，细砂褐陶。实心锥形足，器表饰绳纹。残高8.8厘米（图58-16）。

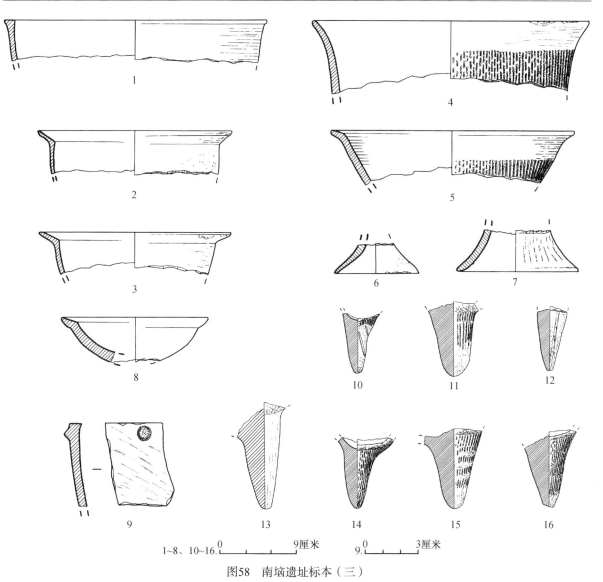

图58 南垴遗址标本（三）

（1～3、9为庙底沟二期，6、7为龙山时期，4、5、8、10～16为二里头时期）

1、9.缸（WXNN1103：5、WXNN1103：2） 2、3.宽沿盆（WXNN1103：17、WXNN1103：26） 4.深腹盆
（WXNN1103：15） 5.浅腹盆（WXNN1103：21） 6、7.器盖（WXNN1103：19、WXNN1103：44） 8.豆
（WXNN1103：55） 10～16.器足（WXNN1103：32、WXNN1103：35WXNN1103：36、WXNN1103：6、
WXNN1103：48、WXNN1103：49、WXNN1103：51）

七、韩庄遗址

韩庄遗址位于武乡县上司乡韩庄村，东为马庄，西为杨家垴，北向隔河为石拐村，南为大窑院，西向距离魏家窑遗址4.1千米（图55）。遗址地处浊漳河北源干流南岸的二级阶地上，距离河床0.6千米，地势西北高东南低，最高点海拔947米，一条西北—东南向的冲沟从遗址西部穿过。遗址范围内发现遗迹三处，一处浅灰坑、一处暴露在断面上的红烧土地面和一处墓葬，灰坑塌落处散布了少许陶片，其余的陶片采集于灰坑西北230米处的农田地表。可辨器形

的遗物有限，陶器有罐和鬲足，石器有刀、锛和铲，根据陶器的纹饰、质地和形态，遗物都属于二里头时期。

1. 采集陶器

　　大口罐　1件。WXHZ1103：4，夹细砂灰陶。大侈口，卷沿，圆唇，束颈，器表饰细绳纹，口沿下部一周抹绳纹。口径25、残高7.8厘米（图59-1）。

　　器底　1件。WXHZ1103：1，夹细砂灰陶。下腹斜收，平底。腹部饰散乱细绳纹，底部饰交错细绳纹。底径10.2、残高7.8厘米（图59-2）。

　　鼓腹罐　1件。WXHZ1103：2，泥质灰陶。侈口，卷沿，圆唇，束颈，器身素面。口径14.5、残高6.1厘米（图59-3）。

　　器足　2件。WXHZ1103：11，细砂褐陶。实心锥形足，素面。残高8.9厘米（图59-4）。WXHZ1103：6，夹细砂灰陶。袋状足表面饰中绳纹，足根可见竖向凹槽及横向绑扎痕迹。残高10.2厘米（图59-5）。

2. 采集石器

　　石锛　1件。WXHZ1103：3，黑色花岗岩磨制。体小略厚，双面刃磨光。残长7.8、宽6.7、最厚处4.3厘米（图59-6）。

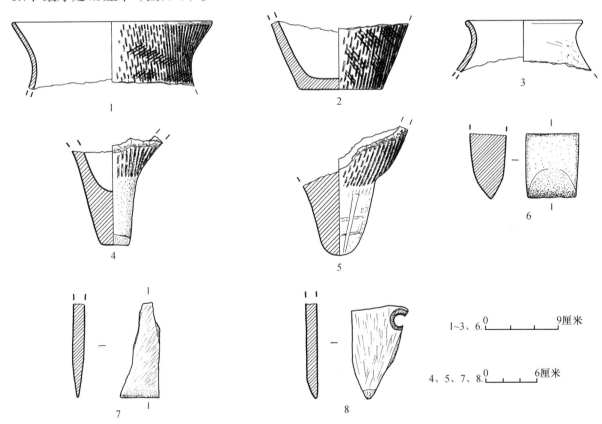

图59　韩庄二里头文化遗址标本

1. 大口罐（WXHZ1103：4）　2. 器底（WXHZ1103：1）　3. 鼓腹罐（WXHZ1103：2）　4、5. 器足（WXHZ1103：11、WXHZ1103：6）　6. 石锛（WXHZ1103：3）　7. 石铲（WXHZ1103：5）　8. 石刀（WXHZ1103：14）

　　石铲　1件。WXHZ1103：5，石灰岩磨制。残，呈不规则形状。双面刃锋利，表面磨光。残长7.8、宽3.1、最厚0.9厘米（图59-7）。

　　石刀　1件。WXHZ1103：14，石灰岩磨制。残，略呈三角形，器表磨光，可见一双面穿孔。残长10.6、宽4.4、最厚处0.8厘米（图59-8）。

八、东关遗址

　　东关遗址位于武乡县故县乡东关村，东为魏家庄，西为新庄，南向隔河为白家窑村，北为三里庄，西南隔河距离魏家窑遗址1.7千米（图55）。遗址地处浊漳河北源干流北岸的高地上，距离河床0.9千米，最高点海拔967米。由于靠近县城和关村水库，该地村镇建设和电力设施建设对地表的扰动较大，取土活动频繁，直接导致了区域内浅层遗迹的破坏。在2011年的考古调查中，在村北和村西的较大范围内均发现了塌落的灰坑和大量陶片，分布面积较广，东西约250、南北约300米的范围内均有陶片散落。采集的陶器标本有罐、盆、甗、豆等器形，年代基本为二里头时期，少量的属于龙山较晚阶段。从地理位置和遗存面貌来看，该地和连元遗址在二里头时期应该同属一处较大规模的聚落。

采集陶器

　　侈口盆　2件。WXDG1103：7，细砂褐陶。侈口，卷沿，圆唇，弧腹，腹身饰绳纹。口径32、残高5.9厘米（图60-1）。WXDG1103：3，细砂灰陶。侈口，卷沿，方唇，束颈，弧腹，颈部以下器身饰浅绳纹。口径30.5、残高8.9厘米（图60-2）。

　　直口盆　2件。WXDG1103：10，细砂灰陶。直口，圆唇，腹微鼓，颈部以下器身饰浅、细绳纹。口径28.5、残高4.2厘米（图60-3）。WXDG1103：2，细砂灰陶。直口，圆唇，径微束，腹微鼓，颈部以下饰绳纹。口径32.5、残高8.9厘米（图60-4）。

　　高领罐　1件。WXDG1103：8，泥质灰陶。侈口，圆唇，弧领，素面。口径21.2、残高3.6厘米（图60-5）。

　　小罐　1件。WXDG1103：9，细砂灰陶。直口，方唇，颈部微束，鼓腹，颈部以下器身饰细绳纹。口径10.2、残高3.9厘米（图60-9）。

　　甗　2件。WXDG1103：5，细砂灰陶。腰部内侧可见算隔一周，器身饰浅绳纹。腰径18.3、残高5.6厘米（图60-7）。WXDG1103：4，细砂灰陶。腰部内侧可见算隔一周，外侧饰泥条捺窝堆纹一周，器身饰浅绳纹。腰径24.9、残高6.3厘米（图60-8）。

　　豆座　1件。WXDG1103：1，泥质黑皮褐陶。粗柄，底缘起台，素面磨光。底径20.3、残高4.4厘米（图60-6）。

　　器足　1件。WXDG1103：6，细砂灰陶。实心锥形足，素面。残高7.3厘米（图60-10）。

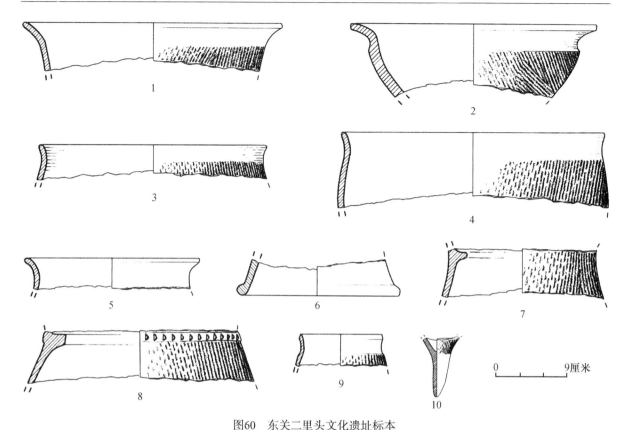

图60　东关二里头文化遗址标本

1、2.侈口盆（WXDG1103：7、WXDG1103：3）　3、4.直口盆（WXDG1103：10、WXDG1103：2）　5.高领罐
（WXDG1103：8）　6.豆座（WXDG1103：1）　7、8.甗（WXDG1103：5、WXDG1103：4）　9.小罐（WXDG1103：9）
10.器足（WXDG1103：6）

九、长乐遗址

　　长乐遗址位于武乡县大有乡长乐村，东为魏家庄，西为裕口村，北为枣烟村，南向隔河为东坡村，其周边有桥上、北社等遗址（图61）。遗址地处浊漳河北源干流北岸的坡地上，距离河床仅0.3千米，东北—西南走向的冲沟将该区域切割，平均海拔954米。该遗址内遗迹可见两处浅层灰坑，其包含物主要有草木灰、碎陶片、红烧土和碎石等，部分陶器标本出自灰坑，其他遗物采集于村北缓坡地表。遗物有罐、盆、瓮、甗等陶器和石斧等石器，其年代最早者为仰韶时期的红陶盆，最晚者为二里头石器的侈口深腹盆和堆纹甗。

1. 采集陶器

　　侈口盆　2件。WXCL1103：1，泥质灰陶。侈口，卷沿，圆唇，颈微束，器身饰弦断绳纹。口径27.8、残高13.9厘米（图62-1）。WXCL1103：7，泥质灰陶。侈口，圆唇，素面。口径28.8、残高4.1厘米（图62-9）。

　　鼓腹罐　2件。WXCL1103：2，夹砂灰陶。斜折沿，尖唇，颈部泥条按压堆纹一周，腹部

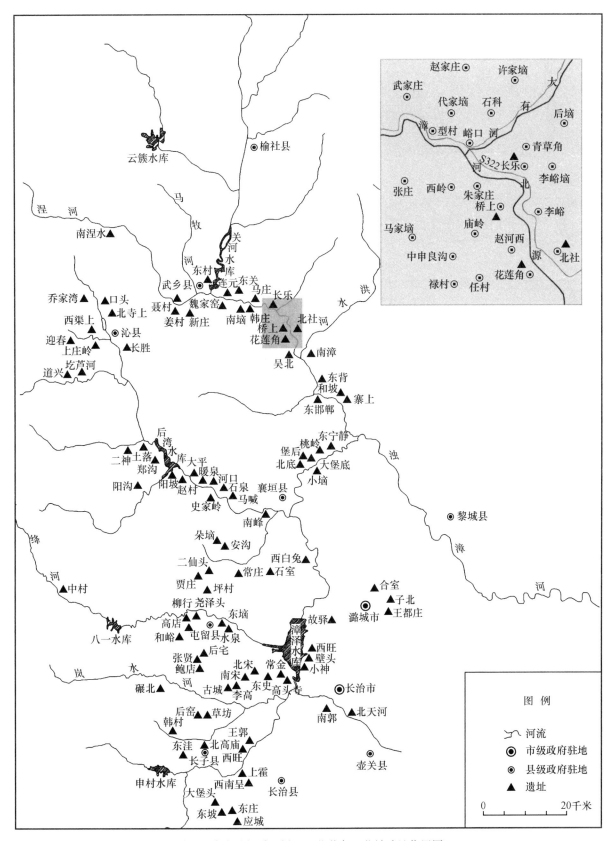

图61　武乡县长乐、桥上、花莲角、北社遗址位置图

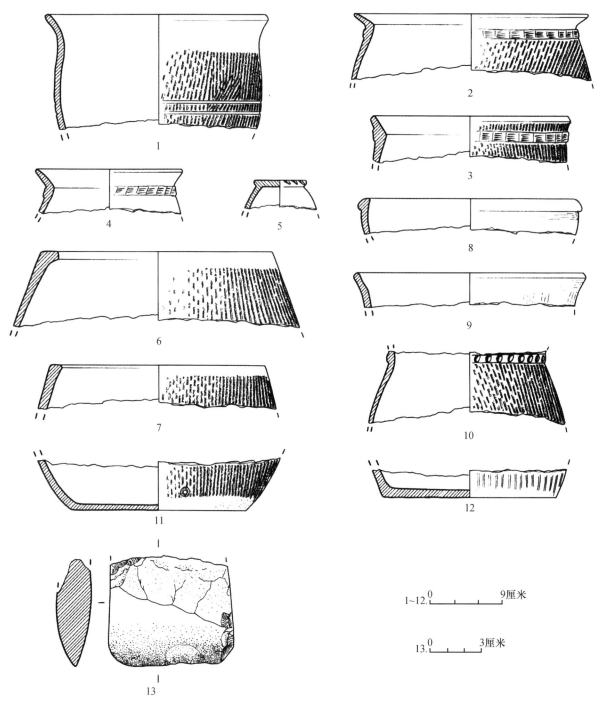

图62　长乐遗址标本

（5、8为仰韶时期，2~4、12为庙底沟二期，7、9、11为龙山时期，1、6、10为二里头时期，其余年代不明）

1、9.侈口盆（WXCL1103：1、WXCL1103：7）　2、4.鼓腹罐（WXCL1103：2、WXCL1103：3）　3.深腹罐

（WXCL1103：6）　5.器盖（WXCL1103：17）　6、7.瓮（WXCL1103：9、WXCL1103：14）　8.红陶盆（WXCL1103：5）

10.甑（WXCL1103：12）　11、12.器底（WXCL1103：10、WXCL1103：8）　13.石斧（WXCL1103：23）

饰绳纹。口径28.5、残高8厘米（图62-2）。WXCL1103：3，夹砂灰陶。斜折沿，尖唇，颈部泥条按压堆纹一周。口径18.5、残高5.4厘米（图62-4）。

深腹罐　1件。WXCL1103：6，粗砂灰陶。斜折沿，方唇，颈部泥条按压堆纹一周，腹部饰绳纹。口径24.7、残高5.7厘米（图62-3）。

瓮　2件。WXCL1103：9，细砂褐陶。敛口，内折沿，鼓腹，器表饰绳纹。口径29.3、残高9.3厘米（图62-6）。WXCL1103：14，细砂灰陶。敛口，鼓腹，面饰细绳纹。口径27.3、残高5.4厘米（图62-7）。

红陶盆　1件。WXCL1103：5，泥质红陶。直口，圆唇外突加厚，弧腹，素面。口径25.7、残高4.4厘米（图62-8）。

甗　1件。WXCL1103：12，夹砂灰陶。腰部有捺窝状泥条堆纹一周，器身饰绳纹。腰径19.5、残高8.7厘米（图62-10）。

器盖　1件。WXCL1103：17，泥质褐陶。覆盆形，器壁外弧，锯齿状捉手。捉手径6.7、残高3.3厘米（图62-5）。

器底　2件。WXCL1103：10，细砂灰陶。下腹弧收，平底，器身饰细绳纹，近底处有一单向穿孔。底径22.1、残高6.2厘米（图62-11）。WXCL1103：8，泥质褐陶。下腹斜收，平底，器身饰竖向篮纹。底径22.3、残高3.4厘米（图62-12）。

2. 采集石器

石斧　1件。WXCL1103：23，石灰岩。残，略成方形，刃部锋利。磨制。残长6.1、宽7.4、最厚处1.9厘米（图62-13）。

十、北社遗址

北社遗址位于武乡县监漳镇北社村，东为老寨上，北为红土坡，南为杨桃湾村，西向隔河为花莲角村（图61）。其周边较近距离内有花莲角、桥上、吴北、南漳4处遗址。北社地处浊漳河北源干流东岸的二级阶地上，距离河床0.5千米，地势较缓，略呈东高西低，最高点海拔938米。2011年春季的考古勘察中，发现一处距地面较浅的灰坑，部分已塌落，内含数量较多的线纹红陶片，其他陶片采集于其南侧的农田地表。该地的遗物包括罐、缸、瓮、钵和鼎足等陶器和石环等石器，其中的锥形鼎足年代最早，和其形态相似者为垣曲古城东关第一至第二期的陶鼎，属于早于庙底沟文化的仰韶文化较早阶段。年代最晚者为篮纹瓮残片，为庙底沟二期文化阶段。

1. 采集陶器

缸　1件。WXBS1103：2，夹砂褐陶。直口，筒形腹，口沿外侧锯齿状泥条堆纹一周，腹身有模糊线纹。口径33.8、残高9.5厘米（图63-1）。

罐　1件。WXBS1103：1，夹砂灰陶。斜折沿，尖唇，素面。口径16.2、残高3.4厘米（图63-2）。

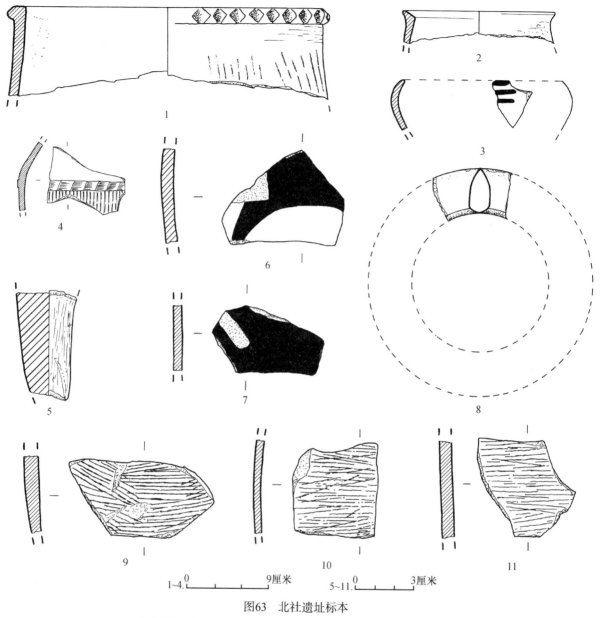

图63　北社遗址标本

（5为仰韶早期，6～11为仰韶中期，1～3为仰韶晚期，4为庙底沟二期）

1. 缸（WXBS1103∶2）　2. 罐（WXBS1103∶1）　3. 钵（WXBS1103∶9）　4. 瓮（WXBS1103∶3）　5. 鼎足
（WXBS1103∶4）　6、7. 彩陶片（WXBS1103∶5、WXBS1103∶10）　8. 石环（WXBS1103∶12）　9～11. 陶片
（WXBS1103∶6、WXBS1103∶7、WXBS1103∶8）

　　钵　1件。WXBS1103∶9，泥质黄陶。敛口，尖唇，鼓肩，表面磨光，可见红彩线条三道。口径17.1、残高5.2厘米（图63-3）。

　　瓮　1件。WXBS1103∶3，泥质灰陶。肩部泥条按压堆纹一周，其下腹身饰竖向篮纹。残高7.2厘米（图63-4）。

　　鼎足　1件。WXBS1103∶4，夹砂红陶。略呈锥状，实心，素面。残高5.6厘米（图63-5）。

彩陶片 2件。WXBS1103：5，细砂红陶。残片，器表绘黑彩三角弧线纹。残长6.2厘米（图63-6）。WXBS1103：10，泥质红陶。残片，表面施红色陶衣。残长5.8厘米（图63-7）。

陶片 3件。泥质红陶，表面饰线纹。WXBS1103：6，残长7.5厘米（图63-9）。WXBS1103：7，残长4.5厘米（图63-10）。WXBS1103：8，残长4.7厘米（图63-11）。

2. 采集石器

石环 1件。WXBS1103：12，变质岩。剖面略呈三角形，表面磨光，外缘锋利。磨制。内径7.1、外径11.6、最厚处1厘米（图63-8）。

十一、桥上遗址

桥上遗址位于武乡县监漳镇桥上村，西南为庙岭村，东为后东坡，北为朱家庄，东南向距花莲角遗址约1.5千米（图61）。遗址地处浊漳河北源干流西岸的坡地上，距离河床0.9千米，地势西高东低，最高点海拔992米，沟壑纵横，高差较大。遗址内的遗迹位于村外东北部，主要有3处灰坑和1处墓葬，灰坑最深距地面1.4米。根据2011年春季的勘察，遗迹和遗物的分布范围大概在东西260、南北340米的区域内。遗物主要包括罐、盆、沿、甗、钵、瓮等陶器，年代最早的为仰韶时期，最晚为二里头时期，遗存主体为龙山和二里头文化时期。根据地理分布和遗存年代，桥上遗址在庙底沟二期至龙山时期应和花莲角所在的遗址存在着比较密切的关系。

1. 采集陶器

高领罐 3件。WXQS1103：13，细砂灰陶。侈口，圆唇，高领，素面。口径18.4、残高4.8厘米（图64-1）。WXQS1103：22，细砂灰陶。口近直，圆唇，高领，器身饰细绳纹。口径16.4、残高4.9厘米（图64-2）。WXQS1103：51，泥质褐陶。侈口，圆唇，斜领，腹身饰斜向篮纹。口径18.3、残高5.7厘米（图64-4）。

鼓腹罐 3件。WXQS1103：20，粗砂褐陶。斜折沿，方唇，鼓腹，唇面压印呈花边状，腹部饰绳纹。口径20、残高6.8厘米（图64-3）。WXQS1103：23，粗砂褐陶。敛口，圆唇，唇面外突加厚，器身饰交错线纹。口径16.8、残高4.5厘米（图64-5）。WXQS1103：25，泥质灰陶。侈口，方唇，鼓肩，素面。口径10.3、残高4.5厘米（图64-6）。

甗 1件。WXQS1103：3，细砂黑皮褐陶。仅存腰部，腰部内侧算隔一周，外侧捺窝状泥条堆纹一周，器身饰细绳纹。腰径18、残高6.5厘米（图64-7）。

折腹罐 1件。WXQS1103：24，泥质灰陶。敛口，圆唇，折腹，下腹饰绳纹。口径8.6、残高4.7厘米（图64-8）。

大口罐 1件。WXQS1103：18，粗砂红陶。斜折沿，尖唇，口沿下饰散乱篮纹。口径33.1、残高3.1厘米（图64-9）。

器足 4件。WXQS1103：16，细砂灰陶。实心锥形足，素面。残高5.2厘米（图64-10）。WXQS1103：17，细砂灰陶。实心锥形足，可见竖向凹槽。残高5.2厘米（图64-11）。

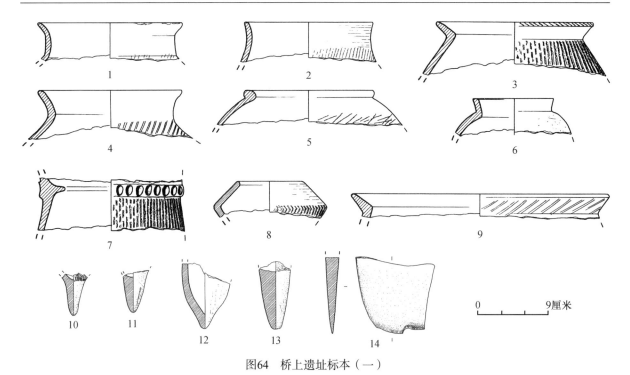

图64　桥上遗址标本（一）

（5、6为仰韶晚期，4、9为庙底沟二期，1、8、12为龙山时期，2、7、10、11、13为二里头时期）

1、2、4. 高领罐（WXQS1103：13、WXQS1103：22、WXQS1103：51）　　3、5、6. 鼓腹罐（WXQS1103：20、WXQS1103：23、

WXQS1103：25）　7. 甗（WXQS1103：3）　8. 折腹罐（WXQS1103：24）　9. 大口罐（WXQS1103：18）　10～13. 器足

（WXQS1103：16、WXQS1103：17、WXQS1103：2、WXQS1103：14）　14. 石铲（WXQS1103：30）

WXQS1103：2，夹砂灰陶。空心袋形足，尖底，素面，表面有烟炱痕迹。残高8.2厘米（图64-12）。WXQS1103：14，细砂褐陶。实心锥形足，素面。残高8.6厘米（图64-13）。

曲腹盆　3件。WXQS1103：10，细砂褐陶。侈口，卷沿，圆唇，束颈，弧腹下收，颈部饰楔点纹一周，下饰绳纹。口径32.3、残高6.9厘米（图65-1）。WXQS1103：11，泥质褐陶。侈口，圆唇，曲腹，颈部以下饰细绳纹。口径34.4、残高5.3厘米（图65-2）。WXQS1103：15，细砂灰陶。侈口，方唇，弧腹下收，颈部饰弦纹一周，下饰绳纹。口径20.3、残高7.4厘米（图65-11）。

弧腹盆　2件。WXQS1103：12，夹砂灰陶。侈口，圆唇，弧腹，沿下饰戳点纹一周，腹部饰绳纹。口径30.2、残高3.4厘米（图65-3）。WXQS1103：21，泥质灰陶。侈口，方唇，弧腹。口径32.3、残高5.2厘米（图65-4）。

直口盆　1件。WXQS1103：19，细砂褐陶。直口，圆唇，腹微鼓，器表饰绳纹。口径28.6、残高5.3厘米（图65-5）。

钵　2件。WXQS1103：27，泥质橙陶。敛口，尖唇，鼓腹，陶衣上绘红彩弧线三角纹样。口径25.4、残高7.9厘米（图65-6）。WXQS1103：26，泥质红陶。敛口，圆唇，鼓腹，口沿外侧施红彩条带一周。口径24.4、残高2.6厘米（图65-7）。

瓮　3件。WXQS1103：4，细砂黑皮褐陶。敛口，内折沿，尖唇。口径32.3、残高2.6厘米（图65-8）。WXQS1103：7，细砂灰陶。敛口，圆唇，鼓腹，上腹饰弦纹一周，下饰绳纹。

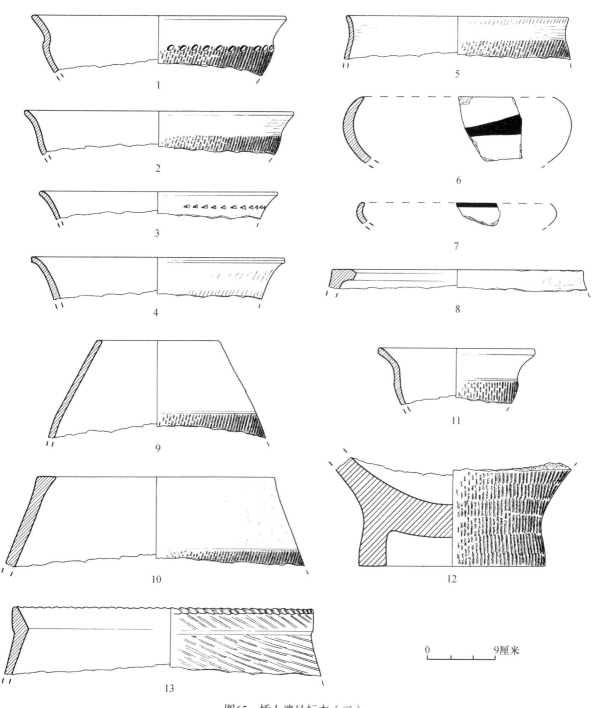

图65 桥上遗址标本（二）

（6、7为仰韶晚期，13为庙底沟二期，其余皆为二里头时期）

1、2、11.曲腹盆（WXQS1103：10、WXQS1103：11、WXQS1103：15） 3、4.弧腹盆（WXQS1103：12、WXQS1103：21）

5.直口盆（WXQS1103：19） 6、7.钵（WXQS1103：27、WXQS1103：26） 8~10.瓮（WXQS1103：4、WXQS1103：7、

WXQS1103：8） 12.圈足（WXQS1103：31） 13.缸（WXQS1103：1）

口径15.9、残高12.2厘米（图65-9）。WXQS1103：8，细砂灰陶。敛口，沿面内突呈尖唇，鼓腹，上腹饰弦纹一周，下饰绳纹。口径30.7、残高11厘米（图65-10）。

圈足　1件。WXQS1103：31，夹砂灰陶。圈足微外撇，下腹浅绳纹。底径24.4、残高12.7厘米（图65-12）。

缸　1件。WXQS1103：1，夹砂灰陶。斜折沿，尖唇，鼓腹，唇面压印呈花边状，器身饰斜向篮纹。口径38.6、残高8.2厘米（图65-13）。

2. 采集石器

石铲　1件。WXQS1103：30，石灰岩。残，通体磨光，刃部锋利。磨制。残长9.4厘米（图64-14）。

十二、花莲角遗址

花莲角遗址位于武乡县监漳镇花莲角村，西为申良沟，南为观庄，北为河西村，东隔浊漳河与北社村相望，其南向距吴北遗址约1.8千米（图61）。遗址地处浊漳河北源干流西岸的坡地上，距离河床0.5千米，地势北高南低，最高点海拔990米，其北部和南部方向均被冲沟阻隔。遗址范围内共发现遗迹4处，其中灰坑3处、白灰地面房址1处，房址地面距耕土表面1.1米，白灰地面在断面上长度为2.7米（图版5-1）。遗物采集于灰坑和耕土层表面，有罐、缸、瓮、豆、鼎、钵等器形，根据对标本的分析，该遗址文化遗存的年代主要为庙底沟二期至龙山时期，仅有个别的可能为仰韶晚期。

采集陶器

深腹罐　3件。WXHLJ1103：2，泥质灰陶。斜折沿，圆唇，器表素面。口径37.6、残高8.2厘米（图66-1）。WXHLJ1103：18，夹砂灰陶。斜折沿，尖唇，颈部泥条按压堆纹一周，其下器身饰绳纹。口径22.8、残高6.1厘米（图66-7）。WXHLJ1103：10，夹砂灰陶。斜折沿，方唇，唇面压印呈索状花边状，颈部泥条按压堆纹两周，腹身饰绳纹。口径23.3、残高8.2厘米（图66-8）。

高领罐　6件。WXHLJ1103：19，泥质灰陶。侈口，圆唇，斜领，素面。口径27.5、残高5.8厘米（图66-3）。WXHLJ1103：8，泥质灰陶。侈口，圆唇，束颈，斜肩，器表素面。口径21.2、残高5.8厘米（图66-4）。WXHLJ1103：5，泥质褐陶。直口，圆唇，立领，溜肩，器表素面磨光。口径19.1、残高7.4厘米（图66-5）。WXHLJ1103：11，泥质灰陶。侈口，尖唇，斜肩，素面。口径22.2、残高5.3厘米（图66-6）。WXHLJ1103：4，泥质褐陶。上下皆残，斜领，肩部可见横向篮纹。残高3.8厘米（图66-10）。WXHLJ1103：13，泥质灰陶。侈口，圆唇，弧领，素面。口径18.5、残高3.7厘米（图66-13）。

大口罐　1件。WXHLJ1103：16，泥质灰陶。侈口，卷沿，圆唇，素面。口径35.5、残高6.9厘米（图66-2）。

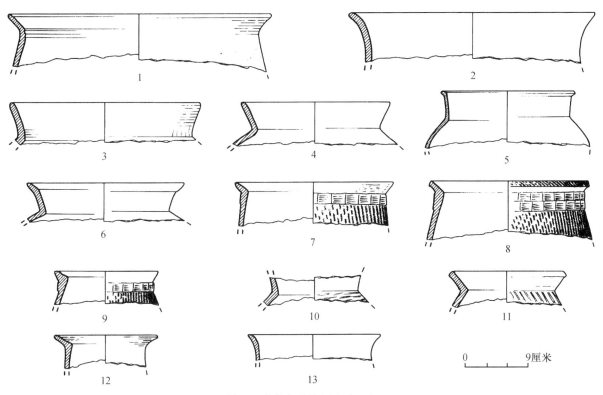

图66　花莲角遗址标本（一）

（2、5、7～11、13为庙底沟二期，1、3、4、6、12为龙山时期）

1、7、8.深腹罐（WXHLJ1103：2、WXHLJ1103：18、WXHLJ1103：10）　2.大口罐（WXHLJ1103：16）　3～6、10、13.高领罐（WXHLJ1103：19、WXHLJ1103：8、WXHLJ1103：5、WXHLJ1103：11、WXHLJ1103：4、WXHLJ1103：13）　9、11.鼓腹罐（WXHLJ1103：3、WXHLJ1103：20）　12.筒腹罐（WXHLJ1103：21）

　　鼓腹罐　2件。WXHLJ1103：3，夹砂褐陶。斜折沿，尖唇，颈部泥条按压堆纹一周，腹身饰绳纹。口径14.8、残高4.8厘米（图66-9）。WXHLJ1103：20，粗砂灰陶。斜折沿，方唇，唇面压印呈花边状，腹身饰斜向篮纹。口径16.9、残高4.8厘米（图66-11）。

　　筒腹罐　1件。WXHLJ1103：21，泥质灰陶。宽斜折沿，圆唇，器壁较直，素面。口径14.8、残高4.5厘米（图66-12）。

　　缸　3件。WXHLJ1103：6，夹砂夹石英灰陶。斜折沿，方唇，唇面呈索状花边状，颈部泥条按压堆纹三周，下部器身饰绳纹。口径37、残高8.9厘米（图67-1）。WXHLJ1103：7，夹砂褐陶。直口，斜折沿，方唇，唇面呈花边状，颈部泥条按压堆纹两周。口径38.5、残高5.6厘米（图67-2）。WXHLJ1103：14，夹砂灰陶。侈口，斜折沿，方唇，唇面压印呈索状花边，颈部泥条按压堆纹两周。口径34.1、残高5.3厘米（图67-3）。

　　折肩瓮　1件。WXHLJ1103：22，泥质灰陶。上下皆残，仅存中间部分，折肩，肩部饰泥条堆纹一周，下部器身饰竖向篮纹。肩径39.6、残高12.4厘米（图67-4）。

　　敛口瓮　1件。WXHLJ1103：23，夹砂灰陶。敛口，方唇，鼓腹，沿下泥条按压堆纹两周，器身饰绳纹。口径23.1、残高5.2厘米（图67-5）。

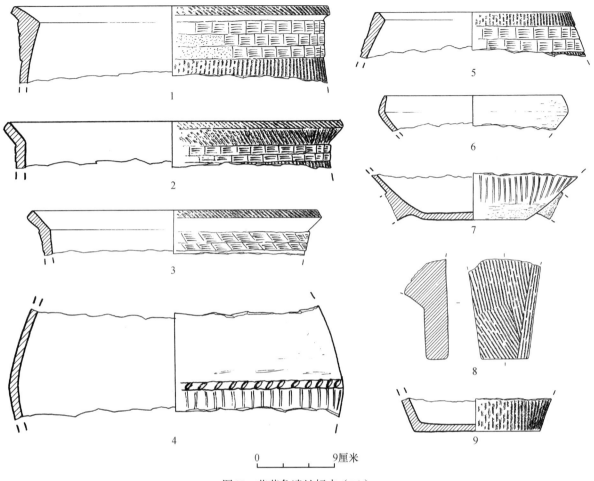

0　　　　　　　9厘米

图67　花莲角遗址标本（二）

（6为仰韶晚期，8为龙山时期，其余皆为庙底沟二期）

1~3.缸（WXHLJ1103：6、WXHLJ1103：7、WXHLJ1103：14）　4.折腹瓮（WXHLJ1103：22）　5.敛口瓮

（WXHLJ1103：23）　6.钵（WXHLJ1103：15）　7.鼎（WXHLJ1103：12）　8.鼎足（WXHLJ1103：24）　9.器底

（WXHLJ1103：9）

钵　1件。WXHLJ1103：15，泥质橙陶。敛口，尖唇，折腹，器身素面磨光。口径21.2、残高4.2厘米（图67-6）。

鼎　1件。WXHLJ1103：12，粗砂灰陶。上下皆残，平底，器表饰竖向篮纹。底径12.2、残高5.1厘米（图67-7）。

鼎足　1件。WXHLJ1103：24，夹砂灰陶。正面呈梯形，外侧饰绳纹，内侧素面。残高11.3厘米（图67-8）。

器底　1件。WXHLJ1103：9，细砂褐陶。下腹斜收，平底，面饰绳纹。底径14.4、残高3.6厘米（图67-9）。

第三节　襄　垣　县

一、土　落　遗　址

土落遗址位于襄垣县虒亭镇土落村南，西为顾家沟，东为岩家庄，北为建华村，南为郑沟，西北距离沁县二神遗址1.8千米（图68）。遗址地处浊漳河西源干流南岸的高台地上，平均海拔981米，地势西高东低，视野开阔，东向可尽览后湾水库（图版6-1）。遗址范围内未发现明显的遗迹现象，遗物基本采集于村南的农田地表，调查活动中还从断崖下清理出一件七足瓮可以完整复原（图版6-2、图版6-3）。遗物标本主要有钵、盆、鬲、瓮等，其中年代最早的为仰韶早期，最晚为商时期。

采集陶器

钵　1件。XYTL1007：2，泥质灰陶。侈口，圆唇，素面磨光。口沿23.7、残高4.1厘米（图69-1）。

盆　1件。XYTL1007：4，夹砂灰陶。侈口，圆唇，弧腹，器身饰斜向篮纹。口径23.6、残高3.9厘米（图69-2）。

鬲　2件。XYTL1007：5，夹砂灰陶。卷沿，方唇，束颈，器身饰绳纹。口径18、残高4.6厘米（图69-3）。XYTL1007：7，夹砂灰陶。卷沿，尖唇，束颈，颈部以下饰绳纹。口径29.3、残高4.1厘米（图69-5）。

鬲足　2件。XYTL1007：1，夹砂灰陶。袋足肥大，分裆，实心锥形足，足根以上饰绳纹。残高8.7厘米（图69-7）。XYTL1007：8，夹砂灰陶。实心锥形足，足部竖向刻划凹槽数道。残高5.7厘米（图69-8）。

瓮　1件。XYTL1007：9，夹砂灰陶。敛口，斜沿，斜折肩，斜腹，内底平，底部七锥形实心足，其中六足环形分布，一足置于中心悬空。口径18.5、肩径48.3、高41.1厘米（图69-9；图版40-2）。

器底　1件。XYTL1007：6，夹砂夹石英灰陶。上部残，下腹斜收，平底，下腹泥条按压堆纹一周，器表饰横向篮纹。底径14.4、残高5.7厘米（图69-4）。

彩陶片　1件。XYTL1007：3，泥质红陶。器表绘红彩网格纹。残长4.7厘米（图69-6）。

二、郑　沟　遗　址

郑沟遗址位于襄垣县虒亭镇郑沟村，西为顾家沟，北为岩家庄，南为魏家庄，东临后湾水库，西北距离沁县二神遗址2.1千米，北距土落遗址0.8千米（图68）。遗址地处浊漳河西源干流西岸的高台地上，距离河床0.8千米，地势西北东低，最高点海拔982米，遗址南、北均有较

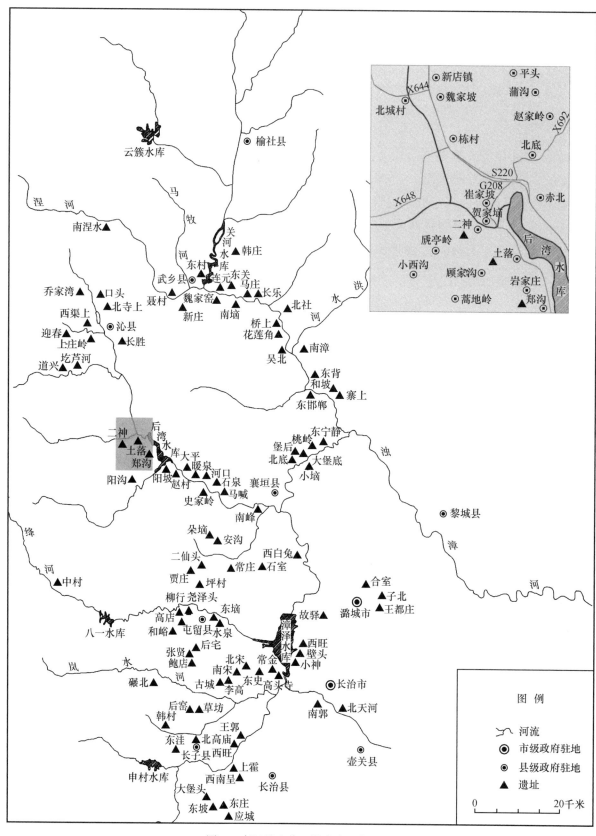

图68　襄垣县土落、郑沟遗址位置图

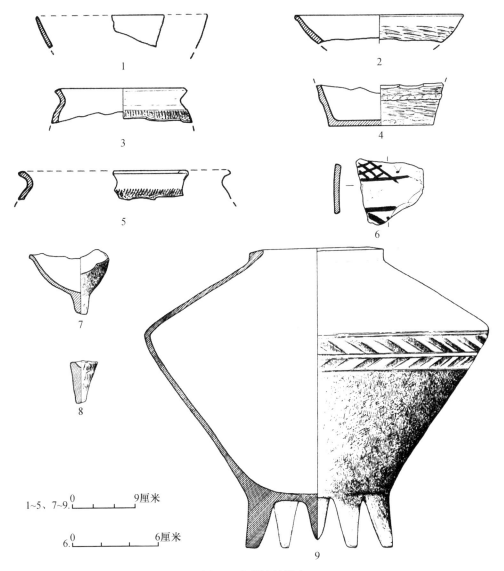

1~5、7~9. 0_____9厘米

6. 0_____6厘米

图69 土落遗址标本

（1为仰韶早期，6为仰韶晚期，2、4为庙底沟二期，7~9为二里头时期，3、5为商时期）

1. 钵（XYTL1007：2） 2. 盆（XYTL1007：4） 3、5. 鬲（XYTL1007：5、XYTL1007：7） 4. 器底（XYTL1007：6）

6. 彩陶片（XYTL1007：3） 7、8. 鬲足（XYTL1007：1、XYTL1007：8） 9. 瓮（XYTL1007：9）

深的东西向冲沟（图版7-1）。遗址内遗迹稀少，仅有一处小型灰坑暴露，内有少量的陶片和草木灰、红烧土等。陶片等遗物主要发现于农田地表，其散布范围大体为东西150、南北200米的区域。遗物主要为陶器，少量石器皆残碎，不辨器形。陶器有盆、罐、钵、瓶等，其中线纹红陶片、尖底瓶底、侈口盆、直口盆等均为仰韶文化时期遗物，是该地点遗存的主体，其他如折沿罐等则已属于龙山时期。

采集陶器

侈口盆 1件。XYZG1007：2，夹砂褐陶。侈口，尖唇，器身饰交错粗线纹。口径29.4、残高7.8厘米（图70-1）。

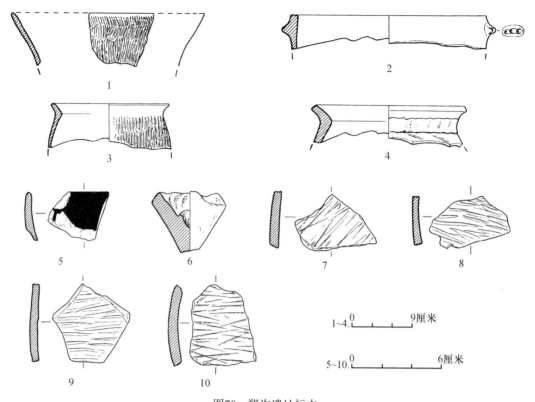

图70　郑沟遗址标本

（1、2、5～10为仰韶时期，4为庙底沟二期，3为龙山时期）

1.侈口盆（XYZG1007：2）　2.直口盆（XYZG1007：7）　3、4.罐（XYZG1007：8、XYZG1007：1）　5.钵

（XYZG1007：4）　6.尖底瓶底（XYZG1007：5）　7～10.腹片（XYZG1007：6、XYZG1007：10、XYZG1007：3、

XYZG1007：9）

　　直口盆　1件。XYZG1007：7，夹砂红陶。直口，方唇，沿下有鸡冠形鋬，器表素面。口径29.6、残高4.8厘米（图70-2）。

　　罐　2件。XYZG1007：8，夹砂灰陶。斜折沿，圆唇，腹微鼓，腹身饰绳纹。口径18.1、残高6.6厘米（图70-3）。XYZG1007：1，夹粗砂红褐陶，斜折沿，方唇，颈部泥条按压堆纹一道，其下器表饰斜向篮纹。口径23.1、残高6厘米（图70-4）。

　　钵　1件。XYZG1007：4，泥质红陶。直口，圆唇，器表施黑彩。残高3.3厘米（图70-5）。

　　尖底瓶底　1件。XYZG1007：5，泥质红陶。锐角尖底，素面。残高4.1厘米（图70-6）。

　　腹片　4件。XYZG1007：6，泥质红陶，表面饰乱线纹。残高3.5厘米（图70-7）。XYZG1007：10，夹砂灰陶，表面饰篮纹。残高3.3厘米（图70-8）。XYZG1007：3，泥质红陶，表面饰横向篮纹。残高5.2厘米（图70-9）。XYZG1007：9，夹砂红陶，表面饰线纹。残长5.2厘米（图70-10）。

三、阳沟遗址

阳沟遗址位于襄垣县上马乡阳沟村，东为水洞沟，西为河家庄，北为固村，南为里闻村，在周边大型遗址中，正北距离沁县二神遗址约6.4千米（图71）。遗址地处浊漳河西源支流郭河西岸的二级阶地上，距离河床0.3千米，地势西高东低，最高点海拔956米。遗物主要采集于村北的农地和林地的地表，分布范围较小，为东西280、南北170米的区域。遗物均为陶器残片，质地多为红陶，大量标本器表有三角弧线等主题彩绘，器形有盆、罐、瓮、钵、瓶等，根据其质地、形态、纹饰和等方面分析，该地遗存属于仰韶文化中期，未发现其他时期的史前遗物。

采集陶器

彩陶盆 5件。皆泥质红陶。XYYG1007：1，卷沿，圆唇，鼓腹，口沿及器身饰黑彩。复原口径25.2、残高3.6厘米（图72-1）。XYYG1007：2，卷沿，圆唇，口沿及器身饰黑彩。复原口径31.8、残高4.2厘米（图72-2）。XYYG1007：9，口近直，折沿外卷，圆唇，素面。复原口径34.8、残高4.9厘米（图72-4）。XYYG1007：7，卷沿，圆唇，鼓腹，沿部及器身饰黑彩。复原口径29.4、残高4.2厘米（图72-5）。XYYG1007：12，直口，圆唇，口沿外侧加厚，沿部饰黑彩。残高1.7厘米（图72-8）。

罐 1件。XYYG1007：5，泥质红陶。直口，小折沿，圆唇，颈部饰凹槽一道，表面有黑彩已磨损脱落。复原口径25.8、残高5.9厘米（图72-3）。

瓮 1件。XYYG1007：8，泥质红陶。敛口，圆唇，口沿外侧加厚。口径39.7、残高4.6厘米（图72-6）。

钵 1件。XYYG1007：6，泥质红陶。直口，圆唇，表面施褐色陶衣再饰黑彩，可见单面穿孔1个。残高3.6厘米（图72-7）。

彩陶片 3件。皆泥质红陶，表示饰黑彩。XYYG1007：4，残高4.3厘米（图72-9）。XYYG1007：3，残长5.1厘米（图72-10）。XYYG1007：11，残长4.1厘米（图72-11）。

鸟头泥塑 1件。XYYG1007：10，泥质红陶，鸟头堆塑附于器壁，器表饰线纹。残高4.5厘米（图72-12）。

尖底瓶口 1件。XYYG1007：13，泥质红陶，重唇口，但上唇萎缩变低且无明显唇棱，下唇渐窄。内径3.9、残高1.7厘米（图72-13）。

四、阳坡遗址

阳坡遗址位于襄垣县虒亭镇阳坡村，东为老庄村，西为南垴村，北为赵村，南为留家岭村，周边较大的遗址为其西北方向的沁县二神遗址，距离6.2千米（图73）。遗址地处浊漳河西源干流南岸的三级阶地上，距离河床1.3千米，地势较为平缓，平均海拔993米。遗迹和遗物主要发现于村外东北侧林地，根据陶片分布情况，遗址部分被现状村落东北部叠压，根据2010年勘察，遗迹和遗物的大体分布范围为东西350、南北250米的区域。遗迹主要为林地边缘暴露

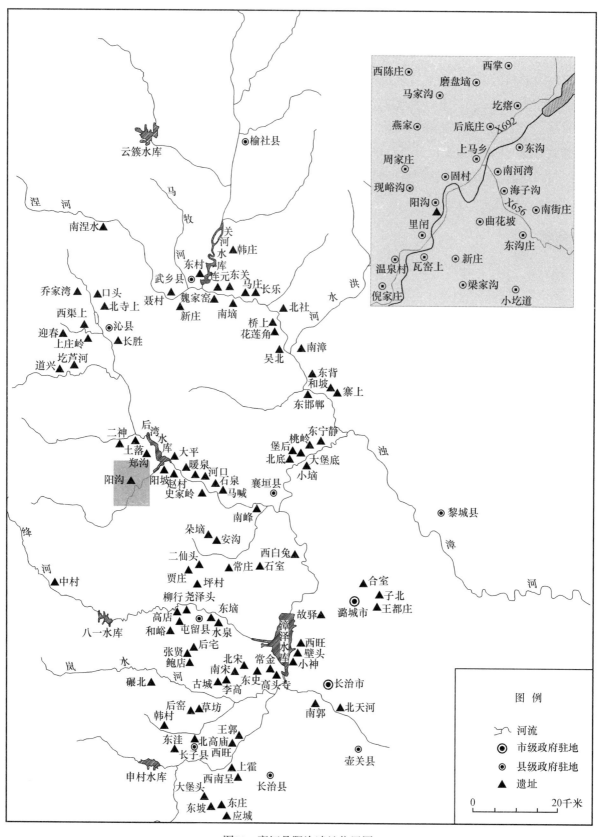

图71 襄垣县阳沟遗址位置图

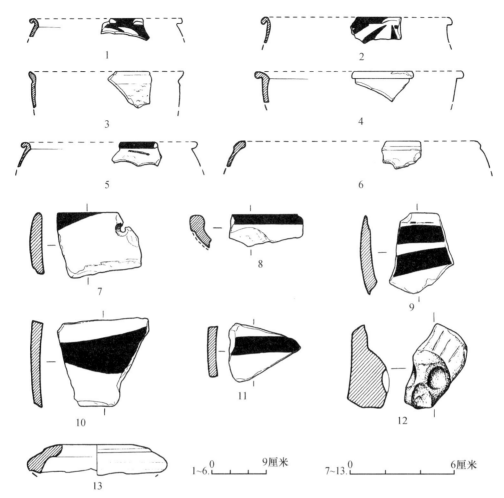

图72　阳沟遗址仰韶文化时期标本

1、2、4、5、8.彩陶盆（XYYG1007：1、XYYG1007：2、XYYG1007：9、XYYG1007：7、XYYG1007：12）　3.罐（XYYG1007：5）　6.瓮（XYYG1007：8）　7.钵（XYYG1007：6）　9～11.彩陶片（XYYG1007：4、XYYG1007：3、XYYG1007：11）　12.鸟头泥塑（XYYG1007：10）　13.尖底瓶口（XYYG1007：13）

的连续分布的灰层，遗物也多数采集于此（图版8）。根据调查整理和修复，陶器标本主要有罐、盆、瓮、甗、鬲等，年代最早的为仰韶时期的尖底瓶残片，但该时期的标本数量稀少，主体遗存属于庙底沟二期和二里头文化时期。

采集陶器

瓮　3件。XYYP1007：5，夹砂灰陶。敛口，平沿，通体饰绳纹。复原口径37.5、残高5.6厘米（图74-1）。XYYP1007：14，夹砂灰陶。敛口，圆唇，沿下泥条按压堆纹三周。复原口径34.5、残高4.9厘米（图74-2）。XYYP1007：12，夹砂灰陶。敛口，平沿，尖唇，沿面外侧堆纹一周，腹身饰绳纹。复原口径28.5、残高5.6厘米（图74-4）。

甗　2件。XYYP1007：11，夹砂灰陶。仅余腰部，内侧有箅隔一周，外侧泥条捺窝堆纹一道，器表饰中绳纹。腰径21.8、残高6.1厘米（图74-3）。XYYP1007：10，夹砂褐陶。器表饰绳纹。残高9.1厘米（图74-5）。

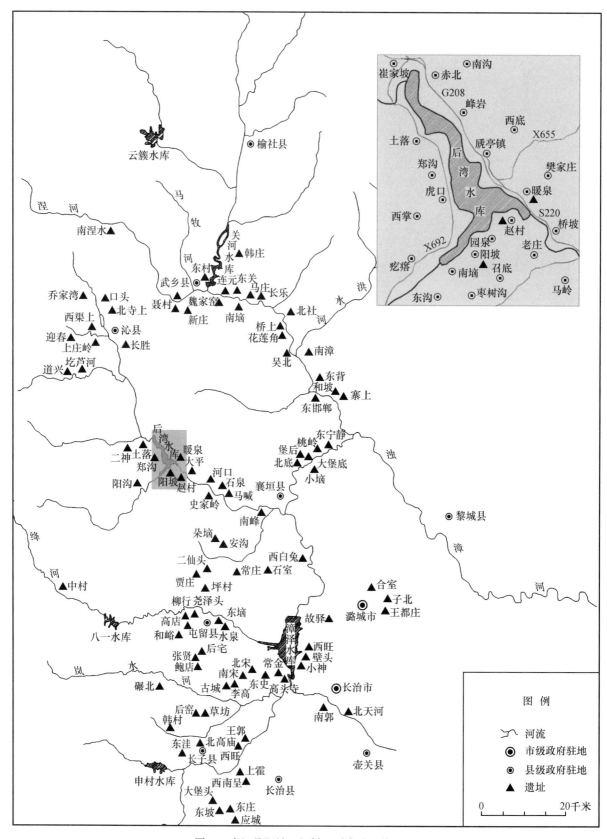

图73　襄垣县阳坡、赵村、暖泉遗址位置图

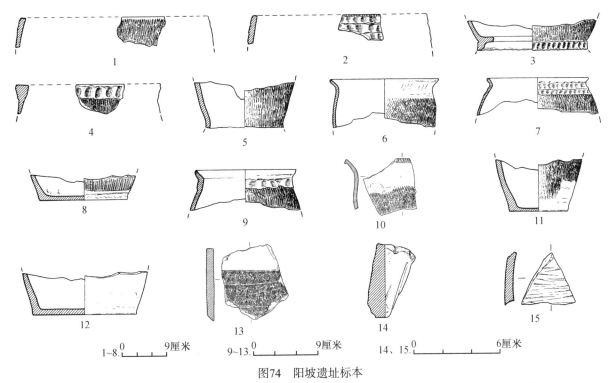

图74　阳坡遗址标本

（15为仰韶时期，2、7~9、11、12为庙底沟二期，4为龙山时期，1、3、5、6、10、13、14为二里头时期）

1、2、4.瓮（XYYP1007：5、XYYP1007：14、XYYP1007：12）　3、5.甗（XYYP1007：11、XYYP1007：10）

6、10.盆（XYYP1007：1、XYYP1007：9）　7、9.罐（XYYP1007：8、XYYP1007：7）　8、11、12.器底（XYYP1007：2、

XYYP1007：6、XYYP1007：3）　13、15.腹片（XYYP1007：4、XYYP1007：13）　14.器足（XYYP1007：15）

　　罐　2件。XYYP1007：8，夹砂灰陶。敛口，小折沿，圆唇，鼓腹，颈部饰附加堆纹两道，腹部饰绳纹。口径20.3、残高7.1厘米（图74-7）。XYYP1007：7，夹砂橙色陶。斜折沿，尖唇，鼓腹，颈部泥条按压堆纹一道，腹身饰绳纹。口径14.3、残高5.6厘米（图74-9）。

　　盆　2件。XYYP1007：1，夹砂灰陶。卷沿，圆唇，颈部微束，弧腹，腹部饰浅绳纹。口径21.8、残高9.1厘米（图74-6）。XYYP1007：9，夹砂褐陶。侈口，卷沿，方唇，唇面压印呈饰花边状，腹身饰绳纹。残高7.4厘米（图74-10）。

　　器足　1件。XYYP1007：15。夹砂灰陶，实心锥形鬲足，可见竖向凹槽数道和横向绑扎痕迹。残高5厘米（图74-14）。

　　器底　3件。XYYP1007：2，夹砂褐陶。上部残，弧腹下收，大平底，腹部饰竖向篮纹。底径17.3、残高4.5厘米（图74-8）。XYYP1007：6，夹砂褐陶。上部残，弧腹斜收，小平底，腹部饰竖向绳纹。底径8.2、残高6.9厘米（图74-11）。XYYP1007：3，夹砂橙陶。下腹斜收，平底，素面磨光。底径14.3、残高5.8厘米（图74-12）。

　　腹片　2件。XYYP1007：4，夹砂灰陶。表面饰弦断绳纹。残高10.1厘米（图74-13）。XYYP1007：13，泥质红陶。表面饰散乱线纹。残长3.7厘米（图74-15）。

五、赵村遗址

赵村遗址位于襄垣县虒亭镇赵村，东为后湾村，南为阳坡村和新庄村，西向和北向临后湾水库，在周边大型遗址中，西北距离沁县二神遗址约6.7千米（图73）。遗址地处浊漳河西源干流南岸的二级阶地上，距离河床1.1千米，地势平缓，平均海拔979米。遗址内未发现明显的史前遗迹，遗物主要采集于村东北的耕地地表，遗物散落面积较大，东西250、南北200米的区域内散布大量红陶和灰陶片。在采集标本中，红陶片居多数，有少部分的灰陶片。红陶片碎片数量多，但能辨认器形的较少，仅有罐、钵两种，为仰韶文化早期遗物。灰陶可辨器形的有盆、瓮、甑，均为二里头文化时期。赵村遗址的仰韶文化遗存年代较早，周边较近距离没有成规模的该时期遗址，仅在其西部的土落等地发现属于该时期的零星陶片。该地的二里头文化时期遗存数量较少，推测该时期当地有数量较少的人群生活。

采集遗物

罐　2件。XYZC1007：8，夹砂红陶。敛口，方唇，肩部可见密集粗弦纹。口径22.1、残高5.3厘米（图75-1）。XYZC1007：4，夹砂褐陶。斜折沿，沿面内凹，圆唇，肩部可见密集粗弦纹。口径9.6、残高2.4厘米（图75-3）。

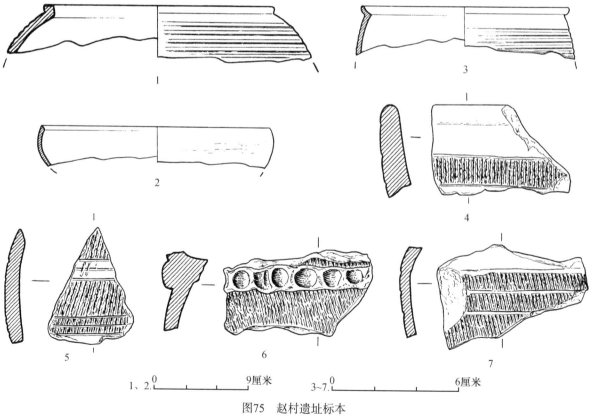

1、2 0 ____ 9厘米　　3~7 0 ____ 6厘米

图75　赵村遗址标本

（1~3为仰韶早期，4~7为二里头时期）

1、3.罐（XYZC1007：8、XYZC1007：4）　2.钵（XYZC1007：6）　4.盆（XYZC1007：2）　5.腹片（XYZC1007：3）

6.甑（XYZC1007：5）　7.瓮（XYZC1007：1）

钵 1件。XYZC1007：6，泥质红陶。敛口，尖唇，弧腹，素面磨光。口径22.1、残高3.7厘米（图75-2）。

盆 1件。XYZC1007：2，夹砂灰陶。侈口，圆唇，腹身饰弦断绳纹。残高4.1厘米（图75-4）。

甗 1件。XYZC1007：5，夹砂灰陶。仅存腰部，内侧可见箅隔一周，外侧饰泥条按压堆纹一周，器表饰绳纹。残高3.9厘米（图75-6）。

瓮 1件。XYZC1007：1，夹砂褐陶。器表饰弦断绳纹。残高4.9厘米（图75-7）。

腹片 1件。XYZC1007：3，夹砂灰陶。器表饰弦断绳纹。残高5.3厘米（图75-5）。

六、暖泉遗址

暖泉遗址位于襄垣县虒亭镇暖泉村，东为寺背后和樊家庄，西为东坡底村，北为安东村和东城村，南临G208国道和浊漳河西源干流，西北距沁县二神遗址直线距离4.5千米（图73）。遗址地处浊漳河西源干流北岸的缓坡地带，距离河床0.6千米，地势北高南低，最高点海拔967米。该遗址内遗迹分布密集，村东耕地的土崖断面上灰坑密布，最深的超过2米，灰坑内多包含灰土、陶片和草木灰等（图版9）。遗物多采集于灰坑，也有少量在浅层地表发现。根据2010年勘察，遗迹和遗物大致分布在东西约300、南北约280米的范围内。遗物包括了罐、瓮、缸等陶器和石铲，陶器以大量装饰附加堆纹、器表多饰篮纹为主要特征，表现出庙底沟二期文化的典型特征，数量较少的方唇陶罐遍饰弦断绳纹，应是龙山时期陶寺类型的遗物。

1. 采集陶器

折沿罐 3件。XYNQ1007：14，夹砂灰陶。侈口，圆唇，颈部泥条按压堆纹三周，腹身饰绳纹。复原口径27、残高9.1厘米（图76-1）。XYNQ1007：2，夹砂红陶。斜折沿，方唇，唇面压印索状花边，颈部泥条按压堆纹一周，腹部饰竖向篮纹。口径26.4、残高8.4厘米（图76-3）。XYNQ1007：6，夹砂灰陶。方唇，束颈，鼓腹，花边口沿，肩部可见弦纹一周，通体饰绳纹。口径15.7、残高5.8厘米（图76-7）。

瓮 1件。XYNQ1007：13，夹砂灰陶。敛口，方唇，鼓腹，沿下附加堆纹四周，腹身饰绳纹。复原口径29.5、残高9.8厘米（图76-2）。

高领罐 2件。XYNQ1007：3，夹砂褐陶。侈口，圆唇，高弧领，领部饰横向篮纹。口径12.1、残高5.6厘米（图76-4）。XYNQ1007：5，夹砂褐陶。侈口，圆唇，高弧领，领部饰斜向抹绳纹。口径15.8、残高5.5厘米（图76-5）。

缸 1件。XYNQ1007：1，夹砂灰陶。敛口，方唇，筒形腹，沿下泥条按压堆纹两周，器表饰斜向篮纹。复原口径68.4、残高10.7厘米（图76-6）。

腹片 4件。XYNQ1007：12，夹砂灰陶。可见横向泥条按压堆纹，器表饰绳纹。残

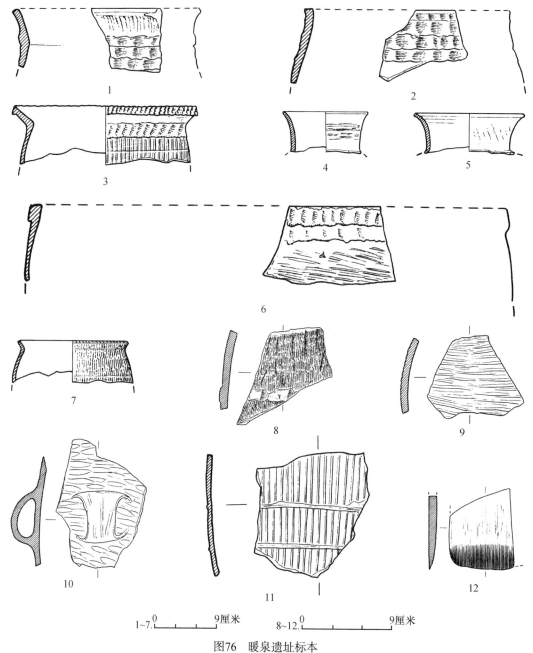

图76　暖泉遗址标本

（7为龙山时期，其余皆为庙底沟二期）

1、3、7.折沿罐（XYNQ1007：14、XYNQ1007：2、XYNQ1007：6）　2.瓮（XYNQ1007：13）　4、5.高领罐
（XYNQ1007：3、XYNQ1007：5）　6.缸（XYNQ1007：1）　8～11.腹片（XYNQ1007：12、XYNQ1007：11、
XYNQ1007：10、XYNQ1007：4）　12.石铲（XYNQ1007：7）

高9.1厘米（图76-8）。XYNQ1007：11，夹砂灰陶，器表饰横向篮纹。残长9.4厘米（图
76-9）。XYNQ1007：10，夹砂灰陶。桥形耳，器表饰横向篮纹。残高12.3厘米（图76-10）。
XYNQ1007：4，夹粗砂褐陶。可见横向泥条堆纹两周，器表饰竖向篮纹。残高11.9厘米（图
76-11）。

2. 采集石器

石铲 1件。XYNQ1007：7，石灰岩磨制。残，器表磨光，一侧单面开刃，刃部锋利。残长7.8、宽6.1、最厚0.8厘米（图76-12）。

七、史家岭遗址

史家岭遗址位于襄垣县虒亭镇史家岭村，西为老庄村，北向和东向隔河与桥坡村和小岭村对峙，距离阳坡遗址和赵村遗址均约为2.1千米（图77）。遗址地处浊漳河西源干流南岸的二级阶地上，距离河床0.8千米，地势北低南高，最高点海拔963米。遗迹和遗物均发现于村外东北的阶状农田，遗迹较少，发现两处塌落的小型灰坑，除灰土和烧土外，里面包含了数量较多的陶片，其余陶片采集于灰坑附近的地埂砖石堆。该遗址的陶器包括罐、盆、壶、甗和瓶等器形，大多为灰陶，亦有少量的红陶片。线纹红陶片应为仰韶时期尖底瓶的碎片，数量少，是年代最早的遗物。篮纹盆和高领罐属于典型的庙底沟二期文化的器形，年代最晚的是二里头文化阶段的陶甗。

采集陶器

束颈罐 1件。XYSJL1007：1，夹砂黑皮褐陶。宽斜折沿，圆唇，束颈，腹身饰斜向篮纹。口径12.1、残高4.4厘米（图78-1）。

高领罐 1件。XYSJL1007：5，夹砂灰陶。侈口，圆唇，高弧领，领部抹绳纹。口径14.2、残高6.3厘米（图78-2）。

盆 1件。XYSJL1007：2，泥质灰陶。直口，卷沿，尖唇，弧腹，颈部及腹部各饰楔点纹一周，下腹部饰斜向篮纹。口径26.4、残高10.5厘米（图78-3）。

壶 1件。XYSJL1007：3，泥质灰陶。侈口，圆唇，高颈，颈部可见泥条小錾，素面。口径5.8、残高4.6厘米（图78-4）。

甗 1件。XYSJL1007：7，夹细砂灰陶。卷沿，圆唇，颈部微束，腹部近中有舌形錾，下部残，腹身饰浅绳纹。口径36、残高14.7厘米（图78-7）。

腹片 2件。XYSJL1007：4，泥质褐陶。直口，斜折沿，颈部泥条堆纹一周，器身饰斜向篮纹。残高4.4厘米（图78-5）。XYSJL1007：6，泥质红陶。表面饰交错线纹。残高4.9厘米（图78-6）。

八、大 平 遗 址

大平遗址位于襄垣县虒亭镇大平村，东为河口村，西为小岭村，北为郭家庄，南临G208国道和浊漳河西源干流，西北距离沁县二神遗址7.4千米，东南距南峰遗址8.8千米（图77）。遗址地处浊漳河西源干流北岸的二阶阶地上，距离河床0.8千米，地势北高南低，最高点海拔

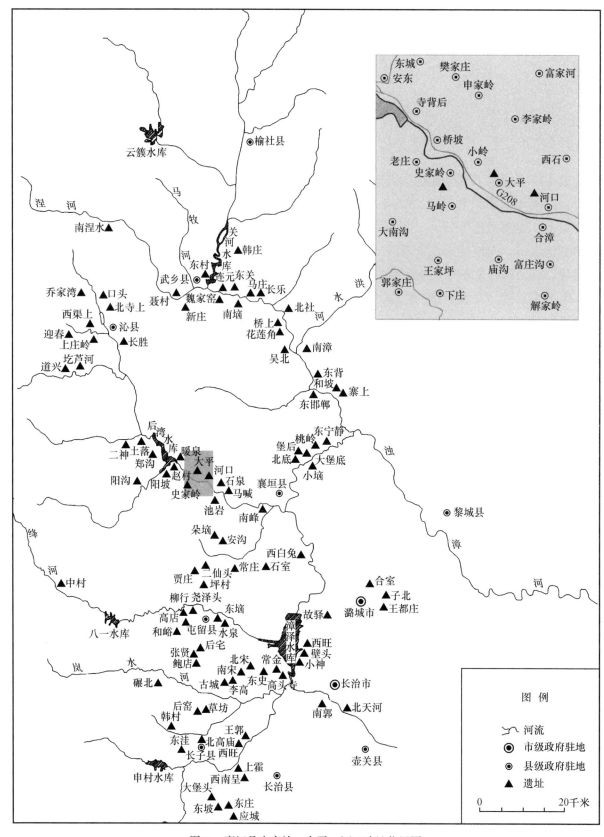

图77　襄垣县史家岭、大平、河口遗址位置图

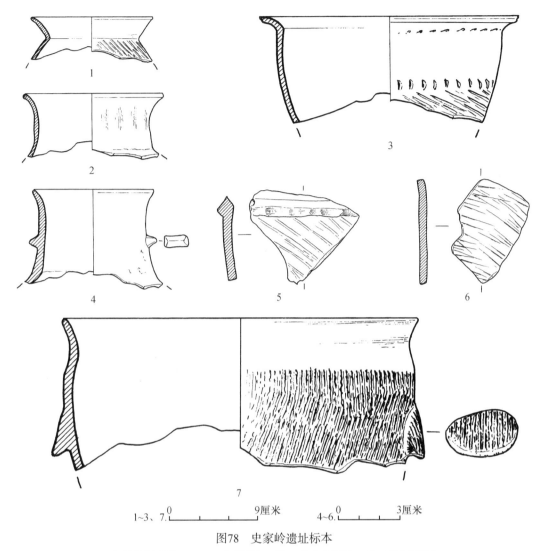

图78　史家岭遗址标本

（6为仰韶时期，1～3、5为庙底沟二期，4为龙山时期，7为二里头时期）

1. 束颈罐（XYSJL1007：1）　2. 高领罐（XYSJL1007：5）　3. 盆（XYSJL1007：2）　4. 壶（XYSJL1007：3）

5、6. 腹片（XYSJL1007：4、XYSJL1007：6）　7. 瓿（XYSJL1007：7）

951米。遗址内有暴露在道路两侧土崖灰坑3处，内含草木灰、碎陶片和红烧土（图版10）。陶片等遗物主要发现于村北耕地表面，大体分布范围为东西350、南北200米的区域。同时在村西230米处也采集到数量较少的史前陶片。陶器的主要器形有缸、鬲、罐、钵、簋等，其年代最早为仰韶中期，龙山和商时期为主体遗存的年代。

采集陶器

　　缸　1件。XYDP1007：2，夹砂灰陶。直口，斜折沿，腹壁微斜，颈部泥条堆纹一周加厚，器身饰中绳纹。口径40.8、残高9.5厘米（图79-1）。

　　鬲　1件。XYDP1007：4，夹砂灰陶。侈口，卷沿，方唇，鼓腹，腹身饰粗绳纹。口径13.5、残高6.1厘米（图79-2）。

　　罐　2件。XYDP1007：3，夹砂褐陶。侈口，尖唇，唇面下垂加厚，素面。口径21.7、

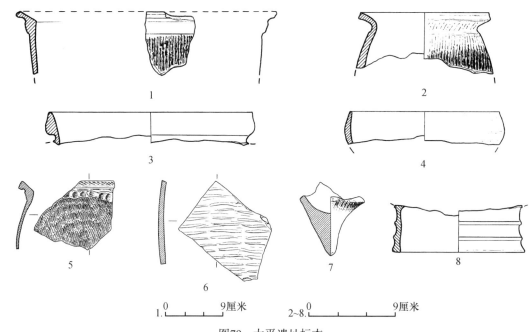

图79　大平遗址标本

（4为仰韶中期，1、5、6为庙底沟二期，3为龙山时期，2、7、8为商时期）

1.缸（XYDP1007：2）　2.鬲（XYDP1007：4）　3、5.罐（XYDP1007：3、XYDP1007：8）　4.钵（XYDP1007：6）

6.腹片（XYDP1007：7）　7.器足（XYDP1007：5）　8.簋圈足（XYDP1007：1）

残高3.5厘米（图79-3）。XYDP1007：8，夹砂灰陶。斜折沿，方唇，鼓腹，唇面压印呈花边状，颈部按压泥条堆纹一周，器表饰绳纹。残高7厘米（图79-5）。

　　钵　1件。XYDP1007：6，泥质褐陶。直口，圆唇，鼓腹，素面磨光。口径16、残高3.3厘米（图79-4）。

　　器足　1件。XYDP1007：5，泥质灰陶。实心锥形足，足根素面。残高7.4厘米（图79-7）。

　　簋圈足　1件。XYDP1007：1，泥质灰陶。直口，外壁饰凸棱两周，素面。口径13.9、残高4.7厘米（图79-8）。

　　腹片　1件。XYDP1007：7，夹细砂灰陶。表面饰横向篮纹。残高10.2厘米（图79-6）。

九、河 口 遗 址

　　河口遗址位于襄垣县夏店镇河口村，东为石泉村，西为大平村，北为西石村，南隔浊漳河西源干流与合漳村相望（图77）。遗址地处浊漳河西源干流北岸的二阶台地上，距离河床0.8千米，地势北高南低，最高点海拔947米，东西两侧分别有南北向浅沟与邻村相隔。调查中仅发现灰坑一处，但包含陶片稀少，陶器主要发现于村南的农田地表。大体分布于东西150、南北230米的小范围内。采集陶器数量较多，但可辨器形的较少，有瓮、盆、罐、缸等。根据陶器的形态、纹饰和质地等分析，该地的陶器标本皆为二里头文化时期遗物，未发现其他时代的文化遗存，遗址文化内涵单纯。

采集陶器

　　缸　2件。XYHK1007：1，夹砂灰陶。口微侈，尖唇，弧腹，器表饰交错绳纹。复原口径37.5、残高17.3厘米（图80-1）。XYHK1007：6，夹砂灰陶。口微敛，平沿，深腹，满饰中绳纹，腹部饰楔点纹一周。复原口径40、残高17.3厘米（图80-2）。

　　盆　2件。XYHK1007：2，夹砂灰陶。侈口，卷沿，圆唇，颈部微束，弧腹下收，腹部饰中绳纹。口径30.7、残高9.1厘米（图80-3）。XYHK1007：3，夹砂灰陶。侈口，卷沿，圆唇，弧腹下收，腹部饰绳纹。复原口径42.8、残高12厘米（图80-6）。

　　罐　1件。XYHK1007：7，夹砂灰陶。敛口，圆唇，鼓腹，颈部以下饰浅绳纹。口径29.3、残高8.9厘米（图80-4）。

　　瓮　2件。XYHK1007：4，泥质灰陶。敛口，平沿，鼓腹，颈部以下饰绳纹。口径23.3、残高7.5厘米（图80-5）。

　　器足　2件。XYHK1007：5，夹砂灰陶。上部残，圜底，瓦形足，满饰中绳纹。残高9.7厘米（图80-7）。

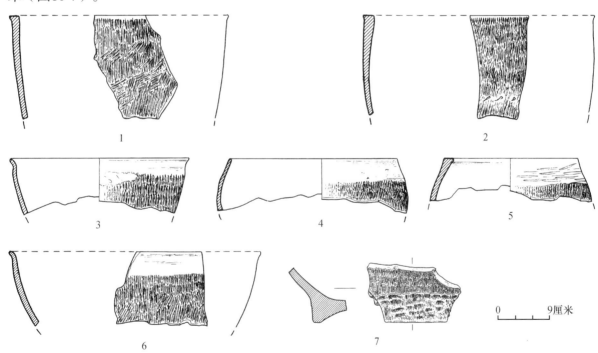

图80　河口遗址二里头时期标本

1、2.缸（XYHK1007：1、XYHK1007：6）　3、6.盆（XYHK1007：2、XYHK1007：3）　4.罐（XYHK1007：7）
5.瓮（XYHK1007：4）　7.器足（XYHK1007：5）

十、石泉遗址

　　石泉遗址位于襄垣县夏店镇石泉村，东为王沟村，西为河口村，北为崔家岭，南临G208国道和浊漳河西源干流，东南距南峰遗址8.4千米（图81）。遗址地处浊漳河西源干流北岸的二级阶地上，距离河床0.7千米，地势北高南低，最高点海拔949米。遗址内两处地点发现灰层，

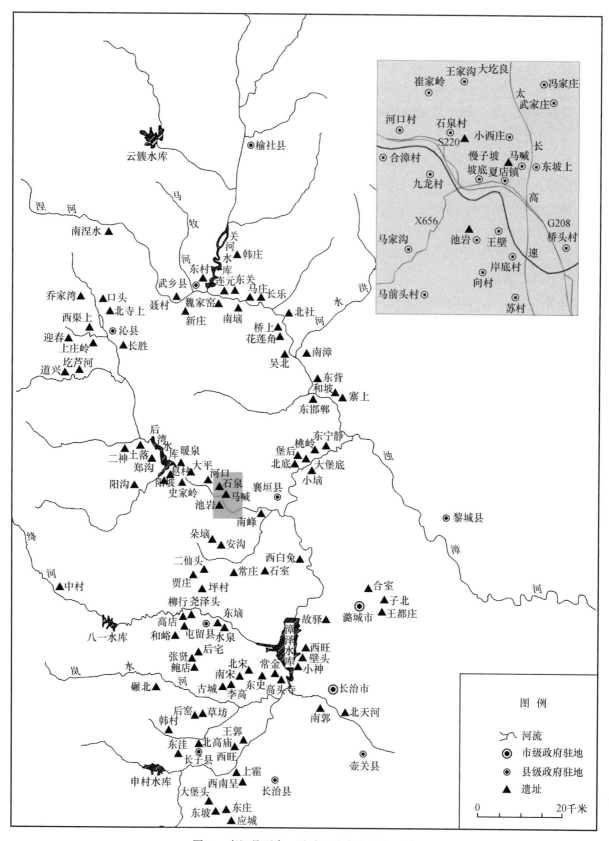

图81　襄垣县石泉、马喊、池岩遗址位置图

厚度约0.7米，长度分别为4.5米和3.2米，内含草木灰、碎骨、碎陶片和红烧土。陶片等遗物主要发现于灰土和地表，遗迹和遗物的大体散布范围为东西270、南北150米的区域。遗物主要为陶器，少量石器皆残碎，不辨器形。陶器有盆、罐、瓮、甗、鬲等，其中线纹红陶片和敛口红陶瓮等属于仰韶文化时期，年代最早，束颈盆、甗、瓮足、鬲足等属于二里头时期，另外有少量的龙山时期陶片。

采集陶器

盆　1件。XYSQ1007：3，夹砂灰陶。侈口，圆唇，束颈，弧腹下收，颈部以下饰绳纹。口径24.6、残高10.9厘米（图82-1）。

瓮　1件。XYSQ1007：15，泥质红陶。敛口，反折沿，鼓腹，素面磨光。口径19.3、残高9厘米（图82-2）。

折沿罐　2件。XYSQ1007：13，夹砂灰陶。斜折沿，圆唇，颈部泥条按压堆纹两周。口径23.1、残高5.1厘米（图82-3）。XYSQ1007：14，夹砂褐陶。直口，斜折沿，方唇，唇面压印呈花边状，颈部泥条按压堆纹一周，腹身饰绳纹。口径13.9、残高2.9厘米（图82-5）。

高颈罐　1件。XYSQ1007：12，泥质红陶。敛口，圆唇，高颈，素面磨光。口径11.9、残高7.4厘米（图82-4）。

甗　1件。XYSQ1007：4，夹砂灰陶。仅存腰部，腰内侧有箅隔一周，外侧竖向设锯齿状堆纹加固器壁，腹身饰绳纹。残高7.8厘米（图82-7）。

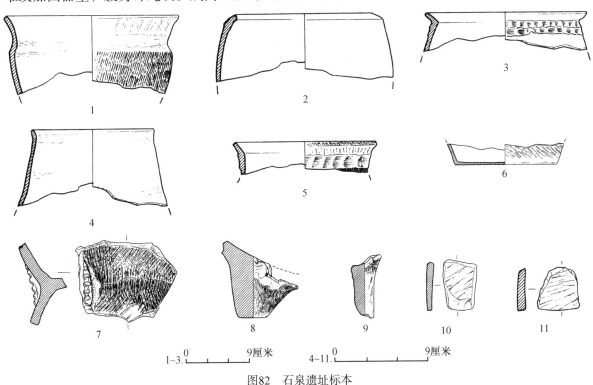

图82　石泉遗址标本

（2、10、11为仰韶晚期，3、5、6为庙底沟二期，4为龙山时期，1、7~9为二里头时期）

1. 盆（XYSQ1007：3）　2. 瓮（XYSQ1007：15）　3、5. 折沿罐（XYSQ1007：13、XYSQ1007：14）　4. 高颈罐（XYSQ1007：12）　6. 器底（XYSQ1007：11）　7. 甗（XYSQ1007：4）　8、9. 器足（XYSQ1007：6、XYSQ1007：5）
10、11. 陶片（XYSQ1007：1、XYSQ1007：2）

器底　1件。XYSQ1007：11，泥质灰陶。上部残，下腹斜收，大平底，腹饰斜向篮纹。底径9.8、残高2厘米（图82-6）。

器足　2件。XYSQ1007：6，泥质灰陶。实心足平底，面饰绳纹。残高7.4厘米（图82-8）。XYSQ1007：5，夹砂褐陶。实心锥形足，可见竖向凹槽。残高5.7厘米（图82-9）。

陶片　2件。XYSQ1007：1，夹砂褐陶。表面饰线纹。残长4.9厘米（图82-10）。XYSQ1007：2，泥质红陶。表面饰线纹。残长3.7厘米（图82-11）。

十一、马喊遗址

马喊遗址位于襄垣县夏店镇马喊村，东为马喊水库和二广高速公路，西为慢子坡，北为小西庄，南临G208国道，东南距离南峰遗址5.7千米（图81）。遗址地处浊漳河西源干流北岸的坡地上，距离河床0.9千米，地势北高南低，最高点海拔936米。遗迹和遗物目前均发现于村西的梯田地表，分布范围大概为东西340、南北280米的区域。遗迹为2处灰坑，灰坑内包含灰土、红烧土和木炭屑，陶片稀少，陶片为田埂处采集所得。陶器主要有罐、豆、鬲等，罐可分为深腹、鼓腹和束颈，束颈堆纹罐、大口束颈罐、豆柄多为褐陶，从形态和纹饰观察是较为典型的庙底沟二期遗物，花边口沿鼓腹罐和刻槽鬲足则是当地二里头时期的特色陶器。

采集陶器

深腹罐　1件。XYMH1007：1，夹砂灰皮褐陶。斜折沿，方唇，口沿压印花边，颈部饰附加堆纹一周，腹部饰竖向细绳纹。口径30.6、残高8.7厘米（图83-1）。

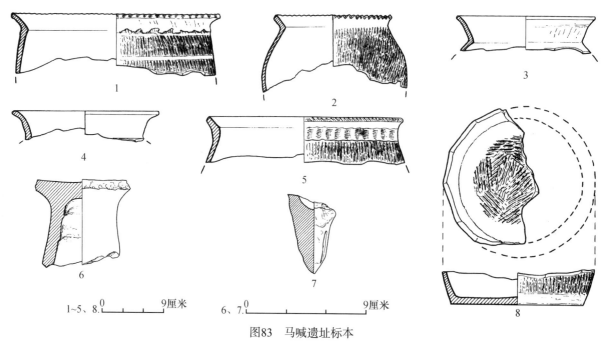

图83　马喊遗址标本

（1、3~5、6、8为庙底沟二期，2、7为二里头时期）

1. 深腹罐（XYMH1007：1）　2、5. 鼓腹罐（XYMH1007：2、XYMH1007：5）　3、4. 束颈罐（XYMH1007：4、XYMH1007：7）　6. 豆柄（XYMH1007：3）　7. 器足（XYMH1007：9）　8. 器底（XYMH1007：8）

鼓腹罐　2件。XYMH1007：2，夹砂褐陶。斜折沿，方唇，鼓腹，唇面压印呈花边状，颈部以下饰绳纹。口径16.9、残高10.2厘米（图83-2）。XYMH1007：5，夹细砂褐陶。斜折沿，方唇，鼓腹，唇面压印呈花边状，颈部附加堆纹一周，器身饰细绳纹。口径28.7、残高6.5厘米（图83-5）。

束颈罐　2件。XYMH1007：4，泥质灰陶。侈口，方唇，矮弧领，素面磨光。口径20.2、残高5.3厘米（图83-3）。XYMH1007：7，泥质橙陶。侈口，圆唇，弧领，素面磨光。口径21.5、残高4.3厘米（图83-4）。

豆柄　1件。XYMH1007：3，泥质褐陶。仅存豆柄部分，豆盘平底，素面磨光。残高6.1厘米（图83-6）。

器足　1件。XYMH1007：9，夹砂灰陶。实心锥状足，表面可见竖向刻划凹槽两道。残高5.6厘米（图83-7）。

器底　1件。XYMH1007：8，夹砂灰陶。弧腹下收，平底，腹身饰绳纹。复原底径19.4、残高5.2厘米（图83-8）。

十二、池岩遗址

池岩遗址位于襄垣县夏店镇池岩村，西为马家沟村，东为王壁村，南为向村，北向隔河为坡底村（图81）。遗址地处浊漳河西源干流南岸的高台地上，距离河床0.6千米，遗址地势平坦，西部和南部被冲沟所分隔，平均海拔963米。村南道路两侧农田断面可见分布较密集的灰坑，内含草木灰、红烧土、碎陶片等。采集的陶片标本数量较多，但可分辨的器形不多，仅有甗和鬲足等。根据陶片质地、陶色、纹饰和形态分析，该批陶片皆为二里头文化时期遗物，因此该地点应为时代较为单纯的二里头时期遗址。

采集陶器

甗　2件。皆残，存腰部。夹砂灰陶，腰部饰捺窝状泥条堆纹。XYCY1007：1，腰径11.1、残高5.4厘米（图84-1）。XYCY1007：3，腰径16.9、残高6.6厘米（图84-2）。

器足　1件。XYCY1007：2，泥质灰陶。实心锥形足，表面可见竖向刻槽和横向绑扎痕迹。残高5.9厘米（图84-3）。

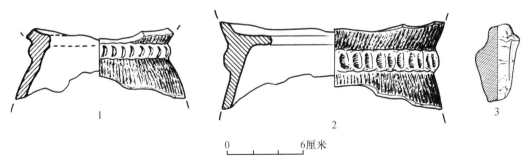

0　　　　　6厘米

图84　池岩遗址二里头时期标本
1、2. 甗（XYCY1007：1、XYCY1007：3）　3. 器足（XYCY1007：2）

十三、南峰遗址

南峰遗址位于襄垣古韩镇南峰村，其东为西里村，西为付村，南为南丰沟，北为马家窑（图85）。遗址所在地为浊漳河西源干流南岸的二阶高台地，浊漳河西源在这里作"S"形绕流而过，该地为方圆5千米内的地理最高点，地势高敞，高点海拔910米（图版11-1）。南峰遗址最早在20世纪90年代被长治市博物馆发现并确认，目前为县级文物保护单位。根据2010年以来的勘察，遗址主要分布于现状村落的西部和北部，局部被村落叠压，分布在东西约550、南北约400米的范围。遗址内史前时期遗迹密布，主要有房址、陶窑、墓葬、灰坑等，陶器、石器、骨器等遗物俯拾皆是（图版11-2、图版12）。考古调查采集的标本中，可辨器形超过200件，其中陶器有罐、盆、瓮、缸、鬲、钵、豆、斝、盘、杯等，石器包括刀、铲、斧，骨器有卜骨等。根据对遗物的初步分析，该遗址的最早年代为仰韶中期，最晚为东周时期。庙底沟二期、二里头、商时期均有大量标本：庙底沟二期遗物中，颈部和腹部装饰附加堆纹的各类夹砂罐数量、高领瓶最多；二里头时期陶器中，各类卷沿盆、高领鬲、蛋形瓮最具地域特色，商时期的遗物包括真（假）腹豆、折沿方唇鬲、卜骨等。南峰遗址是襄垣境内目前发现规模最大、跨越年代最长、遗物最丰富的史前文化遗址。

1. 采集陶器

鼓腹罐　7件。XYNF1006：1，夹砂灰陶。斜折沿，尖唇，口沿以下器表饰绳纹。口径12.2、残高3.7厘米（图86-1）。XYNF1006：19，夹砂灰陶。折沿外卷，尖唇，鼓腹，器身中部细泥条堆纹一周，器表饰竖向篮纹。口径14.3、残高7.4厘米（图86-2）。XYNF1006：40，夹砂灰陶。斜折沿，尖唇，口沿下饰泥条堆纹一周，器身饰斜绳纹。口径12.2、残高5厘米（图86-3）。XYNF1006：43，夹砂灰陶。斜折沿，尖唇，鼓腹，肩部饰细泥条堆纹一周，器身饰竖向篮纹。口径16.4、残高5.5厘米（图86-4）。XYNF1006：53，夹砂灰陶。斜折沿，方唇，颈部下细泥条堆纹一周。口径18.1、残高6.9厘米（图86-5）。XYNF1006：124，夹砂灰陶。斜折沿，圆唇，颈部以下泥条堆纹一周，其下器身饰绳纹。残高4.8厘米（图86-6）。XYNF1006：80，夹砂褐陶。斜折沿，圆唇，唇面压印呈花边状，颈部以下饰篮纹。口径28.6、残高6.9厘米（图86-10）。XYNF1006：151，夹砂褐陶。敛口，斜折沿，方唇，鼓腹，唇面压印呈花边，颈部附加堆纹一周，腹部饰竖向篮纹。口径34.4、残高12.2厘米（图86-11）。

深腹罐　11件。XYNF1006：14，泥质褐陶。斜折沿，尖唇，筒形腹，口沿下饰抹绳纹。口径16.3、残高4.1厘米（图87-1）。XYNF1006：35，泥质灰陶。斜折沿，方唇，上腹剖面呈阶梯状，腹身饰交错绳纹。口径18、残高6.9厘米（图87-2）。XYNF1006：103，夹砂灰陶。斜折沿，方唇，筒腹，唇面压印索状花边，颈部泥条堆纹一周，腹身饰横向篮纹。口径18、残高5.1厘米（图87-3）。XYNF1006：45，夹砂灰陶。直口，宽折沿，尖唇，直腹，器身饰粗绳纹。残高4.8厘米（图87-4）。XYNF1006：60，夹砂灰陶。斜折沿，方唇，方唇，筒形腹，唇面饰压印花边一周，颈部以下细泥条堆纹一周，器身饰竖向篮纹。残高5.7厘米（图87-5）。

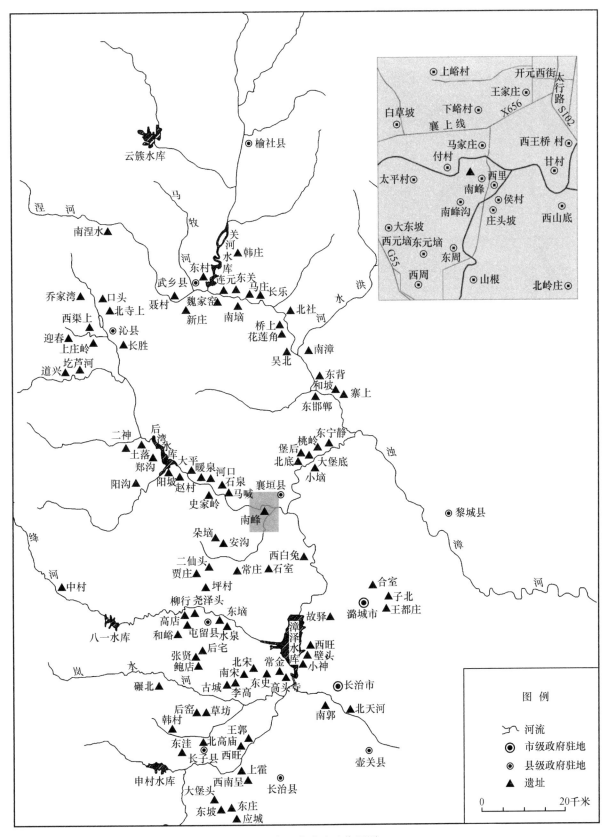

图85　襄垣南峰遗址位置图

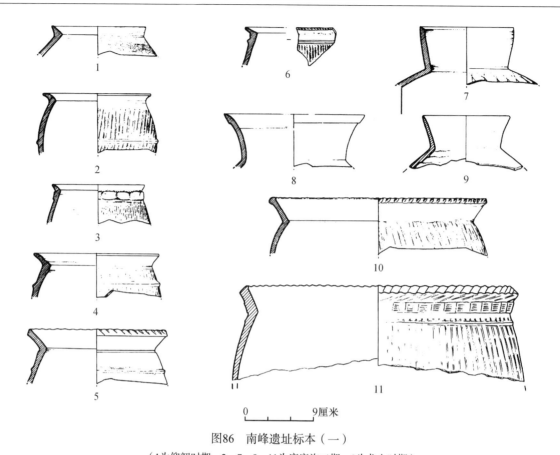

图86　南峰遗址标本（一）

（1为仰韶时期，2～7、9～11为庙底沟二期，8为龙山时期）

1～6、10、11.鼓腹罐（XYNF1006：1、XYNF1006：19、XYNF1006：40、XYNF1006：43、XYNF1006：53、
XYNF1006：124、XYNF1006：80、XYNF1006：151）　7～9.高领罐（XYNF1006：90、XYNF1006：18、XYNF1006：140）

XYNF1006：26，泥质灰陶。直口，斜折沿，方唇，唇面压印花边，上腹见细泥条堆纹一周，
器身饰竖向篮纹。残高8.9厘米（图87-6）。XYNF1006：55，泥质黑皮褐陶。斜折沿，圆唇，
颈微束，表面磨光。口径34.3、残高9.3厘米（图87-7）。XYNF1006：86，夹砂灰陶。斜折
沿，方唇，唇面压印呈索状花边，器身饰竖向篮纹，并可见细泥条堆纹两周。口径35.5、残高
9.2厘米（图87-8）。XYNF1006：75，泥质褐陶。斜折沿，尖唇，筒形腹，颈部按压堆纹一
周，器身饰宽斜篮纹。口径32.3、残高10.5厘米（图87-9）。XYNF1006：87，泥质灰陶。直
口，斜折沿，圆唇，筒形腹，口沿下捏压堆纹一周，器表磨光。口径40.3、残高6.9厘米（图
87-10）。XYNF1006：9，夹砂灰陶。斜折沿，方唇，颈部以下饰深绳纹。口径36.5、残高7.7
厘米（图87-11）。

　　高领罐　3件。XYNF1006：90，泥质灰陶。侈口，尖唇，斜领，弧肩，领部有快轮修整痕
迹，肩部可见"X"纹。口径12.2、残高7.3厘米（图86-7）。XYNF1006：18，泥质褐陶。侈
口，尖唇，高弧领，表面磨光。口径18.3、残高6.7厘米（图86-8）。XYNF1006：140，泥质褐
陶。高斜领，尖唇，内壁泥条盘筑痕迹明显。口径11.4、残高6.8厘米（图86-9）。

　　缸　3件。XYNF1006：158，粗砂黑皮灰陶。口近直，斜折沿，方唇，沿面内侧凹槽两
道，唇面压印呈花边状，颈部附加堆纹一周，腹部饰竖向篮纹。口径33.9、残高5厘米（图

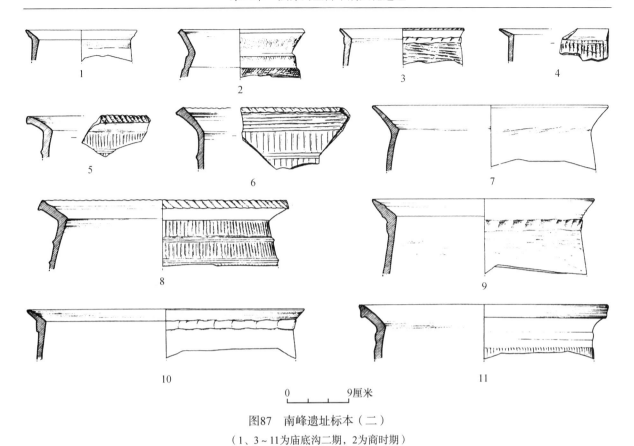

图87　南峰遗址标本（二）

（1、3～11为庙底沟二期，2为商时期）

1～11.深腹罐（XYNF1006：14、XYNF1006：35、XYNF1006：103、XYNF1006：45、XYNF1006：60、XYNF1006：26、
XYNF1006：55、XYNF1006：86、XYNF1006：75、XYNF1006：87、XYNF1006：9）

88-4）。XYNF1006：8，泥质褐陶。直口，折沿，方唇，直腹，颈部饰附加堆纹一道，下饰弦断绳纹。口径37、残高8.5厘米（图88-5）。XYNF1006：94，夹砂灰陶。斜折沿，圆唇，口沿下按压堆纹一周，器身饰斜向篮纹。残高7.4厘米（图88-6）。

　　直口瓮　1件。XYNF1006：145，夹砂灰陶。直口，筒形腹，口沿下饰附加堆纹四周，腹部饰粗绳纹。口径36、残高15厘米（图88-7）。

　　敛口瓮　4件。XYNF1006：29，泥质红陶。敛口，方唇，表面饰浅绳纹。口径24.4、残高9.3厘米（图88-8）。XYNF1006：30，泥质灰陶。敛口，方唇，通体饰斜绳纹。口径24.2、残高9.5厘米（图88-9）。XYNF1006：97，夹砂灰陶。敛口，内折沿，颈部磨光，颈部以下饰斜绳纹。口径18.5、残高16.4厘米（图88-10）。XYNF1006：89，夹砂褐陶。敛口，内折沿，颈部磨光，颈部以下器身饰交错细绳纹。口径20.7、残高17.5厘米（图88-11）。

　　白陶器　3件。XYNF1006：167，泥质白陶。侈口，尖唇，折腹，素面，器壁薄、硬度高，内壁轮线清晰。口径16.4、残高2.2厘米（图88-1）。XYNF1006：165，细砂白陶。斜折沿，圆唇，腹微鼓，素面，器壁薄、硬度高，内壁轮线清晰。口径18、残高3.7厘米（图88-2）。XYNF1006：169，细砂白陶。斜折沿，圆唇，腹微鼓，素面，器壁薄、硬度高，内壁轮线清晰。口径22.2、残高4.7厘米（图88-3）。

　　红陶盆　2件。XYNF1006：42，夹粗砂褐陶。侈口，圆唇，沿面上有凹槽一周，器身饰密

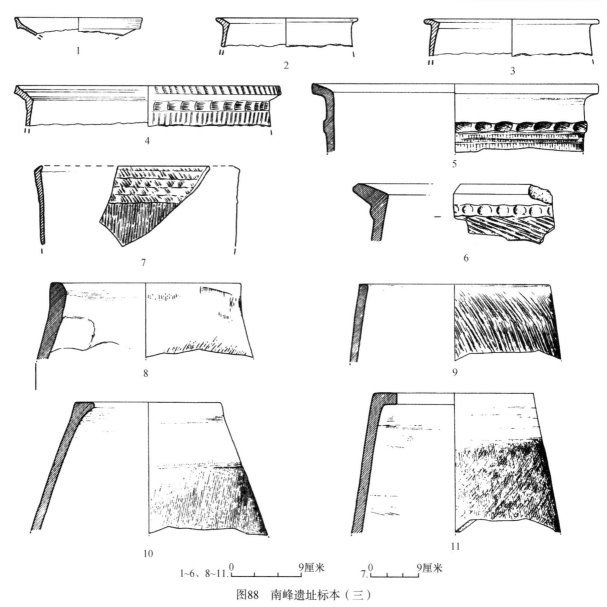

图88　南峰遗址标本（三）

（1、2、4、6、7为庙底沟二期，3、9为龙山时期，5、8、10为二里头时期，11为商时期）

1～3.白陶器（XYNF1006：167、XYNF1006：165、XYNF1006：169）　4～6.缸（XYNF1006：158、XYNF1006：8、XYNF1006：94）　7.直口瓮（XYNF1006：145）　8～11.敛口瓮（XYNF1006：29、XYNF1006：30、XYNF1006：97、XYNF1006：89）

集粗弦纹。残高4厘米（图89-1）。XYNF1006：127，泥质红陶。敛口，圆唇，素面磨光。残高3.6厘米（图89-2）。

彩陶盆　1件。XYNF1006：166，泥质红陶。侈口，圆唇，弧腹，沿外侧施黑彩一周。口径18、残高2.1厘米（图89-11）。

篮纹盆　1件。XYNF1006：161，细砂褐陶。侈口，弧腹，面饰斜向篮纹。口径34.4、残高7.7厘米（图89-10）。

斜腹盆　2件。XYNF1006：3，泥质褐陶。侈口，方唇，斜腹，口沿内侧饰凹槽一周，上腹置鸡冠形鋬手，腹部饰斜向篮纹。残高6.5厘米（图89-4）。XYNF1006：31，泥质灰陶。侈

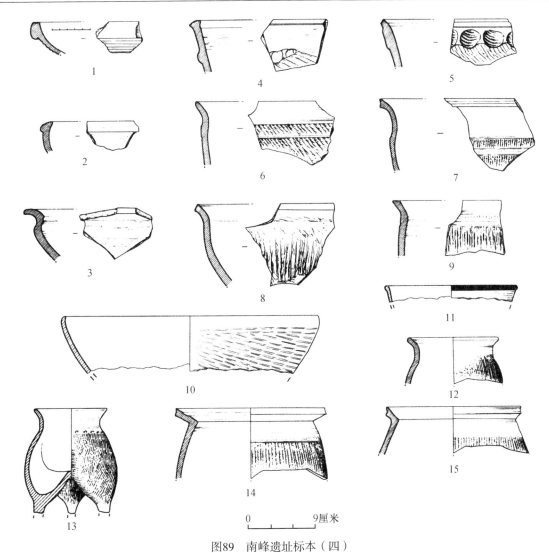

图89　南峰遗址标本（四）

（1、2、11为仰韶时期，4、10为庙底沟二期，3、6、8、12、13为二里头时期，其余为商时期）

1~11.盆（XYNF1006：42、XYNF1006：127、XYNF1006：164、XYNF1006：3、XYNF1006：12、XYNF1006：57、
XYNF1006：12、XYNF1006：59、XYNF1006：71、XYNF1006：161、XYNF1006：166）　12~15.鬲（XYNF1006：68、
XYNF1006：135、XYNF1006：72、XYNF1006：16）

口，卷沿，圆唇，颈微束，颈部以下器身饰弦断绳纹。残高6.1厘米（图89-5）。

束颈盆　5件。XYNF1006：164，泥质黑皮灰陶。卷沿，圆唇，束颈，弧腹，素面。残高6.9厘米（图89-3）。XYNF1006：57，泥质灰陶。侈口，卷沿，方唇，弧腹，腹部以下饰粗绳纹。残高8.5厘米（图89-6）。XYNF1006：12，泥质灰陶。侈口，方唇，口沿下饰附加堆纹一道，器身饰交错绳纹。残高9.5厘米（图89-7）。XYNF1006：59，夹砂灰陶。侈口，卷沿，方唇，颈微束，腹身饰弦断绳纹。残高10.9厘米（图89-8）。XYNF1006：71，泥质褐陶。侈口，尖唇，颈部微束，颈部以下饰粗绳纹。残高6.9厘米（图89-9）。

深腹盆　1件。XYNY1006：154，泥质褐陶。口近直，方唇，口部以下饰弦纹三周，素面。口径16.4、残高3.7厘米（图90-17）。

鬲　4件。XYNF1006：68，夹砂灰陶。侈口，卷沿，圆唇，束颈，腹身饰深绳纹。口径

12.3、残高6.1厘米（图89-12）。XYNF1006：135，夹砂灰陶。侈口，卷沿，圆唇，束颈，分档，袋足外鼓，颈部饰楔点纹一周，其下饰中绳纹，足残。口径9.8、残高13.8厘米（图89-13）。XYNF1006：72，夹砂灰陶。斜折沿，方唇，颈上饰弦纹一周，其下腹身饰深绳纹。口径20.1、残高9.1厘米（图89-14）。XYNF1006：16，泥质褐陶。斜折沿，方唇，唇面中央下凹，颈部以下腹身饰深绳纹。口径18、残高6.1厘米（图89-15）。

　　直口钵　1件。XYNF1006：126，泥质红陶。直口，尖唇，弧腹，素面磨光。残高4.3厘米（图90-1）。

　　敛口钵　1件。XYNF1006：153，泥质灰陶。敛口，圆唇，腹微鼓，素面磨光。口径23.8、残高6.4厘米（图90-6）。

　　折腹钵　4件。XYNF1006：17，夹砂灰陶。直口，尖唇，表面饰斜向篮纹。残高5.8厘米（图90-2）。XYNF1006：121，泥质橙色陶。敛口，尖唇，折腹，唇面下侧施褐彩条带一周。

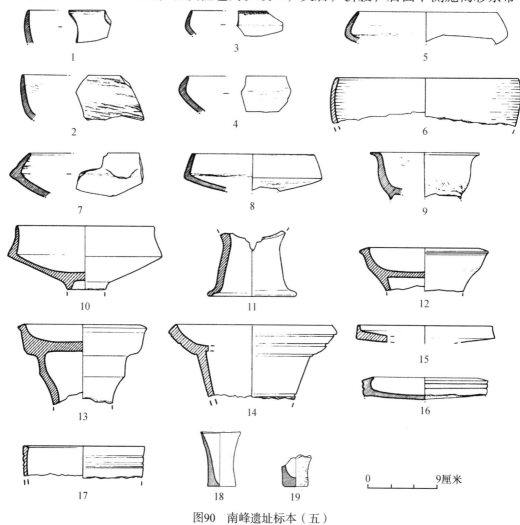

图90　南峰遗址标本（五）

（1、2、6为仰韶中期，3～5、7、8、11为仰韶晚期，15、17～19为龙山时期，9为二里头时期，其余为商时期）

　　1.直口钵（XYNF1006：126）　2～5.折腹钵（XYNF1006：17、XYNF1006：121、XYNF1006：92、XYNF1006：51）

　　6.敛口钵（XYNF1006：153）　7、8、10.折腹豆（XYNF1006：39、XYNF1006：23、XYNF1006：139）　9、12～14.豆

（XYNF1006：61、XYNF1006：132、XYNF1006：131、XYNF1006：157）　11.豆柄（XYNF1006：130）　15、16.盘

（XYNF1006：159、XYNF1006：13）　17.深腹盆（XYNF1006：154）　18、19.杯（XYNF1006：136、XYNF1006：138）

残高3.3厘米（图90-3）。XYNF1006：92，夹砂褐陶。敛口，圆唇，溜肩，肩部下饰旋纹数周。残高4.6厘米（图90-4）。XYNF1006：51，夹砂褐陶。敛口，尖唇，折腹，表面磨光。口径18、残高4厘米（图90-5）。

折腹豆　3件。XYNF1006：39，泥质褐陶。敛口，圆唇，折腹，素面磨光。残高5.6（图90-7）。XYNF1006：23，泥质灰陶。敛口，方唇，折腹，表面磨光。口径16.3、残高4.8厘米（图90-8）。XYNF1006：139，泥质褐陶。直口，圆唇，折腹，豆盘圜底，豆柄残。口径18.2、残高8.2厘米（图90-10）。

豆　4件。XYNF1006：61，夹砂灰陶。下部器身残，侈口，卷沿，尖唇，底部近平，素面。口径14.2、残高5.8厘米（图90-9）。XYNF1006：132，泥质黑皮褐陶。侈口，方唇，平底。口径14.3、残高5.6厘米（图90-12）。XYNF1006：131，泥质灰陶。侈口，方唇，平底，素面。口径14.8、残高10.2厘米（图90-13）。XYNF1006：157，泥质黑皮褐陶。下部残，侈口，方唇，豆盘平底，素面磨光。口径20.6、残高9.5厘米（图90-14）。

豆柄　1件。XYNF1006：130，泥质橙陶。残，仅存底部，底部呈喇叭口，可见两镂孔，器表磨光。底径11.9、残高8.5厘米（图90-11）。

盘　2件。XYNF1006：159，泥质褐陶。直口，尖唇，素面磨光。口径17.5、残高2.1厘米（图90-15）。XYNF1006：13，泥质灰陶。敛口，尖唇，浅腹，器身外侧可见深凹槽两道。口径13.8、残高2.6厘米（图90-16）。

杯　2件。XYNF1006：136，泥质白陶。侈口，圆唇，腹壁内弧，圜底，素面。口径5.2、高6.8厘米（图90-18）。XYNF1006：138，夹砂灰陶。上部残，腹壁内弧，圜底，素面。底径3.2、残高3.7厘米（图90-19）。

器足　22件。XYNF1006：21，夹砂灰陶。实心锥形足，交错绳纹近饰至足底。残高7.8厘米（图91-1）。XYNF1006：25，夹砂褐陶。实心锥形足，素面。残高5厘米（图91-2）。XYNF1006：63，夹砂灰陶。实心锥形足，素面。残高5.2厘米（图91-3）。XYNF1006：70，夹砂灰陶。圆锥状足略粗矮，足根以上饰交错粗绳纹。残高9.3厘米（图91-4）。XYNF1006：73，夹砂灰陶。实心锥形足，素面，根部以上饰绳纹。残高6.1厘米（图91-5）。XYNF1006：98，夹砂灰陶。实心锥形足，足部素面，足根以上饰绳纹。残高6.9厘米（图91-6）。XYNF1006：99，夹砂灰陶。实心锥形足，素面。残高6.4厘米（图91-7）。XYNF1006：85，夹砂褐陶。实心锥形足，可见竖向凹槽三道，横向绑扎痕迹。残高8.5厘米（图91-8）。XYNF1006：95，夹砂灰陶。实心锥形足，可见竖向刻划凹槽和横向绑扎痕迹，根部以上施绳纹。残高7.4厘米（图91-9）。XYNF1006：102，泥质灰陶。实心锥状足，可见竖向凹槽和横向绑扎痕迹。残高7.3厘米（图91-10）。XYNF1006：122，夹砂灰陶。实心锥形足，竖向刻划凹槽两道，足根以上饰绳纹。残高6.9厘米（图91-11）。XYNF1006：137，夹砂灰陶。实心锥形足，竖向刻划凹槽两道，足根以上饰绳纹。残高11.8厘米（图91-12）。XYNF1006：141，夹砂灰陶。实心足，竖向刻划凹槽两道，足根中部以上饰绳纹。残高7.9厘米（图91-13）。XYNF1006：142，夹砂褐陶。实心锥状足，竖向刻划凹槽三道，根部以上饰绳纹。残高8.5厘米（图91-14）。XYNF1006：160，细砂褐陶。实心锥形足，表面可尖竖向凹槽和横向绑扎痕迹。残高10.6厘米（图91-15）。XYNF1006：20，夹砂灰陶。实心锥形足，

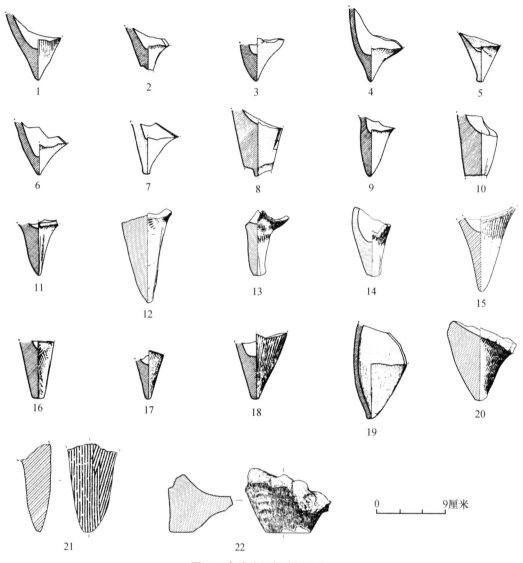

图91　南峰遗址标本（六）

（16～19为龙山时期，8～15、20～22为二里头时期，其余为商时期）

1～22.器足（XYNF1006：21、XYNF1006：25、XYNF1006：63、XYNF1006：70、XYNF1006：73、XYNF1006：98、
XYNF1006：99、XYNF1006：85、XYNF1006：95、XYNF1006：102、XYNF1006：122、XYNF1006：137、XYNF1006：141、
XYNF1006：142、XYNF1006：160、XYNF1006：20、XYNF1006：123、XYNF1006：48、XYNF1006：82、XYNF1006：144、
XYNF1006：152、XYNF1006：143）

可见竖向凹槽四道。残高6.9厘米（图91-16）。XYNF1006：123，夹砂灰陶。锥形足，表面饰绳纹。残高6.1厘米（图91-17）。XYNF1006：48，夹砂灰陶。锥状足，绳纹施至足底。残高8.5厘米（图91-18）。XYNF1006：82，夹砂灰陶。袋状足略肥，表面饰绳纹。残高12.2厘米（图91-19）。XYNF1006：144，泥质灰陶。实心锥形足，遍施绳纹。残高10.1厘米（图91-20）。XYNF1006：152，细砂灰陶。实心舌形足，表面饰交错粗绳纹。残高11.4厘米（图91-

21）。XYNF1006：143，夹砂灰陶。足部粗矮，呈倒梯形，平底，面饰中绳纹。残高8.5厘米（图91-22）。

　　腹片　1件。XYNF1006：7，泥质灰陶。器表饰回形纹，残高7.4厘米（图92-1）。

　　彩陶片　2件。XYNF1006：133，泥质橙陶。表面饰红彩网格纹。残高9.5厘米（图92-2）。

2. 采集石器

　　石纺轮　1件。XYNF1006：91，石灰岩。残缺1/3，圆形，扁薄体，中心有双向穿孔，表面略经打磨。磨制外径6.5、内径1.2、厚0.8厘米（图92-3）。

　　石刀　1件。XYNF1006：100，砂岩。半残，扁薄体，表面磨光，一侧有刃，刀面有一圆形双向对穿孔。磨制。长6.6、宽5、厚1.1厘米（图92-4）。

　　石铲　1件。XYNF1006：58，石灰岩。残，扁薄体，略呈梯形，无刃，通体磨光。磨制。长10.6、宽7.9、厚1.5厘米（图92-5）。

　　石斧　2件。XYNF1006：125，黑曜石。平面略呈长方形，整体打制而成，一侧开刃，单面刃经打磨较为光滑。长10.7、宽4.2、厚1.8厘米（图92-6）。XYNF1006：54，石灰岩磨制。残，略呈长方形，一侧刃残，通体磨光。长14.3、宽10.1、厚1.3厘米（图92-8）。

3. 采集骨器

　　卜骨　1件。XYNF1006：134，肩胛骨，一端残，一面有不规则钻孔6个，并有明显灼痕，背面对应有不规则裂纹6处。残长10.6、宽7.1厘米（图92-7）。

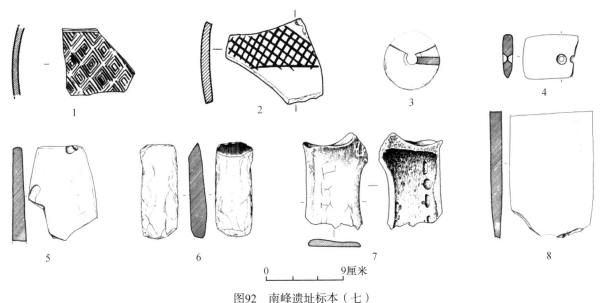

图92　南峰遗址标本（七）

（2为仰韶晚期，1、7为商时期，其余年代不明）

1. 腹片（XYNF1006：7）　2. 彩陶片（XYNF1006：133）　3. 纺轮（XYNF1006：91）　4. 石刀（XYNF1006：100）
5. 石铲（XYNF1006：58）　6、8. 石斧（XYNF1006：125、XYNF1006：54）　7. 卜骨（XYNF1006：134）

十四、朵垴遗址

　　朵垴遗址位于襄垣县侯堡镇朵垴村，西为屯留县罗庄，东为李家庄，北为胡家沟，南为草坡村，与其南部屯留县境内的二仙头、常庄遗址距离均约5.3千米，三地呈等边三角形（图93）。该遗址所在地为黄土台塬地带，平均海拔1038米，原始地貌平缓，但水土流失严重，遗址区域存在三条西北—东南方向的大型冲沟。遗址最近的河流为南部的淤泥河，直线距离约1.8千米。遗址范围内遗迹较多，在村东道路两边的斜坡断面上可以清晰发现白灰面房址，地表陶片分布范围较广，形成了直径约450米的密集分布区域。遗址内采集的遗物主要为罐、盆、瓮、缸、豆等器形，多数陶器的年代为庙底沟二期文化阶段，也存在少量的仰韶晚期和二里头时期遗物。

采集陶器

　　鼓腹罐　8件。XYDN1006：29，夹砂褐陶。斜折沿，鼓腹，唇面压印呈索状花边，上腹饰细泥条堆纹二周，器身饰竖向篮纹。口径37.1、残高13.2厘米（图94-1）。XYDN1006：32，夹砂灰陶。斜折沿，方唇，鼓腹，唇面压印呈索状花边，颈部以下饰细泥条堆纹一周，器表饰竖向篮纹。口径41.3、残高10.6厘米（图94-2）。XYDN1006：27，夹砂褐陶。斜折沿，方唇，鼓腹，唇面压印呈索状花边，上腹饰细泥条堆纹一周，器身饰竖向篮纹。口径30、残高9厘米（图94-3）。XYDN1006：6，夹砂褐陶。斜折沿，方唇，鼓腹，唇面压印呈索状花边状，颈部泥条按压堆纹一周，腹身饰深绳纹。口径18、残高6.4厘米（图94-4）。XYDN1006：11，夹粗砂灰陶。斜折沿，圆唇，鼓腹，腹身饰竖向篮纹。口径20.1、残高4.1厘米（图94-5）。XYDN1006：12，夹砂灰陶。斜折沿，方唇，束颈，鼓腹，口沿压印呈花边状，器身饰竖向篮纹。口径16.4、残高4.8厘米（图94-6）。XYDN1006：25，夹砂灰陶。斜折沿，圆唇，腹身饰细泥条堆纹两周，器表饰绳纹。口径14.3、残高9厘米（图94-10）。XYDN1006：21，夹砂褐陶。斜折沿，尖唇，垂腹，器表饰方格纹。口径27、残高20.6厘米（图94-12）。

　　深腹罐　4件。XYDN1006：7，夹砂灰陶。斜折沿，尖唇，上腹饰细泥条堆纹一周，器身饰竖向篮纹。口径14.1、残高5.3厘米（图94-7）。XYDN1006：3，泥质灰陶。斜折沿，圆唇，腹近直，颈部饰附加堆纹一周。口径24.4、残高5.6厘米（图94-8）。XYDN1006：2，夹砂灰陶。侈口，方唇，腹近直，唇面压印呈花边状，颈部饰附加堆纹一道，腹身饰斜向深篮纹。口径32.8、残高8.5厘米（图94-9）。XYDN1006：5，夹砂红陶。口、底皆残，筒形腹，器身饰横向篮纹。最大径11.6、残高8.5厘米（图94-11）。

　　束颈罐　2件。XYDN1006：8，夹细砂褐陶。侈口，圆唇，弧领，圆肩，领部饰较浅横向篮纹。口径20.6、残高6.4厘米（图95-1）。XYDN1006：22，泥质褐陶。弧颈，圆唇，颈部有红彩痕迹。口径28.6、残高6.1厘米（图95-4）。

　　直口罐　1件。XYDN1006：24，夹砂灰陶。敛口，圆唇，折肩，腹部饰横向篮纹。口径10.1、残高5.9厘米（图95-2）。

　　高领罐　1件。XYDN1006：30，泥质灰陶。高领微侈，斜肩，器表素面。口径10、残高

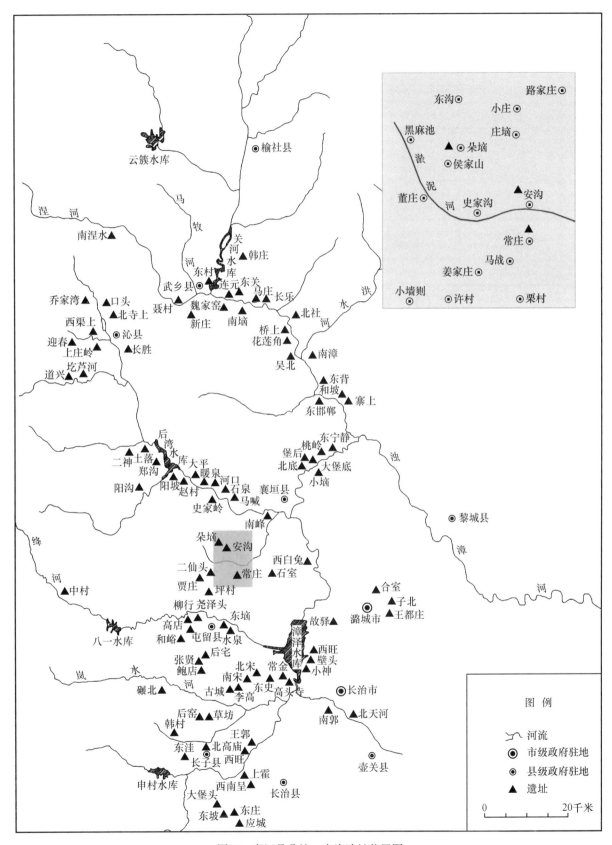

图93 襄垣县朵垴、安沟遗址位置图

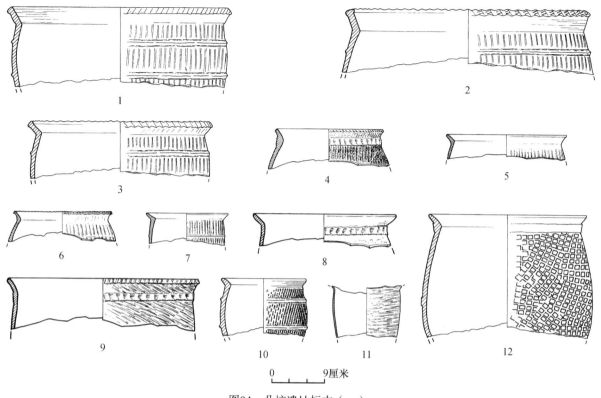

0　　　　9厘米

图94　朵垴遗址标本（一）

（12为龙山时期，其余皆为庙底沟二期）

1~6、10、12.鼓腹罐（XYDN1006：29、XYDN1006：32、XYDN1006：27、XYDN1006：6、XYDN1006：11、
XYDN1006：12、XYDN1006：25、XYDN1006：21）　7~9、11.深腹罐（XYDN1006：7、XYDN1006：3、
XYDN1006：2、XYDN1006：5）

5.3厘米（图95-3）。

折肩罐　1件。XYDN1006：9，夹细砂褐陶。折肩，器身饰横向篮纹。肩径36、残高4.8厘米（图95-5）。

瓮　2件。XYDN1006：4，泥质灰陶。敛口，口沿外侧加厚形成凸棱一道，腹部略外弧。口径26.5、残高8.5厘米（图95-6）。XYDN1006：31，泥质褐陶。敛口，平沿，沿外饰附加堆纹三周，下饰竖向篮纹。口径32.8、残高7.8厘米（图95-7）。

钵　1件。XYDN1006：10，泥质灰陶。敛口，尖唇，折腹，素面磨光。口径17.5、残高6.1厘米（图95-8）。

盆　3件。XYDN1006：28，夹砂灰陶。口部微敛，短折沿，唇面压印成索状花边，器表饰竖向篮纹。口径20.6、残高8厘米（图95-9）。XYDN1006：26，泥质灰陶。直口，卷沿，尖圆唇，素面磨光。口径24.4、残高6.4厘米（图95-10）。XYDN1006：33，夹砂褐陶。侈口，方唇，器表饰横向篮纹。残高3.6厘米（图95-12）。

缸　1件。XYDN1006：1，夹砂灰陶。直口，斜折沿，方唇，直腹，颈部按压泥条堆纹两周，腹身饰中绳纹。口径43.4、残高11.6厘米（图95-11）。

器足　1件。XYDN1006：35，夹砂灰陶。实心瓮足，表面饰交错细绳纹。残高9厘米（图95-14）。

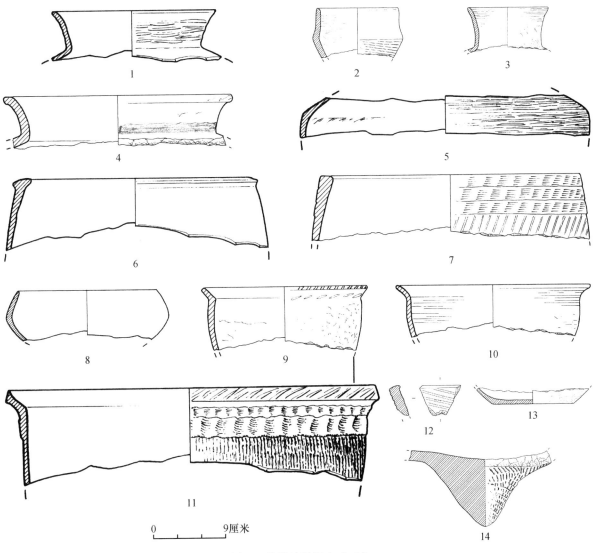

图95　朵垴遗址标本（二）

（6、8、13为仰韶晚期，1、3、5、7、9、11、12为庙底沟二期，2、4为龙山时期，10、14为二里头时期）

1、4.束颈罐（XYDN1006：8、XYDN1006：22）　　2.直口罐（XYDN1006：24）　　3.高领罐（XYDN1006：30）

5.折肩罐（XYDN1006：9）　　6、7.瓮（XYDN1006：4、XYDN1006：31）　　8.钵（XYDN1006：10）　　9、10、12.

盆（XYDN1006：28、XYDN1006：26、XYDN1006：33）　　11.缸（XYDN1006：1）　　13.器底（XYDN1006：23）

14.器足（XYDN1006：35）

器底　1件。XYDN1006：23，泥质白陶。上部残，弧腹下收，平底，薄壁仅3毫米，素面。底径10.1、残高1.7厘米（图95-13）。

十五、安沟遗址

安沟遗址位于襄垣县侯堡镇安沟村，西为史家沟，东为邕子和阎家岭，北为庄垴和郝家岭，向南隔河与屯留常庄相望，距离邻近的常庄遗址2.4千米，二仙头遗址6.3千米（图93）。

遗址所在地多流水冲沟，地面被南北切割，台塬地面最高点海拔1023米，总体地势北高南低。遗址内遗迹分布范围较大，在村北沟壑断面可见白灰房址地面和灰坑（图版13），大体面积为东西550、南北300米。遗址采集遗物主要为陶器，包括盆、缸、瓮、灶等，这些遗物特征较为明显，属于庙底沟二期文化的早中期阶段。

采集陶器

侈口盆　1件。XYAG1006：2，泥质黑皮褐陶。侈口，圆唇，腹内弧，素面磨光。口径25.9、残高7.7厘米（图96-1）。

深腹盆　1件。XYAG1006：3，泥质褐陶。侈口，平折沿，尖唇，筒形腹，素面磨光。口径24.4、残高9.4厘米（图96-2）。

缸　2件。XYAG1006：4，夹砂红陶。直口，方唇，壁近直，口沿外侧泥条按压堆纹两周，通体饰绳纹。口径25.3、残高5.6厘米（图96-3）。XYAG1006：6，夹砂灰陶。直口，方唇，直腹，口沿外侧泥条按压堆纹两周，器表饰绳纹。残高7.9厘米（图96-4）。

灶　1件。XYAG1006：5，夹砂褐陶。灶门外侧饰泥条堆纹，表面饰绳纹。残高8.8厘米（图96-5）。

瓮　3件。XYAG1006：8，夹砂灰陶。直口，平沿，尖唇，直腹，通体饰绳纹。口径31.8、残高7.1厘米（图96-6）。XYAG1006：1，夹砂灰陶。敛口，通体饰绳纹。残高10.5厘米（图96-7）。XYAG1006：7，夹砂灰陶。口近直，方唇，平沿略微内折，直壁，表面饰绳纹。残高6.9厘米（图96-8）。

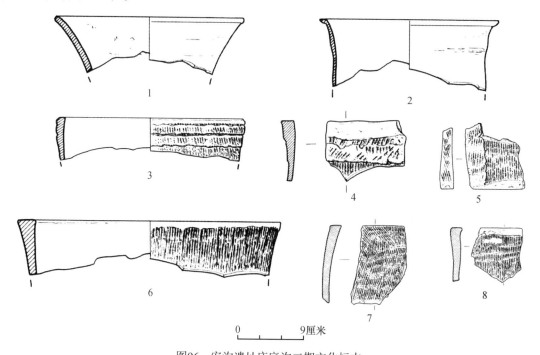

图96　安沟遗址庙底沟二期文化标本

1.侈口盆（XYAG1006：2）　2.深腹盆（XYAG1006：3）　3、4.缸（XYAG1006：4、XYAG1006：6）

5.灶（XYAG1006：5）　6~8.瓮（XYAG1006：8、XYAG1006：1、XYAG1006：7）

十六、北 底 遗 址

北底遗址位于襄垣县北底乡，其范围西起阁老凹，东至堡后村，北依杨家沟、南抵浊漳河南源干流（图97）。该遗址地处山前坡地，紧邻河道，总体地势北高南低，最高点海拔927米，遗址范围内有南北向大型冲沟4条，将该区域纵向分割。遗址区内遗迹和遗物分布广泛，陶窑、灰坑、墓葬等在冲沟断崖上随处可见，地表陶片俯拾皆是（图版14～图版16）。根据2010年的勘察，遗物的分布范围大体为东西向0.7、南北向0.9千米。调查采集了大量的陶器、石器等史前时期遗物，陶器有罐、盆、钵、鬲、瓮、缸、瓶、灶、杯等，石器有石斧。该遗址采集的红陶壶口是仰韶早期的遗物，代表了该地遗存的最早年代，主体遗存的年代包括了庙底沟二期、龙山、二里头和商时期。该遗址是除了南峰外，襄垣县的另一处大型史前遗址。

1. 采集陶器

深腹罐　4件。XYBD1004：48，夹粗砂红陶。斜折沿，方唇，颈部泥条按压堆纹两周。口径27.1、残高6.9厘米（图98-3）。XYBD1004：11，泥质灰陶。侈口，卷沿，方唇，颈部捏压泥条堆纹两周。口径23.3、残高6.9厘米（图98-3）。XYBD1004：22，泥质黑皮灰陶。直口，圆唇，筒形腹，器表磨光度高。口径22.4、残高9.5厘米（图98-7）。XYBD1004：20，泥质灰陶。斜折沿，方唇，筒形腹，器表饰斜向篮纹。口径23.8、残高13厘米（图98-8）。

鼓腹罐　2件。XYBD1004：39，夹粗砂灰陶。侈口，圆唇，颈部按压泥条堆纹一道，颈部以下饰斜向篮纹。口径15.9、残高6.4厘米（图98-2）。XYBD1004：61，夹砂灰陶，卷沿，圆唇，鼓腹，平底，器身饰细绳纹，颈部泥条按压堆纹两周，腹身饰泥条按压堆纹四周。口径29.4、底径14.3、高41.3厘米（图98-13；彩版40-4）。

高领罐　1件。XYBD1004：27，夹石英红陶。侈口，圆唇，高斜领。口径15.9、残高7.4厘米（图98-4）。

束颈罐　2件。XYBD1004：15，夹砂灰陶。侈口，圆唇，斜颈，颈部饰横向篮纹。口径24.3、残高8.5厘米（图98-5）。XYBD1004：37，泥质灰陶。侈口，圆唇，高斜领，领部饰抹绳纹，表面磨光。口径28.1、残高11.2厘米（图98-6）。

器底　4件。XYBD1004：17，夹砂灰陶。上部残，下腹斜收，平底，腹身饰横向篮纹。底径23.8、残高12.4厘米（图98-9）。XYBD1004：25，夹砂灰陶。上部残，下腹弧收，平底，腹身饰斜向篮纹。底径35.3、残高11.7厘米（图98-10）。XYBD1004：47，夹石英褐陶。上部残，下腹弧收，平底，腹身饰竖向篮纹。底径17、残高6.8厘米（图98-11）。XYBD1004：29，夹细砂灰陶。直口，圆唇，高立领，颈部下端饰楔点纹一周，腹部饰绳纹。口径16.5、残高16.3厘米（图98-12）。

钵　4件。根据口部特征，可分二型。

A型　直口，2件。XYBD1004：1，泥质红陶。直口，圆唇，表面施土黄色陶衣。口径18.1、残高5.9厘米（图99-1）。XYBD1004：7，泥质红陶。直口，圆唇，表面磨光度高。口径21.4、残高3.3厘米（图99-2）。

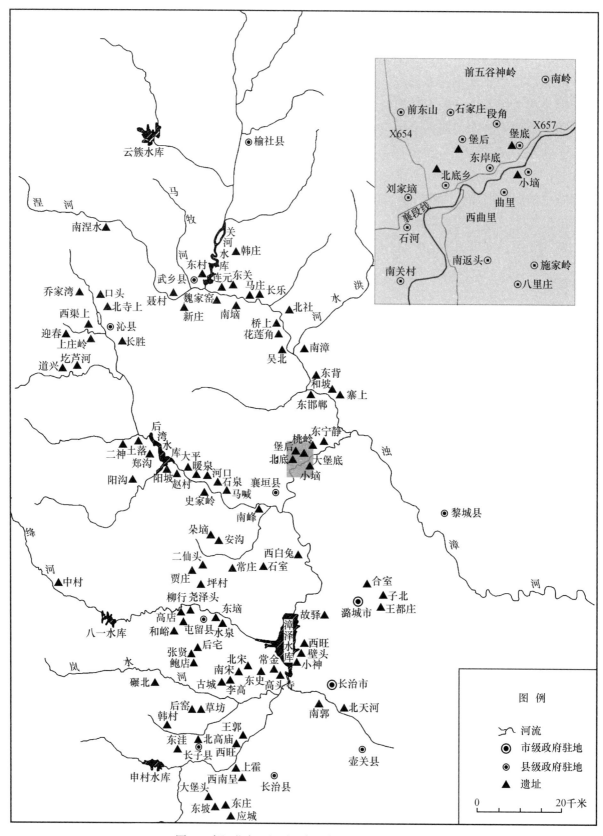

图97　襄垣北底、堡后、大堡底、小垴遗址位置图

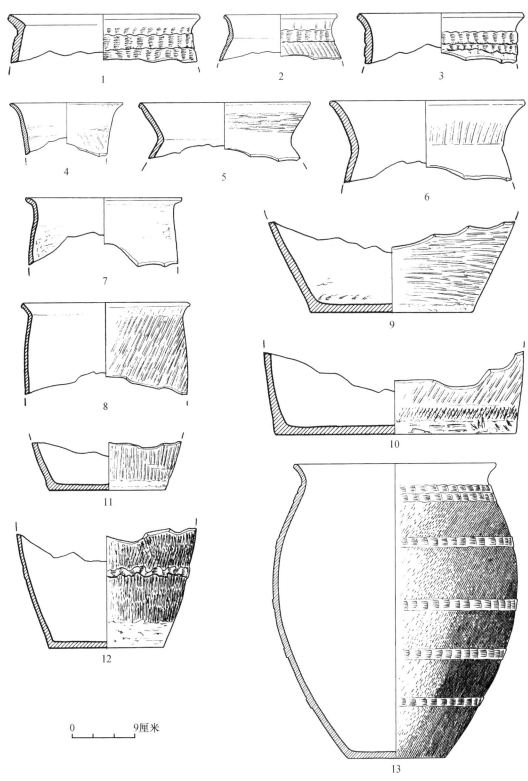

图98　北底遗址标本（一）

（1～13皆为庙底沟二期）

1、3、7、8.深腹罐（XYBD1004：48、XYBD1004：11、XYBD1004：22、XYBD1004：20）　2、13.鼓腹罐
（XYBD1004：39、XYBD1004：61）　4.高领罐（XYBD1004：27）　5、6.束颈罐（XYBD1004：15、XYBD1004：37）

9～12.器底（XYBD1004：17、XYBD1004：25、XYBD1004：47、XYBD1004：29）

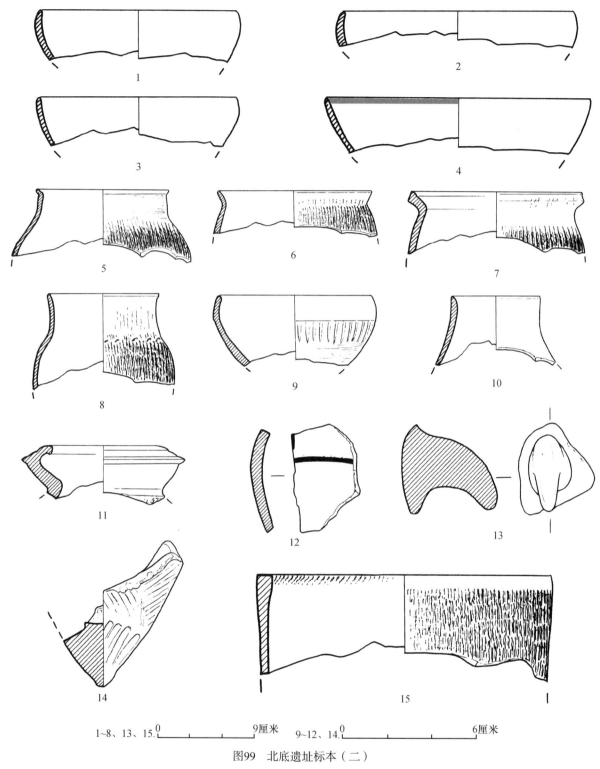

图99　北底遗址标本（二）

（3、4、11为仰韶早期，1、2、13为仰韶中期，12、14为仰韶晚期，9、10、15为庙底沟二期，6为龙山时期，5、8为二里头时
期，7为商时期）

1~4.钵（XYBD1004：1、XYBD1004：7、XYBD1004：4、XYBD1004：2）　　5~8.鬲（XYBD1004：24、XYBD1004：49、
XYBD1004：23、XYBD1004：29）　9.碗（XYBD1004：38）　10.高颈瓶（XYBD1004：12）　11.壶口（XYBD1004：5）

12.彩陶片（XYBD1004：3）　13.钩形錾（XYBD1004：56）　14.瓶底（XYBD1004：30）　15.瓮（XYBD1004：42）

B型　侈口，2件。XYBD1004：4，泥质灰陶。侈口，圆唇。口径18.5、残高4.7厘米（图99-3）。XYBD1004：2，泥质灰陶。侈口，圆唇，素面。口径24.3、残高5厘米（图99-4）。

鬲　4件。XYBD1004：24，夹细砂灰陶。直口，圆唇，矮立领，腹身饰粗绳纹。口径12.1、残高6.5厘米（图99-5）。XYBD1004：49，夹砂灰陶。侈口，卷沿，圆唇，颈部以下器身饰中绳纹。口径14.2、残高4.1厘米（图99-6）。XYBD1004：23，泥质灰陶。斜折沿，方唇，唇面略上翻，腹微鼓，腹身饰中绳纹。口径15.5、残高5.4厘米（图99-7）。XYBD1004：29，夹细砂灰陶。直口，圆唇，高立领，颈部下端饰楔点纹一周，腹部饰绳纹。口径10.2、残高8.2厘米（图99-8）。

碗　1件。XYBD1004：38，夹细砂灰陶。口微敛，圆唇，弧腹，腹部饰竖向篮纹。口径14、残高6.2厘米（图99-9）。

高颈瓶　1件。XYBD1004：12，泥质灰陶。直口，尖唇，弧颈，表面磨光。口径8.3、残高6.1厘米（图99-10）。

壶口　1件。XYBD1004：5，泥质红陶。敛口，沿下尖凸棱一周，束颈。口径4.4、残高2.5厘米（图99-11）。

彩陶片　1件。XYBD1004：3，泥质红陶。表面饰黑彩宽弧线。残高4.6厘米（图99-12）。

钩形鋬　1件。XYBD1004：56，泥质灰陶，弯钩向下，素面。残高4厘米（图99-13）。

瓶底　1件。XYBD1004：30，夹细砂褐陶。锥状尖底，表面饰篮纹。残高6.3厘米（图99-14）。

瓮　1件。XYBD1004：42，夹砂灰陶。直口，平沿，筒形腹，沿下器身饰绳纹。口径27.2、残高9.5厘米（图99-15）。

缸　1件。XYBD1004：40，夹砂灰陶。直口，方唇，沿下按压泥条堆纹三周。口径37.1、残高5.5厘米（图100-1）。

盆　1件。XYBD1004：8，泥质红陶。敛口，圆唇，器身饰密集粗弦纹。残高4.3厘米（图100-2）。

釜灶　4件。XYBD1004：33，夹砂灰陶。釜、灶连接处釜体内侧可见箅隔一周，器表饰中绳纹。残高13.2厘米（图100-3）。XYBD1004：35，夹砂灰陶。釜、灶连接处釜体内侧可见箅隔一周，外侧泥条按压堆纹两周，器表饰中绳纹。残高4厘米（图100-4）。XYBD1004：41，夹粗砂褐陶。釜、灶连接处釜体内侧可见箅隔一周，外侧泥条按压堆纹两周，器表饰中绳纹。残高6.1厘米（图100-5）。XYBD1004：32，夹砂灰陶。釜、灶连接处稍上位置釜体内侧可见箅隔一周，器表饰中绳纹。残高8.5厘米（图100-6）。

杯　1件。XYBD1004：36，泥质灰陶。上部残，腹壁内弧，平底，底面内凹，素面磨光。底径5.4、残高3.1厘米（图100-8）。

2. 采集石器

石斧　1件。XYBD1004：26，石灰岩。残，略呈三角形，一端残，另一端为双面刃，刃部磨制锋利。磨制。残长15.4、宽9.5、厚1.2厘米（图100-7）。

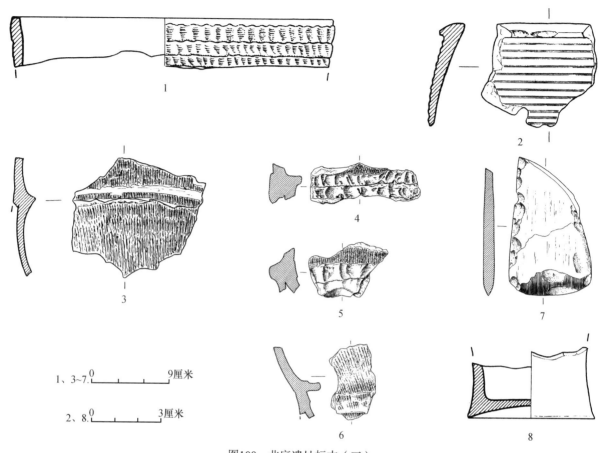

图100　北底遗址标本（三）
（2为仰韶中期，1、8为庙底沟二期，3~7为龙山时期）

1.缸（XYBD1004：40）　2.盆（XYBD1004：8）　3~6.釜灶（XYBD1004：33、XYBD1004：35、XYBD1004：41、XYBD1004：32）　7.石斧（XYBD1004：26）　8.杯（XYBD1004：36）

十七、堡后遗址

堡后遗址位于襄垣县北底乡堡后村，东为老虎角，西为杨家村，南为岸底村，北为石家庄，西南向距离北底遗址0.8千米（图97）。遗址所在地为浊漳河干流进入太行山脉起点区域，地处河流北岸的山前坡地，距离河床约0.9千米，遗址总体地势北高南低，其东部有一条西北—东南走向的冲沟延伸至河床。遗址内遗迹仅见两处小型灰坑，距离地表为0.7米和1.1米，灰坑内含草木灰、碎陶片和红烧土等，但陶片均较残碎，不可辨器形。遗物标本多采集于村西南的农田耕土中，器形有钵、瓮、甗、鬲等，二里头文化时期占比较大，有仰韶时期的红陶片和龙山时期的白陶。

采集陶器

钵　1件。XYBH1010：6，夹细砂灰白陶。敛口，圆唇，折腹，素面，薄胎，硬度高，快轮线清晰。口径9.8、最大腹径11.7、残高2.5厘米（图101-1）。

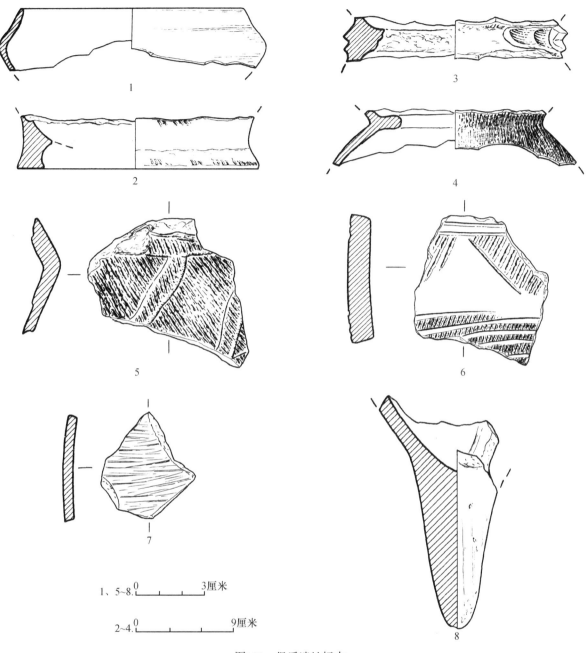

图101　堡后遗址标本

（7为仰韶中期，1、4为龙山时期，2、3、6、8为二里头时期，5为商时期）

1.钵（XYBH1010：6）　2.圈足（XYBH1010：1）　3、4.甗（XYBH1010：4、XYBH1010：2）　5～7.腹片（XYBH1010：7、
XYBH1010：5、XYBH1010：3）　8.器足（XYBH1010：8）

　　圈足　1件。XYBH1010：1，泥质灰褐陶。圈足微外撇，圜底，表面饰绳纹。底径21.7、残高4.5厘米（图101-2）。

　　甗　2件。XYBH1010：4，夹砂灰陶。仅存腰部，内侧可见箅隔一周，外侧捺窝状泥条堆纹一周，器表饰绳纹。腰径20.2、残高3.8厘米（图101-3）。XYBH1010：2，夹砂灰陶。仅存腰部，内侧可见箅隔一周，器表饰绳纹。腰径15.6、残高4.9厘米（图101-4）。

腹片　3件。XYBH1010：7，夹砂灰陶。可见横向泥条堆纹一条和斜向泥条堆纹两条。残高6.4厘米（图101-5）。XYBH1010：5，夹砂灰陶，器表可见弦断绳纹和三角几何纹。残高6.3厘米（图101-6）。XYBH1010：3，泥质红陶，器表饰线纹。残长4.6厘米（图101-7）。

器足　1件。XYBH1010：8，夹砂灰陶。实心锥状足，可见竖向凹槽二道。残高9.8厘米（图101-8）。

十八、大堡底遗址

大堡底遗址位于襄垣县北底乡堡底村，西为堡后和东岸底村，东为前坡头和浊漳河对岸的南坪村，北为西背和岭上村，南临小垴村，西南向距离北底遗址1.8千米（图97）。遗址地处浊漳河上游干流北岸的山前坡地，地势北低南高，其正北为海拔超过1200米的韩王垴主峰，南向距离河床0.4千米，遗址最高点海拔926米。遗迹和遗物均发现于村南道路两侧断面和阶状农田，遗迹为大型灰坑2处，小型灰坑3处，多数陶器标本采集于此。根据2010年的勘察，村落东南部窑洞上可见延续较长的白灰面，因此部分遗址应该被现状村落叠压。采集的遗物主要为陶器，器形有罐、缸、钵、鬶、鬲等，其中的红彩网纹陶盆、侈口尖底瓶、折腹钵、红陶片等具有明显的仰韶文化晚期特征，属于遗存中年代最早者。大量的附加堆纹和篮纹罐属于庙底沟二期文化阶段，最晚的标本为商时期的鬲足。

采集陶器

折沿罐　6件。XYDBD1010：12，夹砂红陶。斜折沿，方唇，唇面压印呈索状花边，颈部泥条捏压堆纹一周。口径19.5、残高3.3厘米（图102-1）。XYDBD1010：20，夹细砂褐陶。斜折沿，方唇，通体饰绳纹。口径20.6、残高5.1厘米（图102-2）。XYDBD1010：13，泥质灰陶。斜折沿，方唇，颈部泥条按压堆纹一周，下饰斜向绳纹。口径18、残高5.6厘米（图102-3）。XYDBD1010：5，夹砂褐陶。斜折沿，方唇，唇面饰花边，颈部泥条按压堆纹一周，颈部以下饰横向篮纹。口径35.6、残高6厘米（图102-5）。XYDBD1010：2，泥质橙色陶。斜折沿，方唇，唇面饰花边，口沿以下饰斜向篮纹，颈部细泥条堆纹一周，器身饰中绳纹。口径29.6、残高9厘米（图102-6）。XYDBD1010：15，夹砂褐陶。口近直，折沿，方唇，颈部和腹部捏压泥条堆纹两周，腹微鼓，器身饰斜向中绳纹。残高12.4厘米（图102-10）。

彩陶罐　1件。XYDBD1010：4，泥质红陶。斜折沿，尖唇，鼓腹，口沿以下器表磨光，施红彩网格纹。口径22.7、残高4.9厘米（图102-4）。

高领罐　1件。XYDBD1010：1，泥质灰陶。侈口，圆唇，高斜领，器表有刮削痕迹。口径12.3、残高5.8厘米（图102-7）。

瓶口　1件。XYDBD1010：16，泥质橙色陶。喇叭口，尖唇，沿下凸棱一周。口径12.4、残高4.7厘米（图102-8）。

束颈罐　1件。XYDBD1010：8，泥质褐陶。敛口，束颈，溜肩，唇面凹槽两道，器表素面磨光。口径21、残高7.3厘米（图102-9）。

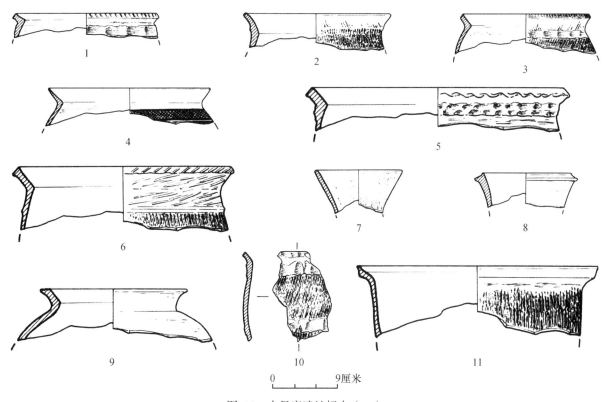

图102　大堡底遗址标本（一）

（4、8为仰韶晚期，1、3、5、6、9、10为庙底沟二期，2、7、11为龙山时期）

1~3、5、6、10.折沿罐（XYDBD1010：12、XYDBD1010：20、XYDBD1010：13、XYDBD1010：5、XYDBD1010：2、
XYDBD1010：15）　4.彩陶罐（XYDBD1010：4）　7.高领罐（XYDBD1010：1）　8.瓶口（XYDBD1010：16）
9.束颈罐（XYDBD1010：8）　11.缸（XYDBD1010：7）

　　缸　1件。XYDBD1010：7，夹砂灰陶。口近直，斜沿方唇，唇面上翻，器壁小幅斜收，表面饰浅细绳纹。口径34.3、残高9.5厘米（图102-11）。

　　钵　2件。XYDBD1010：14，泥质橙色陶，表面磨光施红彩。残高5.1厘米（图103-1）。XYDBD1010：6，泥质灰陶。敛口，圆唇，腹部有横向刮抹痕迹。口径30.1、最大腹径34、残高6.9厘米（图103-6）。

　　腹片　2件。XYDBD1010：17，夹细砂灰陶。器表磨光，腹部弦纹内填网格纹。残高4.4厘米（图103-2）。XYDBD1010：11，泥质红陶。表面施土黄色陶衣，上饰三道红彩弧线。残高7.8厘米（图103-3）。

　　器耳　2件。XYDBD1010：9，泥质灰褐陶。桥形耳，器表饰竖向篮纹。残高10厘米（图103-4）。XYDBD1010：18，泥质灰陶。桥形耳，器表饰斜向篮纹。残高9厘米（图103-5）。

　　器足　2件。XYDBD1010：19，夹细砂灰陶，实心锥状足，素面，实足根较高。残高4.2厘米（图103-7）。XYDBD1010：10，夹砂灰陶，实心锥形足，素面。残高6.7厘米（图103-8）。

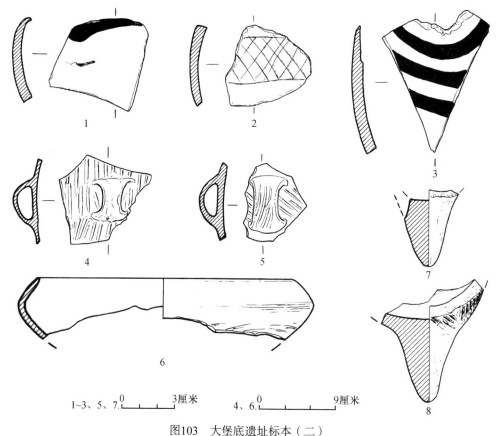

图103　大堡底遗址标本（二）

（1、3、6为仰韶晚期，4、5为庙底沟二期，2、7、8为商时期）

1、6. 钵（XYDBD1010：14、XYDBD1010：6）　　2、3. 腹片（XYDBD1010：17、XYDBD1010：11）

4、5. 器耳（XYDBD1010：9、XYDBD1010：18）　　7、8. 器足（XYDBD1010：19、XYDBD1010：10）

十九、小垴遗址

　　小垴遗址位于襄垣县北底乡小垴，西向隔河为东岸底村，东为南坪村，北向隔河为堡底村，西南为曲里村，西向距离北底遗址2.1千米（图97）。遗址地处浊漳河干流进入太行山脉的河谷地带，其地居干流南岸的高台地，南向距离河床0.4千米，地势北低南高，遗址最高点海拔950米，遗址东西两向被两条冲沟阻隔。遗址内遗迹少见，遗物标本采集于村南一条坡道北侧的断面上。遗物为陶器，包括鬲、罐和彩陶片，其中的鬲、罐均为商时期二里冈文化上层的较为典型的器物，与隔河的前坡头遗址、大堡底遗址的商时期鬲、簋为同一时期。

采集陶器

　　鬲　2件。XYXN1010：2，夹细砂灰陶。卷沿，方唇，唇面略上翻，颈部以下饰粗绳纹。口径15.8、残高6.3厘米（图104-1）。XYXN1010：4，夹细砂黑皮灰陶。斜折沿，方唇略下垂，颈部以下饰绳纹。口径14、残高7.1厘米（图104-2）。

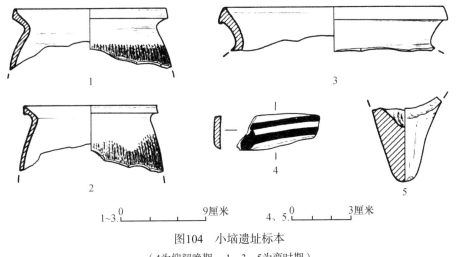

图104　小垴遗址标本

（4为仰韶晚期，1～3、5为商时期）

1、2. 鬲（XYXN1010：2、XYXN1010：4）　3. 罐（XYXN1010：3）

4. 彩陶片（XYXN1010：1）　5. 器足（XYXN1010：5）

罐　1件。XYXN1010：3，夹细砂红褐陶。卷沿，方唇，素面磨光。口径23.4、残高4.7厘米（图104-3）。

彩陶片　1件。XYXN1010：1，夹细砂灰陶。表面施黑彩粗线条及圆点。残长4.2厘米（图104-4）。

器足　1件。XYXN1010：5，夹细砂灰陶。实心锥形足，可见竖向凹槽。残高4.3厘米（图104-5）。

二十、桃岭遗址

桃岭遗址位于襄垣县强计乡桃岭村，东为宁静村，西南为土合村和后家村，南临浊漳河干流和县道X657，西北方向为海拔超过1200米的百木山主峰，西南方向距离北底遗址7.4千米（图105）。遗址地处浊漳河干流进入太行山脉的河谷地带，该地为河流北岸的三级阶地，距离河床约0.6千米，遗址总体地势北高南低，其东、西两向被西北—东南走向的两条冲沟阻断。遗址范围内遗迹众多，村内的若干窑洞壁上可见暴露的灰坑和陶片，村西北的阶形农田断面上也可见连续的灰土层，里面夹杂了较多的红陶和灰陶片。采集遗物主要有陶器和石器，陶器有罐、盆、鬲、缸、豆等，数量不少的红陶盆和大量的线纹红陶片属于仰韶文化时期，高领鬲和凹槽鬲足则是二里头时期太行山地区的典型器物。

1. 采集陶器

缸　1件。XYTL1010：9，泥质灰陶。直口，平沿，筒形腹，沿外侧附加堆纹两周，器身饰浅绳纹。复原口径51.2、残高10.1厘米（图106-1）。

红陶盆　3件。XYTL1010：6，泥质红陶。敛口，卷沿，圆唇，上腹圆鼓，器表磨光。口径27、残高5.6厘米（图106-2）。XYTL1010：19，泥质红陶。口微敛，唇部外突加厚，器表

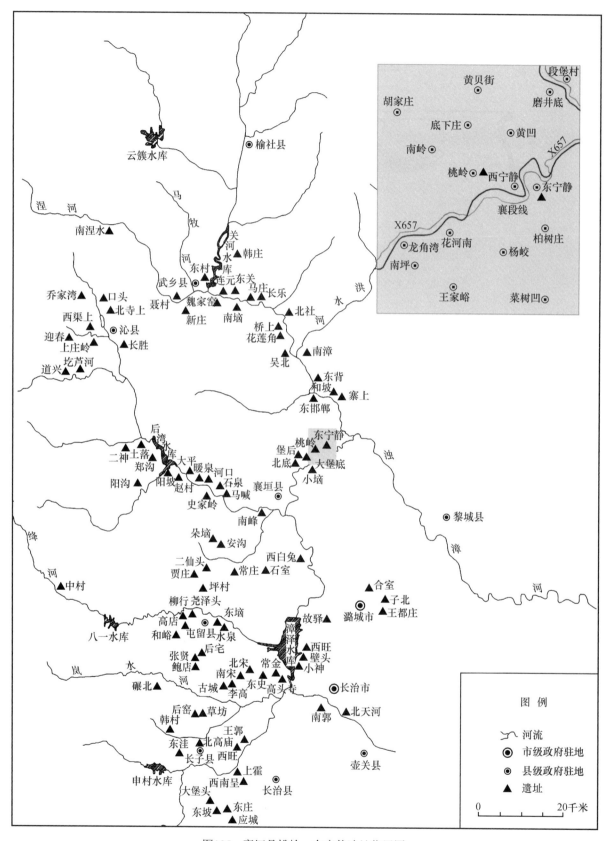

图105　襄垣县桃岭、东宁静遗址位置图

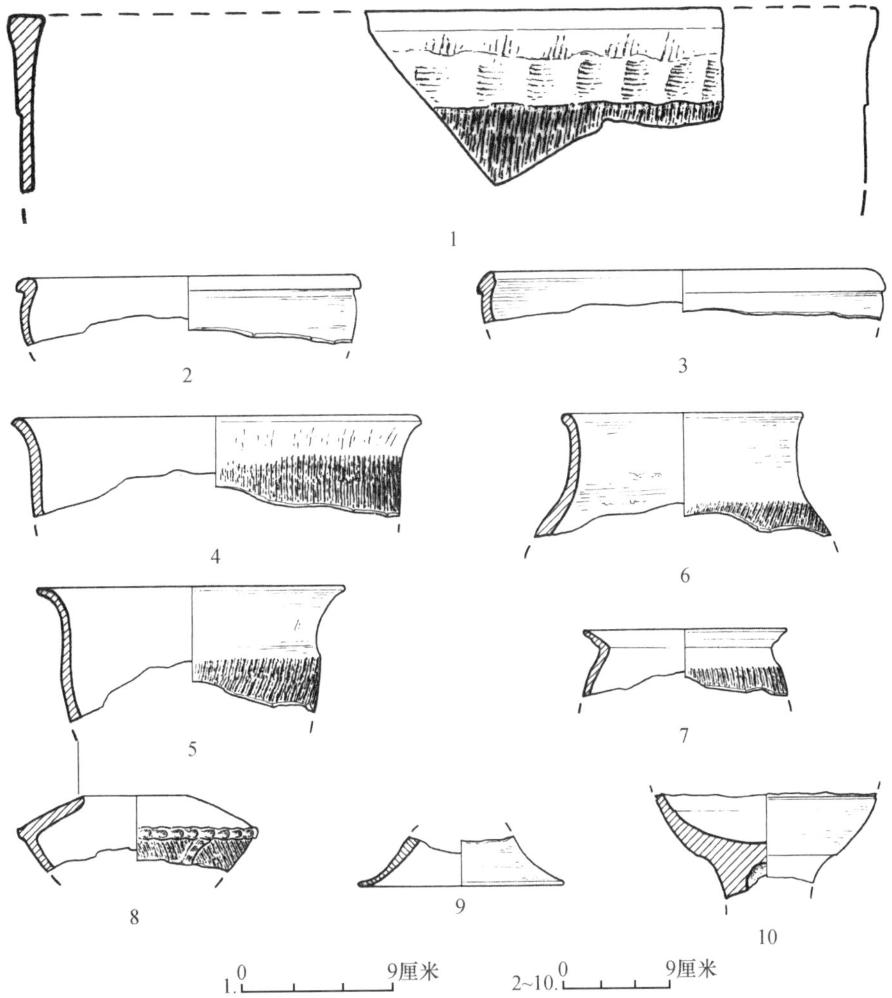

图106　桃岭遗址标本（一）

（2、3为仰韶中期，1为庙底沟二期，4～6、8～10为二里头时期，7为商时期）

1. 缸（XYTL1010：9）　2、3. 红陶盆（XYTL1010：6、XYTL1010：19）　4、5. 深腹盆（XYTL1010：8、XYTL1010：2）　6. 高领鬲（XYTL1010：5）　7. 折沿鬲（XYTL1010：3）　8. 斝（XYTL1010：11）　9. 器盖（XYTL1010：15）　10. 豆（XYTL1010：1）

磨光。口径31.7、残高4.2厘米（图106-3）。XYTL1010：16，夹石英夹砂红陶，直口，唇面外突加厚。残高3.5厘米（图107-3）。

深腹盆　2件。XYTL1010：8，夹细砂黑皮灰陶。口微侈，卷沿，圆唇，上腹部较直，颈部以下饰绳纹。口径34.2、残高8.4厘米（图106-4）。XYTL1010：2，夹砂褐陶。侈口，卷沿，圆唇，深腹，下腹部饰绳纹。口径26.1、残高10.1厘米（图106-5）。

高领鬲　1件。XYTL1010：5，夹细砂灰陶。直口，圆唇，高领，领部以下饰细绳纹。口径20.3、残高10.2厘米（图106-6）。

折沿鬲　1件。XYTL1010：3，夹细砂灰陶。斜折沿，尖唇，鼓腹，腹部饰绳纹。口径17.3、残高5.4厘米（图106-7）。

斝　1件。XYTL1010：11，夹砂灰陶。仅存器口，敛口，面饰横向和斜向泥条堆纹。口径8.4、残高6.3厘米（图106-8）。

豆　1件。XYTL1010：1，泥质黑皮褐陶。仅存豆盘，圜底，表面磨光。残高8.3厘米（图106-10）。

器盖　1件。XYTL1010：15，泥质褐陶。侈口，圆唇，器壁上部内弧，表面磨光。口径17.4、残高4.3厘米（图106-9）。

器足　1件。XYTL1010：18，夹砂褐陶。实心锥形足，可见竖向凹槽和横向绑扎痕迹。残高6.1厘米（图107-4）。

器底　2件。XYTL1010：10，泥质灰陶。仅存下部，弧腹下收，平底，器表饰竖向篮纹。底径14.2、残高5.9厘米（图107-6）。XYTL1010：4，泥质红陶。仅存底部，弧鼓下收，大平底，器表磨光。底径18、残高4.8厘米（图107-7）。

腹片　2件。XYTL1010：7，夹粗砂红陶，表面饰交错线纹。残长8.7厘米（图107-1）。XYTL1010：12，泥质红陶，器表饰线纹。残长6.1厘米（图107-2）。

2. 采集石器

石斧　1件。XYTL1010：17，花岗岩。平面近梯形，单面开刃，磨制不精，器表有琢痕。磨制。残长12.1、宽5.9、最厚处3.3厘米（图107-5）。

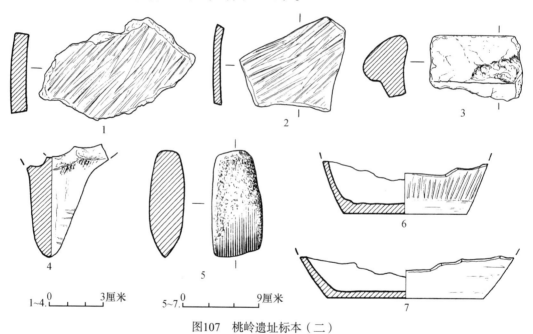

图107　桃岭遗址标本（二）

（1~3、7为仰韶中期，6为庙底沟二期，4、5为二里头时期）

1、2.腹片（XYTL1010：7、XYTL1010：12）　3.盆（XYTL1010：16）　4.器足（XYTL1010：18）

5.石斧（XYTL1010：17）　6、7.器底（XYTL1010：10、XYTL1010：4）

二十一、东宁静遗址

东宁静遗址位于襄垣县北底乡东宁静村，西为西宁静村，东为石堕村和上庄，南为凹坡村，北临浊漳河干流和县道X657，西距桃岭遗址1.2千米（图105）。遗址地处浊漳河干流进入太行山脉的深谷地带，河流在此作"S"形转折，遗址居于河床南侧仅0.3千米的二级阶地上，地势平缓，遗址平均海拔893米。遗址内遗迹为2处灰坑，一处已塌落，采集到陶片、碎骨和草木灰，另一处未观察到有陶片。陶片经筛选和修复，可辨器形共3件，为鬲、罐和甗。其中的高领鬲和甗为太行山地区的二里头文化时期典型器物，高领罐应为庙底沟二期文化阶段的遗物。

采集陶器

鬲 1件。XYDNJ1010：2，泥质红陶。直口，圆唇，高领，腹身饰绳纹。口径13、残高9.2厘米（图108-1）。

罐 1件。XYDNJ1010：3，泥质灰陶。侈口，圆唇，高弧领。口径12、残高5.9厘米（图108-2）。

甗 1件。XYDNJ1010：1，夹细砂灰陶。仅存腰部，内侧可见箅隔一周，器表饰绳纹。腰径13.8、残高5.5厘米（图108-3）。

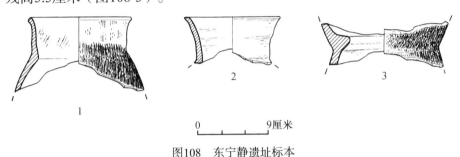

图108 东宁静遗址标本

（2为庙底沟二期、1、3为二里头时期）

1.鬲（XYDNJ1010：2） 2.罐（XYDNJ1010：3） 3.甗（XYDNJ1010：1）

二十二、东邯郸遗址

东邯郸遗址位于襄垣县西营镇东邯郸村，东为申家垴，西为西邯郸村，南为留城街村，正东距和坡遗址0.5千米，西北距东背遗址1.4千米（图109）。遗址所在地为浊漳河干流在太行山脉的河谷地带，地处河流北岸的三级阶地，距离河床约0.7千米，遗址总体地势北高南低（图版17-1）。遗址内的遗迹分布于村东南的阶状林地，其断面为较连续的灰层，应为灰坑和文化层遭破坏形成，灰层中可采集到数量较多的陶片。在东邯郸河对岸的台地上，崖土断面可见长度较长、连续分布的石灰地面，应为史前时期的房址（图版17-2、图版17-3）。陶器标本主要有罐、盆、豆、瓶、鬲、瓮等器形，其中的两个尖底瓶口分别是仰韶中期和晚期的遗物，其他的器物属于庙底沟二期和二里头文化时期。

采集陶器

高领罐 2件。XYDHD1010：4，夹细砂黑皮灰陶。侈口，圆唇，素面。口径28.9、残高8.4厘米（图110-1）。XYDHD1010：3，泥质黑皮褐陶。侈口，圆唇，弧领，素面。口径16.2、残高6.3厘米（图110-2）。

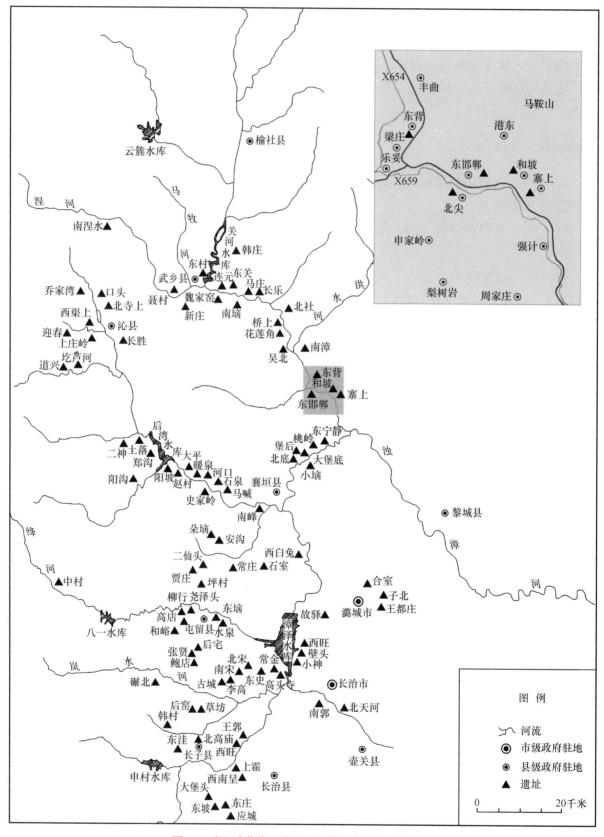

图109 襄垣东邯郸、寨上、和坡、东背遗址位置图

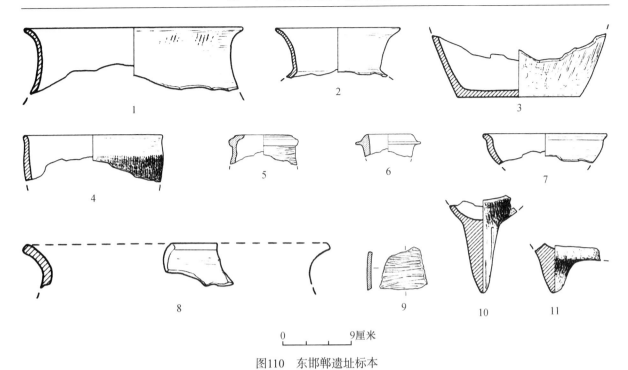

图110　东邯郸遗址标本

（5、9为仰韶中期，6、7为仰韶晚期，1~3、8为庙底沟二期，4、10、11为二里头时期）

1、2.高领罐（XYDHD1010：4、XYDHD1010：3）　3.器底（XYDHD1010：7）　4.盆（XYDHD1010：10）

5、6.尖底瓶口（XYDHD1010：8、XYDHD1010：9）　7.豆（XYDHD1010：6）　8.束颈罐（XYDHD1010：11）

9.腹片（XYDHD1010：5）　10、11.器底（XYDHD1010：1、XYDHD1010：2）

　　束颈罐　1件。XYDHD1010：11，夹砂黑皮褐陶。卷沿，圆唇，素面磨光。口径39.3、残高5.3厘米（图110-8）。

　　盆　2件。XYDHD1010：10，夹砂灰陶。口近直，圆唇，颈部微束，弧腹下收，器表饰竖向绳纹。口径18.1、残高6厘米（图110-4）。XYDHD1010：6，泥质黑皮褐陶。下部残，侈口，卷沿，圆唇，弧腹斜收，表面磨光。口径16.3、残高3.7厘米（图110-7）。

　　尖底瓶口　2件。XYDHD1010：8，泥质红陶。叠唇稍显退化。口径4.7、残高3.8厘米（图110-5）。XYDHD1010：9，泥质红陶。尖唇，沿下一周凸棱。口径5、残高2.9厘米（图110-6）。

　　腹片　1件。XYDHD1010：5，泥质红陶。表面饰线纹。残长6.1厘米（图110-9）。

　　器足　2件。XYDHD1010：1，夹砂灰褐陶。实心锥状足，可见竖向凹槽三道。残高12.1厘米（图110-10）。XYDHD1010：2，夹砂灰褐陶。实心锥状足，面饰粗绳纹。残高6.1厘米（图110-11）。

　　器底　1件。XYDHD1010：7，夹细砂灰陶。上部残，下腹弧收，平底，面饰竖向篮纹。底径15.8、残高8.2厘米（图110-3）。

二十三、寨 上 遗 址

寨上遗址位于襄垣县强计乡寨上村，西为河曲村，东为红岩，北和坡村，南为小阳村，北向距离和坡遗址400米（图109）。遗址地处浊漳河北源干流东岸的斜坡高地，地势东高西低，其东向为海拔1248米的仙堂山主峰，北向隔一条东北—西南向的深沟与和坡遗址相望，遗址中心区域平均海拔958米（图版18-1）。该地史前时期遗迹主要为两处暴露在农田阶台的灰坑，一处较大，深为2.7米，一处较小，深0.5米，灰坑内包含物为草木灰、烧土和碎骨，陶片稀少。陶器碎片等遗物发现于村北的斜坡，推测应来自于高处的耕地。根据2010年的勘察，遗址大概分布于东西150、南北180米的范围内。遗址发现的陶器主要有罐、盆、瓮、豆等，其中的彩陶盆、高领罐、敛口瓮分别是仰韶晚期、庙底沟二期和二里头文化时期的典型器物。

采集陶器

深腹罐　1件。XYZS1010：7，夹砂灰褐陶。直口，斜折沿，方唇略上翻，唇面压印花边，颈部附加堆纹两周，下饰斜向绳纹。口径37.4、残高9.3厘米（图111-1）。

鼓腹罐　1件。XYZS1010：3，夹细砂褐陶。卷沿，方唇，束颈，鼓腹，唇面压印花边，器表饰弦断绳纹。口径36.7、残高14.2厘米（图111-2）。

瓮　3件。XYZS1010：4，泥质灰陶。敛口，圆唇，沿下6厘米以下器表饰绳纹。口径31.1、残高8.5厘米（图111-3）。XYZS1010：5，夹砂褐陶。敛口，方唇，鼓腹，器表饰细绳纹。口径34.6、残高13.8厘米（图111-4）。XYZS1010：9，泥质褐皮灰陶。敛口，尖唇，弧腹，素面磨光。口径28、残高6.1厘米（图111-7）。

彩陶盆　1件。XYZS1010：1，泥质灰陶。器表磨光，饰红色条带四道，间隔饰以网格纹和竖线、圆点。残高4.4厘米（图111-5）。

折腹豆　1件。XYZS1010：2，泥质褐陶。敛口，圆唇，折腹。口径24.1、最大腹径25.2、残高4.1厘米（图111-6）。

高领罐　1件。XYZS1010：8，泥质灰陶。侈口，高弧领，领部有刮削痕迹。口径14.5、残高5.7厘米（图111-8）。

腹片　4件。XYZS1010：6，夹粗砂褐陶。表面饰密集粗弦纹。残高4.3厘米（图111-9）。XYZS1010：10，粗砂红陶。表面按压泥条堆纹，饰横向篮纹。残高4.2厘米（图111-10）。XYZS1010：11，泥质土黄色陶。表面饰线纹。残高3.7厘米（图111-11）。XYZS1010：12，泥质褐陶。器表见线纹两组。残高4.3厘米（图111-12）。

二十四、和 坡 遗 址

和坡遗址位于襄垣县强计乡和坡村，西为申家垴村，东为红岩，北马鞍山村，南为寨上村（图109）。遗址地处浊漳河北源干流北岸的缓坡高地，地势北高南低，其正北为海拔1267米的马鞍山主峰，南向为东北—西南向的冲沟，地势落差极大，遗址中心区域平均海拔946米

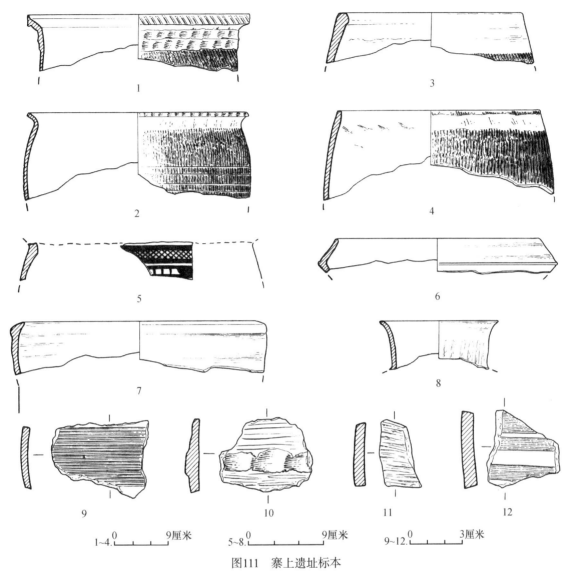

图111　寨上遗址标本

（5～7、9、11、12仰韶晚期，1、8、10为庙底沟二期，4为龙山时期，2、3为二里头时期）

1.深腹罐（XYZS1010：7）　2.鼓腹罐（XYZS1010：3）　3、4、7.瓮（XYZS1010：4、XYZS1010：5、XYZS1010：9）

5.彩陶盆（XYZS1010：1）　6.折腹豆（XYZS1010：2）　8.高领罐（XYZS1010：8）　9～12.腹片（XYZS1010：6、

XYZS1010：10、XYZS1010：11、XYZS1010：12）

（图版19-1）。该地史前时期遗迹众多，村内的谷场、窑洞和村北的阶梯农田断面都可以发现暴露的灰坑和连续的灰层（图版19-2）。根据2010年的勘察，遗址大概分布于东西450、南北370米的范围内。该地发现遗物数量较多，陶器有罐、盆、瓮、鼎、鬲、甗等器形，其中的彩陶盆、高领鬲等都是时代特征明显的器物。从年代上看，该地史前遗存涵盖了仰韶、庙底沟二期、龙山、二里头和商各史前文化时期，从空间环境上分析，其周边的寨上、东邯郸等小型遗址在一定的时期内应从属于和坡所在的中心聚落。

采集陶器

高领罐　2件。XYHP1011：4，夹细砂灰陶。侈口，圆唇，高领微弧。口径22.2、残高5.9

厘米（图112-1）。XYHP1011：15，夹细砂灰陶。侈口，卷沿，高斜领，素面。口径22.4、残高9.4厘米（图112-3）。

侈口罐　2件。XYHP1011：18，泥质灰陶。侈口，圆唇，器表磨光。口径22.2、残高3.8厘米（图112-2）。XYHP1011：17，夹砂褐陶。侈口，尖唇，沿面外侧加厚，素面磨光。口径22.6、残高2.5厘米（图112-4）。

鬲　2件。XYHP1011：16，泥质灰陶。侈口，卷沿，圆唇，束颈，颈部有竖向抹绳纹痕迹，颈部以下饰绳纹。口径16.3、残高4.7厘米（图112-5）。XYHP1011：14，泥质灰陶。直口，卷沿，圆唇，高领，腹身饰绳纹。口径15.1、残高7.4厘米（图112-6）。

盆　2件。XYHP1011：3，泥质黑皮灰陶。侈口，卷沿，圆唇，颈部微束，弧腹下残，素面磨光。口径20.5、残高7厘米（图112-7）。XYHP1011：10，泥质红陶。敛口，折沿外卷，圆唇，表面磨光施黑彩。口径30、残高2.9厘米（图112-8）。

瓮　3件。XYHP1011：9，泥质灰陶。敛口，内折沿，沿部外突形成凸棱一周，鼓腹下残。口径21.9、残高7厘米（图112-9）。XYHP1011：8，夹砂灰陶。敛口，方唇，器表磨光。口径30.6、残高8.8厘米（图112-12）。XYHP1011：1，夹细砂灰陶。鼓腹下收，圈足外撇，圜底，器表饰细绳纹。底径20.5、残高4.6厘米（图112-13）。

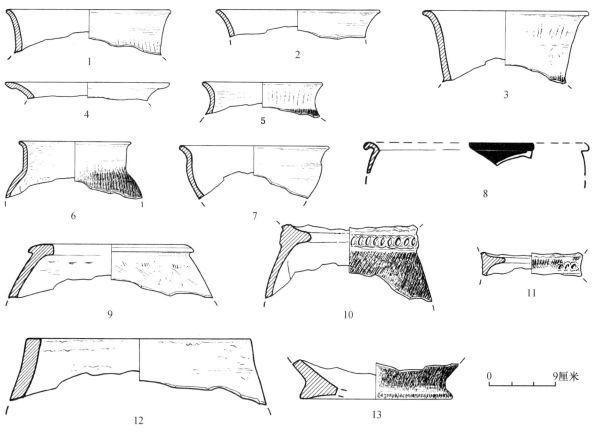

图112　和坡遗址标本（一）

（8为仰韶中期，9为仰韶晚期，1～4为龙山时期，5～7、10～13为二里头时期）

1、3.高领罐（XYHP1011：4、XYHP1011：15）　2、4.侈口罐（XYHP1011：18、XYHP1011：17）　5、6.鬲（XYHP1011：16、XYHP1011：14）　7、8.盆（XYHP1011：3、XYHP1011：10）　9、12、13.瓮（XYHP1011：9、XYHP1011：8、XYHP1011：1）　10、11.甗（XYHP1011：19、XYHP1011：7）

　　甗　2件。XYHP1011：19，夹砂灰褐陶。仅存腰部，内侧可见算隔一周，外侧饰捺窝状泥条堆纹一周，器表饰中绳纹。腰径18.2、残高10厘米（图112-10）。XYHP1011：7，夹细砂褐陶。仅存腰部，内侧有算隔一周，外侧饰捺窝状泥条堆纹一周，器表饰中绳纹。腰径13.4、残高2.9厘米（图112-11）。

　　腹片　5件。XYHP1011：13，夹细砂褐陶，器表饰弦断绳纹。残高6.6厘米（图113-1）。XYHP1011：11，泥质红陶，沿部可见黑彩条带和圆点。残高2.3厘米（图113-2）。XYHP1011：21，泥质红陶，器表饰线纹。残长3.8厘米（图113-3）。XYHP1011：12，泥质褐陶。器表可见横向刻划弦纹数周，下有刻划三角套纹。残高5.1厘米（图113-4）。XYHP1011：5，夹砂灰陶，面饰方格印纹。残长6.2厘米（图113-5）。

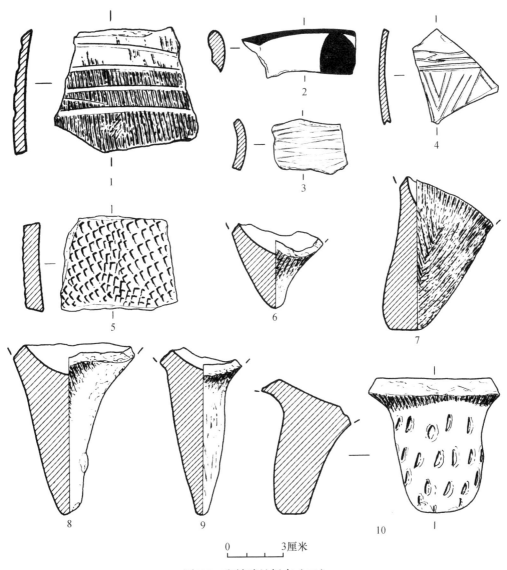

图113　和坡遗址标本（二）

（2、3仰韶中期，10为庙底沟二期，5为龙山时期，1、4、7～9为二里头时期，6为商时期）

1～5.腹片（XYHP1011：13、XYHP1011：11、XYHP1011：21、XYHP1011：12、XYHP1011：5）　6～10.器足
（XYHP1011：20、XYHP1011：6、XYHP1011：2、XYHP1011：23、XYHP1011：22）

器足　5件。XYHP1011：20，夹砂褐陶。实心锥状足，面饰绳纹。残高4.4厘米（图113-6）。XYHP1011：6，泥质灰陶。正面为舌形，平底，外撇，面饰绳纹。残高8.2厘米（图113-7）。XYHP1011：2，夹砂褐陶。实心锥状足，素面。残高9.1厘米（图113-8）。XYHP1011：23，夹砂灰陶。实心锥状足，表面刻划竖向凹槽数道。残高8.9厘米（图113-9）。XYHP1011：22，夹砂灰陶。形状宽扁，面饰戳点纹。残高7.3厘米（图113-10）。

二十五、东背遗址

东背遗址位于襄垣县西营镇东背村，其东为长坂坡村，西为洞沟村，南为梁庄，北为丰曲村（图109）。遗址处于浊漳河北源西岸的高地上，距离河床仅0.2千米，其西部为东北—西南走向的深沟，地势东高西低，最高点海拔952米。遗址分布区域主要在村落南侧的农田和现状村落之下，大致在南北450、东西300米的范围内。遗址内遗迹分布较广，主要是断崖上暴露的灰坑和连续的灰土层，大量史前时期陶片散布在田间地表（图版20）。在调查过程中清理了一个塌落的灰坑H1，出土了器形丰富、数量众多的细泥质灰白陶器。根据陶器标本分析，该遗址内遗物最早年代为仰韶中期，遗存的主体年代为庙底沟二期阶段及稍晚时期。

1. H1出土陶器

鼓腹罐　15件。皆细泥质灰白陶，斜折沿，鼓腹，薄胎，素面磨光，硬度高，内壁有快轮修整痕迹。H1：30，尖唇。口径18、残高5厘米（图114-1）。H1：39，尖唇。口径18.3、残高5.1厘米（图114-2）。H1：40，尖唇。口径17.9、残高4.2厘米（图114-3）。H1：51，圆唇。口径20.1、残高4.5厘米（图114-4）。H1：78，口径16.4、残高3.7厘米（图114-5）。H1：89，口径16.4、残高3.3厘米（图114-6）。H1：94，尖唇。口径15.5、残高3.5厘米（图114-7）。H1：30，尖唇。口径18.6、残高3.4厘米（图114-8）。H1：72，尖唇。口径18.5、残高3.2厘米（图114-9）。H1：51，圆唇。口径20.1、残高5.8厘米（图114-10）。H1：58，尖唇。口径12.1、残高3.4厘米（图114-11）。H1：36，尖唇。口径18、残高6.3厘米（图114-12）。H1：73，尖唇。口径15.9、残高5厘米（图114-13）。H1：93，尖唇。口径16、残高4.8厘米（图114-14）。H1：95，圆唇。口径18.6、残高7.4厘米（图114-15）。

大口罐　3件。皆细泥质灰白陶，薄胎，素面磨光，硬度高，内壁有快轮修整痕迹。H1：35，底部残，斜折沿，尖唇，弧腹。口径14.3、残高7.4厘米（图114-16）。H1：38，敛口，平沿，尖唇，弧腹。口径15、残高6.5厘米（图114-17）。H1：53，斜折沿，圆唇，腹微鼓。口径20.2、残高9厘米（图114-18）。

垂腹罐　1件。H1：10，泥质灰白陶。斜折沿，尖唇，垂腹，素面磨光，有快轮修整痕迹。口径16.4、残高10.2厘米（图114-19）。

高领罐　1件。H1：68，细泥质浅灰陶。高斜领，圆唇，器表素面磨光，硬度高，轮线清晰。口径11.1、残高6.1厘米（图114-20）。

深腹罐　11件。皆细泥质灰白陶，斜折沿，深腹，薄胎，素面磨光，硬度高，内壁有快

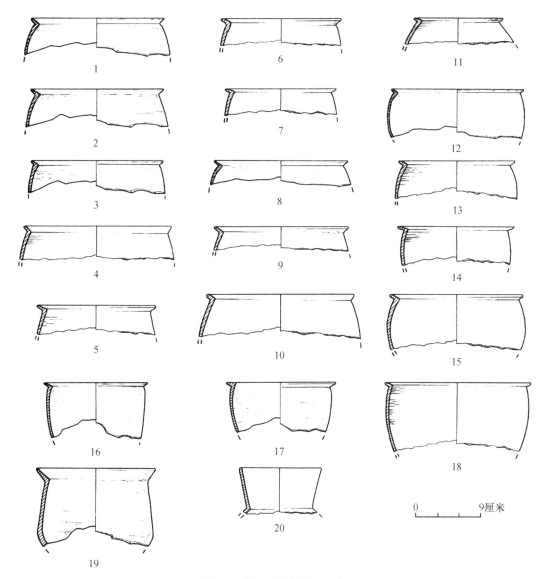

图114　东背遗址标本（一）

（1~20皆为庙底沟二期）

1~15.鼓腹罐（H1：30、H1：39、H1：40、H1：51、H1：78、H1：89、H1：94、H1：30、H1：72、H1：51、H1：58、

H1：36、H1：73、H1：93、H1：95）　16~18.大口罐（H1：35、H1：38、H1：53）　19.垂腹罐（H1：10）

20.高领罐（H1：68）

轮修整痕迹。H1：19，尖唇。口径20、残高3.5厘米（图115-1）。H1：29，尖唇。口径18、残高2.4厘米（图115-2）。H1：37，尖唇。口径18.3、残高4.8厘米（图115-3）。H1：60，圆唇。口径18.2、残高5.3厘米（图115-4）。H1：55，圆唇。口径16.4、残高6厘米（图115-5）。H1：88，口径18.6、残高6.4厘米（图115-6）。H1：64，口径17.7、残高4.3厘米（图115-7）。H1：65，口径18.4、残高4.4厘米（图115-8）。H1：69，口径21.7、残高5.2厘米（图115-9）。H1：85，圆唇。口径15.8、残高3.2厘米（图115-10）。H1：62，圆唇。口径7.7、残高6.4厘米（图115-11）。

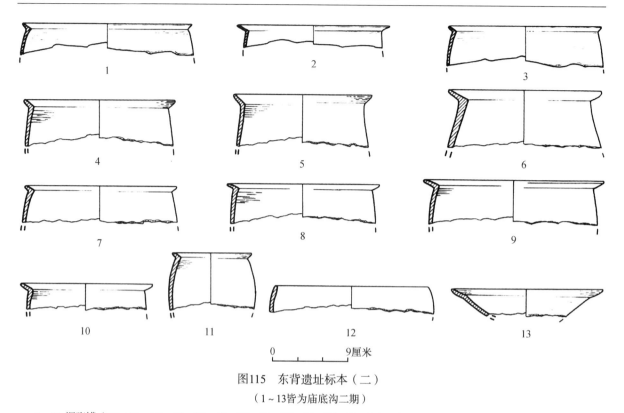

图115　东背遗址标本（二）

（1～13皆为庙底沟二期）

1～11.深腹罐（H1：19、H1：29、H1：37、H1：60、H1：55、H1：88、H1：64、H1：65、H1：69、H1：85、H1：62）

12.钵（H1：92）　　13.豆（H1：63）

　　钵　1件。H1：92，细泥质灰白陶。敛口，圆唇，鼓腹，器表素面磨光，器壁薄，硬度高。口径18.5、残高3.2厘米（图115-12）。

　　豆　1件。H1：63，细泥质灰白陶。侈口，宽折沿，圆唇，弧腹，器表素面磨光，硬度高，轮线清晰。口径18、残高3.2厘米（图115-13）。

　　宽沿盆　6件。皆细泥质灰白陶，宽折沿，深腹，薄胎，素面磨光，硬度高，内壁有快轮修整痕迹。H1：12，尖唇，口径18、残高3.3厘米（图116-1）。H1：41，尖唇。口径20、残高4.3厘米（图116-2）。H1：54，圆唇。口径20.4、残高4.5厘米（图116-3）。H1：66，口径18.3、残高2.1厘米（图116-4）。H1：76，口径18.6、残高3.1厘米（图116-5）。H1：84，口径21.5、残高4.5厘米（图116-6）。

　　弧腹盆　3件。皆细泥质灰白陶，折沿，薄胎，素面磨光，硬度高，内壁有快轮修整痕迹。H1：61，圆唇，腹微鼓。口径22.8、残高5.6厘米（图116-7）。H1：75，直口，弧腹下收。口径16.4、残高4厘米（图116-8）。H1：70，口微敛，圆唇，弧腹。口径20.2、残高6.4厘米（图116-9）。

　　斜腹盆　2件。皆细泥质灰白陶，侈口，方唇，斜腹、薄胎，素面磨光，硬度高，内、外壁有快轮修整痕迹。H1：59，口径28.8、残高3.7厘米（图116-10）。H1：18，口径32.9、残高10.4厘米（图116-11）。

　　器底　9件。皆细泥质灰白陶，下腹斜收，平底，薄胎，素面磨光，硬度高，内壁有快轮修整痕迹。H1：52，底径12.2、残高3.2厘米（图117-1）。H1：71，底径12.3、残高4.2厘米

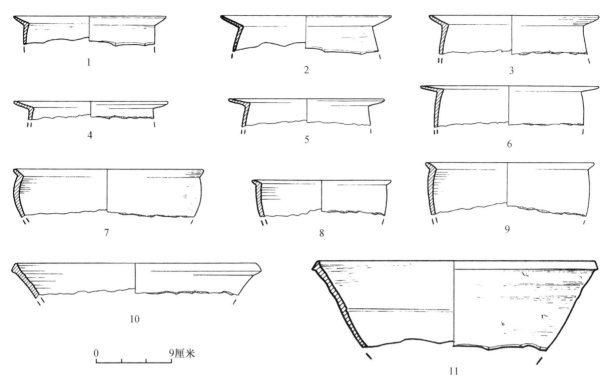

图116　东背遗址标本（三）
（1～11皆为庙底沟二期）

1～6.宽沿盆（H1：12、H1：41、H1：54、H1：66、H1：76、H1：84）　7～9.弧腹盆（H1：61、H1：75、H1：70）

10、11.斜腹盆（H1：59、H1：18）

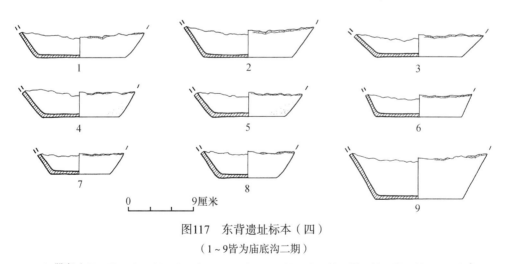

图117　东背遗址标本（四）
（1～9皆为庙底沟二期）

1～9.器底（H1：52、H1：71、H1：91、H1：79、H1：87、H1：90、H1：81、H1：82、H1：67）

（图117-2）。H1：91，底径12.4、残高3.1厘米（图117-3）。H1：79，底径10.8、残高3.2厘米（图117-4）。H1：87，底径10.1、残高3.2厘米（图117-5）。H1：90，底径12.2、残高3厘米（图117-6）。H1：81，底径8、残高2.7厘米（图117-7）。H1：82，底径8.5、残高3.4厘米（图117-8）。H1：67，底径12.3、残高5.9厘米（图117-9）。

2. 采集陶器

鼓腹罐　7件。XYDB1011：13，夹砂灰陶。斜折沿，方唇，唇面压印花边，颈部饰附加堆纹三道，下饰竖向绳纹。口径29、残高8.2厘米（图118-1）。XYDB1011：14，夹砂褐陶。卷沿，方唇略垂，唇面压印花边，颈部三道附加堆纹，下饰竖向绳纹。口径36、残高8.2厘米（图118-2）。XYDB1011：6，夹砂黑皮灰陶。口近直，斜折沿，方唇，鼓腹，唇面压印花边，颈部饰附加堆纹三道，器表外饰斜向绳纹。口径34.5、残高12.8厘米（图118-3）。XYDB1011：2，夹砂灰陶。斜折沿，尖唇，腹部微鼓，腹身饰绳纹。口径13.8、残高5.5厘米（图118-4）。XYDB1011：56，粗砂泥质灰陶。敛口，斜折沿，圆唇，颈部附加堆纹两周，其下器身饰深绳纹。口径12.2、残高4.3厘米（图118-5）。XYDB1011：21，夹砂灰陶。斜折沿，尖唇，腹部饰斜向绳纹。口径10.1、残高3.2厘米（图118-8）。XYDB1011：31，夹细砂黑皮

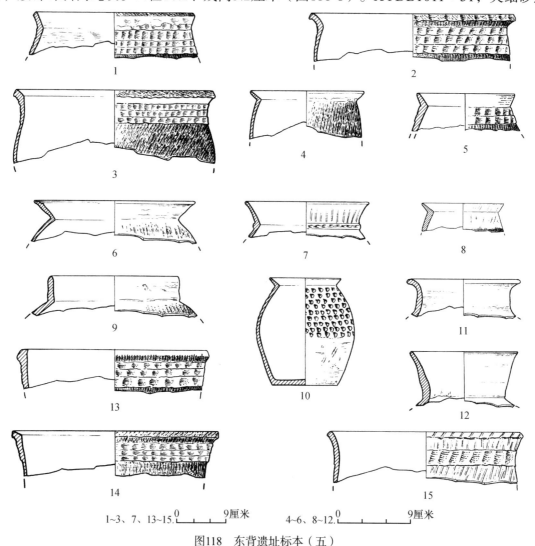

1~3、7、13~15.　0 ———— 9厘米　　　4~6、8~12.　0 ———— 9厘米

图118　东背遗址标本（五）

（1~3、5~9、12~15为庙底沟二期，4、10、11为龙山时期）

1~5、8、10.鼓腹罐（XYDB1011：13、XYDB1011：14、XYDB1011：6、XYDB1011：2、XYDB1011：56、XYDB1011：21、
XYDB1011：31）　6、7.束颈罐（XYDB1011：27、XYDB1011：3）　9.小口罐（XYDB1011：26）　11、12.高领罐
（XYDB1011：22、XYDB1011：23）　13~15.缸（XYDB1011：7、XYDB1011：32、XYDB1011：8）

灰陶。斜折沿，尖唇，鼓腹，平底，器身上半部遍饰戳点纹。口径8.6、底径8、通高13.2厘米（图118-10；图版40-3）。

　　束颈罐　2件。XYDB1011：27，夹砂褐陶。宽斜折沿，沿面有凹槽两周，束颈，鼓腹，面饰竖向绳纹。口径20、残高5厘米（图118-6）。XYDB1011：3，泥质灰陶。斜折沿，圆唇略外翻，束颈，颈肩连接处加厚。口径21.8、残高6.1厘米（图118-7）。

　　小口罐　1件。XYDB1011：26，泥质褐陶。直口，圆唇，鼓肩，表面磨光，肩部抹绳纹。口径16.4、残高5厘米（图118-9）。

　　高领罐　2件。XYDB1011：22，泥质灰陶。侈口，卷沿，圆唇，束颈。口径14、残高4.8厘米（图118-11）。XYDB1011：23，泥质灰陶。侈口，圆唇，高斜领，领部快轮痕迹清晰。口径13.3、残高6.5厘米（图118-12）。

　　缸　3件。XYDB1011：7，夹粗砂灰陶。直口，圆唇外突加厚，口部下饰附加堆纹三道，器表饰绳纹。口径31.5、残高7.4厘米（图118-13）。XYDB1011：32，夹砂褐陶。口微侈，斜折沿，方唇，唇面压印花边，口沿下饰附加堆纹三周，器表饰竖向绳纹。口径36.8、残高7.7厘米（图118-14）。XYDB1011：8，夹砂灰陶。口微侈，方唇，颈部微束，饰附加堆纹一道，器表饰竖向篮纹。口径34.5、残高9厘米（图118-15）。

　　鼎　1件。XYDB1011：25，夹砂褐陶。侈口，卷沿，方唇，唇面压印呈花边状，下饰三道附加堆纹。口径40.8、残高5.3厘米（图119-1）。

　　盆　1件。XYDB1011：4，泥质灰陶。口近直，平沿，弧腹，器表饰斜向篮纹。口径31.3、残高5.6厘米（图119-2）。

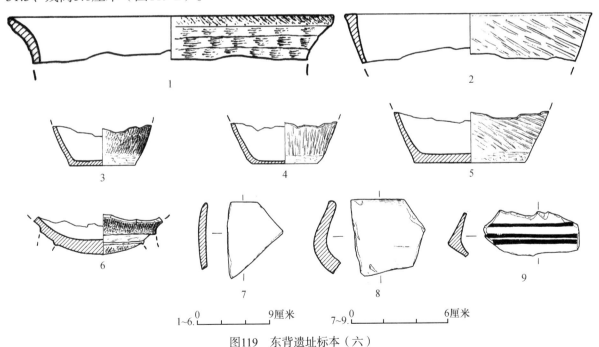

图119　东背遗址标本（六）

（7为仰韶中期，8、9为仰韶晚期，1～5为庙底沟二期，6为二里头时期）

1. 鼎（XYDB1011：25）　2. 盆（XYDB1011：4）　3～5. 罐底（XYDB1011：15、XYDB1011：16、XYDB1011：24）

6. 瓮底（XYDB1011：33）　7、8. 钵（XYDB1011：11、XYDB1011：28）　9. 豆（XYDB1011：20）

钵　2件。XYDB1011：11，泥质红陶。直口，圆唇，表面磨光。残高4.4厘米（图119-7）。XYDB1011：28，泥质红陶。敛口，折腹，表面磨光。残高4.3厘米（图119-8）。

豆　1件。XYDB1011：20，泥质红陶。仅存折腹部分，表面磨光，橙色陶衣，饰三条红彩平行粗线。残高2.7厘米（图119-9）。

器底　3件。XYDB1011：15，夹砂灰陶。上部残，下腹斜收，平底，面饰斜向绳纹。底径8.1、残高4.9厘米（图119-3）。XYDB1011：16，夹砂灰陶。上部残，下腹弧收，平底，面饰竖向篮纹。底径8、残高4.8厘米（图119-4）。XYDB1011：24，夹砂黑皮褐陶。上部残，下腹外弧，平底，面饰斜向篮纹。底径14、残高6厘米（图119-5）。

瓮底　1件。XYDB1011：33，泥质灰陶。仅存瓮底部，腹薄底厚，底部内侧近平。残高4.7厘米（图119-6）。

二十六、南漳遗址

南漳遗址位于襄垣县西营镇南漳村，东为上小庄和下合村，西为下西川和吴北村，南为西营镇，北为武乡县下北漳村，东南方向距离东背遗址约3.2千米（图120）。遗址地处浊漳河北源干流东岸的缓坡地带，距离河床约0.5千米，洪水河在遗址西侧汇入浊漳河，遗址总体地势北高南低，最高点海拔约931米（图版18-2）。遗址内遗迹发现较少，但陶片等史前遗物散布范围较大，村落内和村外东、南、北三个向均有数量较多的陶片发现，东南方向往城底村沿路可以连续采集到红、灰陶片。遗物标本有陶罐、盆、缸、鬲、瓶和石铲等，仰韶时期遗物有大量红陶片，可辨器形的有尖底瓶底，庙底沟二期、龙山时期陶器较多，是遗存的主体，二里头和商时期遗物数量较少。

1. 采集陶器

折沿罐　3件。XYNZ1011：23，夹细砂褐陶。斜折沿，方唇，颈部泥条按压堆纹一周。口径16.5、残高3.1厘米（图121-1）。XYNZ1011：2，夹砂褐陶。斜折沿，圆唇，鼓腹，腹身饰绳纹。口径18.6、残高5厘米（图121-2）。XYNZ1011：3，夹砂褐陶。斜折沿，圆唇，鼓腹，腹身饰绳纹。口径18.8、残高6.1厘米（图121-3）。

缸　1件。XYNZ1011：4，夹粗砂褐陶。口微侈，方唇，颈部泥条捏压堆纹四周，腹身饰绳纹。口径38.1、残高7.4厘米（图121-4）。

矮领罐　1件。XYNZ1011：31，夹砂黑皮褐陶。口微侈，圆唇，矮领，口部以下残。口径31.2、残高6.9厘米（图121-5）。

折肩罐　1件。XYNZ1011：27，泥质灰陶。口、底部皆残，折肩，下腹身饰竖向篮纹。肩径28.4、残高16.4厘米（图121-6）。

器底　3件。XYNZ1011：12，泥质红陶。下腹弧收，平底，素面。底径14.4、残高4.8厘米（图121-7）。XYNZ1011：26，夹细砂灰陶。平底，下腹近底处可见竖向篮纹。底径15.8、残高2.6厘米（图121-8）。XYNZ1011：32，夹细砂灰陶。下腹斜收，大平底，腹饰斜向篮纹。底径16.3、残高5.8厘米（图121-9）。

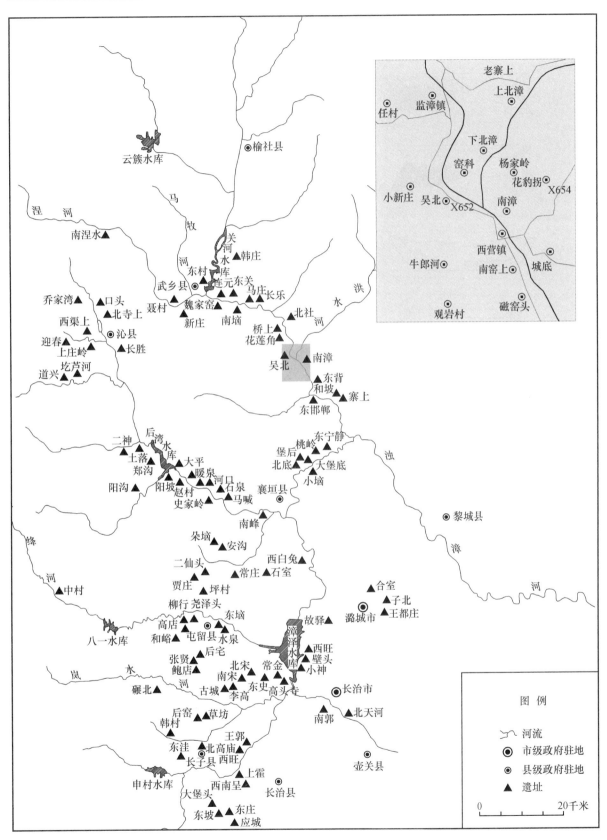

图120　襄垣县南漳、吴北遗址位置图

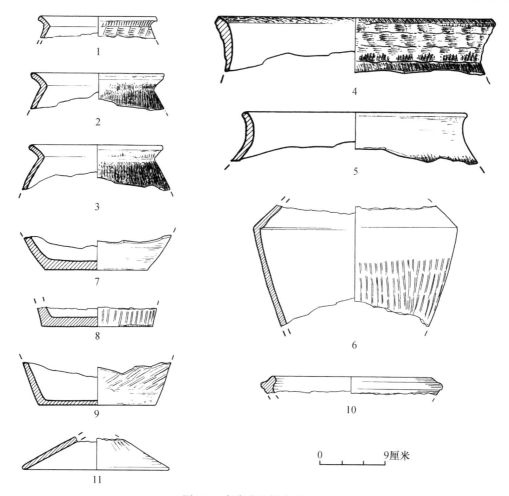

图121 南漳遗址标本（一）

（7为仰韶中期，1、4、6、8~11为庙底沟二期，5为二里头时期）

1~3.折沿罐（XYNZ1011：23、XYNZ1011：2、XYNZ1011：3） 4.缸（XYNZ1011：4） 5.矮领罐（XYNZ1011：31）

6.折肩罐（XYNZ1011：27） 7~9.器底（XYNZ1011：12、XYNZ1011：26、XYNZ1011：32） 10.盆（XYNZ1011：24）

11.器盖（XYNZ1011：21）

盆 1件。XYNZ1011：24，夹砂红陶。敛口，圆唇，沿下宽凸棱一周，素面。口径22.7、残高2.6厘米（图121-10）。

器盖 1件。XYNZ1011：21，泥质褐陶。覆盆状，斜壁，素面磨光。口径20.7、残高4.4厘米（图121-11）。

器足 1件。XYNZ1011：1，夹砂灰陶。实心锥形足，素面。残高8.3厘米（图122-1）。

瓶底 1件。XYNZ1011：25，泥质红陶，呈锐角尖底，面饰线纹。残高2.8厘米（图122-3）。

腹片 4件。XYNZ1011：5，泥质红陶，表面饰线纹。残长6厘米（图122-4）。XYNZ1011：9，夹砂褐陶。可见横向泥条按压堆纹一周，器表饰绳纹。残高7.7厘米（图122-5）。XYNZ1011：10，夹砂黑皮褐陶。可见泥条按压堆纹一周，器表饰绳纹。残高6.9厘米（图122-6）。XYNZ1011：33，夹砂灰陶，表面饰横向捏压堆纹和竖向篮纹。残高6.7厘米（图122-7）。

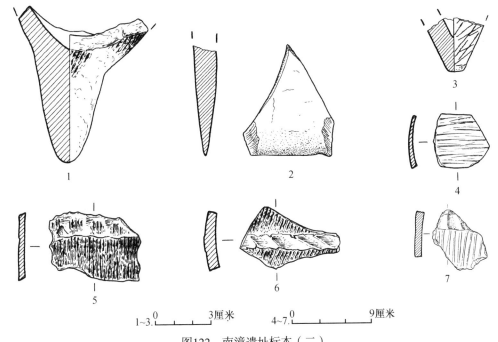

图122　南漳遗址标本（二）
（3、4、7为仰韶中期，2、5、6为庙底沟二期，1为二里头时期）
1. 器足（XYNZ1011∶1）　2. 石铲（XYNZ1011∶24）　3. 瓶底（XYNZ1011∶25）　4～7. 腹片（XYNZ1011∶5、XYNZ1011∶9、XYNZ1011∶10、XYNZ1011∶33）

2. 采集石器

　　石铲　1件。XYNZ1011∶22，石灰岩。残，略呈三角形，双面刃，刃部锋利。磨制。残长5.8厘米（图122-2）。

二十七、吴北遗址

　　吴北遗址位于襄垣县西营镇吴北村，东为南漳村，西为小新庄，南为洞上村，北为武乡县南庄，东距南漳遗址约0.8千米，东南距东背遗址2.8千米（图120）。遗址地处浊漳河北源干流西岸的缓坡台地，距离河床约0.5千米，洪水河在遗址东侧汇入浊漳河，遗址总体地势平缓，平均海拔约933米。遗址内遗迹分布于村外东南的阶状农田，断面上可发现2处小型灰坑，距地面深均不超过1米。陶器等遗物采集主要采集于村东耕土层，器形有罐、盆、簋、甗等。仰韶时期遗物稀少，仅有线纹红陶片数片，庙底沟二期遗物有宽沿盆、高领罐等，数量较多。二里头时期及商时期的遗物有盆、甗、簋等，年代最晚的陶簋为商代二里冈时期。

采集陶器

　　束颈罐　3件。XYWB1103∶1，泥质褐陶。侈口，卷沿，圆唇，素面。口径18.9、残高5.1厘米（图123-1）。XYWB1103∶14，细砂灰陶。卷沿，圆唇，鼓腹，腹饰竖向篮纹。口径

29.1、残高7.7厘米（图123-2）。XYWB1103：10，泥质灰陶。侈口，卷沿，素面。口径16.7、残高2.4厘米（图123-3）。

高领罐　2件。XYWB1103：19，夹砂灰陶。侈口，圆唇，弧领。口径14.6、残高5.9厘米（图123-4）。XYWB1103：25，夹砂褐陶。侈口，圆唇，素面。口径14.4、残高4.3厘米（图123-5）。

直口罐　1件。XYWB1103：13，细砂灰陶。直口，圆唇，器表饰交错浅绳纹。口径16.7、残高4.3厘米（图123-6）。

折肩罐　1件。XYWB1103：4，细砂褐陶。折肩，肩部素面磨光，腹部饰斜向宽篮纹。残高6.3厘米（图123-7）。

侈口盆　2件。XYWB1103：22，夹细砂褐陶。侈口，圆唇，弧腹，腹饰弦断绳纹。口径33、残高8.4厘米（图123-9）。XYWB1103：18，粗砂灰陶。侈口，圆唇，弧腹，颈部以下饰绳纹。口径31.3、残高9厘米（图123-10）。

宽沿盆　1件。XYWB1103：23，泥质灰陶。侈口，尖唇，腹微鼓，沿下侧饰横向篮纹，器身素面。口径36.4、残高12厘米（图123-11）。

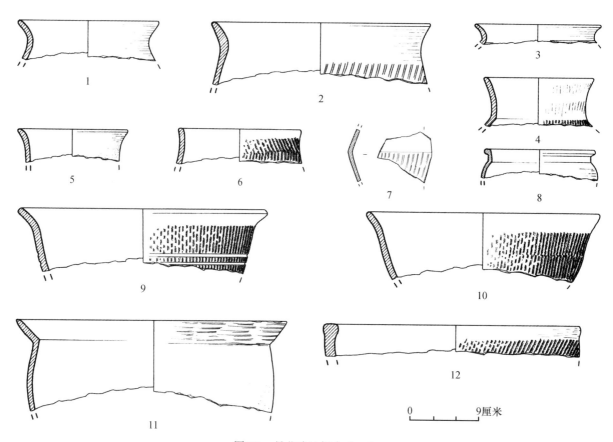

图123　吴北遗址标本（一）

（1、2、5、7、11为庙底沟二期，3、4、12为龙山时期，6、9、10为二里头时期，8为商时期）

1～3.束颈罐（XYWB1103：1、XYWB1103：14、XYWB1103：10）　4、5.高领罐（XYWB1103：19、XYWB1103：25）
6.直口罐（XYWB1103：13）　7.折肩罐（XYWB1103：4）　8.簋（XYWB1103：11）　9、10.侈口盆（XYWB1103：22、
XYWB1103：18）　11.宽沿盆（XYWB1103：23）　12.直口盆（XYWB1103：17）

　　直口盆　1件。XYWB1103：17，粗砂灰陶。直口，圆唇，弧腹，器身饰斜向绳纹。口径34.3、残高3.9厘米（图123-12）。

　　簋　1件。XYWB1103：11，夹砂灰陶。直口，圆唇外突加厚，束颈，鼓腹，素面。口径14.6、残高3.9厘米（图123-8）。

　　甑　4件。XYWB1103：15，细砂灰陶。内侧可见算隔一周，腰部捺窝状泥条堆纹一周，器身饰绳纹。腰径18.5、残高4.1厘米（图124-1）。XYWB1103：7，夹砂灰陶。内侧算隔一周，外侧捺窝状泥条堆纹一周，器身饰绳纹。腰径27、残高3.9厘米（图124-2）。XYWB1103：3，夹砂灰陶。腰身内侧算隔一周，器身饰深绳纹。腰径18.4、残高4.3厘米（图124-3）。XYWB1103：9，夹砂褐陶。腰身内侧算隔一周，器身饰交错细绳纹。腰径20.6、残高6厘米（图124-4）。

　　腹片　2件。XYWB1103：27，泥质红陶，表面饰横向篮纹。残高 8.1厘米（图124-5）。XYWB1103：29，泥质红陶，表面饰稀疏线纹。残高4.7厘米（图124-6）。

　　器足　1件。XYWB1103：12，夹砂褐陶。实心锥形足，可见竖向凹槽。残高7.1厘米（图124-7）。

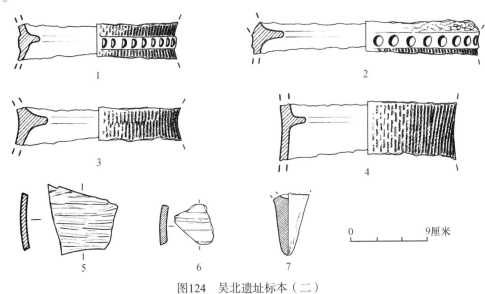

图124　吴北遗址标本（二）

（6为仰韶中期，5为庙底沟二期，1、2、7为二里头时期，3、4为商时期）

1~4.甑（XYWB1103：15、XYWB1103：7、XYWB1103：3、XYWB1103：9）　5、6.腹片（XYWB1103：27、

XYWB1103：29）　7.器足（XYWB1103：12）

第四节　屯　留　县

一、石室遗址

　　石室遗址位于屯留县渔泽镇石室村北，东为寺底村，西为常东村，南为顾车村，北隔山梁与襄垣县为界（图125）。遗址处于村北的山前坡地，地势北高南低，最高点海拔966米。该遗址在20世纪90年代考古调查活动中曾采集到少量的史前时期陶片。根据本次调查，遗物和遗迹

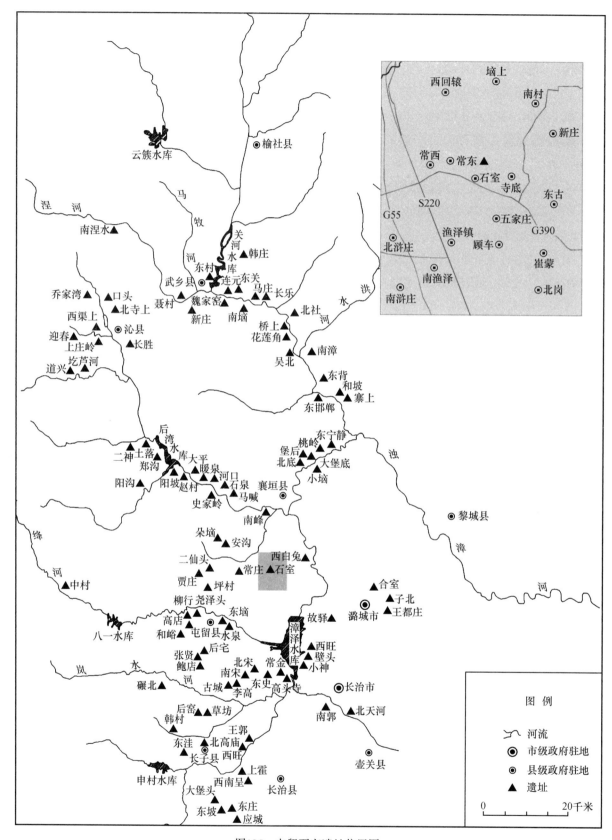

图125　屯留石室遗址位置图

的分布范围为东西向270、南北向180米，在该范围内发现灰坑2处，灰坑内陶片稀少，陶器遗物主要采集于农田地表。在陶器标本中，可辨器形的，有罐、盆、瓮、甑，根据对其和其他陶片类型和质地的分析，这些遗物属于二里头文化时期。

采集陶器

罐　1件。TLSS1306：5，泥质灰陶。口近直，尖唇，颈部以下器身饰绳纹。口径33.8、残高5.8厘米（图126-4）。

盆　1件。TLSS1306：2，夹砂灰陶。侈口，圆唇，腹微内弧，平底，腹身饰绳纹。口径20.1、底径10.8、高7.3厘米（图126-2）。

甑　1件。TLSS1306：3，夹砂灰陶。腰部内侧为算隔，外侧泥条按压堆纹一周，器身饰绳纹。腰径15.8、残高6.4厘米（图126-3）。

瓮圈足　1件。TLSS1306：1，泥质灰陶。圈足微外撇，器表饰绳纹。底径15.9、残高4.1厘米（图126-1）。

器足　1件。TLSS1306：4，泥质灰陶，实心锥形足，通体饰绳纹。残高15.4厘米（图126-5）。

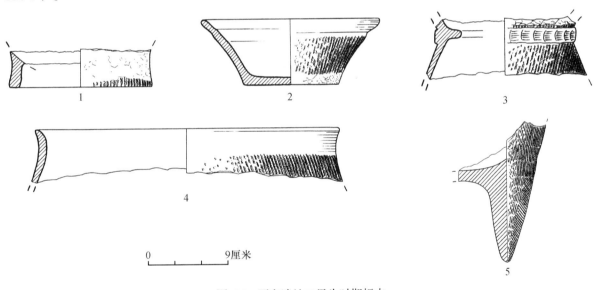

0　　　　　　9厘米

图126　石室遗址二里头时期标本

1. 瓮圈足（TLSS1306：1）　2. 盆（TLSS1306：2）　3. 甑（TLSS1306：3）　4. 罐（TLSS1306：5）　5. 器足（TLSS1306：4）

二、常庄遗址

常庄遗址位于屯留县路村乡常庄村，其东南为王家庄，西南为马战村，北向隔与襄垣安沟村、史家沟和暴庄村相望（图127）。遗址位于淤泥河南岸的高台地上，距河床直线距离约1.8千米，地势高亢，最高点海拔1064米。遗迹主要是村北梯田断面上暴露的灰层，东西断续分布，长约150米。遗物主要采集于灰层内部和村北的农田地表，器形有钵、盆、罐、缸、瓮、鼎、甑和尖底瓶等。根据器物质地、形态和纹饰分析，该遗址遗存的最早年代为仰韶中期，最晚年代为商时期。该遗址是屯留县北部区域规模最大、年代延续最长的早期文化遗址，应是淤

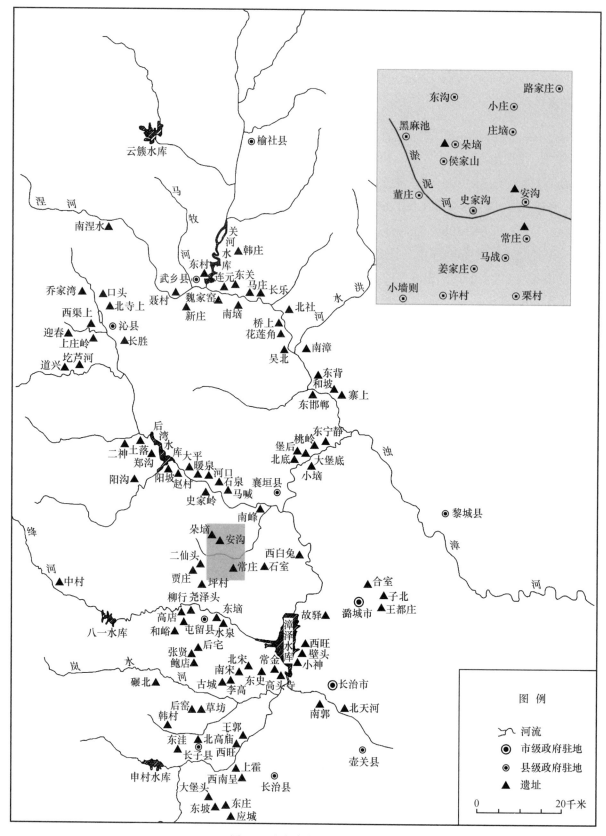

图127　屯留常庄遗址位置图

泥河上游的早期文化中心聚落。

1. 采集陶器

　　高领罐　4件。TLCZ1006：17，夹砂红陶。侈口，尖唇，口沿下抹饰绳纹。口径20.6、残高4.6厘米（图128-1）。TLCZ1006：26，泥质灰陶。高斜领，口沿外附钩状小錾。复原口径

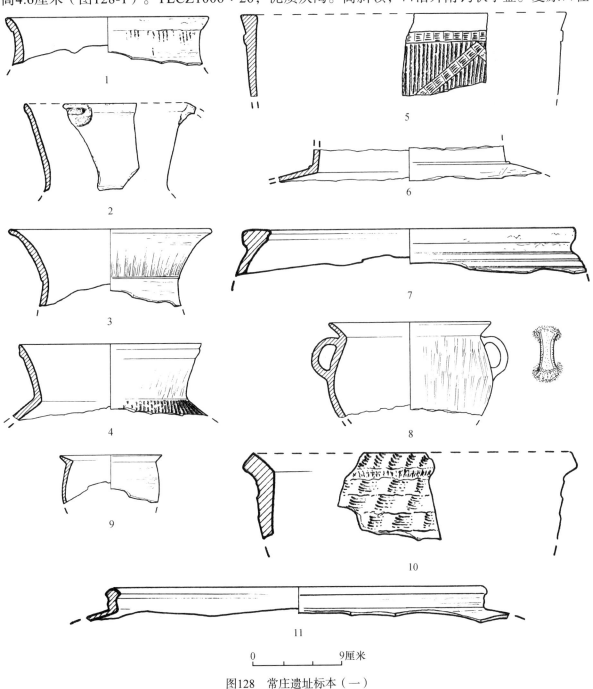

0　　　　　9厘米

图128　常庄遗址标本（一）

（7为仰韶中期，1～3、6、8～10为庙底沟二期，4为龙山时期，11为商时期）

1～4.高领罐（TLCZ1006：17、TLCZ1006：26、TLCZ1006：4、TLCZ1006：44）　5、10.缸（TLCZ1006：45、
TLCZ1006：13）　6.白陶器（TLCZ1006：41）　7.敛口罐（TLCZ1006：30）　8、9.折沿罐（TLCZ1006：47、
TLCZ1006：35）　11.直口罐（TLCZ1006：25）

16.5、残高8.6厘米（图128-2）。TLCZ1006：4，泥质灰陶。侈口，高弧领，颈部垂直刮削痕迹明显。口径20.6、残高7.7厘米（图128-3）。TLCZ1006：44，夹砂灰陶。侈口，尖唇，斜领，沿下圆凸棱一周，腹身饰绳纹。口径18.4、残高7.1厘米（图128-4）。

缸　2件。TLCZ1006：45，夹砂灰陶。直口，平沿，尖唇，沿下泥条按压堆纹一周，其下器身饰绳纹，并可见斜向交错泥条堆纹。复原口径33、残高8.1厘米（图128-5）。TLCZ1006：13，夹细砂灰陶。直口，斜折沿，方唇，唇面压印呈花边状，颈部泥条按压堆纹三周。复原口径32.1、残高8.6厘米（图128-10）。

敛口罐　1件。TLCZ1006：30，夹粗砂灰陶。敛口，平沿外突，鼓腹，肩部可见弦纹三周。口径33.4、残高4.8厘米（图128-7）。

折沿罐　2件。TLCZ1006：47，细砂褐陶。斜折沿，鼓腹，肩部置桥形耳，器身饰竖向浅篮纹。口径16.3、残高9.2厘米（图128-8）。TLCZ1006：35，夹粗砂灰陶。斜折沿，尖唇，垂腹，器表有快轮修整痕迹。口径9.9、残高4.7厘米（图128-9）。

直口罐　1件。TLCZ1006：25，夹砂红陶。直口，素面。口径38.1、残高3.6厘米（图128-11）。

瓮　5件。TLCZ1006：10，夹粗砂红褐陶。敛口，方唇外突，压印呈花边状，其下器身饰竖向浅篮纹。复原口径33.1、残高6.5厘米（图129-1）。TLCZ1006：33，泥质红陶。敛口，尖唇，唇部叠厚，素面磨光。口径14.5、残高4厘米（图129-2）。TLCZ1006：27，夹砂褐陶。口微敛，平沿，沿下捺窝状附加堆纹一周，其下器身饰绳纹。复原口径36.5、残高6.5厘米（图129-3）。TLCZ1006：36，泥质黑皮灰陶。敛口，圆唇，唇部叠厚，唇部以下宽凹槽一周。口径18.3、残高3.3厘米（图129-4）。TLCZ1006：50，泥质红陶。敛口，圆唇外突加厚，素面。口径25.4、残高4.3厘米（图129-6）。

侈口盆　1件。TLCZ1006：1，夹砂褐陶。侈口，平沿，方唇外突，唇面压印呈花边状，其下器身饰斜向浅篮纹。复原口径38.5、残高5.7厘米（图129-5）。

彩陶盆　1件。TLCZ1006：6，泥质红陶。折沿下卷，圆唇，鼓腹，沿面黑彩，其下器身饰黑彩图案，由弧线、圆点等组成，器表磨光。复原口径30.5、残高5.3厘米（图129-7）。

敛口盆　2件。TLCZ1006：7，泥质红陶。敛口，尖唇，器表素面磨光。口径23.5、残高7.6厘米（图129-8）。TLCZ1006：16，泥质红陶，口微敛，尖唇，沿下外突加厚。口径20、残高3.5厘米（图129-10）。

折沿盆　2件。TLCZ1006：20，泥质红陶。直口，斜折沿，方唇，折腹，素面。口径35.5、残高7.3厘米（图129-9）。TLCZ1006：34，泥质橙陶。敛口，斜折沿，尖圆唇，颈部微束，器表磨光。口径30.7、残高5.4厘米（图129-11）。

钵　4件。TLCZ1006：19，泥质红陶。敛口，圆唇，器表磨光。残高4.3厘米（图130-1）。TLCZ1006：28，泥质红陶。直口，圆唇，素面。残高3.8厘米（图130-2）。TLCZ1006：12，泥质红陶。侈口，尖唇，沿下饰红彩条带一周，其下可见红彩蝶须纹。残高3.3厘米（图130-3）。TLCZ1006：5，泥质红陶。口微敛，圆唇，器表可见黑彩线条。残高6.1厘米（图130-4）。

甑　1件。TLCZ1006：8，夹砂灰陶。仅存腰部，内侧可见算隔一周，器表饰绳纹。腰径

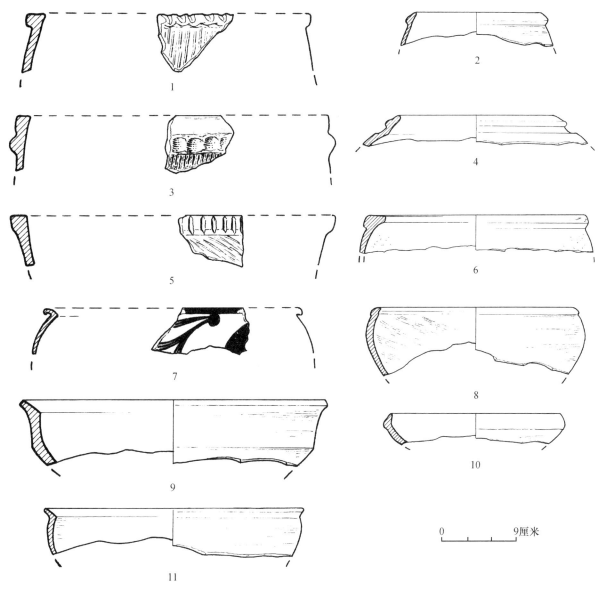

图129　常庄遗址标本（二）

（7、8为仰韶中期，2、6、9～11为仰韶晚期，1、3、5为庙底沟二期，4为商时期）

1～4、6.瓮（TLCZ1006：10、TLCZ1006：33、TLCZ1006：27、TLCZ1006：36、TLCZ1006：50）　5.侈口盆（TLCZ1006：1）

7.彩陶盆（TLCZ1006：6）　8、10.敛口盆（TLCZ1006：7、TLCZ1006：16）　9、11.折沿盆（TLCZ1006：20、TLCZ1006：34）

12.9、残高9.9厘米（图130-7）。

　　浅腹钵　1件。TLCZ1006：48，泥质灰陶。敛口，尖唇，浅腹，素面，胎体硬度高。口径18.3、残高4.3厘米（图130-8）。

　　器盖　1件。TLCZ1006：21，夹砂灰陶。锯齿状花边捉手，覆盆形，下部残。捉手直径14.3、残高4.4厘米（图130-9）。

　　尖底瓶口　1件。TLCZ1006：29，泥质红陶。重唇口略微退化，表面磨光。口径5.1、残高2.8厘米（图130-12）。

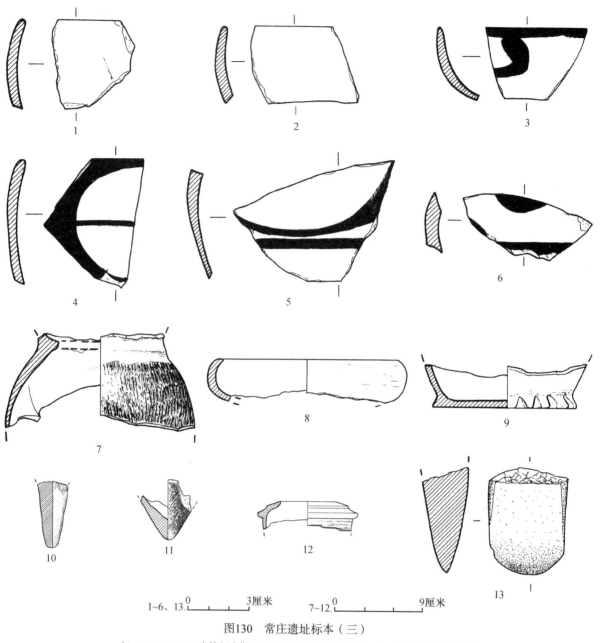

图130　常庄遗址标本（三）

（1、2、4~6、12为仰韶中期，3、8、9、11为仰韶晚期，7、10为二里头时期）

1~4.钵（TLCZ1006：19、TLCZ1006：28、TLCZ1006：12、TLCZ1006：5）　5、6.彩陶片（TLCZ1006：37、TLCZ1006：3）
7.甑（TLCZ1006：8）　8.浅腹钵（TLCZ1006：48）　9.器盖（TLCZ1006：21）　10.器足（TLCZ1006：53）　11.尖底瓶底
（TLCZ1006：14）　12.尖底瓶口（TLCZ1006：29）　13.石凿（TLCZ1006：49）

尖底瓶底　1件。TLCZ1006：14，泥质红陶。瓶底呈锐角，粗线纹施至底部。残高6厘米
（图130-11）。

白陶器　1件。TLCZ1006：41，泥质白陶。仅存肩部，立领，素面，硬度高。轮线清晰。
残高3.4厘米（图128-6）。

彩陶片　2件。TLCZ1006：37，泥质红陶。器表可见黑彩涂绘。残长7.7厘米（图
130-5）。TLCZ1006：3，泥质红陶。器表磨光，可见黑色彩绘。残长6.1厘米（图130-6）。

器足　1件。TLCZ1006：53，细砂褐陶。实心锥形足，素面。残高6.5厘米（图130-10）。

2. 采集石器

石凿　1件。TLCZ1006：49，花岗岩。器残，表面磨光，双面刃，刃部锋利。磨制。残长5、宽3.7厘米（图130-13）。

三、二仙头遗址

二仙头遗址位于屯留县余吾镇二仙头村，东北为董庄村，西为李村，南为西邓村（图131）。遗址所处地势高亢，中心区域为方圆5千米范围内最高点，海拔1088米。遗址西距交川河1.8千米，东北距淤泥河2.1千米。根据2012年的实地勘察，该遗址分布范围较大，遗迹的分布集中在村南450米地区和现状村落西北部，南部地区主要为灰坑和大片灰层，村内西北部的遗迹为2处破坏的窑址和3处灰坑，在一些废弃的窑洞顶部土层中可见早期碎陶片。采集的遗物包括罐、盆、罐鬲、瓶、器足等。比较典型的器物有小口篮纹罐、尖底瓶口、高领鬲等。通过对标本进行观察，这些遗物的年代上限为仰韶文化晚期，下限为龙山时期。

采集陶器

敛口盆　1件。TLEXT1209：8，泥质灰陶。敛口，折肩，斜腹，平底，器身饰斜向篮纹。口径17.5、底径12.2、残高4.3厘米（图132-1）。

深腹盆　1件。TLEXT1209：6，泥质灰陶。侈口，斜折沿，方唇，腹微弧，唇面内凹，器表饰绳纹。口径25.7、残高11.1厘米（图132-3）。

小口罐　1件，基本复原。TLEXT1209：9，泥质灰陶。直口，鼓肩，腹身中部位置有双耳，底部微凹，肩部以下器身饰弦断篮纹。口径15.4、底径9.5、高25.4厘米（图132-4；图版40-1）。

鬲　1件。TLEXT1209：7，夹砂灰陶。侈口，卷沿，圆唇，束颈，颈下器身饰绳纹。口径15.9、残高5.4厘米（图132-2）。

尖底瓶口　1件。TLEXT1209：3，泥质红陶。侈口，尖唇，沿下一周凸棱，素面。口径5、残高5.8厘米（图132-5）。

器足　4件。皆夹砂灰陶，空心锥形足，表面饰绳纹。TLEXT1209：5，残高5.8厘米（图132-6）。TLEXT1209：1，残高11.5厘米（图132-7）。TLEXT1209：4，残高6.8厘米（图132-8）。TLEXT1209：2，残高6.5厘米（图132-9）。

四、贾庄遗址

贾庄遗址位于屯留县余吾镇贾庄村，东为武家沟，西为羊寨村，南为阴阳庄，北为土门村（图131）。遗址地处山前坡地，地势起伏，呈西北高、东南低走向，村东和村南有两条深沟

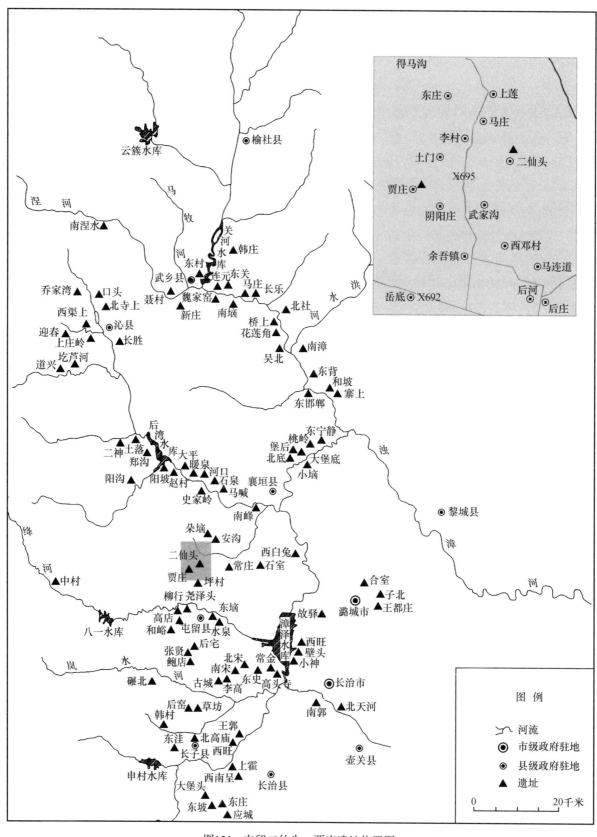

图131　屯留二仙头、贾庄遗址位置图

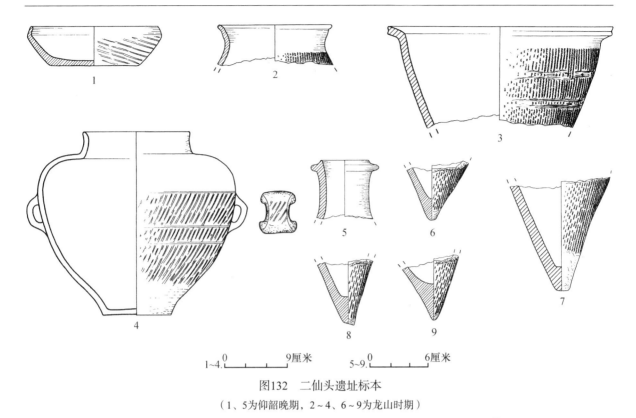

图132 二仙头遗址标本

（1、5为仰韶晚期，2~4、6~9为龙山时期）

1.敛口盆（TLEXT1209：8） 2.鬲（TLEXT1209：7） 3.深腹盆（TLEXT1209：6） 4.小口罐（TLEXT1209：9）

5.尖底瓶口（TLEXT1209：3） 6~9.器足（TLEXT1209：5、TLEXT1209：1、TLEXT1209：4、TLEXT1209：2）

相交，距离最近的河流为绛河支流交川河，约0.7千米，南距绛河干流约4.7千米。该地遗迹发现较多，村北道路两侧灰坑密布，村东北方向断崖有连续分布的灰层，大体分布在方圆500米的范围内（图版22-1）。调查采集的陶片数量较多，可辨器类的计有罐、盆、钵、豆、瓶等。根据其类型特征和质地来看，这批遗物的年代属于仰韶中期至龙山时期。

采集陶器

折沿罐 6件。TLJZ1209：1，夹砂灰陶。斜折沿，方唇，鼓腹，颈部泥条按压堆纹一周，颈部以下饰横向及斜向篮纹。口径26.7、残高8.4厘米（图133-1）。TLJZ1209：11，夹砂灰陶。斜折沿，方唇，唇部压印细索状纹，沿部以下泥条按压堆纹四周，腹身可见饰绳纹。口径35.5、残高7.5厘米（图133-2）。TLJZ1209：2，泥质灰陶。斜折沿，方唇，鼓腹，器表素面。口径22.3、残高4.8厘米（图133-3）。TLJZ1209：4，夹砂褐陶。斜折沿，方唇，鼓腹，器表素面。口径26.5、残高4.2厘米（图133-4）。TLJZ1209：16，泥质褐陶。斜折沿，方垂唇。口径19.1、残高2.7厘米（图133-5）。TLJZ1209：3，夹砂褐陶。斜折沿，尖唇，鼓腹，腹身饰横向篮纹。口径14.3、残高4.8厘米（图133-7）。

直口罐 1件。TLJZ1209：12，泥质褐陶。直口，圆唇外叠。口径22.8、残高4.2厘米（图133-6）。

盆 2件。TLJZ1209：5，泥质红陶。敛口，唇面外突，弧腹，器身可见粗弦纹数周。口

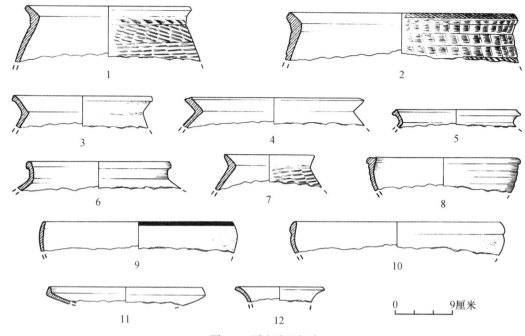

图133　贾庄遗址标本

（8～12为仰韶时期，1、2、7为庙底沟二期，3～6为龙山时期）

1～6.折沿罐（TLJZ1209：1、TLJZ1209：11、TLJZ1209：2、TLJZ1209：4、TLJZ1209：16、TLJZ1209：12）

7.直口罐（TLJZ1209：3）　8、10.盆（TLJZ1209：5、TLJZ1209：13）　9.钵（TLJZ1209：15）　11.豆（TLJZ1209：7）

12.瓶口（TLJZ1209：14）

径21.7、残高5.2厘米（图133-8）。TLJZ1209：10，泥质红陶。直口，叠唇，素面磨光。口径32.3、残高5.1厘米（图133-10）。

钵　1件。TLJZ1209：15，泥质红陶。口近直，圆唇，口沿外侧绘黑彩窄条带一周。口径30.2、残高4.8厘米（图133-9）。

豆　1件。TLJZ1209：7，泥质灰陶，直口，尖唇，折腹，素面。口径24.9、残高2.7厘米（图133-11）。

瓶口　1件。TLJZ1209：14，泥质红陶。喇叭口，圆唇，素面。口径13.8、残高2.1厘米（图133-12）。

五、坪村遗址

坪村遗址位于屯留县余吾镇坪村南，东为西街村，西为余富村，南为牛家垴村，北为岳底村，县级道路X692从北部东西向穿过（图134）。遗址所在地地势平坦，其南2.2千米为绛河河床，平均海拔968米。在20世纪90年代考古调查活动中，曾在该遗址采集到一定数量的史前文化遗物。在2012年再次对该区域进行了勘察，未能发现明显的遗迹现象和文化堆积，仅采集了少量的史前陶片和石器，多数不能辨认器形，因此本节内容主要采用90年代考古调查中所获标本。这些标本包括折沿罐、束颈罐、缸和豆，其中的折腹豆和篮纹缸属于仰韶—庙底沟二期阶段的典型器物，其余标本年代也不太晚，均不晚于龙山时期。

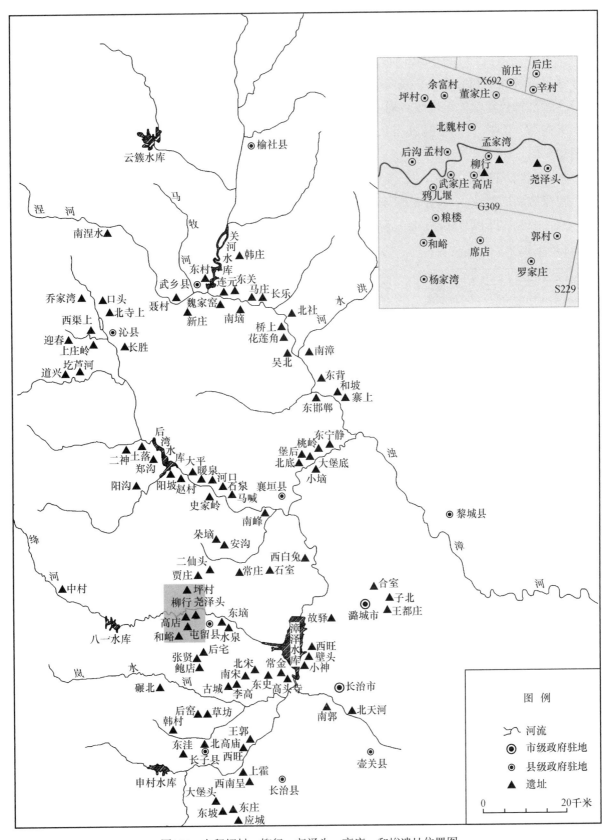

图134　屯留坪村、柳行、尧泽头、高店、和峪遗址位置图

采集陶器

折沿罐　2件。TLPC9606：3，夹砂灰陶。斜折沿，尖唇，鼓腹，颈部泥条按压堆纹一周，器身饰绳纹。口径20.2、残高4.2厘米（图135-1）。TLPC9606：5，夹砂灰陶。斜折沿，方唇，颈部饰捺窝状泥条堆纹一周。口径28.1、残高3.8厘米（图135-2）。

束颈罐　1件。TLPC9606：1，泥质灰陶。侈口，弧领，素面。口径13.9、残高4.5厘米（图135-4）。

缸　1件。TLPC9606：2，夹砂灰陶。斜折沿，圆唇，直腹，颈部饰捺窝状泥条堆纹一周，腹身饰斜向篮纹。口径36.3、残高10.4厘米（图135-3）。

豆　1件。TLPC9606：4，泥质灰陶。敛口，折腹，器表素面。口径13.2、残高4.4厘米（图135-5）。

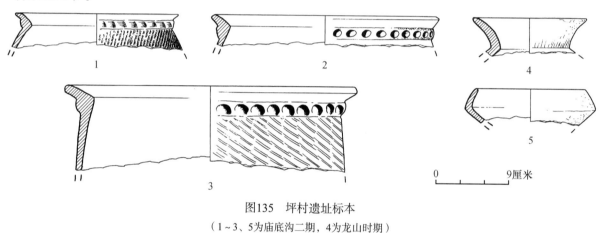

图135　坪村遗址标本
（1~3、5为庙底沟二期，4为龙山时期）
1、2.折沿罐（TLPC9606：3、TLPC9606：5）　3.缸（TLPC9606：2）　4.束颈罐（TLPC9606：1）　5.豆（TLPC9606：4）

六、柳行遗址

柳行遗址位于屯留县麟绛镇柳行村东，东向隔县城绕城公路与尧泽头为邻，南为高店村，北向隔河与西莲村相望（图134；图版22-2）。遗址所在地为绛河南岸的二级阶地，距离河床0.8千米，最高点海拔957米。在2012年3月的初步踏查中，在遗址南部煤矿风井建设工地新扩道路断面发现了较为明显的红陶片，可辨器形有尖底瓶和陶盆等，随后的6月份，在遗址地点的电力塔架建设工地取土现场，发现两处被破坏的灰坑，在其下方的耕地表面散步大量碎陶片。两处灰坑H1和H2破坏严重，两者相距约7米，仅残留坑底，两灰坑底部似呈袋状，上部状况不明，未观察到叠压或打破关系，根据现场情况，将灰坑周边2米内散布的陶片归入该单位。最终H1标本146件，H2标本23件。遗址陶片散布范围大致为东西150、南北80米。陶器器形主要有罐、盆、钵、瓮、瓶、壶、杯、器盖、底座等，型式多样、数量众多，是本次调查中发现的内涵最为丰富的仰韶时期遗存。根据对陶器质地、形态和纹饰的研究，两处灰坑年代为仰韶中期。

1. 采集陶器

采集陶器标本共169件，最终复原27件。统计结果，陶器陶质分泥质和夹砂两类，二者占比分别为62%和38%。陶器大部分为手工制作，少数用轮制。手制陶器多采用泥条盘筑法成形，然后涂抹内壁、拍印纹饰和最后加工。

陶色分红、褐、灰三类，红、褐、灰在很多情况下难以准确区分，个别器物往往器身不同部位呈现不同的陶色，总体红、褐、灰三色比例为4∶5∶1。纹饰有线纹、弦纹等。彩陶多为黑彩，红彩少见，有少量的白衣彩陶。彩陶纹饰以弧线三角、圆点为主，变化及排列方式多样。彩陶主要饰于盆、钵器表，尖底瓶器身也见有黑、白彩套绘。线纹主要饰于尖底瓶、罐、上。器形主要有罐、盆、钵、瓮、瓶、壶、杯、器盖、底座等。

鼓腹罐　8件。复原5件。根据器身比例关系，可分三型。

A型　最大腹径位于器身偏上位置。H1∶5，泥质褐陶。敛口，鼓肩，下腹斜收，小平底。肩部饰弦纹数道，腹部饰粗线纹。口径24.3、底径12、高23.3厘米（图136-5）。H1∶53，泥质灰陶。敛口，唇面向外加厚，鼓肩，素面。口径23.1、最大腹径36、残高14厘米（图136-7）。H1∶56，夹砂灰陶。敛口，唇面向外加厚，鼓腹，肩部饰密集弦纹。口径22、最大腹径32.7、残高11.2厘米（图136-8）。

B型　最大腹径位置较A型下移。H1∶27，夹砂褐陶。敛口，折沿，沿面内侧略凹，方唇，鼓腹，平底，腹部饰粗线纹。口径20.8、底径10、最大腹径28、高18.7厘米（图136-1）。H1∶6，夹砂灰陶。敛口，折沿，唇面反折成方唇，肩部饰弦纹及四组双泥饼。口径22.4、底径10.8、高18.7厘米（图136-2）。H1∶26，夹砂灰陶。敛口，小折沿，鼓肩，肩部饰密集弦纹。口径16.5、底径10.1、高20、最大腹径24.8厘米（图136-3；图版35-1）。H1∶28，夹砂褐陶。敛口，折沿，沿面内侧略凹，方唇，鼓腹，平底，肩部饰密集弦纹。口径24.7、底径15.3、最大腹径30.2、高21.3厘米（图136-4）。

C型　最大腹径位置较B型下移，靠近器身中部。H1∶57，夹砂灰陶。敛口，小卷沿，尖唇，鼓腹，肩部饰稀疏弦纹。口径15.2、最大腹径19.3、残高14.2厘米（图136-13）。

盆形罐　1件。H1∶3，夹砂褐陶。直口，圆唇，沿面内侧凹槽一周，颈微束，腹微弧内曲下收，平底，饰交错线纹。口径22、底径14.8、高16.7厘米（图136-12）。

高领罐　1件。H1∶22，泥质灰陶。侈口，圆唇，高弧领，鼓腹内曲下收，小平底，素面磨光。口径13.3、底径5、高9.7厘米（图136-6；图版31-2）。

瓮形罐　1件。H1∶58，夹砂灰陶。敛口，折沿，圆唇加厚，近口部下饰多道弦纹，并有小泥饼组合。口径29.2、残高5厘米（图136-14）。

小罐　3件。H1∶30，夹砂褐陶。直口，折沿，圆唇，腹微鼓，平底，素面。口径8.2、底径5、高5.7厘米（图136-9）。H1∶51，夹砂褐陶。口部残，鼓肩，平底，素面。底径10.4、残高8.7厘米（图136-10）。H1∶4，泥质红陶。敛口，圆唇，腹壁近筒状，大平底，素面。口径13.2、底径13.6、高10厘米（图136-11）。

彩陶盆　7件。复原1件。H1∶1，泥质红陶。敛口，卷沿，圆唇，上腹外鼓，下腹内弧，小平底。沿面及上腹黑彩绘三角弧线、圆点等纹饰。口径35.2、底径16、高22.7厘米（图

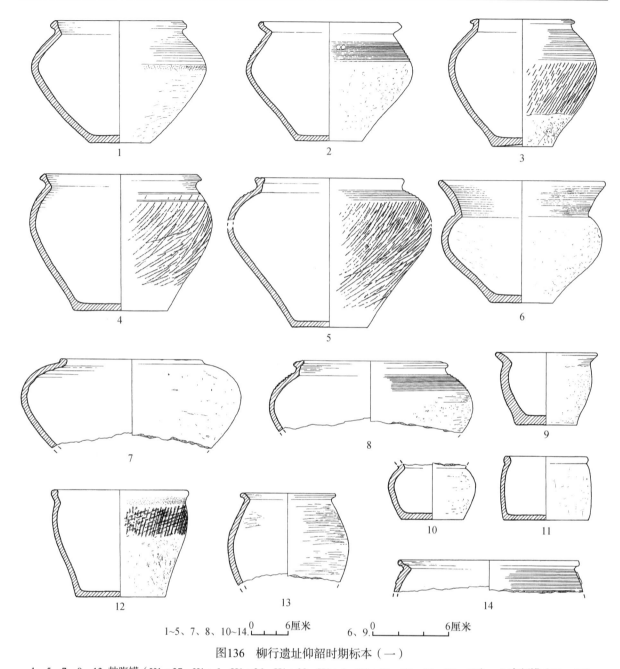

1~5、7、8、10~14.　0 ____ 6厘米　　　6、9.　0 ____ 6厘米

图136　柳行遗址仰韶时期标本（一）

1~5、7、8、13.鼓腹罐（H1：27、H1：6、H1：26、H1：28、H1：5、H1：53、H1：56、H1：57）　6.高领罐（H1：22）
9~11.小罐（H1：30、H1：51、H1：4）　12.盆形罐（H1：3）　14.瓮形罐（H1：58）

137-1；图版31-1）。H1：61，泥质红陶。敛口，卷沿，圆唇，沿施黑彩，腹部黑彩绘弧叶、曲线、圆点等纹饰。口径29.3、残高10厘米（图137-2）。H1：62，泥质红陶。敛口，卷沿，圆唇，器表饰白色陶衣，口沿及器表施黑彩弧线三角纹。口径30.7、残高11厘米（图137-3）。H1：63，泥质红陶。敛口，卷沿，圆唇，沿施黑彩，腹部黑彩绘弧叶、曲线、圆点等纹饰。口径32.7、残高11.2厘米（图137-4）。H1：64，泥质红陶。敛口，卷沿，圆唇，沿施黑彩，腹部黑彩绘弧叶、曲线、圆点等纹饰。口径35.3、残高14.7厘米（图137-5）。H1：65，泥质红陶。敛口，卷沿，圆唇，沿施黑彩，腹部黑彩绘弧线三角圆点纹饰。口径35.1、残高11.3厘米（图

图137 柳行遗址仰韶时期标本（二）

1~7.彩陶盆（H1：1、H1：61、H1：62、H1：63、H1：64、H1：65、H1：66） 8、10.A型盆（H1：54、H1：7）

9、11、12.B型盆（H1：2、H1：68、H1：25）

137-6）。H1：66，泥质红陶。敛口，卷沿，圆唇，沿施黑彩，腹部黑彩绘弧线三角圆点纹饰。口径35.3、残高10.2厘米（图137-7）。

盆 5件。根据口部特征，可分二型。

A型 宽沿。H1：54，泥质灰陶。口微敛，宽卷沿，圆唇，束颈，弧腹，素面。口径31.3、残高7.3厘米（图137-8）。H1：7，泥质红陶。口微敛，宽折沿，圆唇，弧腹，小平底，沿面黑彩绘三角弧线和圆点。口径27.3、底径8.7、高10.7厘米（图137-10）。

B型　叠唇。H1：2，泥质红陶。敛口，唇面外侧加厚，弧腹，平底，素面磨光。口径32、底径12.3、高16.2厘米（图137-9；图版31-3）。H1：68，泥质红陶。敛口，圆唇向外侧加厚，弧腹，沿面施黑彩。口径18、残高3.7厘米（图137-11）。H1：25，敛口，圆唇向外侧加厚，弧腹斜收，小平底。上腹饰两压印长条錾，中部饰线纹。口径26.3、底径12、高13.7厘米（图137-12）。

曲腹钵　1件。H1：10，泥质红陶。敛口，鼓腹，下腹内弧，底略内凹，素面磨光。口径20.1、底径8.5、高8.9厘米（图138-1；图版34-1）。

圜底钵　1件。H1：55，夹砂褐陶。唇面下侧加厚，圜底，素面磨光。口径17.2、残高4厘米（图138-15）。

浅腹钵　1件。H1：15，泥质褐陶。敛口，鼓腹，大平底，素面。口径9.6、底径8.2、高3.3厘米（图138-14；图版34-2）。

钵　11件。根据口部形态，可分三型。

A型　侈口。H1：12，泥质红陶。侈口，圆唇，弧腹下收，底部内凹。素面磨光。口径17、底径7.5、高5.6厘米（图138-4；图版32-3）。H1：16，泥质褐陶，侈口，圆唇，弧腹下收，素面磨光。口径11.8、底径5.6、高4.4厘米（图138-9；图版33-2）。H1：17，泥质灰陶。

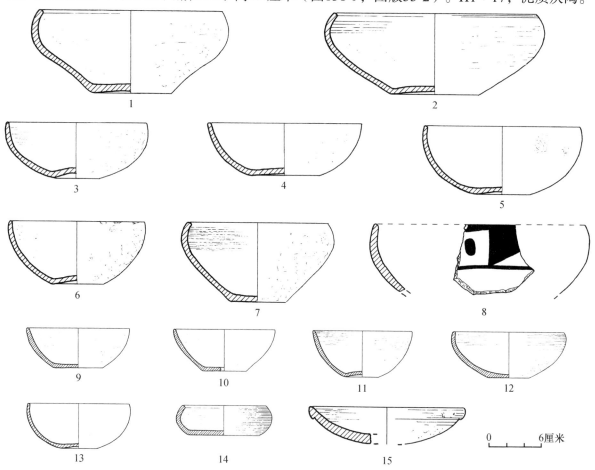

图138　柳行遗址仰韶时期标本（三）

1.曲腹钵（H1：10）　2、7.C型钵（H1：8、H1：21）　3、5、6、8、12、13.B型钵（H1：11、H1：13、H1：14、H1：69、H1：20、H1：18）　4、9~11.A型钵（H1：12、H1：16、H1：17、H1：19）　14.浅腹钵（H1：15）　15.圜底钵（H1：55）

侈口，圆唇，弧腹下收，素面磨光。底部有一双向穿孔。口径11.4、底径5.1、高4.6厘米（图138-10；图版33-3）。H1：19，泥质褐陶。侈口，尖唇，弧腹，底部内凹，素面。口径10.9、底径3.7、高4.9厘米（图138-11；图版34-3）。

B型 直口。H1：11，泥质红陶。直口，弧腹下收，底部内凹。素面磨光。口径15.7、底径5.2、高6.2厘米（图138-3；图版32-2）。H1：13，泥质红陶。直口，圆唇，弧腹下收，底部内凹。素面磨光。口径17.6、底径6.1、高7.3厘米（图138-5；图版32-4）。H1：14，泥质红陶。直口，圆唇，弧腹下收，底部内凹。素面磨光。口径15.2、底径5.7、高6.5厘米（图138-6；图版33-1）。H1：69，泥质红陶。直口，圆唇，上腹饰弧线三角圆点等纹饰。口径23.6、残高7厘米（图138-8）。H1：20，泥质褐陶。直口，圆唇，弧腹，平底，素面磨光。口径12.4、底径4.6、高4.8厘米（图138-12）。H1：18，泥质红陶。直口，圆唇，弧腹，凹底，素面磨光。口径11.5、底径4.5、高5厘米（图138-13；图版33-4）。

C型 敛口。H1：8，夹砂红陶。敛口，圆唇，凹底，素面磨光。口径22.4、底径9.6、高8.6厘米（图138-2；图版32-1）。H1：21，夹砂灰陶。敛口，圆唇，小平底，素面。口径16、底径6.4、高8.4厘米（图138-7；图版34-4）。

葫芦口瓶 1件。H1：24，泥质红陶。下部残，葫芦形瓶口，器身中部偏下饰两桥形耳，腹部饰线纹。口径6.8、残高41.3厘米（图139-1）。

葫芦口瓶口 3件。皆泥质红陶。H1：123，残高4.1厘米（图139-2）。H1：124，残高5.4厘米（图139-3）。H1：125，口径4.2、残高3.1厘米（图139-4）。

尖底瓶口 49件。多为泥质红陶，极少量为泥质褐、灰陶。根据唇部特征可分为二式。

Ⅰ式：重唇形态明显。25件。H1：76，口径4.1、残高6.3厘米（图139-5）。H1：79，口径4.6、残高8.3厘米（图139-6）。H1：80，口径5.1、残高7.2厘米（图139-7）。H1：81，口径4.2、残高7.3厘米（图139-8）。H1：83，口径4.7、残高4.3厘米（图139-9）。H1：84，口径4.7、残高3.8厘米（图139-10）。H1：85，口径4.6、残高5.4厘米（图139-11）。H1：86，口径4.7、残高7.7厘米（图139-12）。H1：87，口径4.1、残高3.3厘米（图139-13）。H1：88，口径4.4、残高4.9厘米（图139-14）。H1：89，口径3.8、残高5.6厘米（图139-15）。H1：99，口径4.3、残高4.1厘米（图139-16）。H1：100，口径4.3、残高3.1厘米（图139-17）。H1：101，口径4.4、残高3.3厘米（图139-18）。H1：102，口径4.2、残高4.4厘米（图139-19）。H1：103，口径3.6、残高3厘米（图139-20）。H1：106，口径4.1、残高3.7厘米（图139-21）。H1：107，口径4.1、残高2.2厘米（图139-22）。H1：110，口径4.8、残高9.4厘米（图139-23）。H1：111，口径4.1、残高4厘米（图139-24）。H1：112，口径4.3、残高4.7厘米（图139-25）。H1：115，口径4.3、残高1.9厘米（图139-26）。H1：116，口径4.2、残高2.3厘米（图139-27）。H1：119，口径4、残高2.1厘米（图139-28）。H1：122，口径4.3、残高3.1厘米（图139-29）。

Ⅱ式：重唇形态不明显。19件。H1：77，口径4.6、残高7.1厘米（图140-1）。H1：78，口径4.5、残高6.4厘米（图140-2）。H1：82，口径5.5、残高9.8厘米（图140-3）。H1：90，口径4.2、残高4.9厘米（图140-4）。H1：91，口径4.7、残高5.5厘米（图140-5）。H1：92，

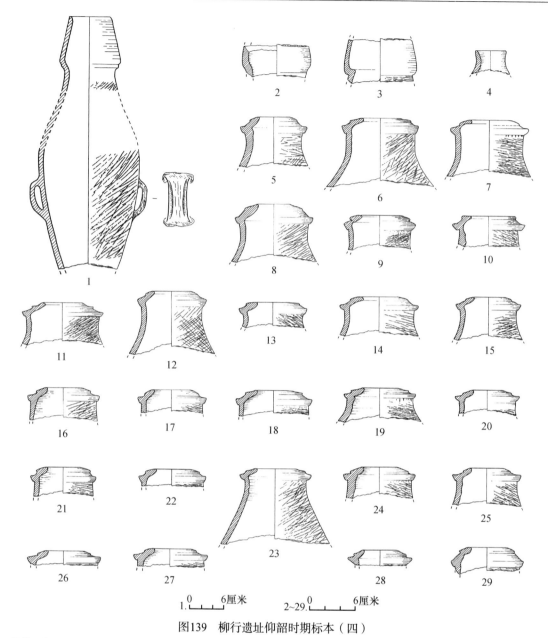

图139　柳行遗址仰韶时期标本（四）

1. 葫芦口瓶（H1：24）　2～4. 葫芦口瓶口（H1：123、H1：124、H1：125）　5～29. Ⅰ式尖底瓶口（H1：76、H1：79、H1：80、H1：81、H1：83、H1：84、H1：85、H1：86、H1：87、H1：88、H1：89、H1：99、H1：100、H1：101、H1：102、H1：103、H1：106、H1：107、H1：110、H1：111、H1：112、H1：115、H1：116、H1：119、H1：122）

口径4.2、残高4.8厘米（图140-6）。H1：93，口径5.5、残高5.1厘米（图140-7）。H1：95，口径4.8、残高3.1厘米（图140-8）。H1：96，口径4.4、残高3.9厘米（图140-9）。H1：97，口径4.4、残高4.3（图140-10）。H1：105，口径4.6、残高4.2厘米（图140-11）。H1：108，口径4.3、残高3.2厘米（图140-12）。H1：113，口径4.1、残高5.2厘米（图140-13）。H1：114，口径4.7、残高3.9厘米（图140-14）。H1：117，口径4.5、残高2.7厘米（图140-15）。H1：118，口径3.6、残高3.1（图140-16）。H1：120，口径4.2、残高2.1厘米（图140-17）。H1：121，口径4.1、残高2.6厘米（图140-18）。H1：126，口径3.5、残高3厘米（图140-19）。

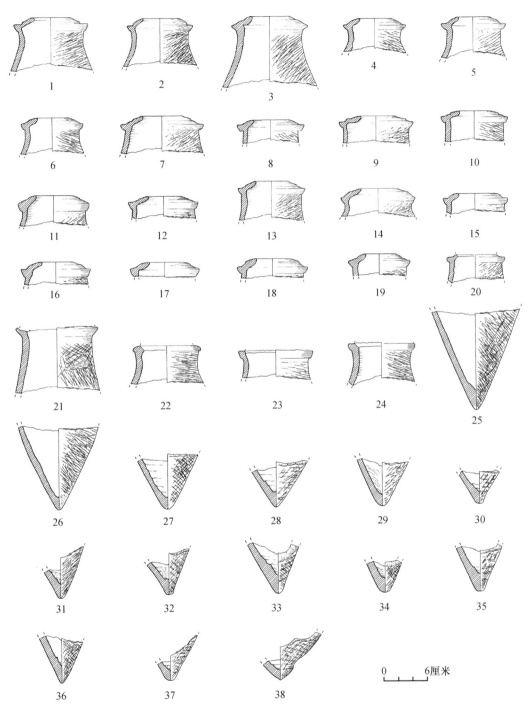

图140 柳行遗址仰韶时期标本（五）

1～19.Ⅱ式尖底瓶口（H1：77、H1：78、H1：82、H1：90、H1：91、H1：92、H1：93、H1：95、H1：96、H1：97、H1：105、
H1：108、H1：113、H1：114、H1：117、H1：118、H1：120、H1：121、H1：126） 20～24.尖底瓶颈（H1：141、H1：142、
H1：143、H1：144、H1：145） 25～37.Ⅰ式尖底瓶底（H1：127、H1：128、H1：129、H1：130、H1：131、H1：132、
H1：133、H1：134、H1：135、H1：137、H1：138、H1：139、H1：140） 38.Ⅱ式尖底瓶底（H1：136）

尖底瓶颈　5件。皆泥质红陶，表面饰线纹。H1：141，残高3.1厘米（图140-20）。H1：142，残高8.3厘米（图140-21）。H1：143，残高4.8厘米（图140-22）。H1：144，残高3.7厘米（图140-23）。H1：145，残高5.5厘米（图140-24）。

尖底瓶底　14件。多为泥质红陶，极少量为泥质褐、灰陶，器表饰线纹。根据瓶底角度可分二式。

Ⅰ式：瓶底角度呈明显锐角。H1：127，残高13厘米（图140-25）。H1：128，残高10.6厘米（图140-26）。H1：129，残高7厘米（图140-27）。H1：130，残高5.9厘米（图140-28）。H1：131，残高5.7厘米（图140-29）。H1：132，残高4.2厘米（图140-30）。H1：133，残高6.6厘米（图140-31）。H1：134，残高5.8厘米（图140-32）。H1：135，残高6.5厘米（图140-33）。H1：137，残高4.2厘米（图140-34）。H1：138，残高5.7厘米（图140-35）。H1：139，残高6.2厘米（图140-36）。H1：140，残高5.7厘米（图140-37）。

Ⅱ式：瓶底角度钝化明显，接近90°。H1：136，残高6厘米（图140-38）。

壶　2件。皆残，仅存口部。H1：59，泥质红陶。尖圆唇，敛口，斜沿内折，沿面饰黑彩三角弧线、圆点纹饰。口径3.6、残高4.5厘米（图141-5）。H1：60，泥质红陶。尖唇，敛口，斜沿内折，沿部以黑彩绘三角弧线纹饰。口径3.8、残高3.9厘米（图141-6）。

瓮　1件。H1：9，泥质灰陶。敛口，叠唇，弧腹斜收，平底，上腹部饰2个压印纹条形錾。口径30.1、底径13.2、高20.1厘米（图141-3；图版31-4）。

器盖　2件。H1：149，泥质红陶。沿部叠唇，盖面外弧，器表绘黑彩弧线三角纹饰。口径34.7、残高3.9厘米（图141-1）。H1：52，夹砂灰陶。仅存器盖上部菌帽状捉手。残高11厘米（图141-4）。

器座　1件。H1：23，泥质红陶。亚腰形器座，上下沿部施黑彩条带。口径24.5、底径26、高7.1厘米（图141-2；图版35-2）。

杯　6件。根据口部形态可分二型。

A型　侈口。H1：29，夹砂褐陶。侈口，圆唇，平底，表面粗糙。口径4.9、底径5、高5.7厘米（图141-7）。H1：31，泥质褐陶。斜折沿，筒状腹，平底。口径6.8、底径4.7、高6厘米（图141-8）。H1：32，夹砂褐陶。侈口，圆唇，筒状腹，平底。口径6.2、底径4.2、高5.8厘米（图141-9）。H1：33，夹砂黑陶。侈口，圆唇，筒状腹，平底。口径6.8、底径4.5、高6厘米（图141-10）。H1：34，泥质灰陶。侈口，弧腹，凹底。口径8.1、底径4.9、高6厘米（图141-11）。

B型　直口。H1：142，夹砂褐陶。口近直，弧腹，平底。口径8.4、底径4.9、高6.8厘米（图141-12）。

灶　1件。H1：49，泥质红陶。可见两孔。残高15.7厘米（图141-13）。

陶刀　4件。皆为废弃陶器改制而成，单面开刃，刃部锋利，中部有一双面钻孔。H1：37，泥质灰陶。残长7.3、宽7厘米（图141-14）。H1：36，泥质红陶。残长8.3、残宽6.5厘米（图141-15）。H1：35，泥质灰陶。长13.6、宽7.8厘米（图141-16）。H1：38，泥质红陶。残长8.9、残宽7.3厘米（图141-17）。

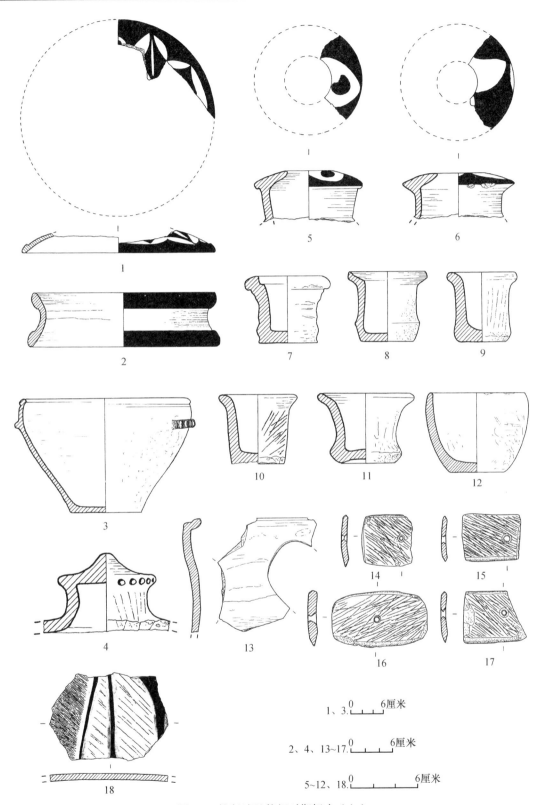

图141　柳行遗址仰韶时期标本（六）

1、4.器盖（H1：149、H1：52）　2.器座（H1：23）　3.瓮（H1：09）　5、6.壶口（H1：59、H1：60）　7～11.A型杯
（H1：29、H1：31、H1：32、H1：33、H1：34）　12.B型杯（H1：142）　13.灶（H1：49）　14～17.陶刀（H1：37、
H1：36、H1：35、H1：38）　18.套彩腹片（H1：150）

陶球　8件。皆泥质褐陶，器表有螺旋状凹坑或指甲纹。H1：39，直径5.4厘米（图142-1）。H1：43，直径4.7厘米（图142-2）。H1：45，半残。直径6.4厘米（图142-3）。H1：44，直径3.2厘米（图142-4）。H1：47，直径3.1厘米（图142-5）。H1：40，直径3.1厘米（图142-6）。H1：41，直径4.1厘米（图142-7）。H1：42，直径3.7厘米（图142-8）。

陶环　6件。泥质灰陶，皆残。根据外形可分二型。

A型　4件。圆形素面，剖面为圆角三角形。H1：143，内径4.3、厚1.3厘米（图142-10）。H1：146，内径3.5、厚0.4厘米（图142-11）。H1：147，内径4.4、厚0.4厘米（图142-12）。H1：148，内径5.3、厚0.5厘米（图142-13）。

B型　2件。外缘为对角形，内穿为圆形，剖面均为三角形，角部有斜平行深划纹。H1：144，内径3.4、厚1.2厘米（图142-14）。H1：145，内径3.5、厚1.2厘米（图142-15）。

陶支钉　1件。H1：48，泥质红陶。整体呈伞状，表面饰线纹。残高4.5厘米（图142-16）。

腹片　1件。H1：150，泥质红陶。表面饰线纹，其上用黑、白两色套彩施绘。残长10.4厘米（图141-18；图版35-3）。

2. 采集石器

石球　1件。H1：46，砂岩。呈扁球体。磨制。直径5.3厘米（图142-9）。

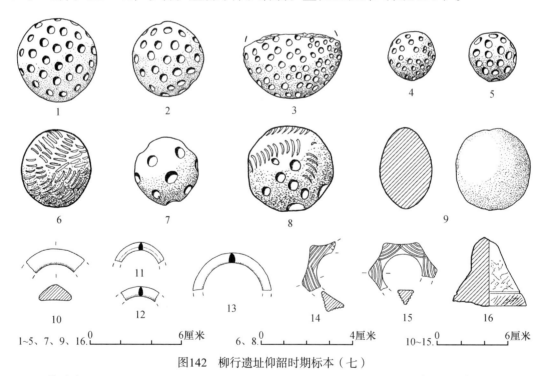

图142　柳行遗址仰韶时期标本（七）

1~8. 陶球（H1：39、H1：43、H1：45、H1：44、H1：47、H1：40、H1：41、H1：42）　9. 石球（H1：46）

10~13. A型陶环（H1：143、H1：146、H1：147、H1：148）　14、15. B型陶环（H1：144、H1：145）

16. 支钉（H1：48）

七、尧泽头遗址

尧泽头遗址位于屯留县麟绛镇尧泽头村西，东为西街村，西为柳行村，南为刘家坪村，向北隔河与西莲村和莲村相望（图134）。遗址位于绛河南岸的二级阶地上，距绛河约0.7千米，地势北低南高，最高点海拔953米。该遗址于20世纪80年代村民耕种活动中曾经出土彩陶片，其后的90年代考古调查活动中采集了大量的史前时期陶器。根据2012年的勘察，该遗址遗迹和遗物分布在东西240、南北330米的范围内，大部分的遗物发现于村西一处断崖的灰土中。采集的遗物标本包括罐、盆、瓮、瓶、杯、豆、器盖等陶器，这些陶器的大体年代为仰韶晚期，少量的陶器属于龙山时期。

采集陶器

直口罐　1件。TLYZT1306：13，夹砂灰陶。直口，圆唇外突加厚，肩部可见密集宽弦纹。口径27.5、残高3.4厘米（图143-1）。

折腹罐　1件。TLYZT1306：7，夹砂灰陶。斜折沿，圆唇，折腹处横向压印泥条堆纹一周。口径18.1、最大腹径21.6、残高6.9厘米（图143-2）。

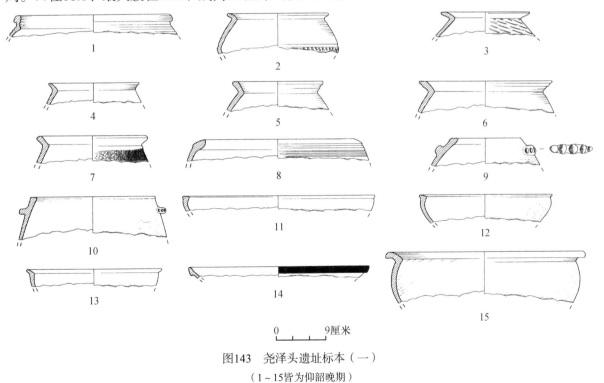

0 　　　9厘米

图143　尧泽头遗址标本（一）

（1~15皆为仰韶晚期）

1. 直口罐（TLYZT1306：13）　2. 折腹罐（TLYZT1306：7）　3~7. 折沿罐（TLYZT1306：20、TLYZT1306：23、TLYZT1306：11、TLYZT1306：29、TLYZT1306：21）　8. A型瓮（TLYZT1306：6）　9、10. B型瓮（TLYZT1306：5、TLYZT1306：10）　11~13. A型盆（TLYZT1306：14、TLYZT1306：24、TLYZT1306：8）　14. C型盆（TLYZT1306：12）

15. B型盆（TLYZT1306：2）

折沿罐　7件。TLYZT1306：20，泥质灰陶。斜折沿，尖唇，斜肩，器表饰斜向篮纹。口径16.2、残高4厘米（图143-3）。TLYZT1306：23，泥质灰陶。斜折沿，尖唇，鼓腹，素面。口径16.4、残高3.4厘米（图143-4）。TLYZT1306：11，泥质灰陶。斜折沿，圆唇，鼓腹，素面。口径16.2、残高4.8厘米（图143-5）。TLYZT1306：19，夹砂褐陶。斜折沿，尖唇，鼓腹，素面。口径23.6、残高5.6厘米（图143-6）。TLYZT1306：21，夹砂褐陶。斜折沿，圆唇，腹身饰细绳纹。口径19.6、残高4.8厘米（图143-7）。

瓮　3件。根据口部形态，可分二型。

A型　1件。TLYZT1306：6，泥质红陶。敛口，斜沿内折，尖唇，沿下可见密集弦纹数周。口径26.7、残高3.8厘米（图143-8）。

B型　2件。TLYZT1306：5，泥质红陶。敛口，鼓腹，沿下置鸡冠状錾手，素面。口径12.2、残高4.8厘米（图143-9）。TLYZT1306：10，夹砂褐陶。敛口，鼓腹，沿下置鸡冠状錾手，素面。口径22.4、残高7.4厘米（图143-10）。

盆　5件。根据口部形态，可分三型。

A型　窄折沿。3件。TLYZT1306：14，夹砂褐陶。口微敛，弧腹，素面磨光。口径33.9、残高2.8厘米（图143-11）。TLYZT1306：24，夹砂褐陶。口微敛，斜折沿，尖唇，弧腹，素面磨光。口径24.5、残高4.8厘米（图143-12）。TLYZT1306：8，泥质褐陶。直口，斜折沿，尖唇，弧腹，素面磨光。口径24.4、残高3.2厘米（图143-13）。

B型　折沿下卷。1件。TLYZT1306：2，泥质红陶。敛口，折沿下卷，束颈，鼓腹，素面磨光。口径36.4、残高9.2厘米（图143-15）。

C型　无沿。1件。TLYZT1306：12，泥质红陶。侈口，唇面下垂，唇面施黑彩条带一周。口径32.3、残高2.1厘米（图143-14）。

斜腹盆　1件。TLYZT1306：18，夹砂灰陶。侈口，方唇外突，斜腹，素面。口径30.7、残高5.1厘米（图144-1）。

筒形器　1件。TLYZT1306：1，夹砂灰陶。敛口，筒形腹，沿下压印泥条堆纹一周，器身饰绳纹。口径18.6、残高12.2厘米（图144-2）。

器盖　2件。TLYZT1306：9，夹砂褐陶。覆盆形，器壁外弧，素面磨光。口径18.1、残高3.8厘米（图144-3）。TLYZT1306：16，夹砂褐陶。呈喇叭口形，器壁内弧，素面。口径16.5、残高4.2厘米（图144-4）。

杯　1件。TLYZT1306：3，泥质灰陶。上部残，器身可见竹节状凸棱，平底，素面。底径12.3、残高3.5厘米（图144-5）。

瓶口　2件。TLYZT1306：17，泥质红陶。口部微侈，尖唇，沿下圆凸棱一周，素面磨光。口径7.4、残高3.1厘米（图144-6）。TLYZT1306：22，泥质红陶。尖唇，唇下略有折沟，沿下圆凸棱一周，素面磨光。口径7.4、残高7.4厘米（图144-7）。

腹片　1件。TLYZT1306：15，泥质红陶。残片，器表可见密集宽弦纹间以楔点纹，并有鸟头状凸起物。残高13.1厘米（图144-8）。

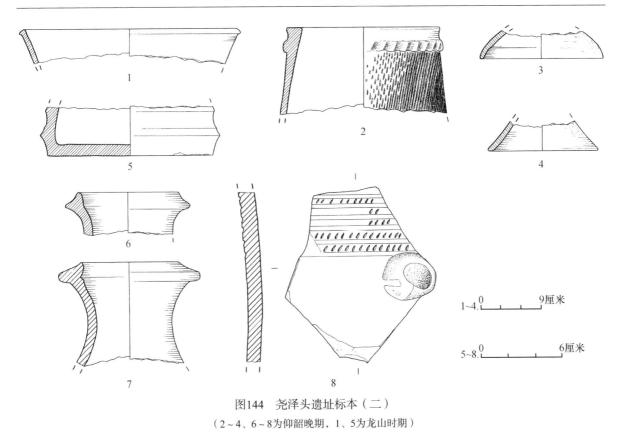

图144 尧泽头遗址标本（二）

（2~4、6~8为仰韶晚期，1、5为龙山时期）

1. 盆（TLYZT1306：18） 2. 筒形器（TLYZT1306：1） 3、4. 器盖（TLYZT1306：9、TLYZT1306：16）

5. 杯（TLYZT1306：3） 6、7. 瓶口（TLYZT1306：17、TLYZT1306：22） 8. 腹片（TLYZT1306：15）

八、高店遗址

高店遗址位于屯留县麟绛镇高店村西，北侧为柳行村，南为和峪村，西为秦庄村（图 134）。遗址地处绛河南岸的三级阶地上，距绛河2.3千米，地势平坦，平均海拔958米。该地附近有史前文化遗址3处，分别为柳行、尧泽头、和峪，距离最近的柳行仰韶文化遗址0.7千米。高店遗址除村西发现陶片外，在村南也有小面积的灰层被发现，采集到一些器足。该遗址采集的标本包括了罐、盆、瓮、豆、甗等器形，总体来看，遗物的主体是龙山文化时期，其中的小口瓮、小底瓮、双腹盆等是该时期的典型器物，也有部分属于二里头文化时期，该时期的遗物主要有竖向刻划凹槽的器足等。

1. 采集陶器

折沿罐 1件。TLGD1204：8，夹砂褐陶。斜折沿，方唇，颈部泥条按压堆纹一周，其下器身饰绳纹。口径30.3、残高4.9厘米（图145-2）。

深腹罐 2件。TLGD1204：1，夹砂灰陶。斜折沿，圆唇，腹身饰交错绳纹。口径13.8、残高8厘米（图145-9）。TLGD1204：7，泥质灰陶。斜折沿，尖圆唇，颈部以下器身饰绳纹。口径14.9、残高6.1厘米（图145-10）。

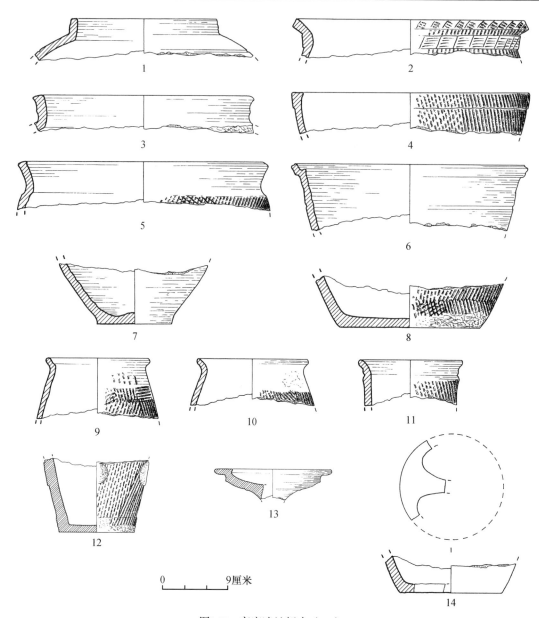

图145　高店遗址标本（一）

（2为庙底沟二期，1、3～12、14为龙山时期，13为二里头时期）

1、3. 小口瓮（TLGD1204：4、TLGD1204：9）　2. 折沿罐（TLGD1204：8）　4. 小底瓮（TLGD1204：6）　6. 双腹盆

（TLGD1204：5）　5. 束颈盆（TLGD1204：10）　7、8、12. 器底（TLGD1204：11、TLGD1204：12、TLGD1204：13）

9、10. 深腹罐（TLGD1204：1、TLGD1204：7）　11. 筒形罐（TLGD1204：2）　13. 豆（TLGD1204：3）

14. 甑（TLGD1204：14）

　　筒形罐　1件。TLGD1204：2，夹砂灰陶。侈口，沿向外微卷，圆唇，直腹，颈部弦纹一道，其下器身饰绳纹。口径13.8、残高5.9厘米（图145-11）。

　　小口瓮　2件。TLGD1204：4，泥质灰陶。直口，矮领，鼓肩，肩部弦纹一周，器身素面磨光。口径19.6、残高4.8厘米（图145-1）。TLGD1204：9，泥质灰陶。直口，方唇，矮领，领外侧有凸棱一周。口径28.1、残高4.8厘米（图145-3）。

小底瓮　1件。TLGD1204：6，夹砂灰陶。口微敛，沿外侧加厚，弧腹，通体饰绳纹。口径32.5、残高5.3厘米（图145-4）。

双腹盆　1件。TLGD1204：5，泥质灰陶。侈口，折沿，沿面外缘上翻，斜腹，腹部饰弦纹一周，器表轮修痕迹明显。口径30.7、残高8.5厘米（图145-6）。

束颈盆　1件。TLGD1204：10，泥质褐陶。折沿，方唇，束颈，颈部以下饰绳纹。口径32、残高6.4厘米（图145-5）。

豆　1件。TLGD1204：3，泥质灰陶。直口，宽沿，圆唇，盘腹壁可见凸棱一周，豆盘较浅，豆柄残，器表素面磨光。口径15.8、残高4厘米（图145-13）。

器底　3件。TLGD1204：11，泥质灰陶。弧腹，小平底，底内有一突起，器物内表面可见明显快轮线。底径10.1、残高8厘米（图145-7）。TLGD1204：12，泥质褐陶。弧腹，平底，器表饰交错绳纹。底径19.1、残高6.4厘米（图145-8）。TLGD1204：13，夹砂灰陶。下腹斜收，平底，器表饰粗绳纹，下腹部饰泥饼2个。底径10.1、残高9.5厘米（图145-12）。

甑　1件。TLGD1204：14，泥质灰陶。上残，斜壁，平底，底有两条镂孔。复原底径13.8、残高4.6厘米（图145-14）。

器足　6件。TLGD1204：17，夹砂灰陶。锥形足，足底磨平，表面饰绳纹。残高11.1厘米（图146-1）。TLGD1204：18，夹砂褐陶。锥形袋状足，外饰粗绳纹。残高10.9厘米（图146-2）。TLGD1204：15，夹砂灰陶。锥形足，通体饰粗绳纹。残高8.5厘米（图146-3）。TLGD1204：16，夹砂褐陶。实心锥形足，可见竖向凹槽，下残。残高8.8厘米（图146-4）。TLGD1204：19，泥质灰陶。锥形实心足，素面。残高5.1厘米（图146-5）。TLGD1204：20，泥质褐陶。锥形实心足，有数道竖向凹槽和横向绑扎痕迹。残高3.5厘米（图146-6）。

2. 采集骨器

鹿角　1件。TLGD1204：21，近分叉处一段磨平，另一端折断。残长11.7、角环直径5.4厘米（图146-7）。

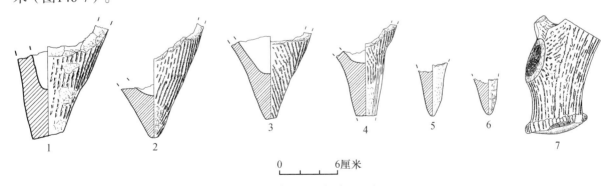

图146　高店遗址标本（二）

（2、3为龙山时期，1、4~6为二里头时期，7年代不明）

1~6. 器足（TLGD1204：17、TLGD1204：18、TLGD1204：15、TLGD1204：16、TLGD1204：19、TLGD1204：20）

7. 鹿角（TLGD1204：21）

九、和峪遗址

和峪遗址位于屯留县西贾乡和峪村北，东为席店村，西为杨家庄，南为杨家湾，北为鸦儿堰村（图134）。遗址所在地为山前缓坡地带，西南高东北低，距离绛河河床2.2千米，最高点海拔969米。在20世纪90年代的考古调查活动中，曾在该遗址采集到一定数量的史前文化遗物。在2012年对该区域的勘察中，未再发现明显的遗迹现象和文化堆积，仅有少量的陶片发现，因此本节内容所选全部为90年代所获标本。该遗址的遗物包括罐、盆、甑和鬲足等，年代最早者为庙底沟二期阶段，最晚为商代。

采集陶器

罐　1件。TLHY9606：3，夹砂灰陶。斜折沿，方唇，鼓腹，唇面压印呈花边状，器身饰竖向篮纹。口径21.7、残高5.2厘米（图147-1）。

盆　1件。TLHY9606：2，泥质红陶。侈口，方唇，弧腹，下腹泥条按压堆纹一周，器身素面。口径30.3、残高13.8厘米（图147-2）。

甑　1件。TLHY9606：1，泥质灰陶。上残，斜腹，平底，素面，底部可见密集箅孔。复原底径20.4、残高5.2厘米（图147-3）。

器足　1件。TLHY9606：5，夹砂灰陶。实心锥形足，上饰绳纹，根部素面。残高7厘米（图147-4）。

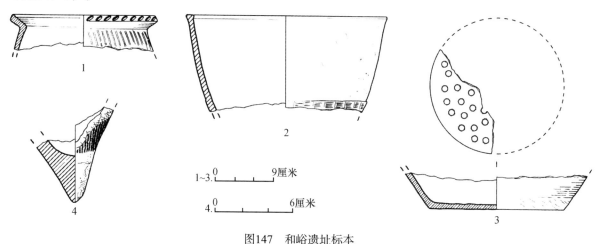

图147　和峪遗址标本
（1、2为庙底沟二期，3为龙山时期，4为商时期）
1.罐（TLHY9606：3）　2.盆（TLHY9606：2）　3.甑（TLHY9606：1）　4.器足（TLHY9606：5）

十、中　村　遗　址

中村遗址位于屯留县张店镇中村村南，该村东为罗家庄，西为苏家庄，向南隔绛河与西沟村相望，省道S222与县级道路X646在该村交汇（图148）。中村遗址地处绛河北岸的二级阶地上，南距绛河河床0.4千米，地势北高南低，四周为太岳山脉向上党盆地过渡的山地环绕，最

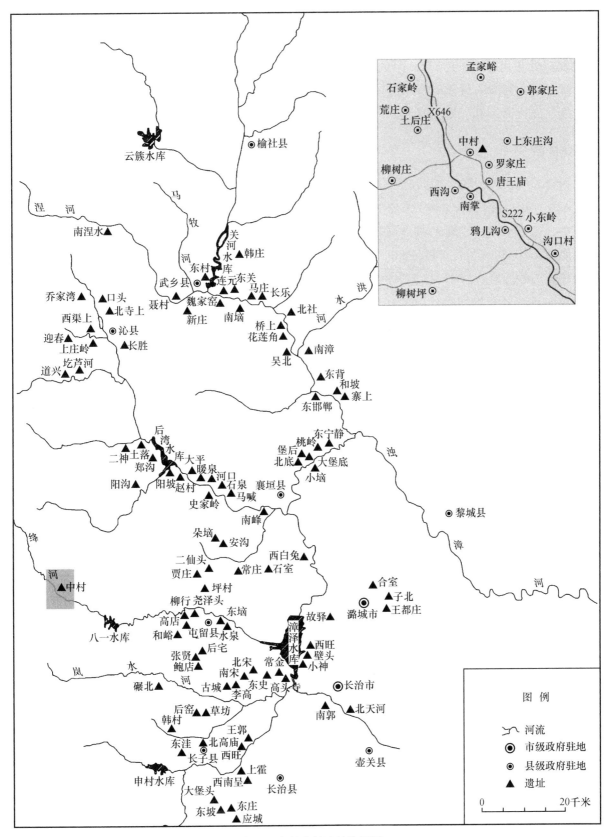

图148 屯留中村遗址位置图

高点海拔1059米。在20世纪90年代的考古调查活动中，在中村采集到数量较多的史前遗物。根据2012年的勘察，遗迹和遗物大约分布于南北200、东西450米的区域，遗迹主要是村东170米处发现一处文化层，长约4米，距地面深度1.7米，内含少量陶片、草木灰、红烧土和白石灰颗粒，地面遗物稀少。通过对标本的质地、形态和纹饰等方面进行分析，这批遗物的年代为庙底沟二期、龙山时期和二里头时期，其中庙底沟二期陶片标本占最大比例。

1. 采集陶器

折沿罐　6件。根据口部和沿部形态，可分二型。

A型　宽折沿。2件。TLZC1306：2，夹砂褐陶。斜折沿，沿面略内凹，方唇，鼓腹，器身素面。口径15.8、残高6.2厘米（图149-1）。TLZC1306：9，夹砂褐陶。斜折沿，尖唇，鼓腹，唇面压印呈花边状。口径20.6、残高5.6厘米（图149-2）。

B型　窄折沿。2件。TLZC1306：10，夹砂灰陶。斜折沿，尖唇，鼓腹，颈部饰泥条按压堆纹一周，器身饰绳纹。口径16.5、残高4.4厘米（图149-3）。TLZC1306：1，夹砂灰陶。斜折沿，尖唇，颈部泥条按压堆纹一周，器身饰绳纹。口径20.1、残高7.2厘米（图149-4）。TLZC1306：7，泥质灰陶。敛口，斜沿，尖唇，颈部饰泥条按压堆纹四周。口径22.3、残高4.8厘米（图149-5）。TLZC1306：4，夹砂灰陶。斜折沿，尖唇，颈部泥条按压堆纹一周，器身饰绳纹。口径32.5、残高7.2厘米（图149-6）。

筒形罐　1件。TLZC1306：6，夹砂褐陶。直口，斜沿，尖唇，上腹较直，下腹弧收，平底，素面。口径10.1、底径6.3、高8.2厘米（图149-7）。

器足　1件。TLZC1306：8，夹砂褐陶。实心锥形足，器表素面。残高4.7厘米（图149-8）。

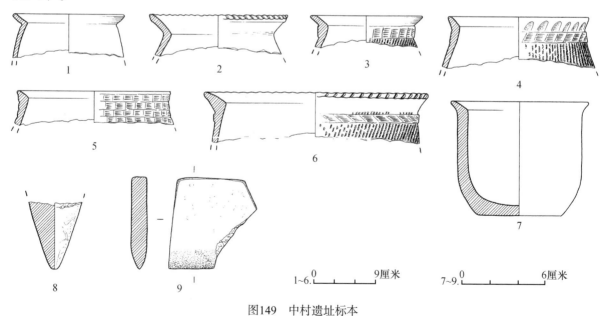

图149　中村遗址标本

（3～7为庙底沟二期，1、2为龙山时期，8为二里头时期，9年代不明）

1、2. A型折沿罐（TLZC1306：2、TLZC1306：9）　3～6. B型折沿罐（TLZC1306：10、TLZC1306：1、TLZC1306：7、TLZC1306：4）　7. 筒形罐（TLZC1306：6）　8. 器足（TLZC1306：8）　9. 石刀（TLZC1306：3）

2. 采集石器

石刀 1件。TLZC1306：3，褐色砂岩。残，呈不规则形，单侧开刃。磨制。残长6.5、宽6.5、厚1.1厘米（图149-9）。

十一、东垴遗址

东垴遗址位于屯留县麟绛镇东垴村西北的三级阶地上，其西为县城东街村，东为水泉村，南为东藕村，北为东关村（图150）。遗址地势北低南高，最高点海拔932米，东距水泉遗址1.3千米，北距绛河0.9千米，由于前些年西侧县城环城快速道路的修建和村办砖瓦厂近20年的长期取土，遗址遭受了较大规模的破坏，除了采集的陶器残片外，调查未能发现遗迹和文化层，因此遗址的分布范围和占地面积已不可查。除2012年夏季考古调查采集的陶器标本之外，本节还选取了20世纪90年代考古调查所获的部分标本作为补充。陶器标本包括盆、罐、瓮、鬲、豆、杯等，通过对这些标本进行分析，可以看出全部遗物都属于二里头文化时期，该遗址是时代单一的史前文化遗址。

采集陶器

盆 2件。TLDN1204：6，夹砂褐陶。卷沿，圆唇，颈部微束，腹微鼓，颈部以下饰交错绳纹。口径36.7、残高8.4厘米（图151-1）。TLDN1204：12，泥质灰陶。口微侈，卷沿，圆唇，束颈，腹微鼓，颈部饰楔点纹一周，下饰弦断绳纹。口径29.4、残高9.4厘米（图151-2）。

罐 2件。TLDN1204：9，泥质灰陶。侈口，圆唇，矮弧领，球形腹，器身饰弦断绳纹。口径14.1、残高11.4厘米（图151-9）。TLDN1204：5，夹砂灰陶。上部残，下腹斜收，厚平底，通体绳纹。底径12.8、残高7.6厘米（图151-10）。

瓮 2件。TLDN1204：1，夹砂灰陶。敛口，平沿，素面磨光。口径25.2、残高9.6厘米（图151-3）。TLDN1204：11，泥质灰陶。敛口，内折沿，鼓腹，器身饰散落绳纹。口径24.9、残高13.2厘米（图151-4）。

鬲 2件。TLDN1204：8，夹砂灰陶。侈口，方唇，高立领，腹身饰绳纹。口径25.2、残高13.8厘米（图151-5）。TLDN9606：2，夹砂褐陶。侈口，圆唇，高束颈，袋状足，腹身饰交错绳纹。口径19.7、残高17.7厘米（图151-6）。

甗 1件。TLDN1204：4，夹砂褐陶。仅存腰部，饰捺窝状泥条堆纹一周，器表饰细绳纹。腰径15.6、残高5.4厘米（图151-7）。

豆 1件。TLDN1204：14，泥质褐陶。柄残，侈口，圆唇，沿面内凹，平底，素面磨光。口径13.8、残高5.8厘米（图151-8）。

杯 1件。TLDN9606：13，泥质灰陶。侈口，尖唇，上腹斜直，下腹微束，器表素面，器壁内侧有四周凹槽。口径13.6、底径8.6、高17.9厘米（图151-13）。

器足 1件。TLDN1204：15，夹砂灰陶。实心锥形足，可见竖向凹槽数道和横向绑扎痕迹。残高9.7厘米（图151-12）。

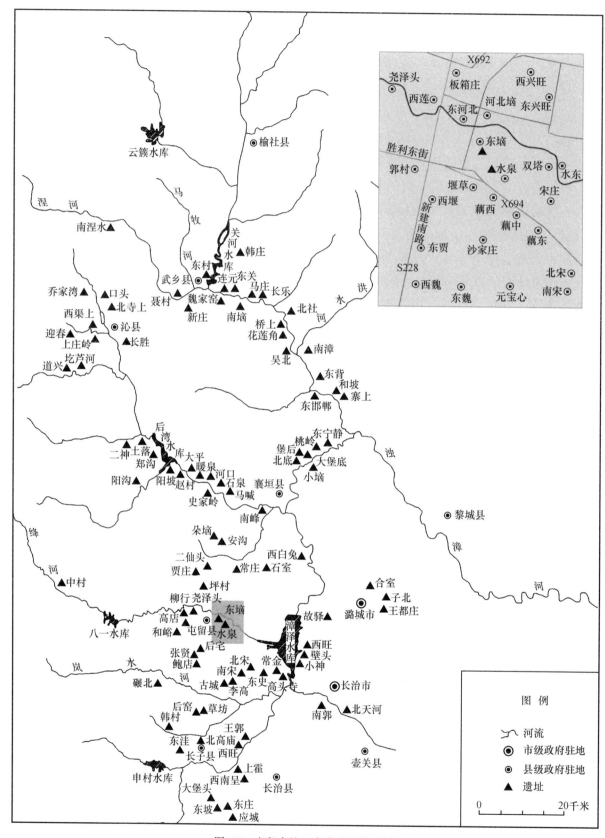

图150　屯留东垴、水泉遗址位置图

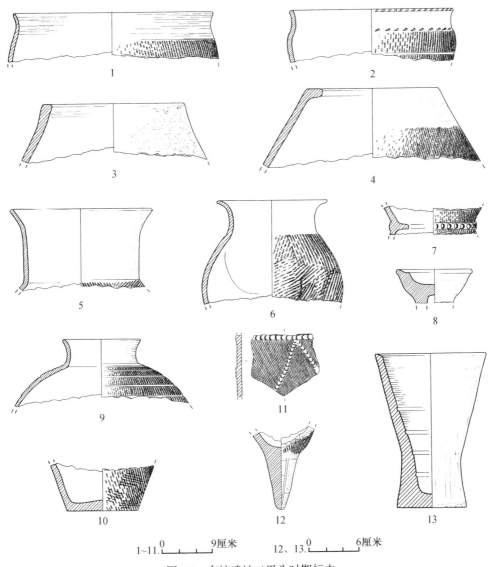

1~11. 0 ├───┤ 9厘米　　12、13. 0 ├───┤ 6厘米

图151　东垴遗址二里头时期标本

1、2.盆（TLDN1204：6、TLDN1204：12）　3、4.瓮（TLDN1204：1、TLDN1204：11）　5、6.鬲（TLDN1204：8、
TLDN9606：2）　7.甗（TLDN1204：4）　8.豆（TLDN1204：14）　9、10.罐（TLDN1204：9、TLDN1204：5）
11.腹片（TLDN1204：3）　12.器足（TLDN1204：15）　13.杯（TLDN9606：13）

　　腹片　1件。TLDN1204：3，夹细砂灰陶。上下部皆残，饰横向及交错捺窝状泥条堆纹，器表饰细绳纹。残高10.7厘米（图151-11）。

十二、水泉遗址

　　水泉遗址是山西省考古研究所于20世纪90年代在考古调查活动中发现的一处面积较大、文化内涵丰富的龙山—商时期文化遗址。水泉隶属于屯留县麟绛镇，西距麟绛镇约1千米，南距藕西村约1千米（图150）。遗址区位于水泉村西绛河南岸台地上，这里地处上党盆地西侧，浊漳河支流绛河从村北2千米处呈西北—东南方向流过。遗址地势平坦、平均海拔936米。2012年

4月，中国国家博物馆和山西省考古研究所在进行浊漳河流域早期文化考古调查中，对遗址区东侧砖窑取土坑断崖上暴露的2处灰坑H1和H2进行了清理（图版24）。

（一）出土器物

水泉遗址H1、H2清理出的遗物主要是陶器（图版25-2、图版25-3），其次是少量的石器和骨器，全部属于庙底沟二期文化遗存。

1. 陶器

出土陶器质地分为泥质和夹砂两个陶系。其中泥质陶系占多数，约占全部陶器标本的68%；夹砂陶所占比例较小，约占全部陶器的32%。两类陶系一般用于不同用途的器物。陶器大部为手工制作，少数用轮制。手制陶器多采用泥条盘筑法成形，然后涂抹内壁、拍印纹饰和最后加工。陶器器类包括罐、盆、瓮、瓶、盘、钵、豆、尊等，大多为容器，鲜见炊器。

深腹罐　　17件。H2：14，泥质灰陶。折沿，方唇，腹部微鼓，唇面压印索状花边，腹部饰横向泥条堆纹三周，通体饰绳纹。口径13.6、底径8.8、高21.8厘米（图152-1；图版28-2）。H2：15，泥质灰陶。折沿，圆唇，腹部微鼓，腹部饰横向泥条堆纹二周，通体饰绳纹。口径14.2、底径8.4、高22.4厘米（图152-2；图版28-3）。H2：16，泥质褐陶。折沿，方唇，腹部微鼓，唇面压印索状花边，通体饰绳纹。口径14.8、底径8.8、高19.6厘米（图152-3；图版28-4）。H2：64，夹砂褐陶。下部残，折沿，方唇，唇面压印呈花边，器身饰绳纹。口径18.1、残高5.8厘米（图152-4）。H2：68，夹砂褐陶。折沿，方唇，唇面压印呈花边，器身饰绳纹。口径13.8、残高4.9厘米（图152-5）。H2：23，泥质灰陶。上部残，鼓腹下收，平底，饰绳纹和泥条堆纹一周。底径8.2、残高14厘米（图152-6）。H2：33，夹砂褐陶。斜折沿，方唇压印呈花边，器身饰横向篮纹。口径16.4、残高10厘米（图152-7）。H2：67，夹砂褐陶。折沿，方唇，鼓腹，唇面压印呈花边，颈部泥条按压堆纹一周，器身饰绳纹。口径22.8、残高6.9厘米（图152-8）。H2：66，夹砂褐陶。折沿，尖唇，腹微鼓，器身饰绳纹，腹部饰泥条堆纹一周。口径12.4、残高8厘米（图152-9）。

鼓腹罐　　15件。H2：20，泥质灰陶。斜折沿，圆唇，鼓腹，器表饰横向篮纹及泥条堆纹三周。口径19.1、残高21.8厘米（图152-10）。H2：29，泥质褐陶。上部残，鼓腹，平底，腹身中部饰楔点纹一周，其下器表饰斜向篮纹。底径11.1、残高22厘米（图152-11）。H2：30，夹砂褐陶。上部残，鼓腹，平底，下腹饰横向泥条堆纹一周，器表饰绳纹。底径7.9、残高14.3厘米（图152-12）。H1：2，泥质灰陶。斜折沿，圆唇，鼓腹，平底，颈部以下饰竖向绳纹。口径16.4、底径11.1、残高23.9厘米（图152-13；图版29-3）。

缸　　6件。H2：1，夹砂褐陶。斜折沿，方唇，腹微鼓，唇面压印呈花边状，颈部泥条按压堆纹一周，腹部细泥条堆纹六周，通体绳纹。口径35.7、底径18.4、高42.6厘米（图153-1；图版28-1）。H2：55，夹砂灰陶。口近直，斜折沿，方唇，唇面压印呈花边状，颈下按压泥条堆纹四周，器身饰绳纹。口径37.2、残高12.4厘米（图153-2）。

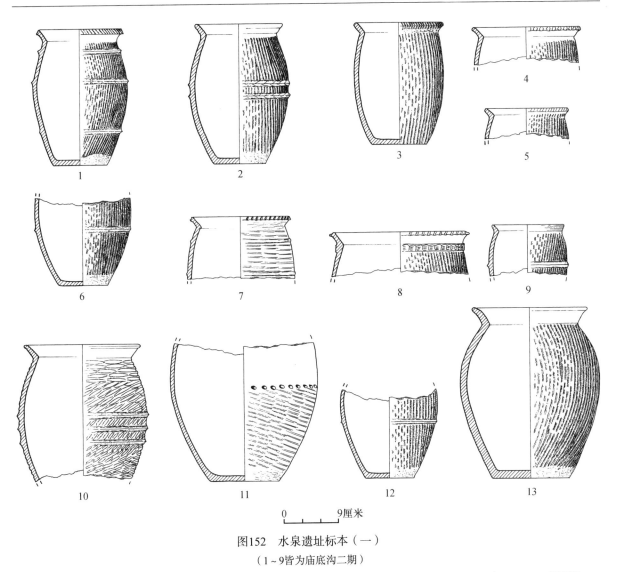

图152　水泉遗址标本（一）

（1～9皆为庙底沟二期）

1～9.深腹罐（H2：14、H2：15、H2：16、H2：64、H2：68、H2：23、H2：33、H2：67、H2：66）　10～13.鼓腹罐

（H2：20、H2：29、H2：30、H1：2）

　　高领罐　9件。H2：18，泥质灰陶。下部残，高直领，圆肩，弧腹，上腹部两桥形耳，腹部饰横向篮纹。口径11.2、残高33.9厘米（图153-3）。H2：71，泥质褐陶。高领，斜肩，素面磨光。口径10.4、残高8.8厘米（图153-4）。H2：26，泥质灰陶。口微侈，高领，鼓肩，素面磨光。口径10.3、残高9.2厘米（图153-5）。

　　大口罐　7件。H2：4，泥质灰陶。斜折沿，方唇，腹微鼓下收，小平底，沿面凹槽五道，唇面凹槽一道，腹部饰横向篮纹。口径33.4、底径13.2、高32.7厘米（图153-6；图版29-1）。H2：19，泥质褐陶。斜折沿，圆唇，腹微鼓，下腹部饰横向和竖向篮纹。口径26、残高20.4厘米（图153-7）。H2：5，泥质灰陶。斜折沿，圆唇，弧腹，平底，器身中部置两桥形耳，耳部以上戳印纹一周，其下腹身饰竖向篮纹。口径32.7、底径16.8、高35.8厘米（图153-8；图版29-2）。

　　器底　12件。H2：76，泥质褐陶。下腹弧收，小平底。底径9.2、残高3.1厘米（图

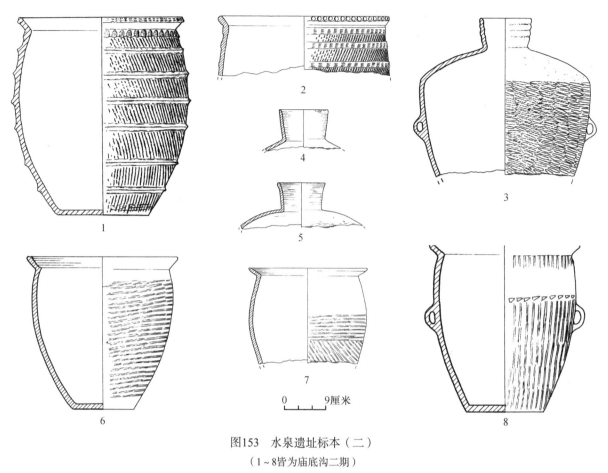

图153　水泉遗址标本（二）

（1～8皆为庙底沟二期）

1、2.缸（H2：1、H2：55）　3～5.高领罐（H2：18、H2：71、H2：26）　6～8.大口罐（H2：4、H2：19、H2：5）

154-1）。H2：73，泥质褐陶。下腹斜收，平底，近底部有横向刮削痕迹。口径11.1、残高4.2厘米（图154-2）。H2：77，泥质灰陶。下腹斜收，平底。底径9.9、残高3.2厘米（图154-3）。H2：74，泥质灰陶。下腹弧收，平底，器身饰斜向篮纹。底径9.2、残高5.7厘米（图154-4）。H2：78，夹砂灰陶。弧腹下收，平底。器身饰斜向篮纹。底径9.7、残高5.8厘米（图154-5）。H2：48，夹砂褐陶。下腹斜收，小平底，器表饰横向篮纹。底径9.2、残高7.4厘米（图154-6）。H2：50，泥质褐陶。弧腹下收，大平底，器表饰斜向篮纹。底径18、残高6厘米（图154-7）。H2：75，泥质灰陶。下腹斜收，平底，器身饰斜向篮纹。底径18.1、残高5.4厘米（图154-8）。H2：87，泥质褐陶。下腹斜收，平底，下腹饰数组密集弦纹。底径17.2、残高12.7厘米（图154-9）。H2：27，泥质灰陶。弧腹下收，平底，饰斜向篮纹。底径12.4、残高14.3厘米（图154-10）。H2：2，泥质灰陶。弧腹，平底，腹身饰斜向篮纹。底径11.2、残高18.3厘米（图154-11）。H2：24，泥质灰陶。弧腹，小平底，器表饰斜向篮纹。底径12.5、残高18厘米（图154-12）。

双耳鼓腹罐　3件。H2：7，泥质褐陶。斜折沿，尖唇，斜肩鼓腹，腹身中部偏下饰两桥形耳，腹饰横向篮纹。口径15.9、底径11.7、高20.6厘米（图155-1；图版26-3）。H2：25，泥质褐陶。口部残，溜肩弧腹，小平底，腹身中部偏下饰桥形耳两个，肩部饰楔点纹一周，其下

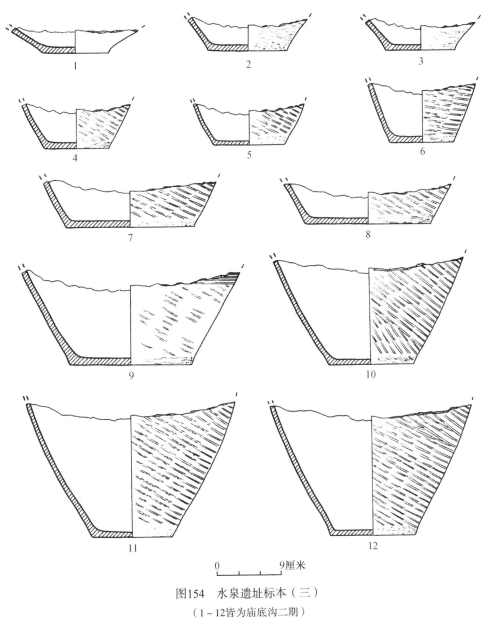

图154　水泉遗址标本（三）

（1～12皆为庙底沟二期）

1～12.罐底（H2：76、H2：73、H2：77、H2：74、H2：78、H2：48、H2：50、H2：75、H2：87、H2：27、H2：2、H2：24）

器身饰斜向篮纹。底径9.1、残高21.7厘米（图155-2；图版27-1）。H2：31，泥质灰陶。上部残，垂腹，腹身中部偏下饰桥形耳，平底，素面。底径13.8、残高21.8厘米（图155-3）。

　　盆　22件，复原5件。H2：10，泥质褐陶。口微敛，弧腹，平底，器身饰斜向篮纹。口径25.4、底径12.4、高9.4厘米（图155-4；图版29-4）。H2：6，泥质褐陶。侈口，宽折沿，方唇，深斜腹，近底弧收，小平底，器身饰斜向抹平篮纹。口径26.4、底径9.5、高19.4厘米（图155-5；图版30-1）。H2：8，泥质灰陶。侈口，宽折沿，方唇，弧腹，器表饰横向篮纹。口径26.2、底径13.2、高14.6厘米（图155-6；图版30-2）。H2：9，泥质灰陶。直口，沿微内折，弧腹，平底。上腹附加堆纹一周，桥形耳两个，下腹饰斜向篮纹。口径32.8、底径9.6、高17.8厘米（图155-7；图版30-3）。H2：11，泥质褐陶。直口，圆唇，弧腹，平底。腹身中部附加

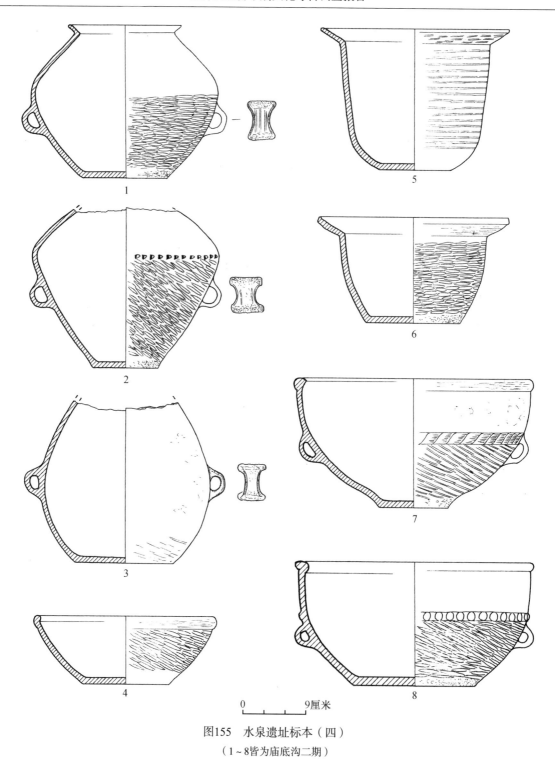

图155　水泉遗址标本（四）

（1~8皆为庙底沟二期）

1~3.双耳鼓腹罐（H2：7、H2：25、H2：31）　　4~8.盆（H2：10、H2：6、H2：8、H2：9、H2：11）

堆纹一周，其下桥形耳两个，下腹饰斜向篮纹。口径32.9、底径17、高17厘米（图155-8；图版30-4）。

瓮　标本5件，复原2件。H1：1，泥质红陶。敛口，折肩，腹微鼓，平底。上腹部可见宽凹槽三周，下腹饰竖向篮纹。器盖空心喇叭形捉手。瓮口径24、肩宽41、底径17.6、通高

54厘米（图156-1；图版26-1）。H2：59，泥质灰陶。敛口，尖唇，素面磨光，口沿下一道弦纹，可见两穿孔。口径20.4、残高12.4厘米（图156-2）。H2：28，泥质褐陶。敛口，尖唇，鼓腹，下腹饰戳点纹一周，其下饰斜向篮纹。口径28、残高25.6厘米（图156-3）。H2：29，泥质褐陶。敛口，方唇，鼓腹，腹身中部饰弦纹数周。口径21.6、残高37.6厘米（图156-4）。H2：3，泥质灰陶。敛口，圆唇，鼓腹，平底，口沿下均匀分布四组共八个小孔，器身中部桥形耳两个。素面磨光。口径24.3、底径18.4、高40.4厘米（图156-5；图版26-2）。

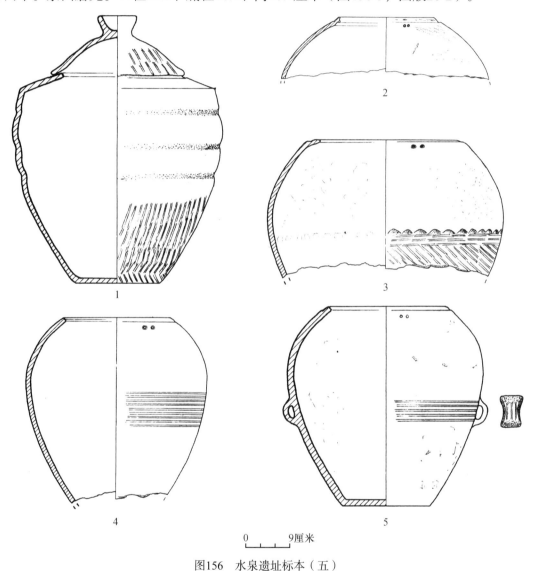

图156　水泉遗址标本（五）

（1~5皆为庙底沟二期）

1~5.瓮（H1：1、H2：59、H2：28、H2：29、H2：3）

　　瓶　1件。H2：12，泥质灰陶。侈口，尖唇，高颈，垂腹，平底，素面磨光。口径8.5、底径5.9、高16.4厘米（图157-10；图版27-2）。

　　尊　1件。H2：21，下部残，泥质褐陶，侈口，尖唇，高斜领，溜肩，腹部斜收，饰横向及斜向篮纹。口径20、残高19.6厘米（图157-3；图版27-5）。

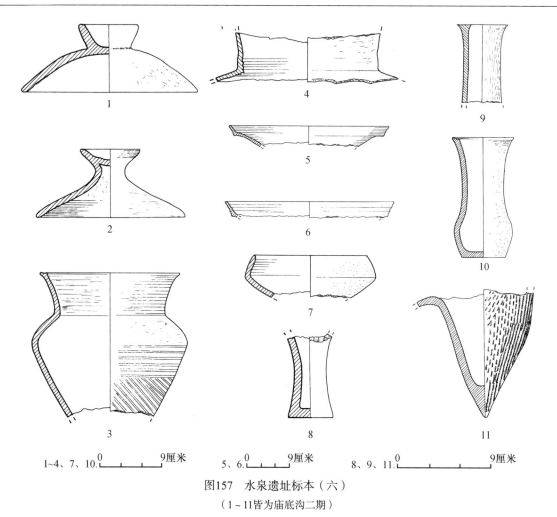

1~4、7、10.　0 ⊢——⊣ 9厘米　　　5、6.　0 ⊢——⊣ 9厘米　　　8、9、11.　0 ⊢——⊣ 9厘米

图157　水泉遗址标本（六）

（1～11皆为庙底沟二期）

1、2.器盖（H1：3、H2：17）　3.尊（H2：21）　4～6.白陶（H2：88、H2：89、H2：90）　7、9.豆（H2：34、H2：79）

8.杯（H2：13）　10.瓶（H2：12）　11.斝（H2：80）

　　杯　1件。H2：13，泥质褐陶。上部残，腹部内弧下收，平底，素面。底径4.3、残高7.9厘米（图157-8）。

　　斝足　1件。H2：80，夹砂褐陶。空心锥形足，分档，器表饰粗绳纹。残高11.9厘米（图157-11）。

　　豆　2件，皆残。H2：34，泥质灰陶。仅剩豆盘，敛口，尖圆唇，折腹。口径15.9、残高5.9厘米（图157-7）。H2：79，泥质褐陶。豆柄空心，素面磨光，有极轻的竖向抹痕。残高10.6厘米（图157-9）。

　　器盖　2件。H1：3，泥质红陶。捉手呈喇叭形，圆唇，外壁不平整，素面。口径24.9、高9.2厘米（图157-1；图版27-3）。H2：17，泥质灰陶。捉手呈喇叭形，圆唇，外壁光洁。底径21.6、高9.4厘米（图157-2；图版27-4）。

　　白陶器　3件。皆残，硬度高，制作精细，素面。H2：88，泥质白陶罐。直口，高领，领内及肩部内侧各有凹槽三周。口径12.8、残高6.9厘米（图157-4）。H2：89，泥质白陶，侈口，圆唇，折腹，快轮修整痕迹明显。口径34.2、残高4.2厘米（图157-5）。H2：90，泥质白陶。侈口，尖唇，折腹，快轮修整痕迹明显。口径36.1、残高3.1厘米（图157-6）。

2. 石器

　　H1、H2出土石器有石刀、石铲、石凿、石环、纺轮，其原料包括石灰岩、砂岩和花岗岩，加工方法均为磨制。

　　石刀　3件。H2：86，褐色砂岩磨制，单边开刃，中央近刃部有一双向穿孔。长9.9、宽4.2、厚0.8厘米（图158-1）。H2：85，褐色砂岩磨制，单边开刃，中央近刃部有一双向穿孔。长10.5、宽4.7、厚0.8厘米（图158-2）。H2：83，石灰岩磨制，单边开刃，近中央处单向钻孔。长8.4、宽4.4、厚0.6厘米（图158-4）。

　　石铲　1件。H2：46，石灰岩磨制，略成梯形，端部半残，单边开刃，打磨光滑。残长20.8、宽8.1、厚1.6厘米（图158-5）。

　　石凿　1件。H2：45，石灰岩磨制，略成长方形，打磨光滑，单边开刃，刃部锋利。残长12.6、宽6.5、厚1.9厘米（图158-6）。

　　石环　1件。H2：81，残，石灰岩磨制，可见两单面钻孔，磨光度高。厚0.5、环宽2.4厘米（图158-7）。

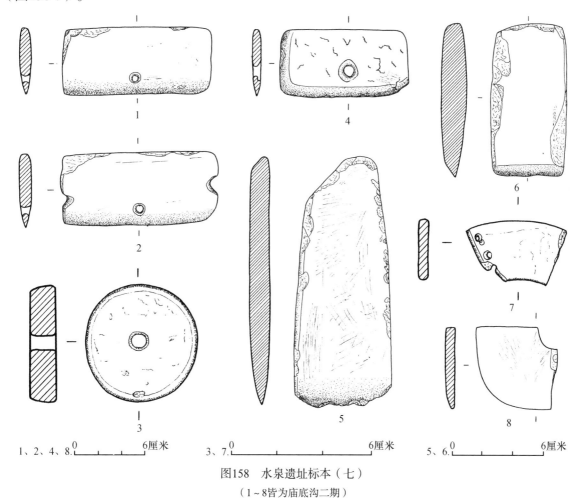

图158　水泉遗址标本（七）

（1~8皆为庙底沟二期）

1、2、4. 石刀（H2：86、H2：85、H2：83）　3. 石纺轮（H2：84）　5. 石铲（H2：46）　6. 石凿（H2：45）

7. 石环（H2：81）　8. 骨器（H2：82）

石纺轮　1件。H2：84，石灰岩制成，制作精细，磨光度高。外径4.7、内径0.7、厚1.1厘米（图158-3）。

3. 骨器

H2单位出土骨器一件。H2：82，器物中央较厚，边缘较薄，近中央有一单向穿孔未穿透。残长5.5、宽5.3、厚0.5厘米（图158-8）。

（二）采集器物

除H1、H2出土的遗物以外，在遗址中部和北部区域也采集到数量较多的陶器、石器。遗址中部在20世纪就被砖窑采土深挖破坏，现在是200米见方的深坑地带，这里采集的遗物破损严重，几无复原器，遗物年代属于龙山至商时期。北部区域地表采集遗物较少，多为夏商时期。

1. 陶器

采集陶器质地分为泥质和夹砂两类。泥质陶占全部陶器的33%；夹砂陶占比67%。陶器器类包括罐、盆、鬲、甗、瓮、瓶、盘、钵、豆、尊等。

鼓腹罐　11件，复原1件。TLSQ1204：4，夹砂褐陶。斜折沿，方唇，唇面压印呈花边状，鼓腹，颈部泥条按压堆纹两周，其下器身饰竖向篮纹。口径23.5、残高9厘米（图159-1）。TLSQ1204：55，夹砂灰陶。斜折沿，方唇，鼓腹，颈部泥条按压堆纹一周，器表饰绳纹。口径21.6、残高5.2厘米（图159-2）。TLSQ1204：44，夹砂灰陶。斜折沿，方唇，鼓腹，器表饰竖向篮纹。口径21.7、残高4.7厘米（图159-3）。TLSQ1204：9，夹砂灰陶。斜折沿，方唇，沿面压印呈花边状，颈部泥条按压堆纹一周，其下器表饰竖向篮纹。口径26.4、残高7.3厘米（图159-4）。TLSQ1204：14，泥质灰陶。斜折沿，圆唇，鼓腹，腹身饰绳纹。口径10.7、残高3.6厘米。（图159-5）。TLSQ1204：15，泥质褐陶。斜折沿，圆唇，鼓腹，素面，口径18.4、残高8.2厘米（图159-6）。

深腹罐　9件。TLSQ1204：57，夹砂灰陶。斜折沿，方唇，唇面压印呈花边状，颈部泥条按压堆纹两周，其下腹身饰绳纹。口径32.8、残高9.2厘米（图159-7）。TLSQ1204：30，夹砂灰陶。斜折沿，方唇，唇面压印索状花边，颈部泥条按压堆纹四周。口沿36、残高8.4厘米（图159-8）。TLSQ1204：52，夹砂灰陶。斜折沿，方唇，唇面压印呈花边状，颈下可见细泥条堆纹一周，器表饰竖向篮纹。口径36.8、残高7.8厘米（图159-9）。TLSQ1204：13，夹粗砂灰陶。斜折沿，方唇，唇面压印呈花边状，颈部泥条按压堆纹三周。口径36.2、残高6.6厘米（图159-10）。

缸　2件。TLSQ1204：17，夹砂灰陶。口近直，斜折沿，尖唇，颈部泥条按压堆纹一周，其下腹身饰横向浅篮纹。口径36.2、残高7厘米（图159-12）。TLSQ1204：29，夹砂褐陶。直口，斜折沿，方唇，唇面压印呈花边状，器身饰竖向篮纹，并可见横向细泥条堆纹。口径40.3、残高7.8厘米（图159-13）。

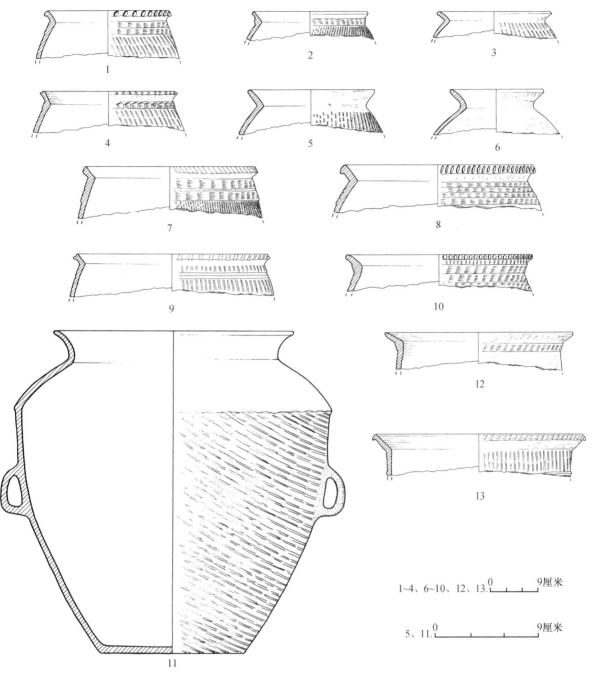

图159 水泉遗址标本（八）

（1~4、6~10、12~14为庙底沟二期，5、11为龙山时期）

1~6.鼓腹罐（TLSQ1204：4、TLSQ1204：55、TLSQ1204：44、TLSQ1204：9、TLSQ1204：14、TLSQ1204：15）

7~10.深腹罐（TLSQ1204：57、TLSQ1204：30、TLSQ1204：52、TLSQ1204：13）　11.双耳折肩罐（TLSQ1204：72）

12、13.缸（TLSQ1204：17、TLSQ1204：29）

　　双耳折肩罐　1件。TLSQ1204：72，器身基本完整，泥质灰陶，侈口，卷沿，圆唇，折肩，弧腹，平底，腹身中部置双桥形耳，肩部以下饰斜向篮纹。口径20.5、底径12.6、高27厘米（图159-11；图版26-4）。

卷沿盆　7件。TLSQ1204：10，夹砂灰陶。侈口，卷沿，圆唇，颈微束，弧腹，腹身饰绳纹。口径34.7、残高10.4厘米（图160-1）。TLSQ1204：61，夹砂灰陶。侈口，卷沿，圆唇，束颈，唇面压印索纹花边，腹身饰交错绳纹。口径28.3、底径8.2厘米（图160-2）。TLSQ1204：53，夹砂褐陶。侈口，卷沿，圆唇，腹身饰绳纹。口径26、残高7.2厘米（图160-3）。TLSQ1204：26，夹砂灰陶。侈口，沿微卷，圆唇，弧腹，腹身饰绳纹。口径30.3、残高10.4厘米（图160-4）。

斜腹盆　2件。TLSQ1204：18，夹砂褐陶。侈口，方唇略垂，斜腹，器表素面磨光，器壁内侧快轮修整痕迹明显。口径24.8、残高4.9厘米（图160-5）。TLSQ1204：46，泥质褐陶。侈口，方唇略垂，斜腹，腹身饰横向粗篮纹，器壁内侧轮修痕迹明显。口径29.6、残高4.4厘米（图160-6）。

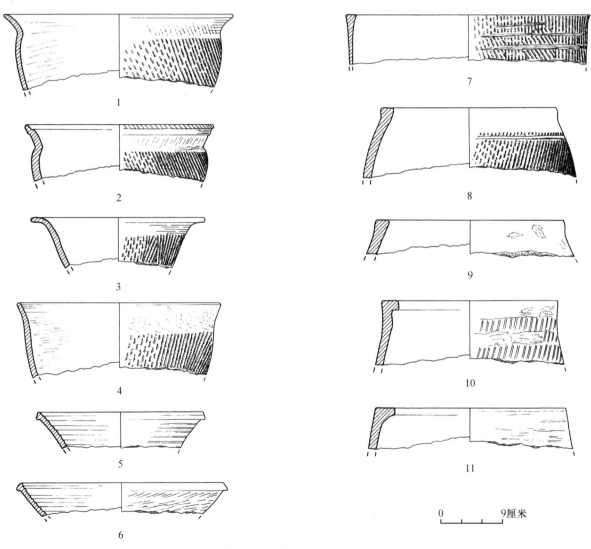

图160　水泉遗址标本（九）

（5~7为龙山时期，其余皆为二里头时期）

1~4.卷沿盆（TLSQ1204：10、TLSQ1204：61、TLSQ1204：53、TLSQ1204：26）　5、6.斜腹盆（TLSQ1204：18、TLSQ1204：46）　7.直口瓮（TLSQ1204：1）　8~11.敛口瓮（TLSQ1204：7、TLSQ1204：21、TLSQ1204：20、TLSQ1204：25）

直口瓮　1件。TLSQ1204：1，夹砂灰陶。直口，平沿，器身饰绳纹。口径36.4、残高7.2厘米（图160-7）。

敛口瓮　7件。TLSQ1204：7，夹砂褐陶。平沿，沿面外侧稍加厚。器身饰弦断绳纹。口径26.4、残高9.2厘米（图160-8）。TLSQ1204：20，夹砂灰陶。平沿内折，器表饰绳纹。口径26.7、残高9.3厘米（图160-10）。TLSQ1204：21，泥质灰陶。敛口，平沿。口径28.4、残高5.6厘米（图160-9）。TLSQ1204：25，泥质灰陶。敛口，平沿内折，器表可见横向篮纹。口沿28.4、残高5.7厘米（图160-11）。

鬲　9件。皆夹砂。TLSQ1204：54，斜折沿，方唇，唇面饰凹槽一道，腹身绳纹。口径24、残高7.8厘米（图161-1）。TLSQ1204：5，斜折沿，方唇，鼓腹，腹身饰绳纹。口径24.1、残高8厘米（图161-2）。TLSQ1204：24，侈口，圆唇，大袋足，腹身偏上残存一舌形鋬，口沿内外侧有石灰涂抹痕迹。口径28.4、残高16.5厘米（图161-3）。

鬲足　6件。TLSQ1204：31，褐陶。锥形足，器表饰绳纹。残高7.4厘米（图161-13）。TLSQ1204：47，灰陶。锥状空心足，器表饰绳纹。残高7.9厘米（图161-14）。

鼎足　2件。TLSQ1204：38，夹砂灰陶。正面近锥形，竖向饰三道压印索状纹堆纹。残高19.6厘米（图161-11）。TLSQ1204：48，夹砂褐陶。扁平靴状足，足底呈弧面。残高7.5厘米（图161-12）。

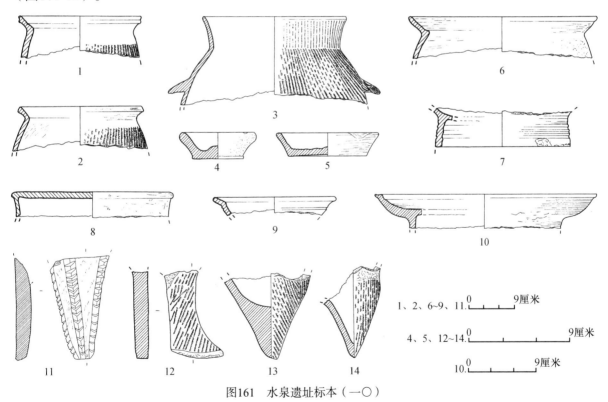

图161　水泉遗址标本（一〇）

（11为庙底沟二期，3、6、8、10、13、14为龙山时期，4、5、9、12为二里头时期，1、2、7为商时期）

1~3.鬲（TLSQ1204：54、TLSQ1204：5、TLSQ1204：24）　4、5.碗（TLSQ1204：69、TLSQ1204：68）　6.白陶罐（TLSQ1204：65）　7.篦（TLSQ1204：71）　8.器座（TLSQ1204：64）　9、10.豆（TLSQ1204：67、TLSQ1204：14）　11、12.鼎足（TLSQ1204：38、TLSQ1204：48）　13、14.鬲足（TLSQ1204：31、TLSQ1204：47）

豆　2件。TLSQ1204：67，泥质灰陶。侈口，斜折沿，圆唇，器表素面磨光似黑陶。口径24、残高3.4厘米（图161-9）。

圈足盘　1件。TLSQ1204：14，泥质灰陶。侈口平沿，豆盘较浅，平底，素面磨光。口径29.2、残高4.3厘米（图161-10）。

碗　2件。均复原，泥质陶。TLSQ1204：68，灰陶。侈口，圆唇，斜腹，凹底。口径8.9、底径6.8、高2厘米（图161-5）。TLSQ1204：69，褐陶。侈口，圆唇，斜腹，平底，底部内侧有一突起。口径6.5、底径4.3、高2.2厘米（图161-4）。

簋　1件。TLSQ1204：71，泥质灰陶。仅存圈足。圜底，圈足略微外撇，表面饰密集弦纹。底径26.5、残高6.8厘米（图161-7）。

白陶罐　1件。TLSQ1204：65，泥质白陶。敛口，宽折沿，圆唇，器表素面磨光。口径37.6、残高7.5厘米（图161-6）。

器座　1件。TLSQ1204：64，泥质褐陶。腰部微束，素面。径31.3、残高4.9厘米（图161-8）。

2. 石器

水泉遗址采集的石器有石刀、石斧、石凿、纺轮，其原料包括石灰岩和花岗岩，加工方法均为磨制。

石刀　1件。TLSQ1204：6，石灰岩。略呈长条形，单面开刃，刃部明显，通体磨光。磨制。长8.9、宽4.1、厚0.6厘米（图162-4）。

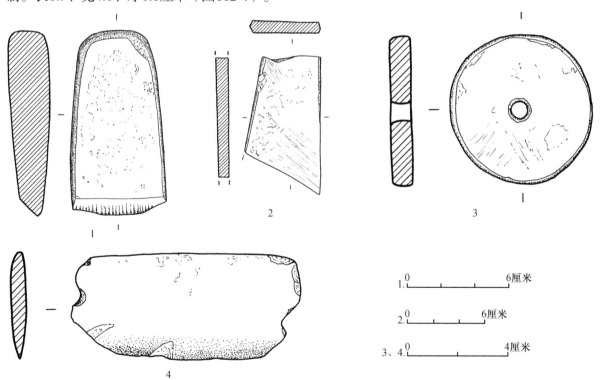

图162　水泉遗址标本（一一）

（1~4年代不明）

1. 石凿（TLSQ1204：37）　2. 石斧（TLSQ1204：50）　3. 纺轮（TLSQ1204：40）　4. 石刀（TLSQ1204：6）

石铲　1件。TLSQ1204：50，石灰岩。略呈梯形，端部和刃部皆残，通体磨光。磨制。长10.4、宽5.7、厚0.8厘米（图162-2）。

石凿　1件。TLSQ1204：37，花岗岩。略呈梯形，单边开刃，刃部锋利，通体磨光。磨制。长10.3、宽5.5、最厚3厘米（图162-1）。

石纺轮　1件。TLSQ1204：40，石灰岩。中央双面穿孔，磨光度高。磨制。直径5.5、厚0.7厘米（图162-3）。

十三、古城遗址

古城遗址位于屯留县李高乡古城村东，其东为西李高村，西为司徒村，南为李坊村，北为东魏村（图163）。遗址位于鸡鸣河南岸的高台地上，距河床直线距离约0.4千米，地势北低南高，最高点海拔946米。该地史前文化遗物主要采集于村东的农田地表（图版21-2），器形有钵、盆、罐、鼎足、甗和石铲等，其中标本年代最早的为仰韶文化时期的直口钵，与东部相邻的李高遗址出土陶钵大致为同一时期，篮纹侈口盆、折沿罐、鼎足等为庙底沟二期和龙山时期的遗物，时代最晚的标本为二里头文化时期的陶甗。

1. 采集陶器

钵　1件。TLGC1306：1，泥质红陶。直口，尖唇，弧腹，下残，器表素面磨光。口径23.4、残高7.1厘米（图164-1）。

盆　1件。TLGC1306：2，夹砂灰陶。敛口，唇部外突加厚，弧腹，腹身饰横向篮纹。口径24.3、残高5.4厘米（图164-2）。

罐　1件。TLGC1306：3，夹砂褐陶。斜折沿，方唇，唇面压印索状花边，颈部饰泥条按压堆纹一周，稍下饰细泥条堆纹一周，其下器身饰竖向篮纹。口径36.5、残高6.2厘米（图164-3）。

甗　1件。TLGC1306：5，夹砂褐陶。仅存腰部，内侧有箅隔一周，外侧饰捺窝状泥条堆纹一周，器表饰细绳纹。腰径21.6、残高7.2厘米（图164-4）。

鼎足　1件。TLGC1306：4，夹砂灰陶。梯形足，通体饰绳纹。残高10.5、足宽4.2厘米（图164-5）。

2. 采集石器

石铲　1件。TLGC1306：7，石灰岩磨制。器表光滑，刃部不明显。残长33.2、宽22.3、厚4.1厘米（图164-6）。

十四、李高遗址

李高遗址位于屯留李高乡西李高村，下李高村南、古城村东、绛河支流鸡鸣河南岸的高地上（图163）。遗址地势平坦，视野开阔，平均海拔941米。遗址沿河南岸东西方向分布，范围

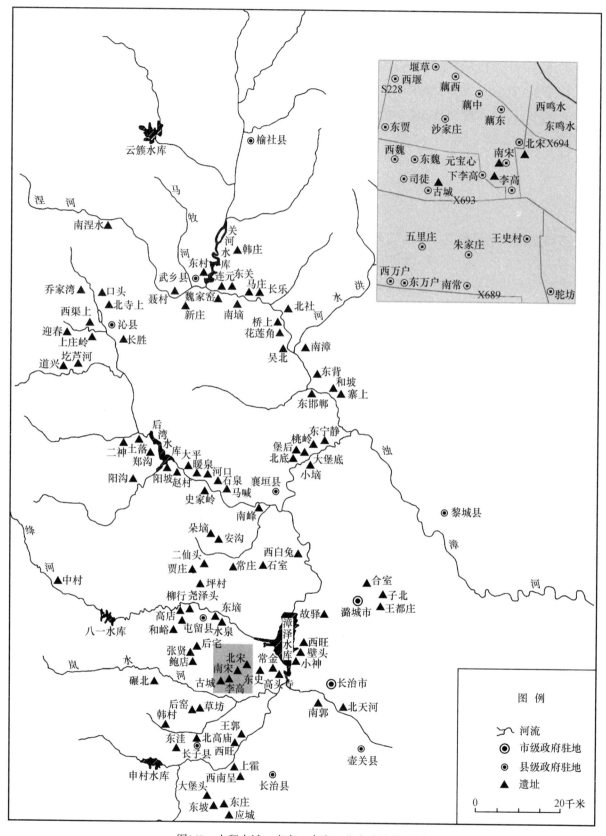

图163 屯留古城、李高、南宋、北宋遗址位置图

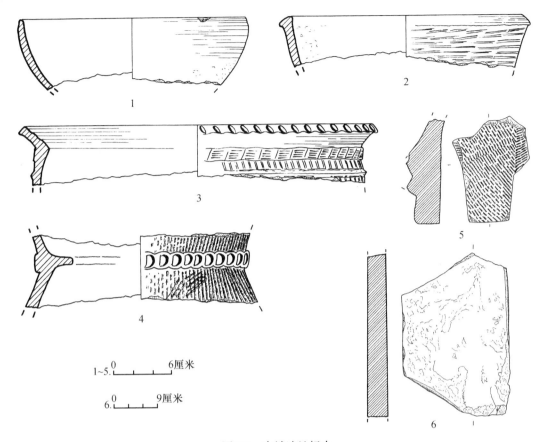

图164　古城遗址标本

（1为仰韶中期，2、3为庙底沟二期，5为龙山时期，4、6为二里头时期）

1. 钵（TLGC1306：1）　2. 盆（TLGC1306：2）　3. 罐（TLGC1306：3）　4. 甗（TLGC1306：5）

5. 鼎足（TLGC1306：4）　6. 石铲（TLGC1306：7）

东西250、南北约100米。据勘察，现状村落占压遗址的东北部分。遗址南部乡间道路两侧断面可见连续灰层，根据分析，应为灰坑被农田建设破坏所致。该遗址的遗物主要采集于村西农田地表及灰坑中（图版23），陶器的主要器形有罐、盆、壶、瓶、钵等，其中侈口钵、弦纹罐、折唇小口壶、折腹盆等特征明显，应为后冈一期文化遗物，属于仰韶早期阶段。

采集陶器

　　鼓腹罐　6件。TLLG1204：3，夹砂褐陶。敛口，卷沿，圆唇，鼓腹，器表饰粗线纹。口径17.2、残高7.7厘米（图165-1）。TLLG1204：5，夹砂褐陶。斜折沿，尖唇，鼓腹，器身饰斜向篮纹。口径17.6、残高8.1厘米（图165-2）。TLLG1204：4，夹砂褐陶。斜折沿，圆唇，鼓腹，肩部残留鸡冠状鋬一个，器身饰斜向篮纹。口径15.8、残高7.2厘米（图165-3）。TLLG1204：1，夹砂褐陶。直口，圆唇，唇部外侧加厚，腹部附加两泥饼状物，器表饰密集线纹。口径14.4、底径8.6、高19.8厘米（图165-4；图版25-1）。TLLG1204：10，泥质红陶。敛口，圆唇，唇面外侧一周加厚。器身素面。口径33.5厘米（图165-5）。TLLG1204：20，夹砂褐陶。敛口，圆唇，器身饰粗线纹。口径28、残高5.1厘米（图165-6）。

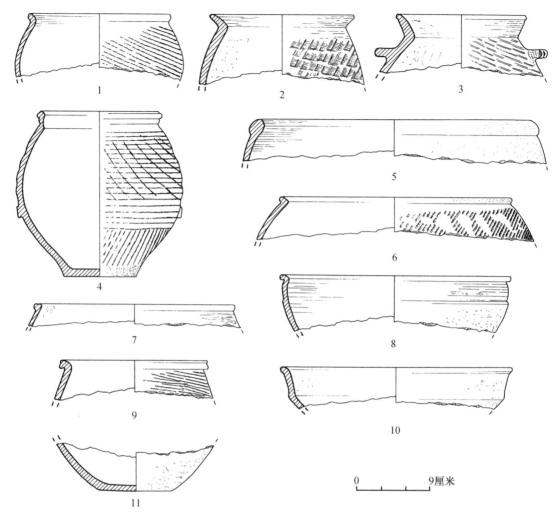

图165　李高遗址仰韶时期标本（一）

1~6.鼓腹罐（TLLG1204：3、TLLG1204：5、TLLG1204：4、TLLG1204：1、TLLG1204：10、TLLG1204：20）
7、9.深腹罐（TLLG1204：25、TLLG1204：27）　8.浅腹盆（TLLG1204：17）　10.折腹盆（TLLG1204：19）
11.罐底（TLLG1204：21）

　　罐底　1件。TLLG1204：21，泥质红陶。弧腹下收，平底，素面。底径9.1、残高5.4厘米（图165-11）。

　　深腹罐　2件。TLLG1204：25，夹砂褐陶。敛口，圆唇，沿面有凹槽一周。口径24.3、残高2.7厘米（图165-7）。TLLG1204：27，夹砂褐陶。敛口，卷沿，方唇，器身饰密集线纹。口径18、残高4.4厘米（图165-9）。

　　浅腹盆　1件。TLLG1204：17，夹蚌壳灰陶。直口，卷沿，弧腹，上腹施弦纹一周。口径27.9、残高6.5厘米（图165-8）。

　　折腹盆　1件。TLLG1204：19，泥质红陶。侈口圆唇，折腹，上腹内弧，下腹外弧，器身素面。口径28.1、残高5厘米（图165-10）。

　　钵　12件。根据口部形态，可分为三型。

A型　侈口。8件。TLLG1204：18，泥质灰陶。侈口，斜腹，圆唇内凸成棱，器身素面。口径22.4、残高6.1厘米（图166-2）。TLLG1204：6，泥质红陶。侈口，斜腹，圆唇内凸成棱，素面磨光。口径24.7、残高6.4厘米（图166-4）。TLLG1204：11，泥质红陶。侈口，斜腹，圆唇内凸成棱，器身素面。口径26.3、残高4.3厘米（图166-5）。TLLG1204：12，泥质红陶。侈口，斜腹，圆唇内凸成棱，器身素面。口径21.8、残高4.2厘米（图166-6）TLLG1204：14，泥质红陶。侈口，圆唇内凸成棱，器身素面。口径24.1、残高4.2厘米（图166-8）。TLLG1204：22，泥质灰陶。侈口，圆唇内凸成棱，器身素面。口径23、残高4.5厘米（图166-9）。TLLG1204：23，泥质红陶。侈口，弧腹，尖唇内凸成棱，器身素面。口径26.3、残高4.7厘米（图166-10）。TLLG1204：26，泥质红陶。直口，弧腹，圆唇内凸成棱，器身素面。口径23.6、残高3.4厘米（图166-11）。

B型　直口。3件。TLLG1204：8，泥质红陶。直口，尖唇，口沿内外侧均施深红色彩带一周。口径19.6、残高6.2厘米（图166-1）。TLLG1204：15，泥质红陶。直口，尖唇，沿面下3厘米处有一单向穿孔。口径19.7、残高4.6厘米（图166-3）。TLLG1204：13，泥质红陶。直口，尖唇，弧腹，器身素面。口径25.2、残高5.1厘米（图166-7）。

C型　敛口。1件。TLLG1204：7，泥质红陶。敛口，尖唇，鼓腹，素面磨光。口径15.1、残高6.2厘米（图166-12）。

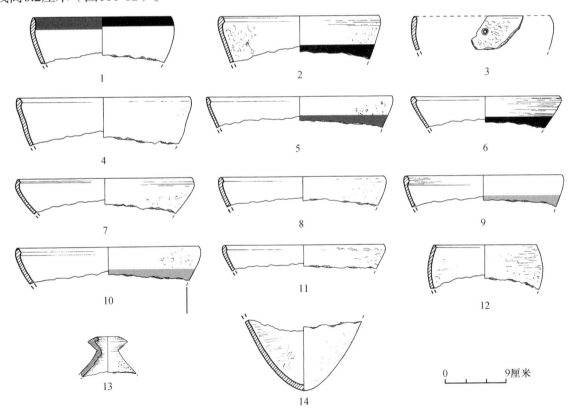

图166　李高遗址仰韶时期标本（二）

1、3、7.B型钵（TLLG1204：8、TLLG1204：15、TLLG1204：13）　2、4～6、8～11.A型钵（TLLG1204：18、TLLG1204：6、TLLG1204：11、TLLG1204：12、TLLG1204：14、TLLG1204：22、TLLG1204：23、TLLG1204：26）　12.C型钵（TLLG1204：7）　13.壶口（TLLG1204：9）　14.尖底瓶底（TLLG1204：2）

尖底瓶底　1件。TLLG1204：2，泥质灰陶。上部残，仅存钝底，器表素面。残高9.5厘米（图166-14）。

壶口　1件。TLLG1204：9，泥质红陶。口径3.7、残高5.6厘米（图166-13）。

十五、南宋遗址

南宋遗址位于屯留县李高乡南宋村西南的坡地上，北侧为北宋村，南为下李高村，地势西高东低，最高点海拔928米，南距李高遗址1.2千米，北距绛河1.8千米（图163）。据2012年的现场勘查，遗址内未发现明显的文化层，仅有4处较小规模的灰坑，灰坑内陶片稀少。本遗址的陶片全部采集于村南的一处田埂，器形有盆、罐、钵，未见彩陶片，根据其形态和纹饰，多数标本的年代应为庙底沟文化之前的仰韶偏早时期，考虑到本遗址遗迹和遗物数量较少，遗存年代较为单一，且陶钵的形态与李高遗址的陶钵属于同一阶段，推测该地应该是李高仰韶文化时期遗址的外缘地带。

采集陶器

钵　4件。根据口部形态，可分二型。

A型　直口。2件。TLNS1204：5，泥质红陶。直口，尖唇，弧腹，下残，素面磨光。口径17.5、残高4.4厘米（图167-3）。TLNS1204：2，泥质灰陶。直口，圆唇，弧腹，下残，素面磨光。口径17.4、残高3.9厘米（图167-4）。

B型　敛口。2件。TLNS1204：1，泥质灰陶。敛口，方唇，斜腹，下残，素面磨光。口径29.7、残高4.9厘米（图167-1）。TLNS1204：6，泥质灰陶。敛口，圆唇，弧腹，下残，素面磨光。口径26、残高3.4厘米（图167-2）。

罐　2件。TLNS1204：3，夹砂褐陶。斜折沿，圆唇，鼓腹，器身饰较密集弦纹。口径23.3、残高7.7厘米（图167-5）。TLNS1204：7，夹砂灰陶。小折沿，圆唇，鼓腹，下残，器

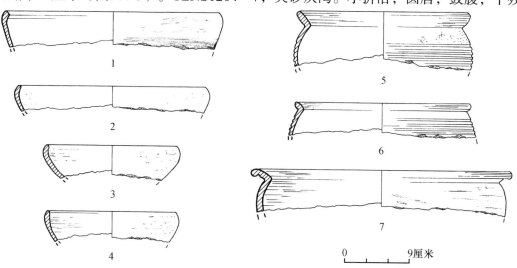

图167　南宋遗址仰韶时期标本
1、2.B型钵（TLNS1204：1、TLNS1204：6）3、4.A型钵（TLNS1204：5、TLNS1204：2）　5、6.罐（TLNS1204：3、
TLNS1204：7）　7.盆（TLNS1204：9）

身饰较密集弦纹。口径23.9、残高4.5厘米（图167-6）。

盆　1件。TLNS1204：9，夹砂褐陶。敛口，折沿外卷，圆唇，鼓腹，下残，器身素面磨光。口径35.5、残高5.8厘米（图167-7）。

十六、北宋遗址

北宋遗址位于屯留县李高乡鸣水村南、南宋村北、绛河南岸的坡地上（图163）。遗址北距绛河约2.3千米，东向临绛河支流——鸡鸣河1.2千米。遗址为西高东低的缓坡地形，东南向被长约400米的冲沟分割，最高点海拔931米，分布范围为南北长350、东西宽300米，面积约10万平方米。遗址在东南冲沟的黄土断面上暴露出明显的文化层，厚度0.7~2米不等。遗物发现于文化层和灰坑中，在遗址东部地表也随处可见灰陶片。遗物中的可辨器形有鬲、瓮、甗、罐、盆、豆、斝等，属于龙山和二里头文化时期，亦有少量仰韶和庙底沟二期陶片。

采集陶器

罐　2件。TLBS1204：1，夹砂褐陶。斜折沿，尖唇，素面磨光。口径26.3、残高4.9厘米（图168-1）。TLBS1204：3，泥质褐陶。侈口，矮斜领，圆唇微垂，领外侧饰抹平篮纹。口径15.9、残高3.7厘米（图168-2）。

罐底　2件。TLBS1204：12，泥质灰陶。下腹斜收，平底，素面磨光。底径11.7、残高6.9厘米（图168-3）。TLBS1204：13，泥质灰陶。大平底，绳纹施至近底部。底径28.3、残高3.7厘米（图168-4）。

瓮　1件。TLBS1204：7，夹砂灰陶。口微敛，直腹，通体饰绳纹。口径36.2、残高6.9厘米（图168-5）。

盆　2件。TLBS1204：6，夹砂灰陶。卷沿，圆唇，颈部以下器身饰绳纹。口径30.7、残高4.8厘米（图168-6）。TLBS1204：2，夹砂灰陶。侈口，卷沿，方唇，沿面压印呈花边状，束颈，腹身饰模糊绳纹。口径28.6、残高8.4厘米（图168-7）。

豆　2件。TLBS1204：5，泥质褐陶。侈口，尖唇，内壁有凸棱一周，表面有快轮修整痕迹，素面磨光。口径20.3、残高3.4厘米（图168-8）。TLBS1204：4，泥质褐陶。喇叭形圈足，素面磨光。底径20.1、残高5.1厘米（图168-9）。

器足　3件。TLBS1204：11，夹砂褐陶。实心锥形足下部残，可见竖向凹槽三道。残高5.4厘米（图168-12）。TLBS1204：14，泥质褐陶。实心锥形足，面饰绳纹。残高4.5厘米（图168-13）。TLBS1204：15，夹砂灰陶。实心锥形足，可见竖向凹槽四道。残高16.7厘米（图168-14）。

腹片　4件。TLBS1204：8，夹砂灰陶。可见横向和斜向泥条按压堆纹，器表饰交错绳纹。残高11.6厘米（图168-10）。TLBS1204：16，泥质灰陶。器表饰横向篮纹。残长10.5厘米（图168-11）。TLBS1204：9，夹砂褐陶。可见横向弦纹，下饰刻划三角几何纹，器表磨光。残高7.4厘米（图168-15）。TLBS1204：10，夹砂褐陶。器表饰方格印纹。残长5.7厘米（图168-16）。

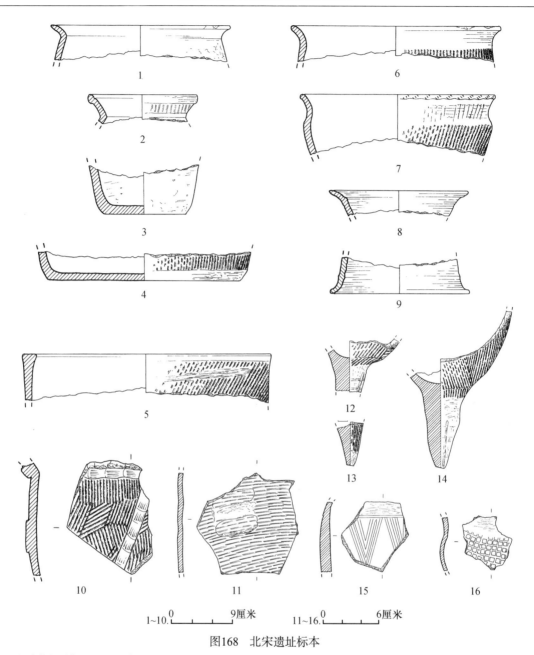

图168　北宋遗址标本

（3为仰韶时期，4、11为庙底沟二期，1、2、5、9、16为龙山时期，6~8、12~15为二里头时期，10为商时期）

1、2.罐（TLBS1204：1、TLBS1204：3）　3、4.罐底（TLBS1204：12、TLBS1204：13）　5.瓮（TLBS1204：7）　6、7.盆（TLBS1204：6、TLBS1204：2）　8、9.豆（TLBS1204：5、TLBS1204：4）　12~14.器足（TLBS1204：11、TLBS1204：14、TLBS1204：15）　10、11、15、16.腹片（TLBS1204：8、TLBS1204：16、TLBS1204：9、TLBS1204：10）

十七、王公庄遗址

王公庄遗址位于屯留县李高乡新鸣村南、北栗村西、绛河南岸的二级阶地上（图169）。遗址北距绛河约2.5千米，东南距东史遗址2千米，地势高亢，最高点海拔933米，分布范围为东西长250、南北宽约300米，面积不超过8万平方米。该遗址的遗迹主要有分布于遗址西部的2处被破坏的小型陶窑，还有分布于遗址南部的1处灰坑，灰坑为标准袋状坑，距地面深度2.4

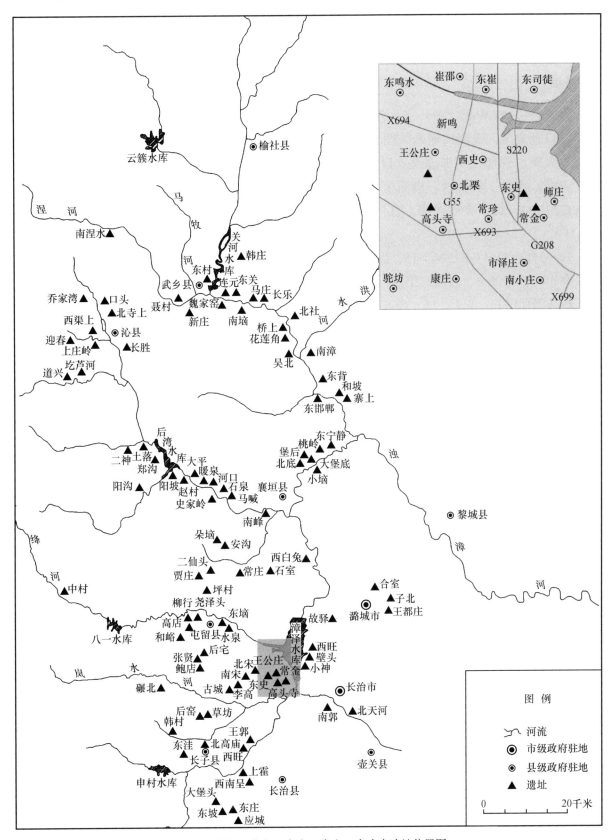

图169　屯留王公庄、东史、常金、高头寺遗址位置图

米。遗物主要采集于遗址北部地表，可辨器形主要有罐、盆、鬲、瓮、瓶等。总体来看，该遗址的遗存以二里头时期为主，也包含了仰韶晚期、龙山和商时期的遗物。

采集陶器

盆　4件。TLWGZ1204：5，侈口，卷沿，弧腹，唇面压印呈花边状，颈部以下器身施绳纹。口径35.6、残高10厘米（图170-1）。TLWGZ1204：7，泥质褐陶。敛口，斜折沿，圆唇，弧腹，颈部以下饰绳纹。口径29.7、残高7.6厘米（图170-2）。TLWGZ1204：14，泥质灰陶。侈口，斜折沿，沿面上翻，腹身饰绳纹。口径25.7、残高5.2厘米（图170-3）。TLWGZ1204：13，夹砂褐陶。直口，折沿，唇面上翻成盘口。口径18.4、残高3.1厘米（图170-11）。

缸　2件。TLWGZ1204：15，泥质灰陶。直口，斜折沿，方唇，沿面上有弦纹两道，器身素面磨光。口径28.6、残高5.2厘米（图170-4）。TLWGZ1204：2，泥质灰陶。斜折沿，尖圆唇，器身素面磨光。口径29.6、残高7.1厘米（图170-5）。

瓮　1件。TLWGZ1204：3，泥质褐陶。敛口，内折沿，腹外弧，沿口及下部素面磨光。口径31.9、残高6.6厘米（图170-6）。

罐　2件。TLWGZ1204：1，夹砂灰陶。敛口，圆唇，鼓腹，腹身饰绳纹。口径12.4、残高8.6厘米（图170-7）。TLWGZ1204：9，夹砂灰陶。上部残，下腹斜收，平底，器表饰交错绳纹。底径9.6、残高8.8厘米（图170-8）。

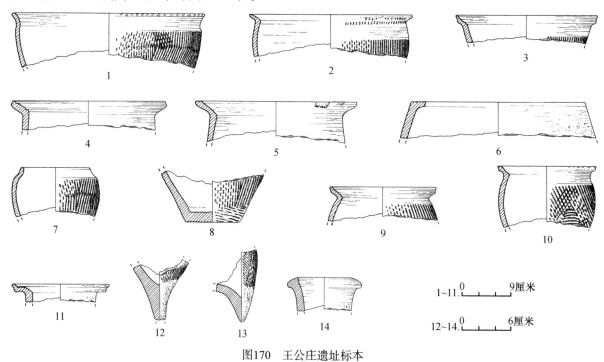

图170　王公庄遗址标本

（14为仰韶晚期，4、5为龙山时期，1、2、6~8、11~13为二里头时期，3、9、10为商时期）

1~3.盆（TLWGZ1204：5、TLWGZ1204：7、TLWGZ1204：14）　4、5.缸（TLWGZ1204：15、TLWGZ1204：2）

6.瓮（TLWGZ1204：3）　7、8.罐（TLWGZ1204：1、TLWGZ1204：9）　9~11.鬲（TLWGZ1204：11、TLWGZ1204：8、

TLWGZ1204：13）　12、13.器足（TLWGZ1204：12、TLWGZ1204：4）　14.瓶口（TLWGZ1204：10）

鬲　2件。TLWGZ1204：11，夹砂灰陶。斜折沿，唇面略上翻，颈部以下饰粗绳纹。口径19.2、残高6厘米（图170-9）。TLWGZ1204：8，夹砂褐陶。斜折沿，方唇，唇面中饰凹槽一周，颈下器表饰交错粗绳纹。口径18.3、残高11.2厘米（图170-10）。TLWGZ1204：13，夹细砂灰陶。直口，卷沿，唇面上翻。口径18.2、残高2.4厘米（图170-11）。

器足　2件。TLWGZ1204：12，夹砂灰陶。锥形实心足，袋状部分外饰绳纹。残高7.3厘米（图170-12）。TLWGZ1204：4，夹砂灰陶。锥形实心足，袋状足上部饰交错绳纹。残高8.2厘米（图170-13）。

瓶口　1件。TLWGZ1204：10，泥质褐陶。侈口，圆唇，弧颈，素面。口径6.2、残高3.9厘米（图170-14）。

十八、东史遗址

东史遗址位于屯留县李高乡东史村南、常珍村东、常金村西的绛河南岸坡地上，东距常金遗址1.7千米（图169）。遗址北临绛河，呈南高北低的缓坡地形，最高点海拔944米。遗址东西长约300、南北宽约150米。该遗址的南部有一段7米长的连续灰层，厚度约1.2米，地表采集的遗物多位于遗址西南部。陶器器形有鬲、罐、瓮、甗、斝、豆等。根据对陶器标本的分析，二里头时期遗物占主体，另有龙山和商时期的少量遗物。

采集陶器

折沿罐　2件。TLDS1204：12，泥质灰陶。斜折沿，尖唇，素面磨光。口径28.3、残高5.2厘米（图171-1）。TLDS1204：5，夹砂褐陶。斜折沿，尖圆唇，鼓腹，腹身饰斜向篮纹。口径18.4、残高5.2厘米（图171-2）。

直口罐　2件。TLDS1204：2，泥质灰陶。直口，圆唇，颈部微弧，颈部以下饰绳纹。口径13.8、残高6.4厘米（图171-3）。TLDS1204：13，泥质褐陶。直口，圆唇，颈部微束，腹微鼓，颈部以下饰交错细绳纹。口径11.6、残高9.5厘米（图171-6）。

罐底　1件。TLDS1204：8，夹砂灰陶。上部残，下腹斜收，平底，器表饰绳纹。底径14.8、残高5.2厘米（图171-4）。

鬲　2件。TLDS1204：3，夹砂灰陶。侈口，圆唇，颈部微束，袋状足，颈部以下饰交错细绳纹。口径10.4、残高12.1厘米（图171-5）。TLDS1204：11，夹砂灰陶。斜折沿，沿面上翻，颈部以下饰绳纹。口径20.5、残高3.4厘米（图171-10）。

豆　1件。TLDS1204：10，泥质褐陶。仅存豆盘上部。侈口，折沿，尖唇，豆盘弧腹，素面磨光。口径23.9、残高6.4厘米（图171-7）。

甗　1件。TLDS1204：4，夹砂褐陶。仅存腰部，腰部饰捺窝状泥条堆纹一周，器表饰细绳纹。腰径13.8、残高7.4厘米（图171-9）。

缸　1件。TLDS1204：14，夹砂褐陶。斜折沿，方唇，颈部泥条按压堆纹三周，腹身饰竖向篮纹。口径36.8、残高7.4厘米（图171-13）。

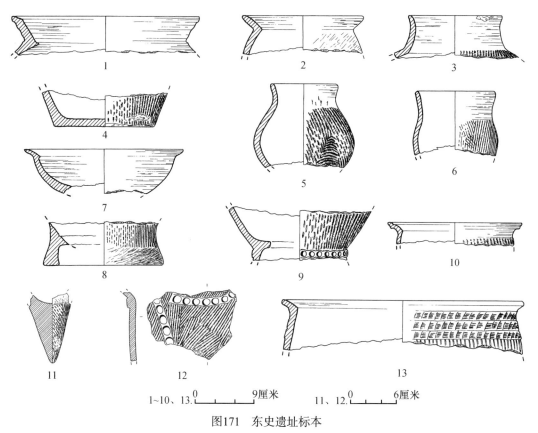

图171　东史遗址标本

（13为庙底沟二期，1、2、11为龙山时期，3～9为二里头时期，10、12为商时期）

1、2.折沿罐（TLDS1204：12、TLDS1204：5）　　3、6.直口罐（TLDS1204：2、TLDS1204：13）　　4.罐底（TLDS1204：8）

5、10.鬲（TLDS1204：3、TLDS1204：11）　　7.豆（TLDS1204：10）　　8.瓮（TLDS1204：1）　　9.甗（TLDS1204：4）

11.器足（TLDS1204：7）　　12.腹片（TLDS1204：6）　　13.缸（TLDS1204：14）

器足　1件。TLDS1204：7，夹砂褐陶。实心锥形足，可见竖向凹槽两道，有横向绑扎痕迹。残高8.3厘米（图171-11）。

腹片　1件。TLDS1204：6，夹砂褐陶。可见横向和斜向泥条按压堆纹，器表饰绳纹。残长12.2、残宽8.7厘米（图171-12）。

十九、常 金 遗 址

常金遗址位于屯留县李高乡东史村南、师庄村西、浊漳河南源漳泽水库西岸的二阶阶地上（图169）。其地势略呈西高东低，最高点海拔为915米，遗址东西宽约200、南北长约250米，总面积约5万平方米。遗址北距绛河1.7千米，东距漳泽水库470米。该处遗址因砖厂长期取土遭受破坏严重，形成东西260、南北170、深度超过2.5米的洼地，仅在西南方向的断面上暴露出散布的中小型灰坑4处。遗物主要采集自4处灰坑和田埂的废弃砖瓦堆中，器形有罐、盆、缸、鬲、甗、瓮、豆、鬶等，种类丰富、数量众多，其中侈口卷沿盆、蛋形瓮、堆纹甗、刻槽足根鬲等时代特色鲜明，属于二里头文化时期，除此之外，有少量的龙山时期陶片标本。

采集陶器

罐　3件。TLCJ1204：27，泥质褐陶。侈口，卷沿，圆唇，束颈，深腹，器身饰弦断绳纹。口径31.5、残高9厘米（图172-1）。TLCJ1204：14，夹砂灰陶。斜折沿，圆唇，束颈，鼓腹，颈部以下饰交错细篮纹。口径22.3、残高7.6厘米（图172-2）。TLCJ1204：41，夹砂灰陶。侈口，斜折沿，圆唇，束颈，圆肩。口径23.9、残高6.3厘米（图172-4）。

罐底　6件。TLCJ1204：16，夹砂褐陶。下腹斜收，平底，通体饰交错绳纹。底径18、残高6.9厘米（图172-3）。TLCJ1204：19，夹砂灰陶。下腹弧收，平底，下腹器表饰交错绳纹。底径18、残高6.2厘米（图172-5）。TLCJ1204：17，夹砂灰陶。弧腹下收，平底，通体饰交错绳纹。底径10.1、残高9.5厘米（图172-6）。TLCJ1204：23，夹砂灰陶。下腹弧收，平底，下腹表面饰交错绳纹。底径14.4、残高5厘米（图172-7）。TLCJ1204：18，泥质灰陶。下腹斜收，平底，腹身饰交错绳纹。底径15.9、残高8.5厘米（图172-8）。TLCJ1204：24，夹砂褐陶。下腹斜收，平底，下腹饰交错绳纹。底径13.8、残高4厘米（图172-9）。

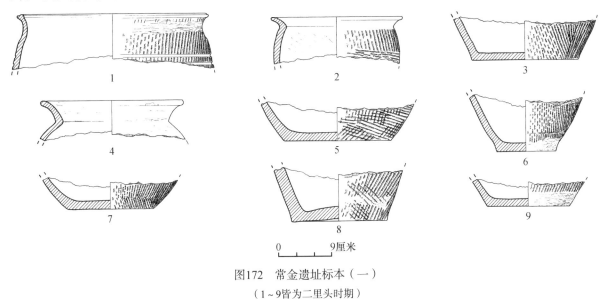

图172　常金遗址标本（一）

（1~9皆为二里头时期）

1、2、4.罐（TLCJ1204：27、TLCJ1204：14、TLCJ1204：41）　3、5~9.罐底（TLCJ1204：16、TLCJ1204：19、TLCJ1204：17、TLCJ1204：23、TLCJ1204：18、TLCJ1204：24）

卷沿盆　14件。根据颈部形态，可分二型。

A型　束颈。8件。TLCJ1204：11，泥质灰陶。卷沿，圆唇，颈部以下腹身饰绳纹。口径31.3、残高8.2厘米（图173-1）。TLCJ1204：42，夹砂灰陶。侈口，卷沿，圆唇，束颈，颈部以下腹身饰细绳纹。口径31.6、残高9.8厘米（图173-2）。TLCJ1204：33，夹砂褐陶。侈口，卷沿，圆唇，束颈，颈部饰楔点一周，其下腹身饰弦断绳纹。口径35.6、残高7.6厘米（图173-3）。TLCJ1204：46，夹砂灰陶。侈口，卷沿，方唇，颈微束，弧腹，颈部以下腹身饰弦断绳纹。口径31.7、残高9.7厘米（图173-6）。TLCJ1204：47，夹砂灰陶。侈口，卷沿，圆唇，唇面压印呈花边状，颈微束，弧腹，颈部饰楔点纹一周，其下腹身饰弦断绳纹。口径32、残高14厘米（图173-8）。TLCJ1204：50，夹砂褐陶。侈口，卷沿，圆唇，颈微束，

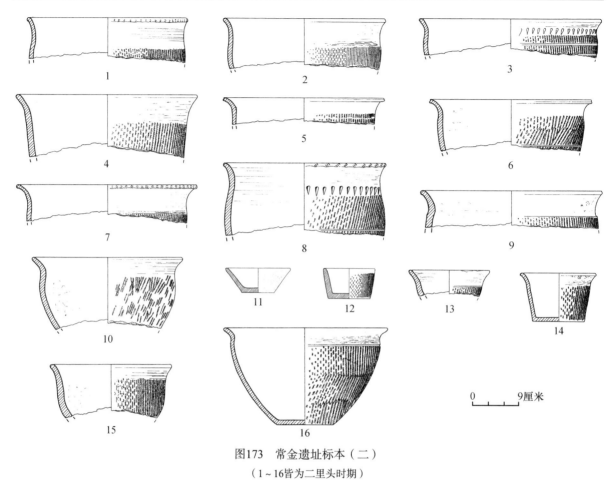

图173　常金遗址标本（二）

（1～16皆为二里头时期）

1～3、6、8～10、16.A型卷沿盆（TLCJ1204：11、TLCJ1204：42、TLCJ1204：33、TLCJ1204：46、TLCJ1204：47、
TLCJ1204：50、TLCJ1204：5、TLCJ1204：4）　　4、5、7、13～15.B型卷沿盆（TLCJ1204：44、TLCJ1204：48、
TLCJ1204：49、TLCJ1204：3、TLCJ1204：43、TLCJ1204：45）　　11、12.斜腹盆（TLCJ1204：1、TLCJ1204：2）

颈部以下腹身饰细绳纹。口径35.3、残高7.2厘米（图173-9）。TLCJ1204：5，夹砂灰陶。侈口，卷沿，圆唇，颈部微束，弧腹，器身饰细绳纹。口径29.6、残高13.3厘米（图173-10）。TLCJ1204：4，泥质灰陶。侈口，卷沿，颈部微束，弧腹，口沿下饰弦纹一周，其下器身饰散乱绳纹。口径32.5、底径10.8、残高18.8厘米（图173-16）。

　　B型　束颈不明显或未见束颈。6件。TLCJ1204：44，夹砂褐陶。侈口，卷沿，圆唇，颈部以下器身饰弦断绳纹。口径35.7、残高12厘米（图173-4）。TLCJ1204：48，夹砂灰陶。侈口，卷沿，方唇，腹较直，颈部以下器身饰弦断绳纹。口径31.6、残高4.8厘米（图173-5）。TLCJ1204：49，泥质褐陶。侈口，卷沿，圆唇，唇面压印呈花边状，颈部以下器身饰绳纹。口径35.8、残高7.3厘米（图173-7）。TLCJ1204：45，夹砂灰陶。侈口，卷沿，圆唇，弧腹，颈部以下器身饰绳纹。口径15.6、残高4.9厘米（图173-13）。TLCJ1204：3，夹砂灰陶。侈口，卷沿，圆唇，斜腹，平底，颈部以下饰绳纹。口径14.8、底径10.4、高9厘米（图173-14；图版39-1）。TLCJ1204：43，夹砂灰陶。侈口，卷沿，圆唇，颈部以下器身饰细绳纹。口径24、残高10.3厘米（图173-15）。

　　斜腹盆　2件。TLCJ1204：1，泥质灰陶。敞口，圆唇，斜腹，平底，素面。口径12.6、底径6.4、高4.8厘米（图173-11；图版39-2）。TLCJ1204：2，泥质灰陶。敞口，圆唇，斜腹，绳纹抹平。口径10.5、底径8.2、高5.9厘米（图173-12；图版39-3）。

瓮　5件。根据沿部形态，可分二型。

A型　敛口。2件。TLCJ1204：26，泥质灰陶。敛口，平沿，素面磨光。口径32.4、残高8.6厘米（图174-1）。TLCJ1204：28，夹砂灰陶。敛口，平沿，素面磨光。口径26.1、残高9.9厘米（图174-2）。

B型　敛口，内折沿。3件。皆夹砂灰陶，素面。TLCJ1204：29，口径30、残高8.5厘米（图174-3）。TLCJ1204：30，口径32、残高8.1厘米（图174-4）。TLCJ1204：31，口径20.1、残高6.4厘米（图174-5）。

瓮底　3件。皆为圈足底。TLCJ1204：22，泥质褐陶。上下均残，仅剩瓮底，圜底，通体交错粗绳纹。残高7.3厘米（图174-6）。TLCJ1204：21，夹砂褐陶。上部残，仅剩圈足及瓮底，圈足微内撇，平底，通体细绳纹。底径21、残高4.8厘米（图174-7）。TLCJ1204：20，夹砂褐陶。上部残，仅剩圈足及瓮底，圈足微外撇，圜底，通体粗绳纹。底径15.7、残高9.2厘米（图174-8）。

盘　1件。TLCJ1204：10，泥质褐陶。侈口，宽折沿，沿面略凹，凹底，浅腹。口径25.4、残高3厘米（图174-9）。

缸　1件。TLCJ1204：7，泥质灰陶。斜折沿，方唇，束颈，筒形腹，唇面压印索状花边，上腹饰弦纹两周。口径30.6、残高8.7厘米（图174-10）。

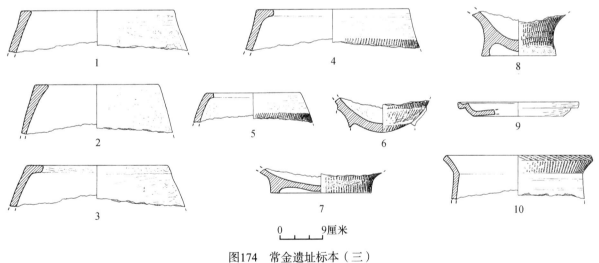

图174　常金遗址标本（三）
（10为龙山时期，1～9为二里头时期）

1、2.A型瓮（TLCJ1204：26、TLCJ1204：28）　3～5.B型瓮（TLCJ1204：29、TLCJ1204：30、TLCJ1204：31）

6～8.瓮底（TLCJ1204：22、TLCJ1204：21、TLCJ1204：20）　9.盘（TLCJ1204：10）　10.缸（TLCJ1204：7）

鬲　3件。根据颈部形态，可分二型。

A型　长颈。2件。TLCJ1204：6，泥质灰陶。侈口，圆唇，高领，腹身饰细绳纹。口径15.2、残高9.2厘米（图175-10）。TLCJ1204：8，泥质灰陶。侈口，圆唇，高领，腹身饰细绳纹。口径13.9、残高7.2厘米（图175-11）。

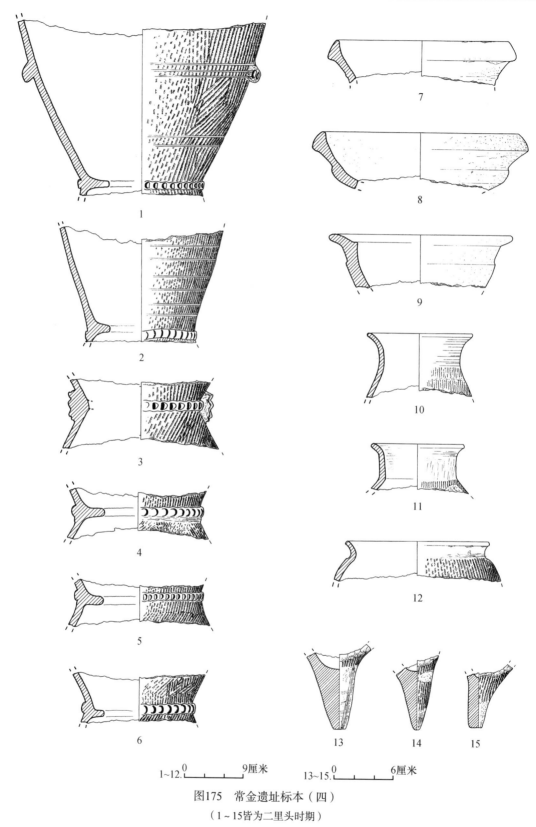

1~12. 0   9厘米   13~15. 0   6厘米

图175 常金遗址标本（四）

（1~15皆为二里头时期）

1~6.甗（TLCJ1204：34、TLCJ1204：39、TLCJ1204：13、TLCJ1204：37、TLCJ1204：38、TLCJ1204：40）

7~9.豆（TLCJ1204：32、TLCJ1204：25、TLCJ1204：12） 10~12.鬲（TLCJ1204：6、TLCJ1204：8、

TLCJ1204：9） 13~15.器足（TLCJ1204：36、TLCJ1204：15、TLCJ1204：35）

B型 短颈。1件。TLCJ1204：9，泥质灰陶。侈口，圆唇，束颈，鼓腹，腹身饰绳纹。口径21.3、残高5.6厘米（图175-12）。

甗 6件。均夹砂灰陶，腰部均饰捺窝状泥条堆纹。TLCJ1204：34，仅存腰部以上部分，上腹存一小鋬，器身饰弦断绳纹。腰径18.5、残高26.1厘米（图175-1）。TLCJ1204：39，存上腹，器身饰弦断绳纹。腰径16.5、残高17.1厘米（图175-2）。TLCJ1204：13，仅存腰部，腰部饰横向捺窝状堆纹和竖向鸡冠形堆纹。腰径18.3、残高10.2厘米（图175-3）。TLCJ1204：37，仅存腰部，器身饰绳纹。腰径17.9、残高7.2厘米（图175-4）。TLCJ1204：38，仅存腰部，器身饰绳纹。腰径17.2、残高6.6厘米（图175-5）。TLCJ1204：40，仅存腰部，器表饰绳纹。腰径16.8、残高7.4厘米（图175-6）。

豆 3件。TLCJ1204：32，夹砂灰陶。侈口，尖圆唇，唇面下垂，器表磨光。口径25.6、残高6.6厘米（图175-7）。TLCJ1204：25，泥质褐陶。侈口，尖圆唇，唇面下垂，器表磨光。口径29.4、残高8.2厘米（图175-8）。TLCJ1204：12，泥质灰陶。侈口，圆唇，盘内有凸棱一周，器表磨光。口径28.1、残高7.4厘米（图175-9）。

器足 3件。TLCJ1204：36，夹砂褐陶。实心锥形足，可见竖向凹槽三道及横向刮削痕。残高8.3厘米（图175-13）。TLCJ1204：15，夹砂褐陶。实心锥形足，依稀可见竖向凹槽痕迹。残高7.3厘米（图175-14）。TLCJ1204：35，夹砂褐陶。实心锥形足，足底部分磨平较甚。残高6.3厘米（图175-15）。

二十、高头寺遗址

高头寺遗址位于屯留县李高乡高头寺村东，其东为常珍村，西为坨坊村，南为康庄，北为北栗村，其东部和北部分别有二广高速公路和县级公路X693穿过（图169）。遗址处于浊漳南源西岸的二级阶地上，地势南高北低，距离漳河南源干流河床约2.5千米，最高点海拔931米。在2012年的调查中，该遗址未发现明显的遗迹现象，史前文化遗物全部采集于村东的农田地表。遗物包括陶罐、瓮、甗、豆、鬲和石斧等，其中高领罐、绳纹甗、圈足瓮等具有鲜明的时代和地域特征。根据其形态和质地分析，标本最早年代为庙底沟二期文化阶段，多数遗物属于二里头文化阶段。考虑到其东侧1.4千米处为常金二里头时期文化遗址，因此高头寺遗址与后者在该时期存在着密切的联系，可能属于常金二里头时期聚落的外缘。

1. 采集陶器

高领罐 1件。TLGTS1204：4，泥质灰陶。侈口，卷沿，圆唇，高领，素面。口径16.4、残高8厘米（图176-3）。

瓮 1件。TLGTS1204：1，夹砂灰陶。敛口，方唇，腹微鼓，沿下泥条按压堆纹四周，其下器表饰绳纹。口径36.7、残高9.4厘米（图176-1）。

甗 1件。TLGTS1204：5，夹砂灰陶。侈口，卷沿，圆唇，弧腹，器身中部偏下见鸡冠形鋬手，器表饰弦断绳纹。口径32.4、残高11.6厘米（图176-2）。

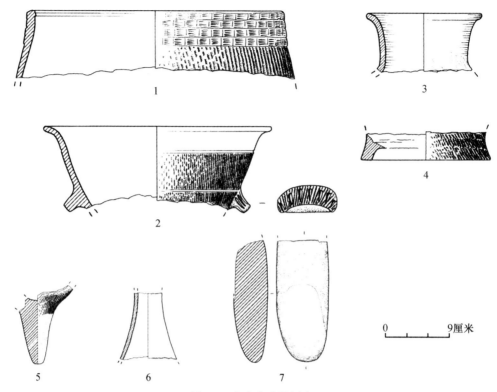

图176　高头寺遗址标本

（1、3为庙底沟二期，6为龙山时期，2、4、5为二里头时期，7年代不明）

1.瓮（TLGTS1204：1）　2.甗（TLGTS1204：5）　3.高领罐（TLGTS1204：4）　4.圈足（TLGTS1204：7）
5.器足（TLGTS1204：6）　6.豆柄（TLGTS1204：12）　7.石斧（TLGTS1204：3）

豆柄　1件。TLGTS1204：12，泥质灰陶。上下皆残，高柄，素面。残高8.9厘米（图176-6）。

圈足　1件。TLGTS1204：7，泥质灰陶。圈足外撇，器表饰绳纹。底径18.1、3.8厘米（图176-4）。

器足　1件。TLGTS1204：6，夹砂灰陶。实心锥形足，根部素面。残高10.6厘米（图176-5）。

2. 采集石器

石斧　1件。TLGTS1204：3，黑色花岗岩。残，正面略成舌形，双面刃，刃部较钝。磨制。残长16.7、宽7.4、厚4.6厘米（图176-7）。

二十一、后宅遗址

后宅遗址位于屯留县西贾乡后宅村南，其东为西魏村，西为东庄村，南为张贤村，北为西贾村（图177）。遗址位于鸡鸣河南岸的二级台地上，距河床直线距离约0.3千米，地势北低南高，最高点海拔949米。后宅遗址在20世纪的考古调查活动中被发现，根据勘察，该遗址遗物

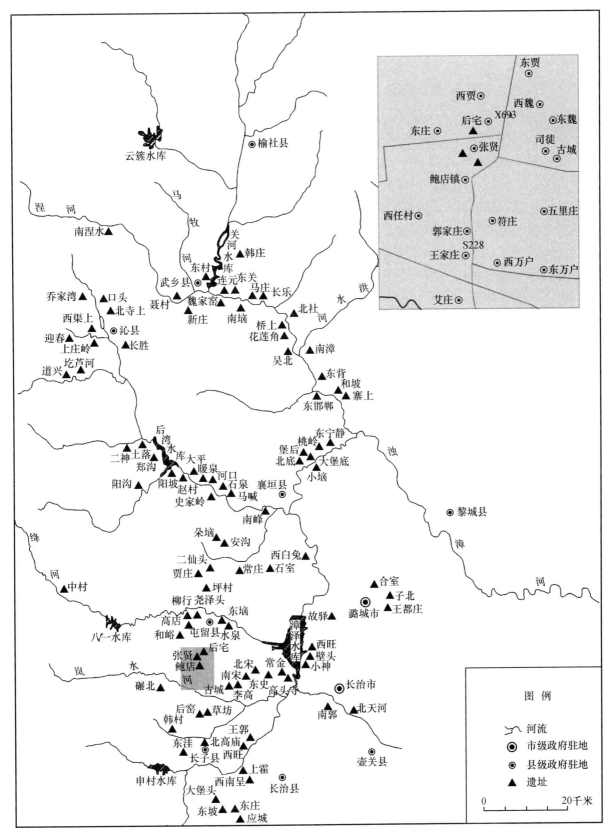

图177　屯留后宅、张贤、长子鲍店遗址位置图

和遗迹分散在东西约530、南北约470米的范围内。发现的遗迹包括5处灰坑、7米长的灰层堆积和已残毁的1处陶窑。遗物包括陶器和石器，陶器主要有罐、盆、瓮、鬲等，其中陶罐种类丰富，数量较大，还发现了3件白陶残器。根据对陶器的类型分析，遗物的主体年代为庙底沟二期至二里头文化时期，少量的仰韶遗物可能与其南邻的张贤遗址有关。

1. 采集陶器

　　深腹罐　4件。TLHZ1306：2，夹砂灰陶。斜折沿，圆唇，筒状腹，沿外下侧可见模糊横向篮纹。口径29.7、残高7.9厘米（图178-1）。TLHZ1306：7，泥质灰陶。斜折沿，圆唇，筒状腹，素面。口径31.3、残高6.4厘米（图178-2）。TLHZ1306：4，夹砂灰陶。斜折沿，方唇，唇面压印呈花边状，颈部泥条按压堆纹一周，器表饰竖向篮纹。口径30.7、残高5.3厘米（图178-3）。TLHZ1306：6，夹砂灰陶。斜折沿，方唇，唇面压印呈索状花边，腹身素面。口径29.1、残高6.4厘米（图178-4）。

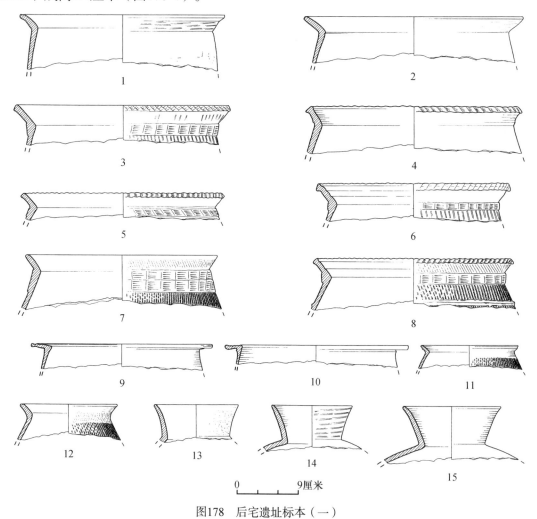

图178　后宅遗址标本（一）
（10为仰韶晚期，1～9、13～15为庙底沟二期，11、12为龙山时期）

1～4.深腹罐（TLHZ1306：2、TLHZ1306：7、TLHZ1306：4、TLHZ1306：6）　5～8.鼓腹罐（TLHZ1306：5、TLHZ1306：13、TLHZ1306：9、TLHZ1306：14）　9、10.白陶罐（TLHZ1306：12、TLHZ1306：19）　11、12.小罐（TLHZ1306：17、TLHZ1306：11）　13～15.高领罐（TLHZ1306：10、TLHZ1306：21、TLHZ1306：22）

鼓腹罐 4件。TLHZ1306：5，夹砂褐陶。斜折沿，方唇，唇面压印索状花边，颈部泥条按压堆纹一周。口径29.1、残高3.6厘米（图178-5）。TLHZ1306：13，夹砂灰陶。斜折沿，方唇，唇面压印呈索状花边，颈部泥条按压堆纹一周，器身饰竖向篮纹。口径27.6、残高5.4厘米（图178-6）。TLHZ1306：9，夹砂灰陶。斜折沿，圆唇，颈部泥条按压堆纹两周，器身饰绳纹。口径27.9、残高7.4厘米（图178-7）。TLHZ1306：14，夹砂灰陶。斜折沿，方唇，唇面压印呈索状，颈部泥条按压堆纹一周，肩部饰细泥条堆纹一周，器身饰绳纹。口径28.1、残高6.9厘米（图178-8）。

高领罐 3件。TLHZ1306：10，泥质灰陶。侈口，弧形领。口径12.2、残高4.8厘米（图178-13）。TLHZ1306：21，泥质灰陶。侈口，弧形领，领部可见较模糊横向篮纹。口径11.7、残高6.4厘米（图178-14）。TLHZ1306：22，泥质灰陶。侈口，弧形领，鼓肩。口径14.3、残高8.2厘米（图178-15）。

小罐 2件。TLHZ1306：17，夹砂灰陶。斜折沿，方唇，唇面有凹槽，鼓腹，器身饰绳纹。口径13.8、残高3.2厘米（图178-11）。TLHZ1306：11，夹砂灰陶。斜折沿，圆唇，束颈，鼓腹，器身饰绳纹。口径13.6、残高5厘米（图178-12）。

白陶罐 2件。TLHZ1306：12，灰白陶。敛口，宽平折沿，沿面见凹槽两周，素面，器壁薄，硬度高。口径26.5、残高3.4厘米（图178-9）。TLHZ1306：19，泥质白陶。敛口，宽平折沿，沿面见凹槽三周，素面，器壁薄，硬度高。口径26.2、残高2.9厘米（图178-10）。TLHZ1306：15，泥质白陶。弧腹下收，凹底，素面。底径16.5、残高5.2厘米（图179-7）。

盆 1件。TLHZ1306：37，夹砂灰陶。卷沿，圆唇，束颈，颈部以下器身饰绳纹。口径32.3、残高7.5厘米（图179-1）。

瓮 2件。TLHZ1306：1，夹砂褐陶。敛口，方唇，鼓腹，器表饰交错绳纹。口径31.7、残高3.5厘米（图179-2）。TLHZ1306：16，夹砂红陶。敛口，唇面有凹槽一周，鼓腹，器表素面。口径18.9、残高4.8厘米（图179-5）。

器盖 2件。TLHZ1306：38，夹砂灰陶。覆盆状，器壁外弧，素面。底径20.3、残高4.6厘米（图179-3）。TLHZ1306：3，泥质褐陶。覆盆状，器壁外弧，素面。口径14.1、残高6.2厘米（图179-4）。

鬲 1件。TLHZ1306：36，夹砂褐陶。卷沿，尖唇，沿下压印呈齿轮状花边，腹身饰绳纹。口径20.4、残高8.6厘米（图179-6）。

豆柄 1件。TLHZ1306：20，泥质灰陶。喇叭形足。底径14.1、残高4.9厘米（图179-8）。

器足 3件。TLHZ1306：18，泥质红陶。锥形空心足，器表素面，有刮削痕迹。残高9.2厘米（图179-10）。TLHZ1306：34，夹砂灰陶。锥形足，通体饰绳纹。残高8.2厘米（图179-11）。TLHZ1306：33，夹砂灰陶。锥形实心足，竖向凹槽四道，横向有绑扎痕迹。残高10.3厘米（图179-12）。

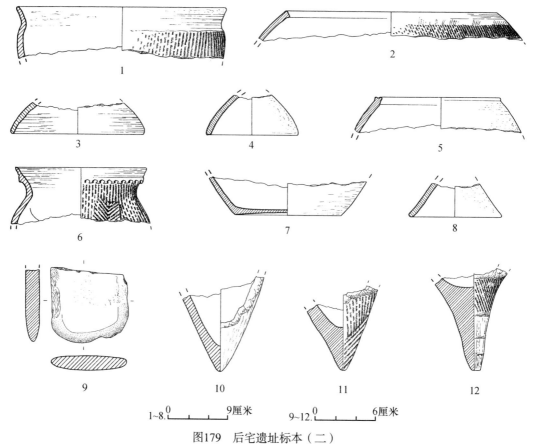

图179　后宅遗址标本（二）

（5、7为仰韶晚期，4、8为庙底沟二期，3、6、10、11为龙山时期，1、2、9、12为二里头时期）

1.盆（TLHZ1306∶37）　　2、5.瓮（TLHZ1306∶1、TLHZ1306∶16）　　3、4.器盖（TLHZ1306∶38、TLHZ1306∶3）

6.鬲（TLHZ1306∶36）　　7.罐底（TLHZ1306∶15）　　8.豆柄（TLHZ1306∶20）　　9.石铲（TLHZ1306∶31）

10~12.器足（TLHZ1306∶18、TLHZ1306∶34、TLHZ1306∶33）

2. 采集石器

　　石铲　1件。TLHZ1306∶31，石灰岩。通体磨光，刃部明显。磨制。残长6.9、厚1.4厘米（图179-9）。

二十二、张贤遗址

　　张贤遗址位于屯留县西贾乡张贤村南、长子县鲍店北街村北、绛河支流鸡鸣河南岸的台地上（图177）。遗址北距鸡鸣河950米，视野开阔，略呈南高北低，最高海拔957米。遗址东部长期作为附近砖窑取土地点，破坏严重，形成长宽均超百米、深超6米的深坑。在黄土断面上可见连续分布的灰层约40米和散布的大小灰坑8处。该遗址的遗物主要采集于灰坑H1、取土过后的农田地表和省级公路S228北侧。陶器的主要器形有罐、盆、壶、瓶、钵、鬲、甗等（图版36-1）。H1遗存属于仰韶文化中期，其他采集的标本分属于仰韶至商各文化时期。

1. H1陶器

彩陶盆　1件。H1：3，泥质红陶。敛口，折沿外卷，圆唇，上腹微鼓下腹内弧，小平底，器表磨光，沿部及上腹部饰黑彩勾叶纹。口径26、底径6.9、高10.2厘米（图180-1；图版36-2）。

盆　2件。H1：6，泥质红陶。口微敛，圆唇，唇面外突加厚，弧腹，底部内凹，器表素面磨光。口径17.1、底径8.5、高8.6厘米（图180-3；图版37-2）。H1：5，泥质红陶。口近直，折沿微外卷，圆唇，弧腹，平底。器表磨光，口沿下有两处穿孔。口径29.7、底径10.6、高10.1厘米（图180-4；图版37-1）。

钵　1件。H1：2，泥质红陶。口微敛，圆唇，弧腹下收，底微凹，上腹饰黑彩三角弧线纹。口径31.7、底径11.7、高11.6厘米（图180-2；图版36-3）。

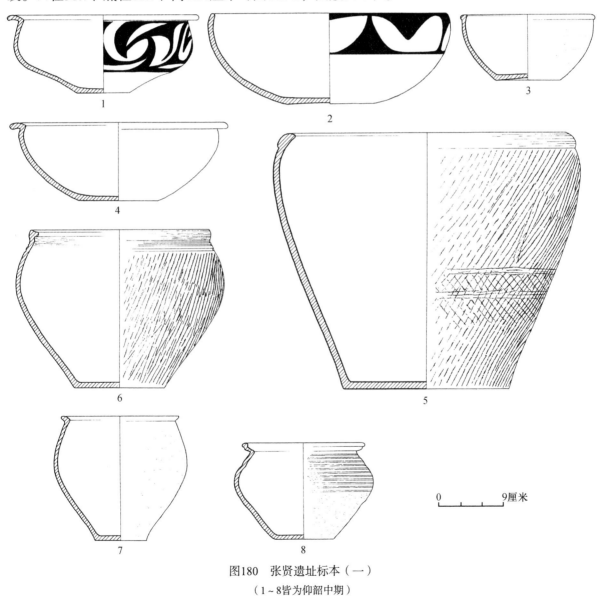

图180　张贤遗址标本（一）

（1~8皆为仰韶中期）

1.彩陶盆（H1：3）　2.钵（H1：2）　3、4.盆（H1：6、H1：5）　5.瓮（H1：1）　6~8.罐（H1：4、H1：7、H1：8）

瓮　1件。H1：1，夹粗砂、石英褐陶。敛口，叠唇，器身上部略鼓，下腹斜收，大平底。器身饰较散乱线纹。口径38.2、底径22.4、高33.3厘米（图180-5；图版37-3）。

罐　3件。H1：4，夹砂褐陶。敛口，圆唇，上腹外鼓，下腹斜收，平底，口沿下饰弦纹四周，腹部饰粗线纹。口径24.4、底径12.2、高20.7厘米（图180-6；图版37-4）。H1：7，泥质褐陶。敛口，折沿，圆唇，鼓腹斜收，小平底。器表素面磨光。口径15.4、底径6.9、高16.4厘米（图180-7；图版38-1）。H1：8，夹砂褐陶。敛口，折沿，圆唇，唇面上翻，鼓腹，平底。上腹饰密集弦纹。口径16.1、底径8、高12.5厘米（图180-8；图版38-2）。

2. 采集陶器

鼓腹罐　13件。TLZX1204：12，夹砂褐陶。斜折沿，方唇，鼓腹，唇面压印呈花边状，颈部及腹部泥条按压堆纹两周，器表饰斜方格纹。口径14.4、残高8.3厘米（图181-1）。TLZX1204：8，夹砂褐陶。斜折沿，尖唇，鼓腹，通体饰横向篮纹。口径12.6、残高7.7厘米（图181-2）。TLZX1204：11，夹砂褐陶。斜折沿，方唇，鼓腹，沿部压印呈花边状，颈部泥条按压堆纹一周，腹身饰斜方格纹。口径13.7、残高5.4厘米（图181-3）。TLZX1204：17，夹砂褐陶。斜折沿，尖唇，鼓腹，器表饰斜向篮纹。口径12.7、残高4.6厘米（图181-4）。TLZX1204：18，夹砂褐陶。敛口，斜折沿，方唇，颈部以下器身饰绳纹。口径15.5、残高5.8厘米（图181-5）。TLZX1204：15，夹砂褐陶。斜折沿，方唇，沿部压印索纹，颈部以下饰绳纹。口径14.4、残高3.6厘米（图181-6）。TLZX1204：5，泥质褐陶。仅存下半部，弧腹斜收，平底，腹身饰横向篮纹。底径9、残高8.1厘米（图181-7）。TLZX1204：22，夹砂褐陶。斜折沿，尖唇，唇面压印呈花边状，颈部泥条堆纹一周，腹部有明显斜向刮削痕迹。口径

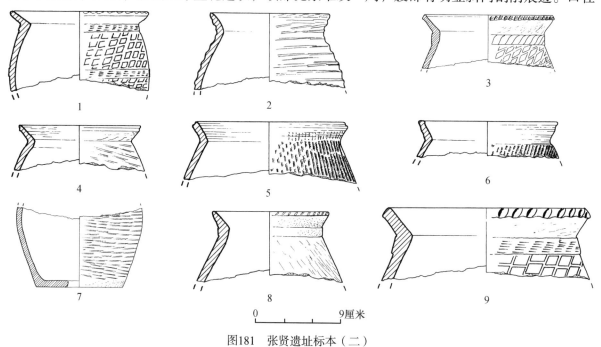

0　　　　　　9厘米

图181　张贤遗址标本（二）

（1~4、7~9为庙底沟二期，5、6为龙山时期）

1~9.鼓腹罐（TLZX1204：12、TLZX1204：8、TLZX1204：11、TLZX1204：17、TLZX1204：18、TLZX1204：15、
TLZX1204：5、TLZX1204：22、TLZX1204：20）

12.2、残高7.2厘米（图181-8）。TLZX1204：20，夹砂褐陶。斜折沿，方唇，鼓腹，唇面压印索状纹，颈部泥条堆纹一周，器表饰方格纹。口径20.2、残高7.6厘米（图181-9）。

深腹罐 6件。TLZX1204：13，夹砂灰陶。斜折沿，圆唇，腹部泥条按压堆纹一周，器表饰横向篮纹。口径23.4、残高7.7厘米（图182-1）。TLZX1204：14，夹砂灰陶。斜折沿，圆唇，腹身饰竖向篮纹。口径21.7、残高7.6厘米（图182-2）。TLZX1204：23，夹砂褐陶。斜折沿，圆唇，颈部泥条按压堆纹一周，腹身饰横向篮纹。口径19.4、残高6.7厘米（图182-3）。

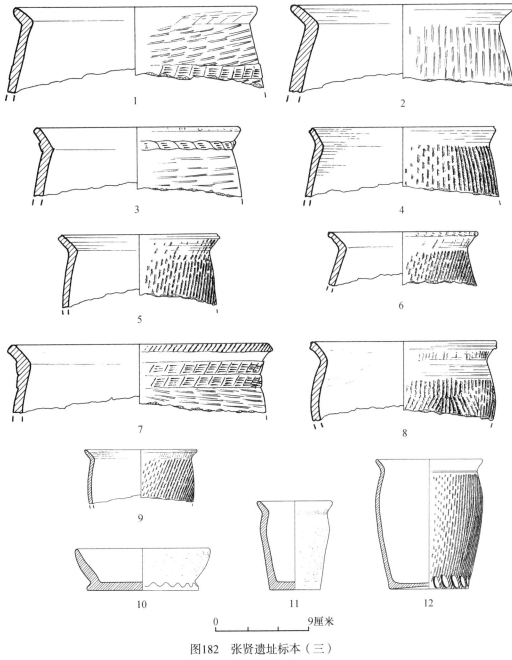

图182 张贤遗址标本（三）

（10～12为仰韶中期，1～3、7为庙底沟二期，4～6、9为龙山时期，8为商时期）

1～6. 深腹罐（TLZX1204：13、TLZX1204：14、TLZX1204：23、TLZX1204：19、TLZX1204：10、TLZX1204：6）

7. 缸（TLZX1204：9） 8. 鬲（TLZX1204：7） 9、11、12. 小罐（TLZX1204：16、TLZX1204：1、TLZX1204：3）

10. 器盖（TLZX1204：2）

TLZX1204：19，夹砂褐陶。斜折沿，方唇，颈部以下腹身饰绳纹。口径17.8、残高6.5厘米（图182-4）。TLZX1204：10，夹砂褐陶。斜折沿，方唇，器表饰绳纹。口径15.1、残高6.8厘米（图182-5）。TLZX1204：6，夹砂灰陶。斜折沿，方唇，沿部以下饰绳纹。口径14.4、残高4.9厘米（图182-6）。

小罐　3件，复原2件。体型较小。TLZX1204：16，夹细砂灰陶。斜折沿，尖唇，腹微鼓，颈部以下器身饰绳纹。口径10.7、残高4.7厘米（图182-9）。TLZX1204：1，泥质褐陶。斜折沿，圆唇，上腹微鼓下腹斜直，平底，素面，沿下有一单向穿孔。口径7.1、底径4.9、高8.3厘米（图182-11）。TLZX1204：3，泥质灰陶。斜折沿，圆唇，腹部微鼓，底部内凹，通体饰绳纹，下腹近底有捺窝一周。口径10.4、底径7.7、高12.2厘米（图182-12；图版38-4）。

缸　1件。TLZX1204：9，夹砂灰陶。口微敛，斜折沿，方唇，唇面压印索状花边，颈部泥条按压堆纹两周，腹身饰横向篮纹。口径24.5、残高6.5厘米（图182-7）。

鬲　1件。TLZX1204：7，夹砂灰陶。卷沿，方唇，腹身饰交错绳纹。口径18.1、残高7.6厘米（图182-8）。

器盖　1件。TLZX1204：2，泥质褐陶。齿轮状捉手，腹壁外弧。口径13、底径10.8、高4厘米（图182-10；图版38-3）。

第五节　长　子　县

一、鲍店遗址

鲍店遗址位于长子县鲍店北街村北、绛河支流鸡鸣河南岸的台地上，距离屯留县西贾乡张贤遗址约300米（图177）。遗址北距鸡鸣河约800米，地势平整，海拔956米。遗址目前被村落占压严重，在2012年的考古调查中，在村东取土形成的黄土断崖上发现唐、明代砖室墓和约长20米的早期文化灰层，遗物多采集于取土后的林地地面，另外，在省级公路S228北侧也采集到大量的早期文化遗物。遗物主要为陶器，器形包括罐、鬲、盆、瓮、豆等，通过对陶器的分析，庙底沟二期文化、龙山文化、商代殷墟时期的遗物占主体，也存在少量的二里头文化时期遗物。

采集陶器

深腹罐　7件。ZZBD1204：9，夹砂灰陶。斜折沿，方唇，沿面压印索纹，颈部泥条按压堆纹一周，其下细泥条堆纹一周，器表饰竖向篮纹。口径36.8、残高7.4厘米（图183-1）。ZZBD1204：19，夹砂褐陶。斜折沿，方唇，沿面压印索纹，肩部细泥条堆纹一周，器表饰竖向篮纹。口径28.3、残高7.6厘米（图183-2）。ZZBD1204：6，夹砂灰陶。斜折沿，方唇，唇面压印呈花边状，颈部泥条按压堆纹一周，其下器身饰竖向篮纹。口径36.4、残高6.8厘米（图183-3）。ZZBD1204：18，夹砂灰陶。斜折沿，方唇，沿面压印索纹，颈部及肩部饰细泥条堆纹两周，器表饰竖向篮纹。口径24、残高6.4厘米（图183-4）。ZZBD1204：15，夹砂灰陶。斜

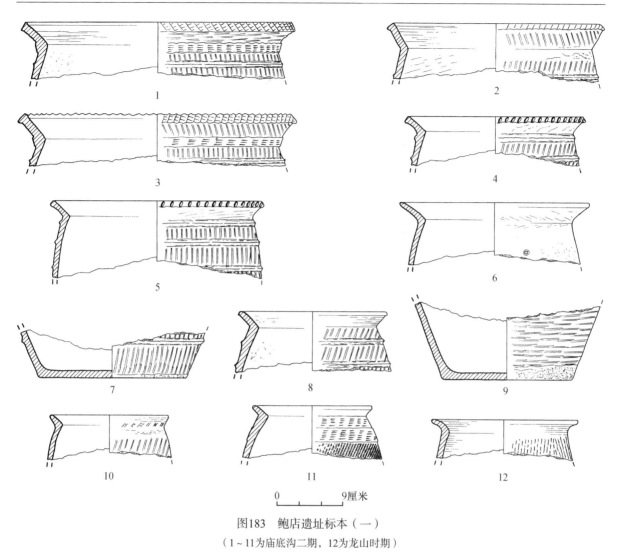

图183 鲍店遗址标本（一）

（1～11为庙底沟二期，12为龙山时期）

1～5、10、12.深腹罐（ZZBD1204：9、ZZBD1204：19、ZZBD1204：6、ZZBD1204：18、ZZBD1204：15、ZZBD1204：5、
ZZBD1204：16） 6、8、11.鼓腹罐（ZZBD1204：1、ZZBD1204：11、ZZBD1204：8） 7、9.罐底（ZZBD1204：26、
ZZBD1204：27）

折沿，方唇，沿面压印索纹，颈部及肩部饰细泥条堆纹三周，器表饰竖向篮纹。口径28.1、残高10.4厘米（图183-5）。ZZBD1204：5，夹砂灰陶。斜折沿，尖唇，颈部泥条堆纹一周，颈部以下饰竖向篮纹。口径16.1、残高5.6厘米（图183-10）。ZZBD1204：16，夹砂褐陶。折沿略外卷，尖圆唇，颈部以下饰绳纹。口径20.3、残高5.2厘米（图183-12）。

鼓腹罐 3件。ZZBD1204：1，夹砂灰陶。宽折沿，圆唇，鼓腹，肩部有一个单向穿孔，器表素面。口径26、残高7.9厘米（图183-6）。ZZBD1204：11，夹砂灰陶。斜折沿，方唇，上腹部饰细泥条堆纹两周，器身饰竖向篮纹。口径19.8、残高7.9厘米（图183-8）。ZZBD1204：8，夹砂灰陶。斜折沿，方唇，沿面压印索纹，颈部泥条按压堆纹两周，腹身饰绳纹。口径16、残高6.9厘米（图183-11）。

罐底 2件。ZZBD1204：26，夹砂褐陶。上部残，下腹斜收，平底，器表饰竖向篮纹，近底部饰横向细泥条堆纹一周。底径19.6、高6厘米（图183-7）。ZZBD1204：27，泥质灰陶。上部残，下腹斜收，平底，器表饰斜向篮纹。底径18.3、高10.4厘米（图183-9）。

鬲　4件。ZZBD1204：4，夹砂灰陶。斜折沿，沿面上翻，器表饰斜向粗绳纹。口径32.4、残高12.9厘米（图184-1）。ZZBD1204：7，夹砂灰陶。斜折沿，沿面略上翻，腹身饰绳纹。口径18.4、残高5.8厘米（图184-2）。ZZBD1204：20，泥质灰陶。斜折沿，唇面略内勾，腹身饰绳纹。口径16.1、残高5.8厘米（图184-4）。ZZBD1204：23，夹砂褐陶。斜折沿，沿面上翻，腹身饰斜向绳纹。口径19.7、残高6.4厘米（图184-6）。

鬲足　1件。ZZBD1204：28，夹砂褐陶。实心锥形足，近足底有竖向刮刻痕迹数道。残高8.8厘米（图184-15）。

侈口盆　2件。ZZBD1204：2，泥质褐陶。侈口，方唇，弧腹，器表饰横向篮纹。口径28.4、残高9.3厘米（图184-3）。ZZBD1204：27，泥质灰陶。侈口，方唇，弧腹，器表饰横向篮纹。口径28.3、残高5.3厘米（图184-5）。

卷沿盆　2件。ZZBD1204：10，泥质褐陶。侈口，卷沿，口沿内外磨光，颈部以下器身饰粗绳纹。口径30.4、残高6.4厘米（图184-7）。ZZBD1204：22，夹砂褐陶。侈口，卷沿，方唇，沿内侧饰弦纹两周，素面。口径33.4、残高5.1厘米（图184-9）。

折沿盆　1件。ZZBD1204：3，夹砂灰陶。侈口，平折沿，尖唇，弧腹，口沿内侧下部及腹部各有两周弦纹，器表磨光。口径39.8、残高7.4厘米（图184-11）。

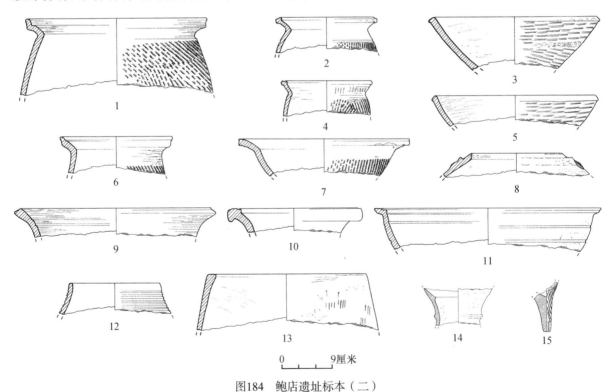

图184　鲍店遗址标本（二）

（3、5为庙底沟二期，12、14为龙山时期，15为二里头时期，其余为商时期）

1、2、4、6. 鬲（ZZBD1204：4、ZZBD1204：7、ZZBD1204：20、ZZBD1204：23）　3、5. 侈口盆（ZZBD1204：2、ZZBD1204：27）　7、9. 卷沿盆（ZZBD1204：10、ZZBD1204：22）　11. 折沿盆（ZZBD1204：3）　8、13. 瓮（ZZBD1204：17、ZZBD1204：14）　10、14. 豆（ZZBD1204：12、ZZBD1204：25）　12. 瓶（ZZBD1204：13）　15. 鬲足（ZZBD1204：28）

瓮　2件。ZZBD1204：17，夹砂灰陶。敛口，口部呈双唇形态，口沿外侧可见一乳钉状突起，素面。口径16、残高3.8厘米（图184-8）。ZZBD1204：14，夹砂褐陶。敛口，器表素面。口径28.4、残高9.5厘米（图184-13）。

豆　2件。ZZBD1204：12，泥质褐陶。侈口，圆唇下垂，腹壁内弧，素面磨光。口径23.3、残高4.2厘米（图184-10）。ZZBD1204：25，泥质褐陶。上下皆残，柄呈竹节状，器表素面磨光。残高5.8厘米（图184-14）。

瓶　1件。ZZBD1204：13，泥质灰陶。敛口，颈部可见密集深弦纹，下残。口径15.8、残高5.2厘米（图184-12）。

二、碾北遗址

碾北遗址位于长子县碾张乡碾北村，东为关街，西为赵村，北为关村，南为碾南村（图185）。遗址地处上党盆地西缘与太岳山系的过渡地带，地表为黄土丘陵地形，整体地势西高东低，最高点海拔969米，北向距离浊漳河南源支流岚水0.8千米。遗址内遗迹分布于村西南的高台耕地上，断面可见东西向灰坑分布较密集（图版21-1）。根据2013年的考古勘察，遗迹和遗物分布范围大致为东西约280、南北约200米。调查活动中采集了种类丰富、数量众多的早期文化遗物，陶器主要有罐、盆、盘、鬲和尖底器等陶器，纹饰以绳纹为主，有个别方格纹和圆圈纹，无篮纹，素面器较多。从陶器的质地、纹饰和形态来看，陶器年代多为龙山时期，另有部分属于二里头时期和商时期。

采集陶器

小口罐　1件。ZZNB1306：15，泥质灰陶。侈口，圆唇，束颈，腹身饰绳纹。口径11.8残高4.3厘米（图186-1）。

宽沿罐　2件。ZZNB1306：23，泥质灰陶。斜折沿，圆唇，圆腹，素面。口径12.3、残高3.8厘米（图186-2）。ZZNB1306：9，泥质灰陶。斜折沿，圆唇，素面磨光。口径22.3、残高5厘米（图186-7）。

窄沿罐　2件。ZZNB1306：22，泥质灰陶。侈口，斜折沿，圆唇，腹身下部饰粗绳纹。口径16.3、残高5.2厘米（图186-3）。ZZNB1306：1，泥质灰陶。斜折沿，圆唇，束颈，腹微鼓，器身中部饰弦纹，其下器身饰绳纹。口径22.1、残高8厘米（图186-9）。

广肩罐　2件。ZZNB1306：3，泥质灰陶。侈口，广肩，素面。口径19.7、残高4.2厘米（图186-4）。ZZNB1306：12，泥质灰陶。侈口，广肩，素面。口径20.6、残高4.7厘米（图186-5）。

高领罐　2件。ZZNB1306：21，泥质灰陶。斜领，叠唇，素面。残高5.1、口径22.7厘米（图186-6）。ZZNB1306：2，泥质灰陶。侈口，斜领，唇部加厚，鼓肩。口径18.5、残高9.5厘米（图186-8）。

矮领罐　2件。ZZNB1306：20，泥质灰陶。侈口，斜沿略内折，腹身饰粗绳纹。口径28.4、残高4.9厘米（图186-10）。ZZNB1306：19，泥质灰陶。侈口，尖唇，颈部抹绳纹，腹

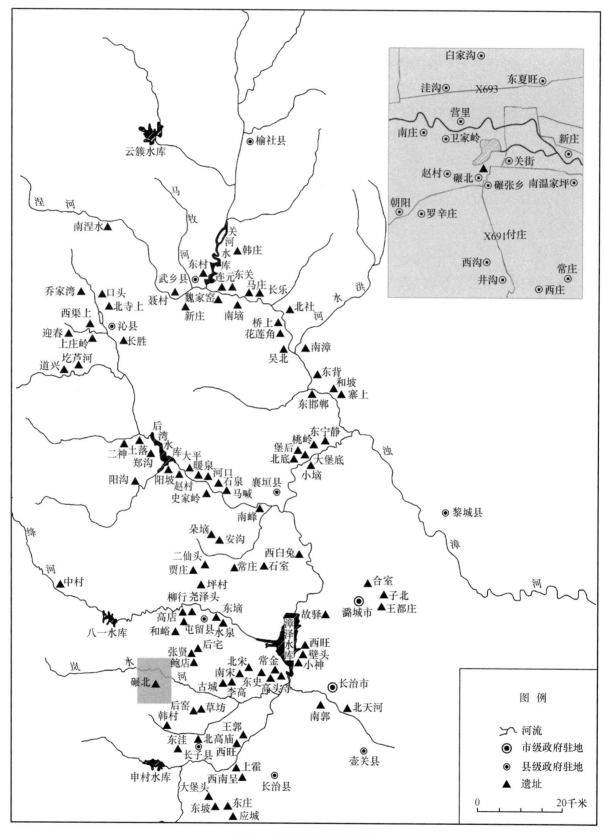

图185　长子碾北遗址位置图

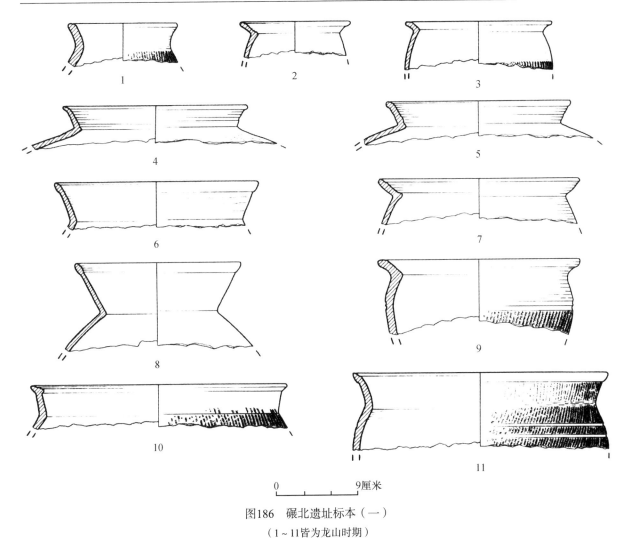

图186　碾北遗址标本（一）

（1～11皆为龙山时期）

1. 小口罐（ZZNB1306：15）　2、7. 宽沿罐（ZZNB1306：23、ZZNB1306：9）　3、9. 窄沿罐（ZZNB1306：22、
ZZNB1306：1）　4、5. 广肩罐（ZZNB1306：3、ZZNB1306：12）　6、8. 高领罐（ZZNB1306：21、ZZNB1306：2）
10、11. 矮领罐（ZZNB1306：20、ZZNB1306：19）

身饰弦断绳纹。口径28.6、残高8.3厘米（图186-11）。

浅腹盆　1件。ZZNB1306：5，泥质灰陶。侈口，方唇，折腹，转折处有凹槽一周。口径
16.1、残高4.6厘米（图187-1）。

深腹盆　1件。ZZNB1306：18，泥质褐陶。卷沿，束颈，鼓腹，器身饰细绳纹。口径
32.2、残高14.7厘米（图187-6）。

瓮　1件。ZZNB1306：13，泥质灰陶。敛口，平沿，素面。口径32.4、残高7.7厘米（图
187-7）。

浅腹盘　2件。ZZNB1306：4，泥质灰陶。直口，唇面外突，腹壁较直。口径28.4、残高
4.3厘米（图187-8）。ZZNB1306：16，泥质灰陶。侈口，卷沿，浅腹，平底，素面磨光。口径
28.1、高4、底径26.3厘米（图187-9）。

尖底器　1件。ZZNB1306：7，泥质灰陶。上下皆残，斜腹，上部饰弦断绳纹。残高8.1厘
米（图187-2）。

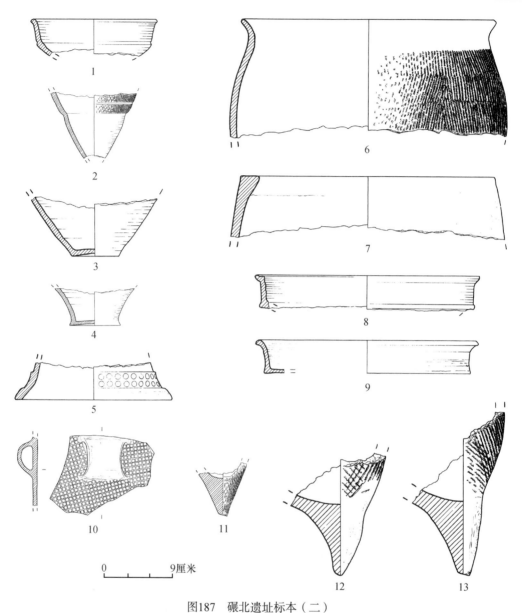

图187　碾北遗址标本（二）

（1、3、4、8~11为龙山时期，5、6为二里头时期，2、12、13为商时期）

1. 浅腹盆（ZZNB1306：5）　2. 尖底器（ZZNB1306：7）　3、4. 器底（ZZNB1306：6、ZZNB1306：11）　5. 盘底
座（ZZNB1306：14）　6. 深腹盆（ZZNB1306：18）　7. 瓮（ZZNB1306：13）　8、9. 浅腹盘（ZZNB1306：4、
ZZNB1306：16）　10. 腹片（ZZNB1306：10）　11~13. 器足（ZZNB1306：8、ZZNB1306：24、ZZNB1306：17）

　　器底　2件。ZZNB1306：6，泥质灰陶。上部残，弧腹下手，小凹底，素面。底径5.7、残
高6.9厘米（图187-3）。ZZNB1306：11，泥质灰陶。上部残，下腹内弧，近底部微束，凹底，
素面。底径6.4、残高4.5厘米（图187-4）。

　　盘底座　1件。ZZNB1306：14，泥质褐胎黑皮。上残，仅存圈足，底缘起台，上饰圆圈纹
两周，器表磨光。残高4.7、底径20.4厘米（图187-5）。

　　器足　3件。ZZNB1306：8，夹砂灰陶。锥形实心足，表面饰绳纹。残高6.6厘米（图187-
11）。ZZNB1306：24，夹砂灰陶。锥形实心足，足尖略内弯。残高15.2厘米（图187-12）。

ZZNB1306：17，夹砂灰陶。实心锥形足，足根素面。残高20.4厘米（图187-13）。

　　腹片　1件。ZZNB1306：10，泥质灰陶。残片，器表饰方格纹，置一桥形耳。残长12.8、残高9.9厘米（图187-10）。

三、东洼遗址

　　东洼遗址位于长子县常张乡东洼村，东为小营村，西为陈家峪村，北为陈西沟村，南为南洼村（图188）。遗址地处上党盆地西部近山地带，地势较为平缓，总体呈西高东低，最高点海拔965米，北向距浊漳河南源支流岚水0.5千米。20世纪90年代考古调查曾在该遗址采集到早期文化遗物，包括陶器和石器。本次考古调查再次采集到一些早期文化的陶器。该地采集的早期文化遗物有钵、罐、盆、沿、斝等，其中红陶钵为仰韶中期，属年代最早者，斝足等少量遗物为龙山时期，多数标本如罐、盆、甗等均为二里头时期和商时期。

采集陶器

　　钵　1件。ZZDW1502：1，泥质红陶。敛口，方唇，素面磨光。口径31、残高8.2厘米（图189-1）。

　　罐　3件。ZZDW1502：6，夹砂灰陶。侈口，卷沿，方唇，束颈，颈部以下弦纹一周，下部腹身饰绳纹。口径20.6、残高5.8厘米（图189-2）。ZZDW1502：5，泥质灰陶。卷沿，方唇，束颈，鼓腹，腹身饰绳纹。口径16.4、残高5.6厘米（图189-4）。ZZDW1502：10，夹砂褐陶。卷沿，圆唇，束颈，腹身饰绳纹。口径14.2、残高8.6厘米（图189-6）。

　　盆　2件。泥质灰陶。ZZDW1502：2，卷沿，方唇，束颈，颈部以下器身饰绳纹。口径32.3、残高8厘米（图189-3）。ZZDW1502：8，侈口，卷沿，圆唇，颈微束，腹身饰绳纹。口径31、残高9.4厘米（图189-5）。

　　甗　2件。ZZDW1502：4，夹砂褐陶。腰部内侧可见箅隔一周，外侧饰捺窝状泥条堆纹一周，器表饰绳纹。腰径24.5、残高9.9厘米（图189-7）。ZZDW1502：3，泥质灰陶。斜沿，尖唇，鼓腹，素面。口径16.4、残高9.3厘米（图189-8）。

　　器足　2件。夹砂灰陶。ZZDW1502：9，实心尖锥形足，绳纹施至底部。残高8.8厘米（图189-9）。ZZDW1502：7，空心锥形足，表面饰绳纹至根部。残高6.9厘米（图189-10）。

四、韩村遗址

　　韩村遗址位于长子县常张乡韩村，其东南为岭上村，北为东岸村，西为壁村，南为南岭村，东南向距离长子县城约10千米（图188）。遗址地处上党盆地西部边缘向太岳山系过渡的丘陵地带，总体地形北高南低，其南0.3千米为韩村水库，最高点海拔967米。该遗址在过去的农田水利基本建设工程中曾出土过早期文化的陶器和石器，但多已散失。20世纪90年代的考古调查和本次考古调查中，采集了一定数量的早期文化遗物，但未能发现较早的遗迹。两次调查

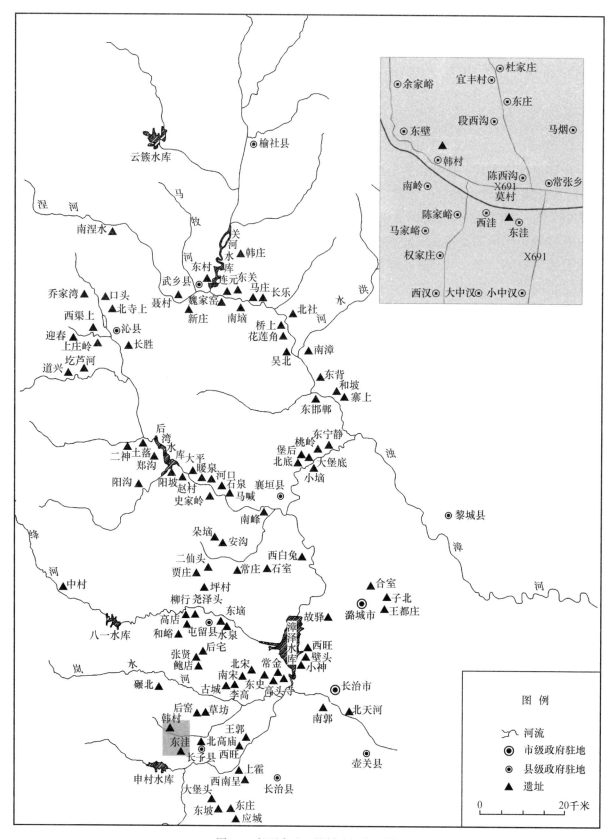

图188　长子东洼、韩村遗址位置图

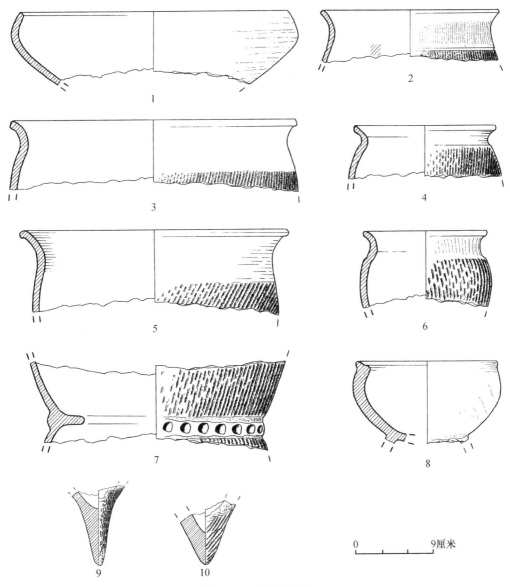

图189　东洼遗址标本

（1为仰韶中期，10为龙山时期，6～9为二里头时期，2～5为商时期）

1.钵（ZZDW1502：1）　2、4、6.罐（ZZDW1502：6、ZZDW1502：5、ZZDW1502：10）　3、5.盆（ZZDW1502：2、

ZZDW1502：8）　7、8.瓿（ZZDW1502：4、ZZDW1502：3）　9、10.器足（ZZDW1502：9、ZZDW1502：7）

活动所采集到的标本包括圈足蛋形瓮、鬲足和石铲等。这些标本特征较为明显，属于太行山地区二里头文化时期常见的日用器皿和工具，未发现其他时期的遗物。

1. 采集陶器

瓮口沿　1件。ZZHC1501：10，泥质灰陶。敛口，尖圆唇，素面。口径23.5、残高3厘米（图190-1）。

瓮圈足　1件。ZZHC1501：4，泥质灰陶。仅存圈足，足外撇，底部外侧压印齿轮状花边，器表饰细绳纹。残高7.3、底径21厘米（图190-3）。

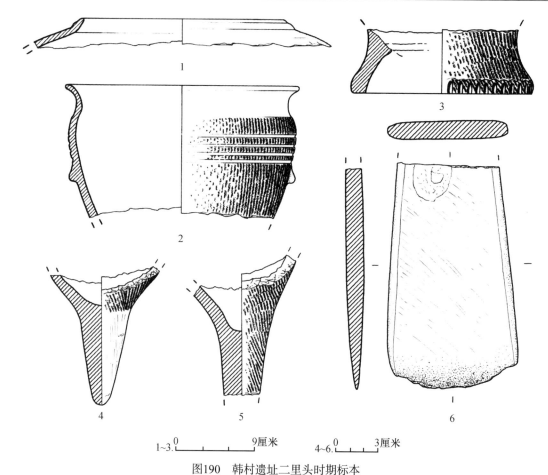

图190　韩村遗址二里头时期标本

1. 瓮口沿（ZZHC1501：10）　2. 甗（ZZHC1501：9）　3. 瓮圈足（ZZHC1501：4）　4、5. 器足（ZZHC1501：1、
ZZHC1501：2）　6. 石铲（ZZHC1501：3）

甗　1件。ZZHC1501：9，夹砂灰陶。侈口，卷沿，圆唇，束颈，腹身置鋬手两个，颈部以下器身饰弦断绳纹。口径27.4、残高15厘米（图190-2）。

器足　2件。ZZHC1501：1，夹砂灰陶。锥形足，根部较高，素面。残高9.4厘米（图190-4）。ZZHC1501：2，夹砂灰陶。锥形足，根部残，面饰绳纹。残高9.8厘米（图190-5）。

2. 采集石器

石铲　1件。ZZHC1501：3，石灰岩。上部残，整体呈梯形，双面刃，刃部锋利，器身通体磨光。残高15.9、宽9.3、厚1.2厘米（图190-4）。

五、草坊遗址

草坊遗址位于长子县草坊乡草坊村，东北为后坪村，西向隔屯长公路为后窑村，北为东马村，南为前坪村（图191）。遗址地处上党盆地西部，地势平坦，平均海拔945米，北向距离浊漳河南源支流岚水2.2千米。20世纪90年代考古调查活动中曾在该地采集到一定数量的史前

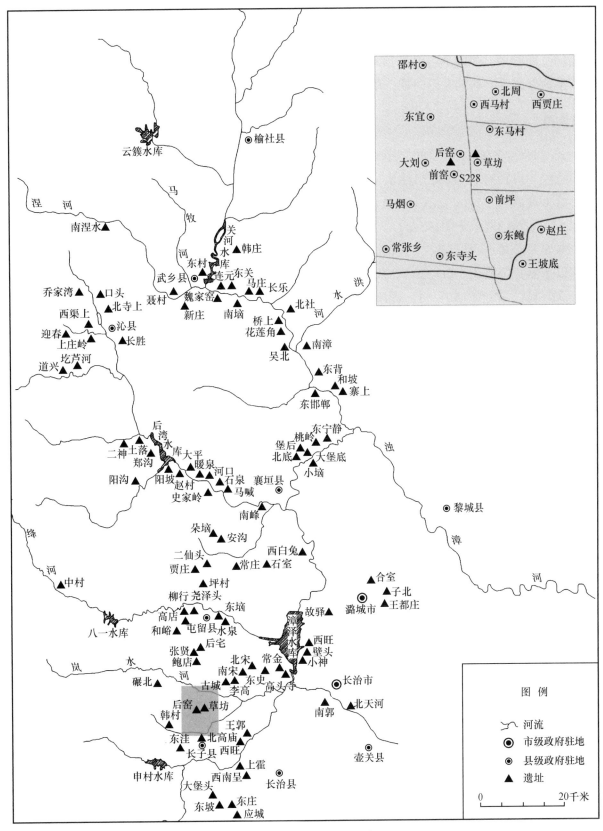

图191　长子草坊、后窑遗址位置图

遗物，但可辨器形的标本不多，本次考古调查再次采集到部分陶器标本。陶器器类主要有瓮、罐、豆、鬲等，其中双鋬鼓腹罐和尖唇鼓腹罐年代最早，可能进入了仰韶晚期，敛口篮纹瓮为庙底沟二期阶段，最晚的卷沿束颈罐、竖向凹槽鬲足等为二里头时期。根据两地的距离分析，在后窑遗址最为兴盛的龙山时期，草坊应为其东侧边缘地带。

采集陶器

　　瓮　1件。ZZCF1501：6，夹砂褐陶。敛口，平沿，沿面外侧泥条捺窝堆纹一周，器身饰横向篮纹。口径34.1、残高5.1厘米（图192-1）。

　　折沿鼓腹罐　1件。ZZCF1501：3，夹砂红陶。折沿微卷，尖唇，鼓腹，腹身饰绳纹。口径32.5、残高6.8厘米（图192-2）。

　　双鋬鼓腹罐　1件。ZZCF1501：2，夹砂褐陶。侈口，圆唇，束颈，肩部有鸡冠形鋬手，颈部以下器身饰绳纹。口径20.7、残高5.4厘米（图192-3）。

　　豆　1件。ZZCF1501：1，泥质灰陶。侈口，唇面外突形成凸棱一周，腹内弧，器表素面磨光。口径24.3、残高6.4厘米（图192-4）。

　　卷沿鼓腹罐　1件。ZZCF1501：5，夹砂灰陶。卷沿，圆唇，束颈，腹微鼓，颈部以下器身饰绳纹。口径18.1、残高7.2厘米（图192-5）。

　　器足　1件。ZZCF1501：4，夹砂灰陶。实心足近锥形，可见竖向凹槽两道。残高6.7厘米（图192-6）。

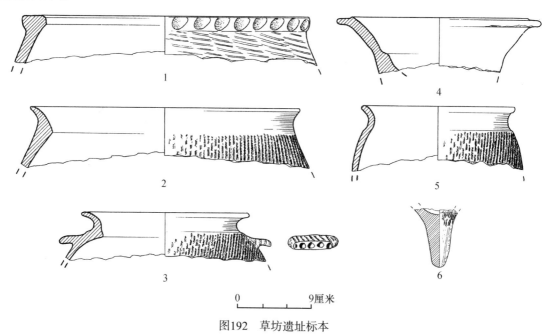

0　　　　　　9厘米

图192　草坊遗址标本

（2、3为仰韶晚期，1为庙底沟二期，4~6为二里头时期）

1. 瓮（ZZCF1501：6）　2. 折沿鼓腹罐（ZZCF1501：3）　3. 双鋬鼓腹罐（ZZCF1501：2）　4. 豆（ZZCF1501：1）

5. 卷沿鼓腹罐（ZZCF1501：5）　6. 器足（ZZCF1501：4）

六、后窑遗址

后窑遗址位于长子县草坊乡后窑村，东为草坊村，西为大刘村，北为宣家坪村，南为前窑村，东向省道S228东侧为草坊遗址（图191）。遗址地处上党盆地西缘，地貌平缓，地势总体呈西高东低，平均海拔954米，北向距浊漳河南源支流岚水4.7千米。在20世纪90年代的考古调查活动中曾在该遗址采集到部分史前陶片标本，在2012年和2015年的后续调查中，在村西边缘地带又发现了较大数量的灰坑和文化层，遗迹分布和遗物散布范围约东西370、南北180米，遗物标本主要采集于灰坑和地埂砖瓦堆中。该地的史前遗物皆为陶器，器形有罐、盆、瓮、豆、瓶、瓮、器盖和坩埚残块等，有红陶、灰陶两类。标本中的线纹瓮、红陶浅腹盆、尖底瓶口皆为仰韶晚期遗物，为年代最早者，方唇翻沿鬲、坩埚残块等属于商时期，为其中最晚者。由于后窑与S228东侧草坊遗址距离咫尺，且遗物的年代均有契合，因此草坊应属于后窑史前聚落的边缘部分。

采集陶器

大口折沿罐　13件。ZZHY1501：9，夹砂灰陶。侈口，斜折沿，尖唇，颈部以上抹绳纹，腹身饰粗绳纹。口径28.5、残高9.2厘米（图193-1）。ZZHY1501：5，夹砂灰陶。侈口，圆唇，束颈，腹身饰绳纹。口径24.7、残高8.4厘米（图193-2）。ZZHY1501：12，泥质褐陶。侈口，斜折沿，圆唇，束颈，鼓腹，腹身饰方格纹。口径33.1、残高5.6厘米（图193-3）。ZZHY1501：17，细砂灰陶。侈口，斜折沿，方唇，鼓腹，腹身饰细绳纹。口径23、残高7.1厘米（图193-4）。ZZHY1501：27，泥质灰陶。大侈口，斜折沿，上腹近直，素面磨光。口径36.5、残高7.6厘米（图193-5）。ZZHY1501：54，泥质褐陶。侈口，双斜折沿，素面磨光。口径26.3、残高4.1厘米（图193-6）。ZZHY1501：40，泥质灰陶。侈口，斜折沿，圆唇，口沿下部抹绳纹，腹身素面磨光。口径34.6、残高4.4厘米（图193-7）。ZZHY1501：15，泥质灰陶。侈口，斜折沿，唇面有凹槽一周，素面。口径20.3、残高3.5厘米（图193-8）。ZZHY1501：43，夹砂灰陶。侈口，斜折沿，尖唇，上腹近直，颈部泥条按压堆纹一周，通体饰绳纹。口径32.8、残高4.2厘米（图193-9）。ZZHY1501：19，泥质灰陶。侈口，斜折沿，尖垂唇，器身素面磨光。口径18.8、残高6.1厘米（图193-10）。ZZHY1501：56，泥质灰陶。侈口，斜折沿，圆唇，颈部有弦纹两周，通体素面磨光。口径36.6、残高7.5厘米（图193-11）。ZZHY1501：59，夹砂灰陶。侈口，斜折沿，尖唇，颈部有抹绳纹痕迹。口径16.4、残高3.6厘米（图193-12）。ZZHY1501：105，泥质褐陶。侈口，斜折沿，方唇，素面。口径34.4、残高3.7厘米（图193-13）。

侈口卷沿罐　8件。ZZHY1501：7，泥质灰陶。侈口，卷沿，圆唇，束颈，颈部以下腹身饰绳纹。口径20.2、残高6.2厘米（图194-1）。ZZHY1501：29，夹砂灰陶。侈口，卷沿，叠唇，束颈，唇面呈波状，颈部有明显抹绳纹。口径26.7、残高3.9厘米（图194-2）。ZZHY1501：21，泥质灰陶。侈口，卷沿，圆唇，素面。口径14.3、残高3.3厘米（图194-3）。ZZHY1501：74，泥质灰陶。侈口，卷沿，圆唇，唇面压印呈花边状。口径28.8、残高5.6厘米

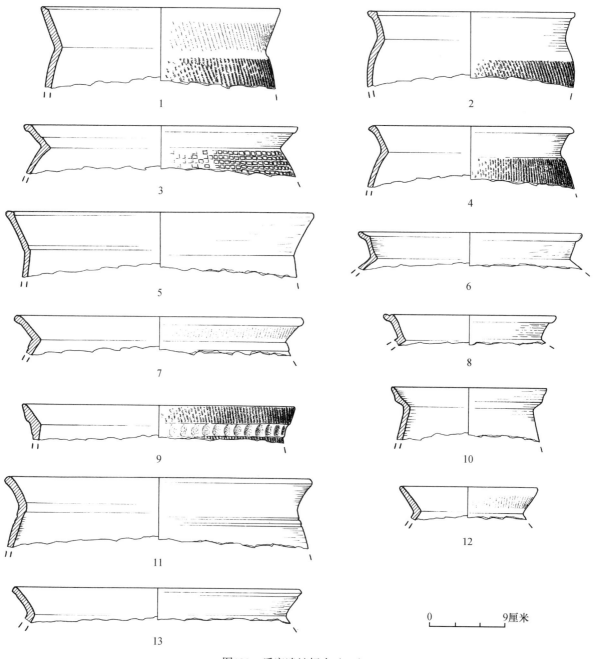

图193　后窑遗址标本（一）

（1～13皆为龙山时期）

1～13.大口折沿罐（ZZHY1501：9、ZZHY1501：115、ZZHY1501：12、ZZHY1501：17、ZZHY1501：27、ZZHY1501：54、
ZZHY1501：40、ZZHY1501：15、ZZHY1501：43、ZZHY1501：19、ZZHY1501：56、ZZHY1501：59、ZZHY1501：105）

（图194-4）。ZZHY1501：67，泥质灰陶。侈口，卷沿，圆唇，颈部饰抹绳纹，腹身饰绳纹。口径16.2、残高5.5厘米（图194-5）。ZZHY1501：61，泥质灰陶。侈口，卷沿，圆唇，素面。口径34.7、残高4.3厘米（图194-6）。ZZHY1501：70，泥质黑皮灰陶。侈口，卷沿，圆唇，素面。口径20.5、残高7.9厘米（图194-7）。ZZHY1501：72，泥质灰陶。侈口，卷沿，叠唇，腹身饰绳纹。口径24.3、残高4.9厘米（图194-8）。

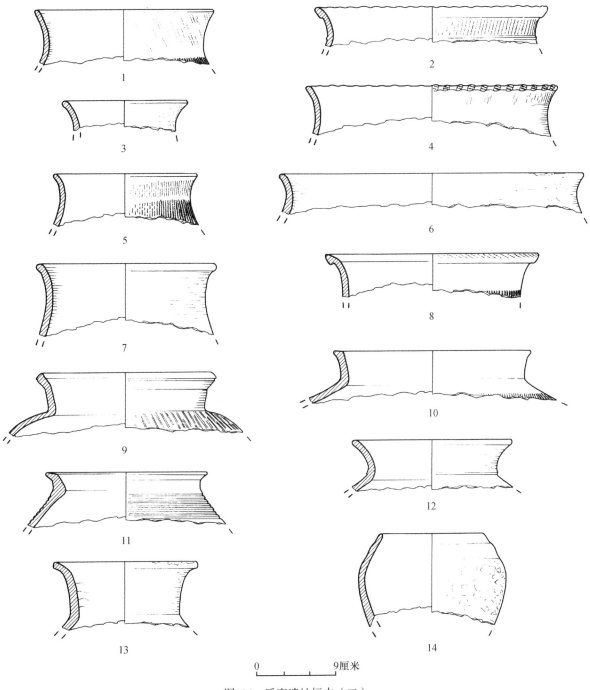

图194　后窑遗址标本（二）

（11为仰韶时期，2、3、6～14为龙山时期，其余为二里头时期）

1～8.侈口卷沿罐（ZZHY1501：7、ZZHY1501：29、ZZHY1501：21、ZZHY1501：74、ZZHY1501：67、ZZHY1501：61、

ZZHY1501：70、ZZHY1501：72）　　9～11.矮领小口罐（ZZHY1501：1、ZZHY1501：39、ZZHY1501：10）　　12、13.

小口束颈罐（ZZHY1501：48、ZZHY1501：58）　　14.敛口小罐（ZZHY1501：41）

　　矮领小口罐　3件。ZZHY1501：1，泥质褐陶。侈口，方唇，鼓肩，腹身饰粗篮纹。口径19、残高6.7厘米（图194-9）。ZZHY1501：39，泥质灰陶。侈口，方唇，广肩，素面。口径22.4、残高5.5厘米（图194-10）。ZZHY1501：10，泥质褐陶。侈口，尖唇，上腹饰密集弦纹。口径18.2、残高5.7厘米（图194-11）。

　　小口束颈罐　2件。ZZHY1501：48，泥质灰陶。侈口，卷沿，圆唇，束颈，素面磨光。口径18.1、残高5.5厘米（图194-12）。ZZHY1501：58，泥质灰陶。侈口，方唇，束颈，素面磨光。口径16.2、残高7.1厘米（图194-13）。

　　敛口小罐　1件。ZZHY1501：41，泥质褐陶。敛口，圆腹，器表素面，磨光度高。口径11.9、残高10厘米（图194-14）。

　　直口罐　3件。ZZHY1501：33，泥质褐陶。直口，窄折沿，尖唇，颈部可见抹篮纹痕迹。口径24.3、残高8.2厘米（图195-1）。ZZHY1501：44，泥质褐陶。口近直，圆唇，颈部浅凹

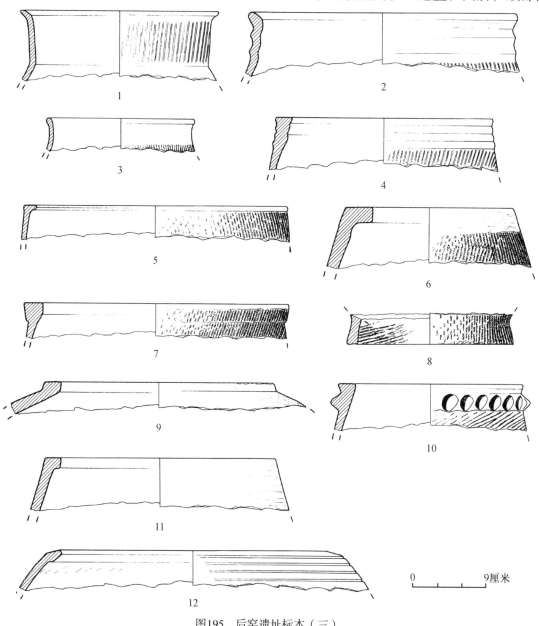

图195　后窑遗址标本（三）

（10为仰韶时期，1、2、4、5、7、12为龙山时期，3、11为二里头时期，其余为商时期）

1~3.直口罐（ZZHY1501：33、ZZHY1501：44、ZZHY1501：34）　4~12.瓮（ZZHY1501：35、ZZHY1501：31、ZZHY1501：20、ZZHY1501：52、ZZHY1501：86、ZZHY1501：51、ZZHY1501：116、ZZHY1501：91、ZZHY1501：71）

槽三周，腹身可见绳纹。口径32.6、残高7厘米（图195-2）。ZZHY1501：34，泥质灰陶。直口，圆唇，腹身饰绳纹。口径18.4、残高3.9厘米（图195-3）。

折沿深腹罐　1件。ZZHY1501：5，泥质灰陶。斜折沿，方唇，鼓腹，腹身饰弦断绳纹。口径18.2、残高10.2厘米（图197-5）。

瓮　9件。ZZHY1501：35，细砂褐陶。敛口，方唇，沿下凹槽三周，其下腹身饰竖向篮纹。口径26.6、残高6.1厘米（图195-4）。ZZHY1501：31，泥质褐陶。口微敛，内折沿，器身通体饰绳纹。口径32.6、残高4.1厘米（图195-5）。ZZHY1501：20，泥质灰陶。敛口，内折沿，器身饰绳纹。口径20.6、残高6.8厘米（图195-6）。ZZHY1501：52，泥质灰陶。敛口，平沿外突，通体饰绳纹。口径33.5、残高4.1厘米（图195-7）。ZZHY1501：86，泥质灰陶。圈足外撇，通体饰绳纹。底径20.3、残高3.7厘米（图195-8）。ZZHY1501：51，泥质灰陶。敛口，平沿，球腹，素面，磨光度高。口径28.8、残高3.2厘米（图195-9）。ZZHY1501：116，泥质红陶。敛口，沿下捺压泥条堆纹一周，器身饰粗线纹。口径21.3、残高5.4厘米（图195-10）。ZZHY1501：91，泥质褐陶。敛口，内折沿，素面。口径28.6、残高6.2厘米（图195-11）。ZZHY1501：71，泥质灰陶。敛口，内折沿，肩部饰细弦纹数周，素面磨光。口径32.9、残高4.4厘米（图195-12）。

浅腹盆　3件。ZZHY1501：118，泥质红陶。敛口，斜沿，束颈，浅腹，素面磨光。口径26.7、残高4厘米（图196-1）。ZZHY1501：24，泥质褐陶。侈口，叠唇，素面磨光。口径21.3、残高3.1厘米（图196-3）。ZZHY1501：46，泥质灰陶。侈口，唇面凹槽一周，素面磨光。口径24.3、残高3.1厘米（图196-4）。

直口盆　4件。ZZHY1501：68，泥质灰陶。侈口，斜沿，圆唇，素面。口径27.1、残高3厘米（图196-2）。ZZHY1501：42，泥质灰陶。侈口，卷沿，直腹向下弧收，下腹饰绳纹。口径16.2、残高9厘米（图196-11）。ZZHY1501：57，泥质灰陶。直口，折沿，筒腹向下弧收，器身素面。口径16.2、残高5.2厘米（图196-12）。ZZHY1501：18，泥质褐陶。侈口，卷沿，唇面一周凹槽，弧腹，器表素面。口径32.8、残高7.1厘米（图196-14）。

卷沿盆　7件。ZZHY1501：65，泥质灰陶。侈口，卷沿圆唇，颈部微束，弧腹，颈部楔点纹一周，其下器身饰绳纹。口径26.8、残高4.8厘米（图196-5）。ZZHY1501：37，泥质灰陶。侈口，卷沿，圆唇，弧腹，腹身饰绳纹。口径32.4、残高5.7厘米（图196-6）。ZZHY1501：32，泥质灰陶。侈口，卷沿，圆唇，弧腹，腹身饰绳纹。口径21.9、残高5.2厘米（图196-7）。ZZHY1501：45，夹砂灰陶。侈口，卷沿，圆唇，弧腹，腹身饰绳纹。口径30.5、残高7.1厘米（图196-8）。ZZHY1501：11，泥质褐陶。侈口，卷沿，圆唇，弧腹，腹身饰弦断绳纹。口径30.9、残高10厘米（图196-9）。ZZHY1501：16，泥质灰陶。侈口，卷沿，圆唇，束颈，弧腹，腹身饰绳纹。口径31、残高11.9厘米（图196-10）。ZZHY1501：49，泥质灰陶。侈口，卷沿，圆唇微垂，颈部饰弦纹两周，器表素面。口径37.1、残高7.6厘米（图196-15）。

双腹盆　1件。ZZHY1501：3，泥质褐陶。侈口，斜腹，器表素面。口径32.8、残高8.3厘米（图196-16）。

大口盆　1件。ZZHY1501：2，泥质灰陶。侈口，垂唇，腹内弧，平底，器表素面，磨光

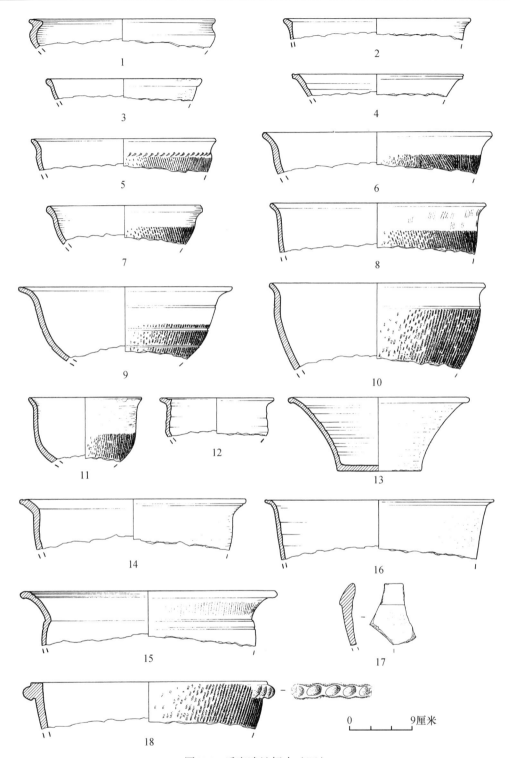

图196　后窑遗址标本（四）

（1~3、17为仰韶时期，3、4、12~14、16、18为龙山时期，5~11为二里头时期，15为商时期）

1、3、4.浅腹盆（ZZHY1501：118、ZZHY1501：24、ZZHY1501：46）　2、11、12、14.直口盆（ZZHY1501：68、
ZZHY1501：42、ZZHY1501：57、ZZHY1501：18）　5~10、15.卷沿盆（ZZHY1501：65、ZZHY1501：37、
ZZHY1501：32、ZZHY1501：45、ZZHY1501：11、ZZHY1501：16、、ZZHY1501：49）　13.大口盆（ZZHY1501：2）
16.双腹盆（ZZHY1501：3）　17.红陶盆（ZZHY1501：22）　18.双錾盆（ZZHY1501：85）

度高。口径25.7、底径11.9、残高10.2厘米（图196-13）。

双鋬盆　1件。ZZHY1501：85，夹砂灰陶。侈口，平沿，弧腹，近沿部置鸡冠鋬两个，器身饰深绳纹。口径34.3、残高6.7厘米（图196-18）。

红陶盆　1件。ZZHY1501：22，泥质红陶。直口，叠唇，素面磨光。残高8.3厘米（图196-17）。

鬲　5件。ZZHY1501：113，夹砂灰陶。斜折沿，方唇，沿面和唇面均有凹槽，腹身饰弦断绳纹。口径20.2、残高6.8厘米（图197-1）。ZZHY1501：4，夹砂褐陶。直口，领部较高，领部饰抹绳纹，其下器身饰绳纹。口径26.7、残高6.9厘米（图197-2）。ZZHY1501：53，夹砂灰陶。斜折沿，方唇，唇面下凹，腹身饰绳纹。口径20.5、残高6.2厘米（图197-3）。ZZHY1501：6，夹砂褐陶。侈口，叠唇，领部较高，腹身饰绳纹。口径22.6、残高7.1厘米（图197-4）。

甑　1件。ZZHY1501：82，夹砂灰陶。仅存腰部，内有箅隔一周，外侧以两周弦纹分成上下两部分，上、下部均饰深绳纹。腰径18.6、残高.6.7厘米（图197-6）。

豆　1件。ZZHY1501：64，泥质灰陶。敛口，尖唇，折腹，转折处外侧饰弦纹一周。通体素面磨光。口径24.3、残高5.2厘米（图197-7）。

盘座　3件。ZZHY1501：23，泥质灰陶。倒喇叭口形，底部边缘起台，素面磨光。底径32.4、残高3.2厘米（图197-8）。ZZHY1501：73，泥质灰陶。倒喇叭口形，底部边缘起台，素面磨光。底径26.2、残高5.2厘米（图197-9）。ZZHY1501：25，泥质褐陶。倒喇叭口形，底部边缘起台，素面磨光。底径32.3、残高3.4厘米（图197-10）。

器盖　2件。ZZHY1501：92，泥质红陶。覆盆形，表面有刮削痕迹。底径20.5、残高6.2厘米（图197-11）。ZZHY1501：38，泥质红陶。覆盆形，素面。底径32.8、残高3.7厘米（图197-12）。

尖底瓶　2件。ZZHY1501：66，泥质红陶。口微敛，唇面外突成圆形凸棱一周。口径5.7、残高4.4厘米（图197-13）。ZZHY1501：111，泥质红陶。侈口，唇面外突成圆形凸棱一周。口径6.6、残高5.7厘米（图197-14）。

筒形器　1件。ZZHY1501：114，泥质褐陶。器表见密实圈纹。口径9.2、高6厘米（图197-15）。

器足　数量多。ZZHY1501：94，夹砂褐陶。实心锥形足，素面。残高10.9厘米（图197-16）。ZZHY1501：97，夹砂灰陶。实心锥形足，素面。残高7.1厘米（图197-17）。ZZHY1501：98，夹砂灰陶。实心锥形足，素面。残高8.1厘米（图197-18）。ZZHY1501：101，夹砂褐陶。空心锥形足，器表饰绳纹。残高7.2厘米（图197-19）。ZZHY1501：93，空心锥形足，器表饰绳纹。残高8.6厘米（图197-20）。

坩埚残片　2件。ZZHY1501：88，夹砂夹石英褐陶。胎体极厚，表面饰粗绳纹。残长6.9、厚2.5厘米（图197-21）。

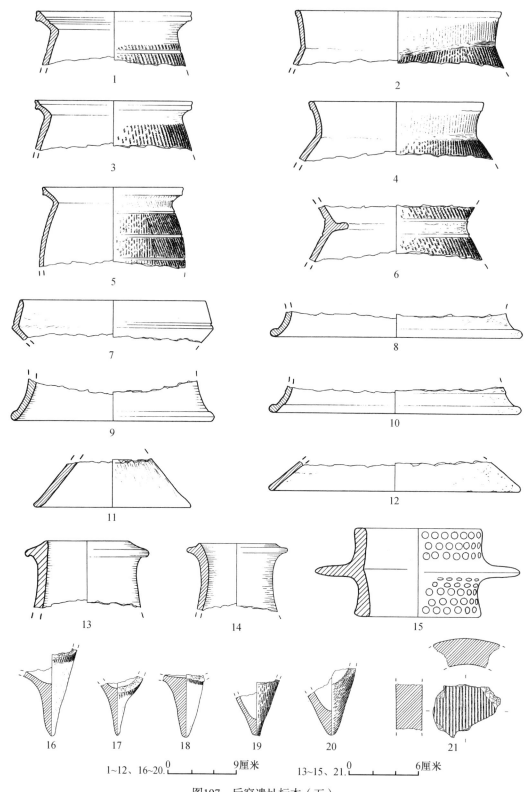

图197　后窑遗址标本（五）

（7、11~14为仰韶时期，2、4、8~10、15、19、20为龙山时期，16~18为二里头时期，1、3、5、6、21为商时期）

1~4.鬲（ZZHY1501：3、ZZHY1501：4、ZZHY1501：53、ZZHY1501：6）　5.折沿深腹罐（ZZHY1501：5）　6.瓶

（ZZHY1501：82）　7.豆（ZZHY1501：64）　8~10.盘座（ZZHY1501：23、ZZHY1501：73、ZZHY1501：25）

11、12.器盖（ZZHY1501：92、ZZHY1501：38）　13、14.尖底瓶（ZZHY1501：66、ZZHY1501：111）　15.筒形器

（ZZHY1501：114）　16~20.器足（ZZHY1501：94、ZZHY1501：97、ZZHY1501：98、ZZHY1501：101、ZZHY1501：93）

21.坩埚残片（ZZHY1501：88）

七、上霍遗址

上霍遗址位于长子县南漳镇上霍村，东为北呈村，西为下霍村，北为王内村，南为东常村（图198）。遗址地处上党盆地南部浊漳河南源干流东岸的二级阶地上，距离河床0.9千米。地势平缓，平均海拔940米。20世纪90年代的考古调查中，曾在该地采集到早期文化遗物。本次考古调查活动在村东发现了一处灰坑，内含碎陶片、红烧土、草木灰和残石器，地面上采集到部分史前陶器标本，可辨器形有罐、盆、甗等，其中折沿罐和折腹盆为龙山时期遗物，甗腰以捺窝状泥条装饰，属于当地典型的二里头时期器形。

采集陶器

罐　1件。ZZSH1502：1，泥质灰陶。折沿下卷，圆唇，鼓腹，器身下部饰竖向篮纹。口径22.8、残高7.9厘米（图199-1）。

折腹盆　1件。ZZSH1502：3，泥质红陶。侈口，尖唇，折腹，凹底，器表素面磨光。口径10.2、底径5.7、高5.4厘米（图199-2）。

器底　1件。ZZSH1502：2，泥质灰陶。弧腹下收，平底，器身饰散乱绳纹。底径16.8、残高11.3厘米（图199-3）。

甗　1件。ZZSH1502：4，夹砂灰陶。腰部内侧可见箅隔一周，外侧捺窝状泥条堆纹一周，器身饰绳纹。腰径18.4、残高3.8厘米（图199-4）。

八、西王内遗址

西王内遗址位于长子县南漳镇西王内村，东为东旺村，西为西常村，北为上霍庄，南为西张堡，周边有上霍、西南呈、东庄、应城等史前遗址（图198）。遗址地处上党盆地南部浊漳河南源干流西岸的台地，距离河床0.4千米。该地地势平缓，平均海拔918米。20世纪90年代考古调查活动中，该地曾采集到早期文化陶器。本次考古调查对该遗址再次进行了调查，只发现了部分不能辨别器形的碎陶片，因此本节内容选取皆为90年代考古调查的标本。该地采集的遗物为深腹罐、鼓腹罐、大口罐、瓮等器形，根据陶质、纹饰和形态，遗物为庙底沟二期阶段，未发现其他时期的遗物，其年代与北部河西岸的王郭史前遗存大致相同。

采集陶器

深腹罐　1件。ZZXWN9606：2，夹砂灰陶。斜折沿，方唇，唇面压印呈花边状，颈部泥条按压堆纹一周，器身饰横向篮纹。口径26.3、残高7.2厘米（图200-1）。

瓮　1件。ZZXWN9606：3，泥质灰陶。敛口，筒状腹，沿内侧凹槽一道，素面。口径30.7、残高8.9厘米（图200-2）。

大口罐　1件。ZZXWN9606：5，夹砂褐陶。直口，斜折沿，方唇，素面。口径36.8、残高6.3厘米（图200-3）。

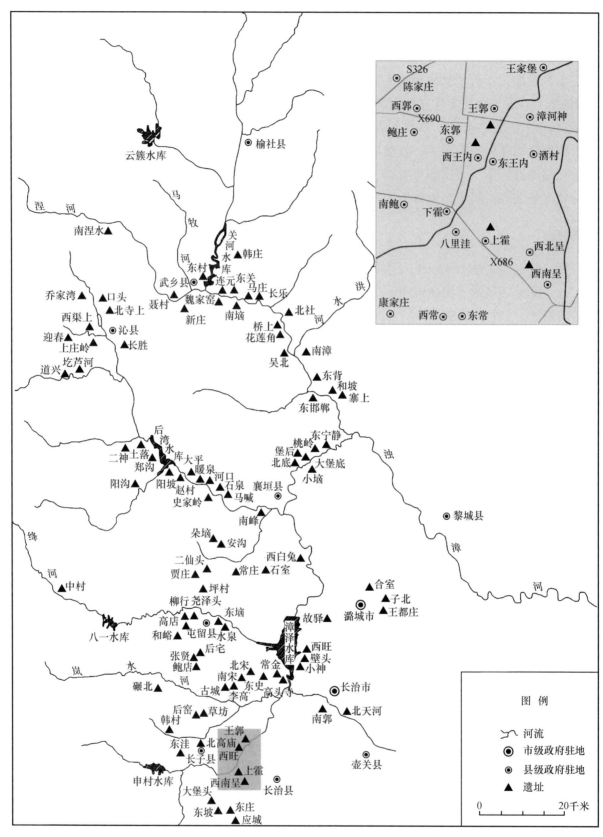

图198　长子县上霍、西王内、西南呈、王郭遗址位置图

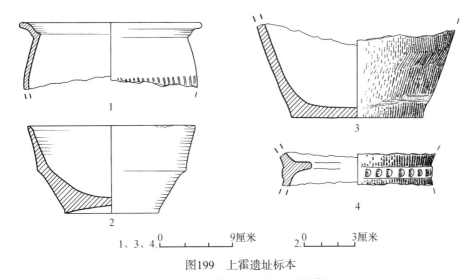

图199 上霍遗址标本

（1、2为龙山时期，3、4为二里头时期）

1. 罐（ZZSH1502：1） 2. 折腹盆（ZZSH1502：3） 3. 器底（ZZSH1502：2） 4. 鬲（ZZSH1502：4）

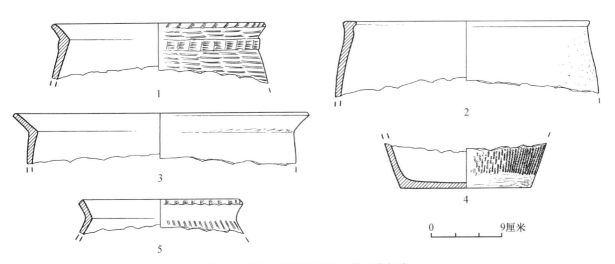

图200 西王内遗址庙底沟二期文化标本

1. 深腹罐（ZZXWN9606：2） 2. 瓮（ZZXWN9606：3） 3. 大口罐（ZZXWN9606：5） 4. 器底（ZZXWN9606：4）

5. 鼓腹罐（ZZXWN9606：1）

器底 1件。ZZXWN9606：4，夹砂灰陶。下腹斜收，平底，腹饰绳纹。底径16.7、残高5.4厘米（图200-4）。

鼓腹罐 1件。ZZXWN9606：1，夹砂褐陶。斜折沿，方唇，唇面压印呈花边状，腹身饰竖向篮纹。口径19.7、残高4.3厘米（图200-5）。

九、西南呈遗址

西南呈遗址位于长子县南漳镇西南呈村，东为南呈村，西为上霍村，北为北呈村，南为东旺村，西向距离上霍遗址0.5千米（图198）。遗址地处上党盆地南部浊漳河南源干流的东岸，距离河床1.3千米。该地为低坡丘陵地带，地势西高东低，最高点海拔962米。该地在20世纪90年代考古调查活动中就曾进行考古调查，采集了少量遗物。本次考古调查再次采集了部分陶器标本，但未发现早期文化遗迹。该遗址所获遗物包括陶器和骨器，陶器有折沿罐、高领罐、瓮、盆等器形，遗物年代最早为庙底沟二期，最晚为二里头时期。本节内容选取了两次调查活动中所获的标本。

采集陶器

折沿罐　2件。夹砂灰陶，斜折沿，方唇。ZZXNC1502：4，唇面压印索状细纹，颈部泥条按压堆纹三周，腹身饰绳纹。口径37.6、残高8.3厘米（图201-1）。ZZXNC1502：5，唇面压印索状细纹，器身饰绳纹。口径22.8、残高5厘米（图201-5）。

瓮　1件。ZZXNC9606：2，泥质褐陶。敛口，内折沿，腹身饰绳纹。口径23.3、残高10.1厘米（图201-2）。

盆　1件。ZZXNC9606：1，夹砂灰陶。卷沿，圆唇，束颈，腹身饰弦断绳纹。口径31.4、残高10厘米（图201-3）。

高领罐　1件。ZZXNC1502：3，夹砂褐陶。侈口，圆唇，高弧领。口径16.2、残高5.6厘米（图201-4）。

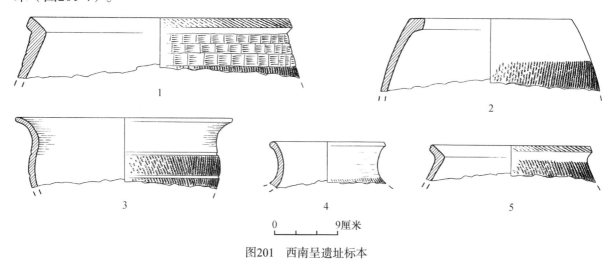

图201　西南呈遗址标本
（1为庙底沟二期，5为龙山时期，2~4为二里头时期）
1、5.折沿罐（ZZXNC1502：4、ZZXNC1502：5）　2.瓮（ZZXNC9606：2）　3.盆（ZZXNC9606：1）
4.高领罐（ZZXNC1502：3）

十、王郭遗址

王郭遗址位于长子县南漳镇西南呈村，东为漳河神村，西为西郭村，北为小郭村，南为王内村，西南向距离上霍—西南呈遗址1.1千米（图198）。遗址地处上党盆地南部浊漳河南源干流的西岸，距离河床0.5千米。该地为河岸缓坡地带，地势西高东低，最高点海拔933米。村西遗址内可见两处上部被破坏的灰坑，内有碎陶片、红烧土、草木灰、碎砂岩等，本次调查未采集到可辨器形的陶器标本，因此本节内容选用了90年代考古调查时采集的部分标本。这些标本全部为陶器，包括深腹罐、鼓腹罐、高领罐等各种罐类，纹饰以篮纹为多，器身多饰泥条按压堆纹，其年代应为庙底沟二期阶段，未发现其他时代的遗物。

采集陶器

深腹罐　2件。ZZWG9607：1，夹砂灰陶。斜折沿，方唇，唇面压印呈索状花边，颈部泥条按压堆纹两周。口径32.2、残高6.1厘米（图202-1）。ZZWG9607：4，泥质褐陶。斜折沿，方唇，垂腹，颈部泥条按压堆纹一周，腹身饰斜向篮纹。口径11.5、残高6.1厘米（图202-4）。

鼓腹罐　2件。ZZWG9607：5，泥质灰陶。侈口，尖唇，颈部泥条按压堆纹一周，器身饰斜向篮纹。口径21.8、残高5.6厘米（图202-2）。ZZWG9607：3，夹砂灰陶。斜折沿，方唇，束颈，鼓腹，颈部泥条按压堆纹一周，腹身饰绳纹。口径18、残高5厘米（图202-3）。

高领罐　1件。ZZWG9607：6，泥质灰陶。侈口，圆唇，弧领，素面。口径16.5、残高6.3厘米（图202-5）。

器底　1件。ZZWG9607：2，夹砂褐陶。斜腹下收，平底，器表饰斜向篮纹。底径10.1、残高4.6厘米（图202-6）。

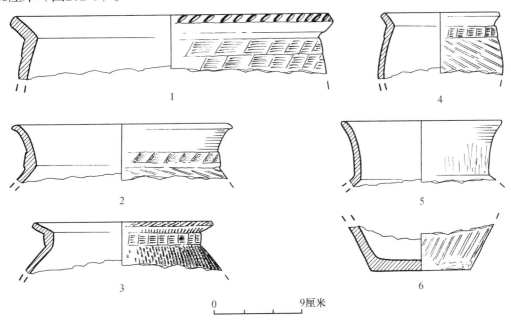

0　　　　　　　9厘米

图202　王郭遗址庙底沟二期标本

1、4.深腹罐（ZZWG9607：1、ZZWG9607：4）　2、3.鼓腹罐（ZZWG9607：5、ZZWG9607：3）

5.高领罐（ZZWG9607：6）　6.器底（ZZWG9607：2）

十一、大堡头遗址

大堡头遗址位于长子县大堡头镇大堡头村，东为老马沟，西为小堡头和尧神沟，北为公益庄村，南为南河村，其南向和东南向3千米内有东坡和应城史前遗址（图203）。遗址地处上党盆地西南部，地势平缓，总体呈西南高东北低，最高点海拔951米，西向距离最近的苏里河2.1

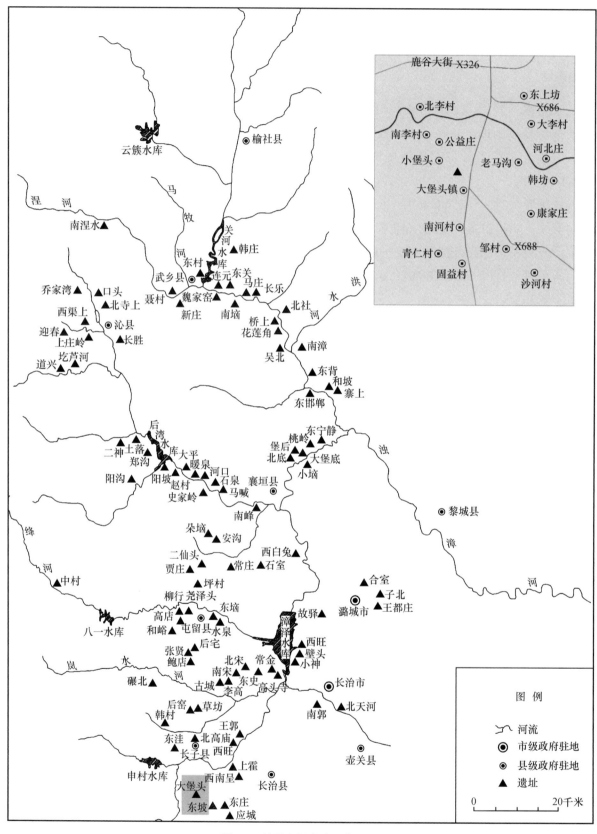

图203　长子大堡头遗址位置图

千米。本次调查在该遗址发现了一处4.5米长、距地面深1.7米的灰层，内含碎陶片、红烧土、草木灰和碎石等，但未发现可辨器形的标本，地面也未采集到早期遗物。因此本节内容选用90年代考古调查所获的部分标本，这些标本全部为陶器，其器形有深腹罐、束颈罐、豆、壶等，其年代为龙山至二里头时期。

采集陶器

深腹罐　1件。ZZDBT9607：3，夹砂灰陶。侈口，方唇，颈部弦纹一周，下饰绳纹。口径30.2、残高9.3厘米（图204-1）。

束颈罐　1件。ZZDBT9607：6，夹砂灰陶。侈口，卷沿，圆唇，束颈，唇部压印呈花边状。口径28.6、残高5.4厘米（图204-2）。

器底　1件。ZZDBT9607：2，夹砂灰陶。弧腹下收，平底，器表及底部饰散乱绳纹。底径14.3、残高6.2厘米（图204-3）。

豆　1件。ZZDBT9607：1，泥质灰陶。喇叭口，圆唇，腹壁内弧，素面。口径14.4、残高4.4厘米（图204-4）。

壶　1件。ZZDBT9607：4，泥质灰陶。子母口，尖唇，长颈，颈部可见宽弦纹数周。口径12.4、残高10.5厘米（图204-5）。

器足　1件。ZZDBT9607：5，夹砂灰陶。实心足，素面。残高4.3厘米（图204-6）。

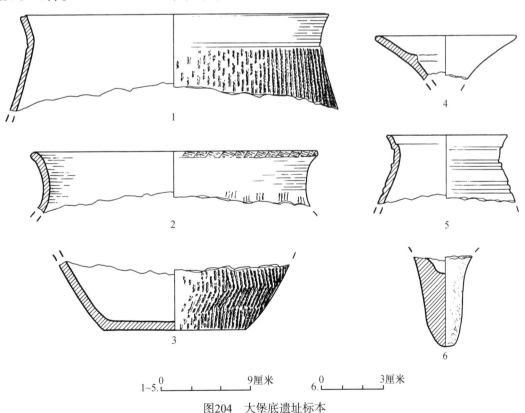

图204　大堡底遗址标本

（1、4、5为龙山时期，2、3、6为二里头时期）

1.深腹罐（ZZDBT9607：3）　2.束颈罐（ZZDBT9607：6）　3.器底（ZZDBT9607：2）　4.豆（ZZDBT9607：1）

5.壶（ZZDBT9607：4）　6.器足（ZZDBT9607：5）

十二、东坡遗址

东坡遗址位于长子县大堡头镇东坡村，东为宋家庄村，西为肖家庄村，北为沙河村，南为崇仁村（图205），北向和东向、东南向2千米范围内分别有大堡底遗址、东庄遗址和应城遗址。遗址地处上党盆地西南缘，地势平缓，呈西南高东北低态势，最高点海拔949米，西向距离岚水支流苏里河2.7千米。在20世纪90年代的考古调查和本次调查活动中，均发现了早期文化遗存。村南240米处耕地断面上现有两处小型灰坑，距地面均不足1米，应为耕作活动破坏所致，灰坑内含草木灰、红烧土、炭粒、碎骨等，陶片采集周围耕地表面。标本全部为陶片，器形有篮纹罐、敛口钵、尖底瓶口等，敛口钵和尖底瓶口为其中年代最早者，为仰韶晚期。其余遗物年代为庙底沟二期阶段。

采集陶器

钵　1件。ZZDP1502：1，泥质灰陶。敛口，圆唇，折肩，素面。口径16.2、残高5.1厘米（图206-1）。

罐　2件。ZZDP1502：6，夹砂褐陶。斜折沿，方唇，唇面压印呈索状花边，颈部泥条按压堆纹一周，器身饰斜向篮纹。口径36.7、残高7.6厘米（图206-2）。ZZDP1502：3，夹砂灰陶。斜折沿，方唇，唇面压印呈花边状，腹身饰竖向篮纹。口径17.8、残高5.4厘米（图206-3）。

尖底瓶口　1件。ZZDP1502：5，泥质灰陶。口微侈，唇面外突呈圆形凸棱，素面。口径12、残高4.3厘米（图206-4）。

腹片　1件。ZZDP1502：4，夹砂灰陶。残片，器表可见横向细泥条堆纹两周，器表饰竖向篮纹。残高8.5厘米（图206-5）。

十三、东庄遗址

东庄遗址位于长子县慈林镇东庄村，东为五里庄，西为南郭村，北为付家庄，南为秦家庄，其周边较近范围内有南郭、东坡、大堡头和应城等史前遗址（图205）。遗址地处上党盆地南部的近山地带，地势平缓，总体呈南高北低，最高点海拔955米。遗址的大概范围为村落南部东西150、南北200米的地域。遗迹有村西南200米处耕地断面发现的一处灰坑，附近农田地面采集到早期陶片和碎石器。陶片较多但可辨器形的较少，器形包括有罐和钵，钵为红陶直口，应为仰韶中期遗物，其他器物多属龙山时期。

采集陶器

罐　3件。ZZDZ1502：1，夹砂灰陶。斜折沿，方唇，器表饰粗绳纹。口径22.7、残高6.2厘米（图207-1）。ZZDZ1502：6，泥质褐陶。折沿外卷，尖唇，鼓腹，素面。口径13.9、残高

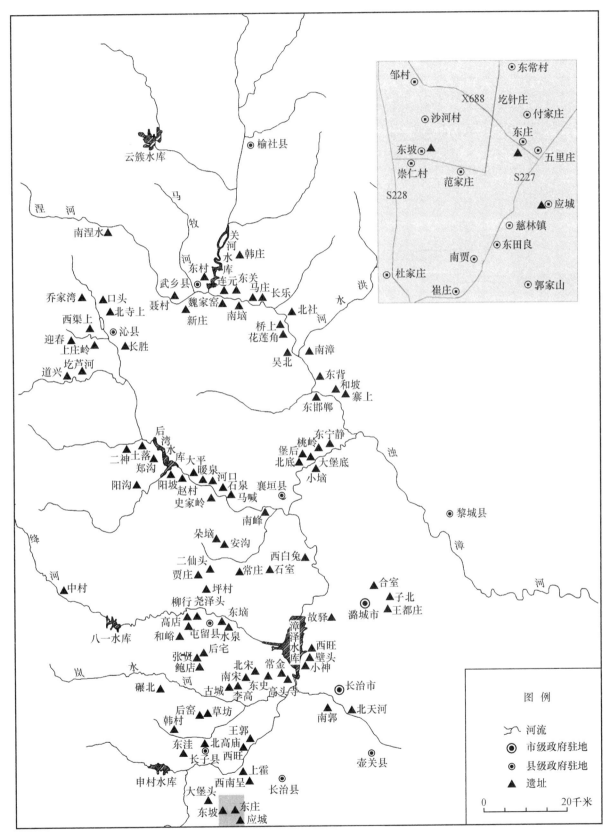

图205　长子县东坡、东庄、应城遗址位置图

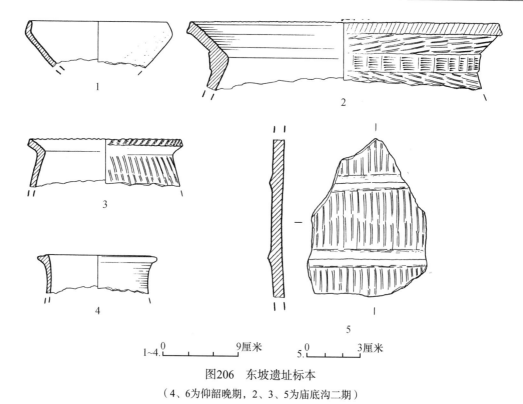

1~4. 0_____9厘米　　5. 0____3厘米

图206　东坡遗址标本

（4、6为仰韶晚期，2、3、5为庙底沟二期）

1. 钵（ZZDP1502∶1）　2、3. 罐（ZZDP1502∶6、ZZDP1502∶3）　4. 尖底瓶口（ZZDP1502∶5）　5. 腹片（ZZDP1502∶4）

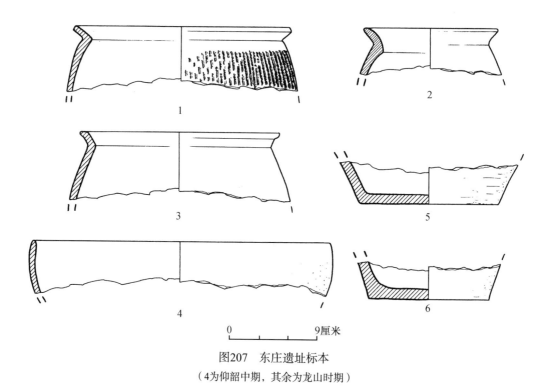

0_____9厘米

图207　东庄遗址标本

（4为仰韶中期，其余为龙山时期）

1～3. 罐（ZZDZ1502∶1、ZZDZ1502∶6、ZZDZ1502∶5）　4. 钵（ZZDZ1502∶4）　5、6. 器底（ZZDZ1502∶2、ZZDZ1502∶3）

4.6厘米（图207-2）。ZZDZ1502：5，泥质灰陶。斜折沿，鼓腹，素面。口径21、残高6.9厘米（图207-3）。

钵　1件。ZZDZ1502：4，泥质红陶。直口，尖唇，素面磨光。口径31.1、残高5.3厘米（图207-4）。

器底　2件。ZZDZ1502：2，泥质灰陶。下腹斜收，平底，下腹有横向刮削痕迹。底径14.1、残高4.1厘米（图207-5）。ZZDZ1502：3，夹砂褐陶。下腹斜收，平底，腹部素面。底径12.6、残高3.7厘米（图207-6）。

十四、应城遗址

应城遗址位于长子县慈林镇应城村，东为团山村，西、南为慈林镇，北为秦家庄和新陈村，西北向3千米为南郭遗址（图205）。遗址地处上党盆地南缘的近山地带，地势起伏，总体地形北高南低，最高点海拔998米。在20世纪90年代的考古调查和本次调查活动中，在该遗址均采集到早期陶器残片和残石器，但未能发现早期文化遗迹。该地的史前陶器标本有罐、缸、斝等器形，其中的篮纹缸、篮纹罐应属于庙底沟二期阶段，为遗物中年代最早者，较多标本如罐、斝足等属于龙山时期，部分陶器和河南地区王湾三期文化同类器形形态较为一致，年代最晚者为二里头时期的实心锥形鬲足。

采集陶器

罐　4件。ZZYC1502：1，泥质灰陶。直口，唇面微上翻，筒形腹，素面。口径23.8、残高6厘米（图208-1）。ZZYC1502：5，斜折沿，沿面微内折，圆唇。口径22.7、残高3.4厘米（图208-2）。ZZYC1502：13，泥质褐陶。侈口，尖唇，素面磨光，颈部可见清晰轮修痕迹。口径29.8、残高7厘米（图208-3）。ZZYC1502：3，夹砂灰陶。斜折沿，沿面微凹，腹部弦纹一周，下饰绳纹。口径15.7、残高6厘米（图208-4）。

瓮　1件。ZZYC1502：11，泥质灰陶。敛口，筒状腹，器表饰细绳纹。口径18.3、残高9.4厘米（图208-5）。

器底　2件。ZZYC1502：2，夹砂灰陶。斜腹近底垂直下收，底部微凹，器表饰绳纹。底径12.9、残高7.8厘米（图208-6）。ZZYC1502：6，泥质灰陶。下腹斜收，平底，腹身饰竖向篮纹。底径13.7、残高3.3厘米（图208-8）。

缸　1件。ZZYC1502：8，泥质灰陶。直口，筒形腹，沿部外突加厚，器表饰斜向篮纹。口径36.7、残高7.4厘米（图208-7）。

器足　4件。皆夹砂灰陶。ZZYC1502：12，袋状足器表饰交错绳纹，足根实心素面，呈尖锥状。残高14.6厘米（图208-9）。ZZYC1502：14，实心锥形足，器表饰绳纹。残高5.8厘米（图208-10）。ZZYC1502：4，空心锥形足。残高4.7厘米（图208-11）。ZZYC1502：9，空心锥形足。残高4.3厘米（图208-12）。

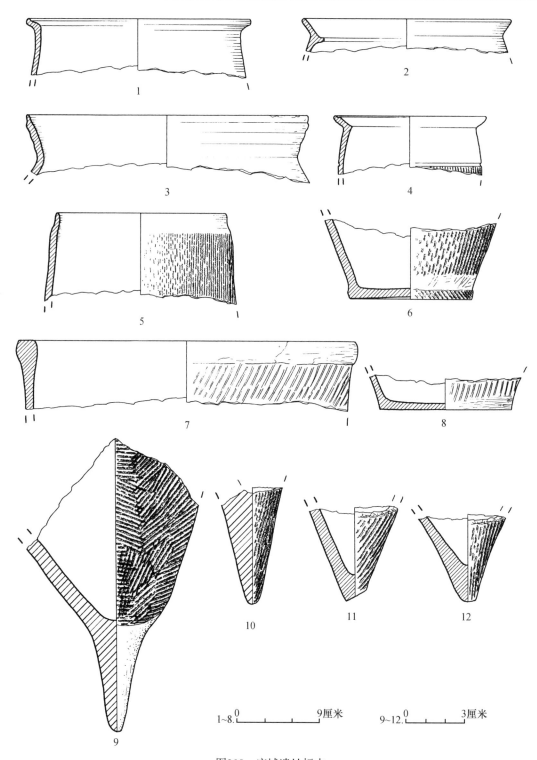

图208　应城遗址标本

（1、7庙底沟二期，2~4、6、8、10~12为龙山时期，5、9为二里头时期）

1~4.罐（ZZYC1502：1、ZZYC1502：5、ZZYC1502：13、ZZYC1502：3）　5.瓮（ZZYC1502：11）　6、8.器底

（ZZYC1502：2、ZZYC1502：6）　7.缸（ZZYC1502：8）　9~12.器足（ZZYC1502：12、ZZYC1502：14、

ZZYC1502：4、ZZYC1502：9）

第六节　潞　城　市

一、合　室　遗　址

合室遗址位于潞城市合室乡合室村，东为北河村，西为张井口，南为河后村，北向为海拔超过1100米的石板岭（图209）。遗址地处上党盆地的东北犄角地带，东、西、北三向被太行山脉包围，仅南向连接盆地，地势北高南低，高差较大，最高点海拔1026米。20世纪90年代考古调查中，在合室遗址采集到数量较多的早期文化遗物，时隔十多年后再次勘察时，能发现的遗迹遗物已不多。遗物标本皆为陶器，少量为红陶，多为灰陶。器形有罐、盆、瓮、鬲等，年代最早者为仰韶时期的黑白套绘彩陶片，该时期遗物数量占比最少，庙底沟二期、龙山时期、二里头时期、商时期的遗物数量明显增多，均占一定的比例。本节内容皆选用90年代所获标本。

采集陶器

深腹罐　6件。LCHS9605：10，泥质灰陶。斜折沿，尖唇，器身饰绳纹。口径37.1、残高7.3厘米（图210-1）。LCHS9605：11，泥质灰陶。侈口，卷沿，唇面略上翻，器身饰细绳纹。口径31.5、残高6.5厘米（图210-2）。LCHS9605：20，泥质灰陶。折沿，圆唇，颈部可见泥条按压堆纹两周。口径33.2、残高4.8厘米（图210-3）。LCHS9605：17，夹砂灰陶。斜折沿，方唇，上腹泥条按压堆纹三周，器身饰绳纹。口径30.1、残高8.4厘米（图210-5）。LCHS9605：4，夹砂灰陶。斜折沿，方唇，唇面压印呈索状花边，颈部泥条按压堆纹三周，其下器表饰竖向篮纹。口径39.4、残高7.9厘米（图210-7）。LCHS9605：2，夹砂灰陶。方唇，束颈，深鼓腹，器身饰粗绳纹。口径14.3、残高11.2厘米（图210-9）。

鼓腹罐　4件。LCHS9605：7，泥质灰陶。斜折沿，尖唇，唇面压印呈齿轮状花边。口径27、残高6厘米（图210-4）。LCHS9605：21，夹砂褐陶。斜折沿，方唇，唇面压印呈索状花边，肩部细泥条堆纹一周，器身饰竖向篮纹。口径24.2、残高5.1厘米（图210-6）。LCHS9605：1，泥质灰陶。斜折沿，圆唇，鼓腹，唇部压印呈花边状，上腹可见细泥条堆纹一周，器身饰竖向篮纹。口径16.5、残高5.4厘米（图210-8）。LCHS9605：25，夹砂褐陶。斜折沿，尖唇，鼓腹，肩部细泥条堆纹一周，器表饰绳纹。口径12.3、残高5厘米（图210-13）。

高领罐　2件。LCHS9605：16，泥质灰陶。侈口，尖唇，束颈，深腹，器身饰竖向篮纹。口径12.3、残高8.6厘米（图210-10）。LCHS9605：18，泥质灰陶。侈口，圆唇，斜领，表面可见模糊横向篮纹。口径17.7、残高7厘米（图210-11）。

直口罐　1件。LCHS9605：9，泥质灰陶。直口，圆唇，高颈。口径9.6、残高6.1厘米（图210-12）。

瓮圈足　3件。泥质灰陶，器表饰绳纹。LCHS9605：3，圈足外撇。底径22.7、残高6.4厘米（图211-1）。LCHS9605：5，圈足略外撇。底径24.1、残高5.2厘米（图211-2）。LCHS9605：15，圈足竖直。底径16.4、残高3.5厘米（图211-3）。

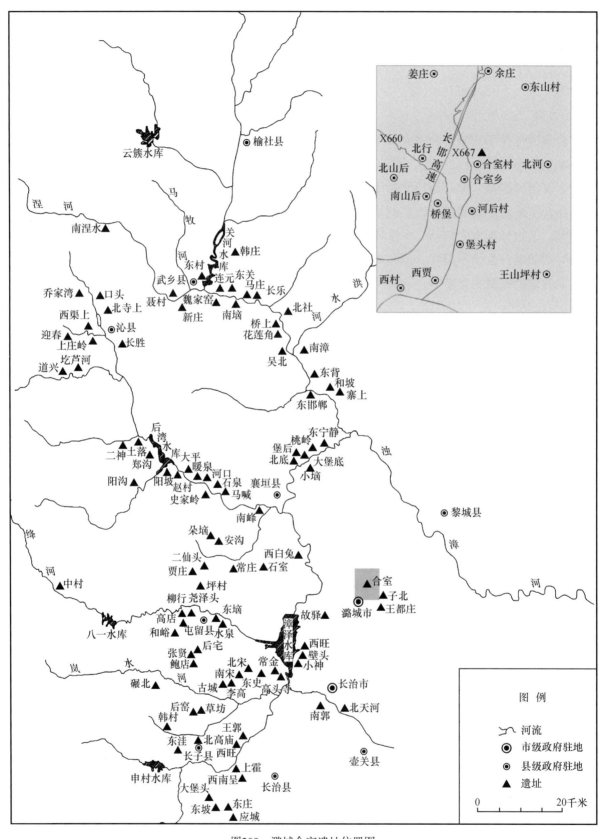

图209　潞城合室遗址位置图

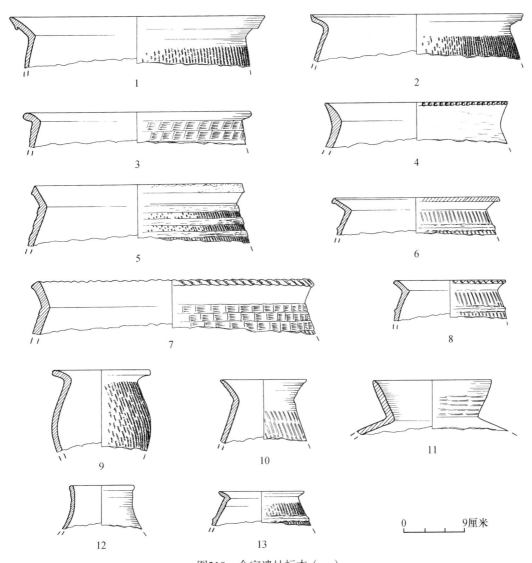

图210　合室遗址标本（一）

（3～8、10、11、13为庙底沟二期，9、12为龙山时期，1、2为商时期）

1～3、5、7、9. 深腹罐（LCHS9605：10、LCHS9605：11、LCHS9605：20、LCHS9605：17、LCHS9605：4、LCHS9605：2）

4、6、8、13. 鼓腹罐（LCHS9605：7、LCHS9605：21、LCHS9605：1、LCHS9605：25）　10、11. 高领罐（LCHS9605：16、

LCHS9605：18）　12. 直口罐（LCHS9605：9）

　　盆　1件。LCHS9605：23，泥质褐陶。侈口，圆唇，弧腹，底残，素面。口径20、残高4.1厘米（图211-4）。

　　器底　2件。LCHS9605：19，泥质褐陶。下腹斜收，平底，器表饰横向篮纹。底径14.2、残高6厘米（图211-5）。LCHS9605：24，泥质灰陶。下腹斜收，平底，器表饰竖向篮纹。底径12.2、残高4.1厘米（图211-6）。

　　器足　5件。LCHS9605：13，夹砂灰陶。实心锥形足，表面可见竖向凹槽两道。残高7.2厘米（图211-7）。LCHS9605：27，夹砂灰陶。实心锥形足，素面。残高7.3厘米（图211-8）。LCHS9605：22，夹砂灰陶。锥形空心足，面饰绳纹。残高7.8厘米（图211-9）。

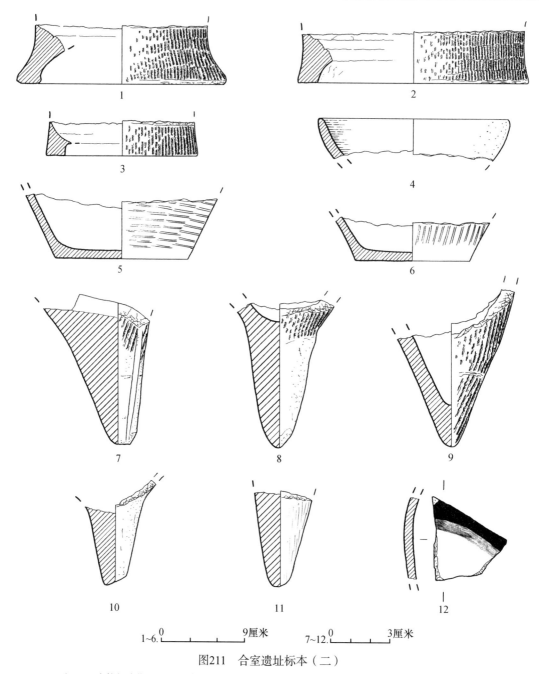

图211　合室遗址标本（二）

（4、12为仰韶中期，5、6为庙底沟二期，9为龙山时期，1~3、7、8、10、11为二里头时期）

1~3. 瓮圈足（LCHS9605：3、LCHS9605：5、LCHS9605：15）　4. 盆（LCHS9605：23）　5、6. 器底（LCHS9605：19、LCHS9605：24）　7~11. 器足（LCHS9605：13、LCHS9605：27、LCHS9605：22、LCHS9605：26、LCHS9605：14）

12. 彩陶片（LCHS9605：12）

LCHS9605：26，夹砂灰陶。实心锥形足，底部斜向磨平，素面。残高5.3厘米（图211-10）。

LCHS9605：14，夹砂灰陶。实心锥形足，素面。残高4.9厘米（图211-11）。

　　彩陶片　1件。LCHS9605：12，泥质红陶。残片，表面可见白彩黑彩套绘。残长4.3、残宽3.7厘米（图211-12）。

二、子北遗址

　　子北遗址位于潞城市微子镇子北村，北为后河村，南为微子镇，西临国道G207，西北向距合室遗址6.7千米（图212）。遗址地处上党盆地东北边缘的山前缓坡地带，南、北、东三向被太行山脉包围，西向连接上党盆地，地势东高西低，最高点海拔958米。由于遗址邻近微子镇，受长期建设活动的影响，一些早期文化遗迹已不可寻。本节内容的遗物标本除本次考古调查采集外，还收录了20世纪90年代考古调查活动中采集的部分陶器标本。该地的史前时期遗物多为陶器，器形有罐、盆、瓮、盘、钵、鬲等，年代最早的为仰韶中期，最晚的为商代二里冈文化时期，仰韶、庙底沟二期、龙山、二里头、商的各个阶段均有相当数量的遗物。

采集陶器

　　鼓腹罐　3件。LCZB1404：13，夹砂褐陶。斜折沿，尖唇，鼓腹，器身饰横向篮纹。口径20.4、残高5.4厘米（图213-1）。LCZB1404：18，夹砂灰陶。斜折沿，尖唇，鼓腹，器表饰横向篮纹。口径22.7、残高5.9厘米（图213-2）。LCZB1404：21，夹砂灰陶。斜折沿，方唇，鼓腹，素面。口径20.8、残高4.6厘米（图213-3）。

　　深腹罐　4件。LCZB9605：2，夹砂灰陶。斜折沿，圆唇，深腹，腹饰绳纹。口径20.4、残高10.9厘米（图213-4）。LCZB9605：12，夹砂褐陶。斜折沿，圆唇，器表饰细绳纹。口径22.3、残高9.4厘米（图213-5）。LCZB1404：4，夹砂红陶。斜折沿，颈部压印齿轮状堆纹两周，器表饰竖向篮纹。口径36.5、残高6.2厘米（图213-9）。LCZB1404：7，泥质灰陶。斜折沿，唇面捏压呈花边，颈部泥条按压堆纹一周，器身饰竖向篮纹。口径40.3、残高5.2厘米（图213-10）。

　　瓮　3件。LCZB1404：5，泥质红陶。敛口，唇面内外双向加厚，鼓腹，素面。口径33.8、残高4.2厘米（图213-6）。LCZB1404：3，泥质灰陶。敛口，内折沿。口径34.3、残高6.1厘米（图213-7）。LCZB1404：22，泥质褐陶。敛口，内折沿。口径26.3、残高8.2厘米（图213-8）。

　　钵　4件。LCZB9605：8，泥质灰陶。敛口，圆唇，素面。口径19.8、残高3.4厘米（图214-1）。LCZB1404：9，泥质红陶。直口，方唇，素面。口径31.7、残高3.4厘米（图214-2）。LCZB1404：10，泥质红陶。直口，圆唇，弧腹，素面。口径19.7、残高3.6厘米（图214-3）。LCZB9605：15，泥质红陶。敛口，圆唇，沿下黑彩条带一周，其下器身饰黑彩三角弧线纹饰。口径27.6、残高4.4厘米（图214-4）。

　　盆　2件。LCZB1404：11，夹砂褐陶。敛口，圆唇，素面。口径20.4、残高2.8厘米（图214-5）。LCZB1404：20，泥质灰陶。卷沿，圆唇，束颈，弧腹，腹饰绳纹。口径30.2、残高5.2厘米（图214-6）。

　　盘　1件。LCZB1404：14，泥质灰陶。卷沿，侈口，圆唇，平底。口径20.2、残高2.4厘米（图214-7）。

　　彩陶片　1件。LCZB9605：16，泥质红陶。残片，表面饰黑彩三角弧形和弧线纹饰。残长

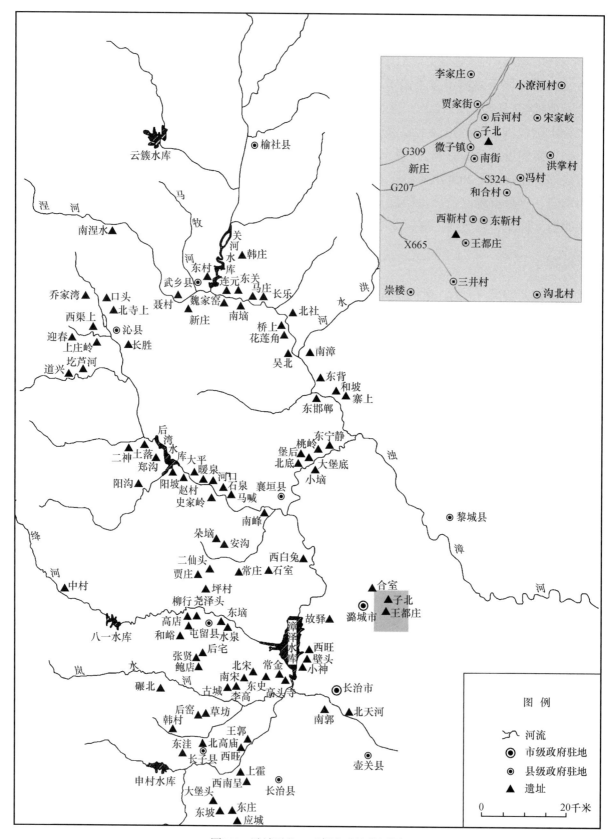

图212　潞城子北、王都庄遗址位置图

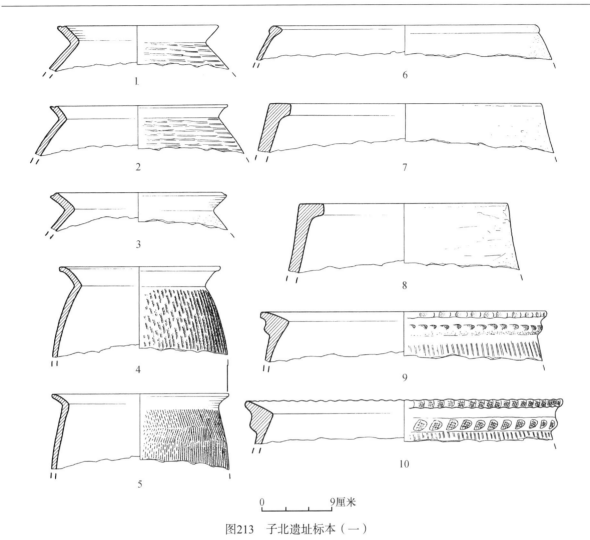

图213　子北遗址标本（一）

（6为仰韶中期，1、2、9、10为庙底沟二期，3、4为龙山时期，5、7、8为二里头时期）

1~3.鼓腹罐（LCZB1404：13、LCZB1404：18、LCZB1404：21）　4、5、9、10.深腹罐（LCZB9605：2、LCZB9605：12、

LCZB1404：4、LCZB1404：7）　6~8.瓮（LCZB1404：5、LCZB1404：3、LCZB1404：22）

8.4厘米（图214-10）。

　　器底　2件。泥质灰陶。LCZB1404：1，下腹斜收，平底，器表饰绳纹。底径14.2、残高4厘米（图214-8）。LCZB1404：19，上部残，鼓腹，凹底，器表饰交错绳纹。底径6.3、残高7.2厘米（图214-9）。

　　器足　2件。夹砂灰陶。LCZB1404：6，足根残，表面饰绳纹。残高7.2厘米（图214-11）。LCZB1404：17，实心锥形足，足根素面。残高7.7厘米（图214-12）。

三、王都庄遗址

　　王都庄遗址位于潞城市微子镇王都庄，北为靳村，南为三井村，西为窑上村，东临太行山脉西向斜坡，向北2.8千米为子北遗址（图212）。遗址地处上党盆地东北部向太行山区的过渡

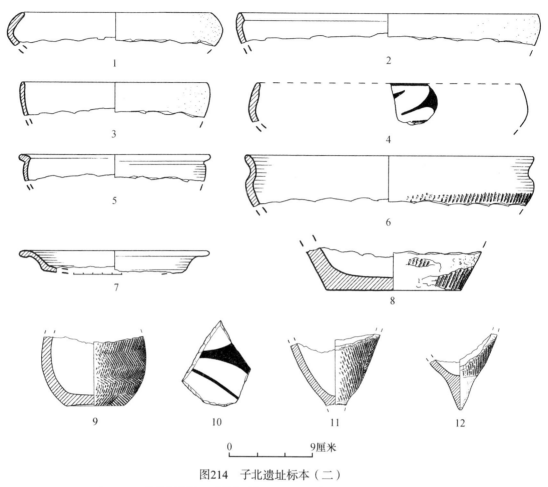

图214　子北遗址标本（二）

（2~5、10为仰韶中期，1为仰韶晚期，6~9、11为二里头时期，12为商时期）

1~4.钵（LCZB9605：8、LCZB1404：9、LCZB1404：10、LCZB9605：15）　5、6.盆（LCZB1404：11、LCZB1404：20）

7.盘（LCZB1404：14）　8、9.器底（LCZB1404：1、LCZB1404：19）　10.彩陶片（LCZB9605：16）　11、12.器足

（LCZB1404：6、LCZB1404：17）

地带，三向被太行山脉包围，仅有西向老顶山北段豁口连接上党盆地，地势东高西低，最高点海拔940米。遗址范围内遗迹较少，仅有一段2.5米长的灰层，应为浅层灰坑被破坏所致。遗物数量稀少，能辨器形者有罐、瓮、豆等陶器，灰陶、褐陶大致各半，最早者为庙底沟二期的折沿篮纹罐，余者均为龙山时期。

采集陶器

大口罐　1件。LCWDZ1404：2，泥质灰陶。侈口，斜折沿，圆唇，素面磨光。口径37.4、残高5.6厘米（图215-1）。

瓮　1件。LCWDZ1404：4，泥质灰陶。敛口，平沿外突，口部加厚，器表饰绳纹。口径33.1、残高5.7厘米（图215-2）。

高领罐　1件。LCWDZ1404：1，夹砂褐陶。侈口，圆唇，弧领，素面。口径20.8、残高8.1厘米（图215-3）。

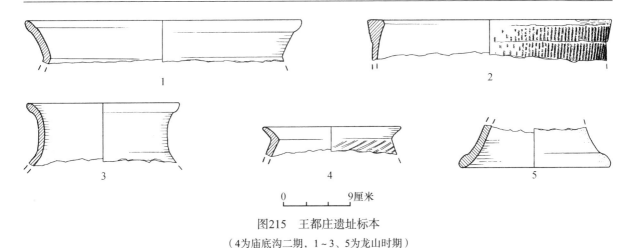

图215　王都庄遗址标本

（4为庙底沟二期，1～3、5为龙山时期）

1. 大口罐（LCWDZ1404：2）　2. 瓮（LCWDZ1404：4）　3. 高领罐（LCWDZ1404：1）　4. 折沿罐（LCWDZ1404：3）

5. 豆柄（LCWDZ1404：5）

折沿罐　1件。LCWDZ1404：3，泥质灰陶。斜折沿，圆唇，器表饰斜向篮纹。口径18.7、残高3.6厘米（图215-4）。

豆柄　1件。LCWDZ1404：5，泥质褐陶。底部呈喇叭口状，底缘起台。底径20.8、残高5.2厘米（图215-5）。

第七节　长　治　县

一、南　郭　遗　址

南郭遗址位于长治县郝家庄乡南郭村，北为北郭村，南为安城村，西为王童村，东宋家庄和信义村（图216）。遗址地处上党盆地的中心地带，地势平坦，平均海拔923米，西向距离浊漳河南源干流约4.4千米。该遗址在20世纪90年代的考古调查活动中采集了数量较少的陶器标本，本次考古调查再次对该遗址进行了勘察，在村南发现了一处毁坏严重的小型灰坑，内有泥质灰陶碎片、草木灰和红烧土，未发现可辨器形的陶片。因此本节内容选用了20世纪90年代考古调查时所获标本，包括了粗柄豆、簋和盆，其年代为二里头和商时期。

采集陶器

盆　1件。CZNG9605：4，泥质褐陶。侈口，沿微卷，圆唇，腹身饰浅绳纹。口径37.8、残高4.9厘米（图217-4）。

簋　1件。CZNG9605：6，泥质灰陶。口微敛，平沿外突，颈微束，素面磨光。口径21.1、残高7.2厘米（图217-3）。

粗柄豆　2件。皆泥质灰陶，侈口，尖唇，豆盘圜底，器身饰宽弦纹数周。CZNG9605：3，口径14.2、底径9.5、高12.2厘米（图217-1）。CZNG9605：1，柄残。口径15.2、残高8.6厘米（图217-2）。

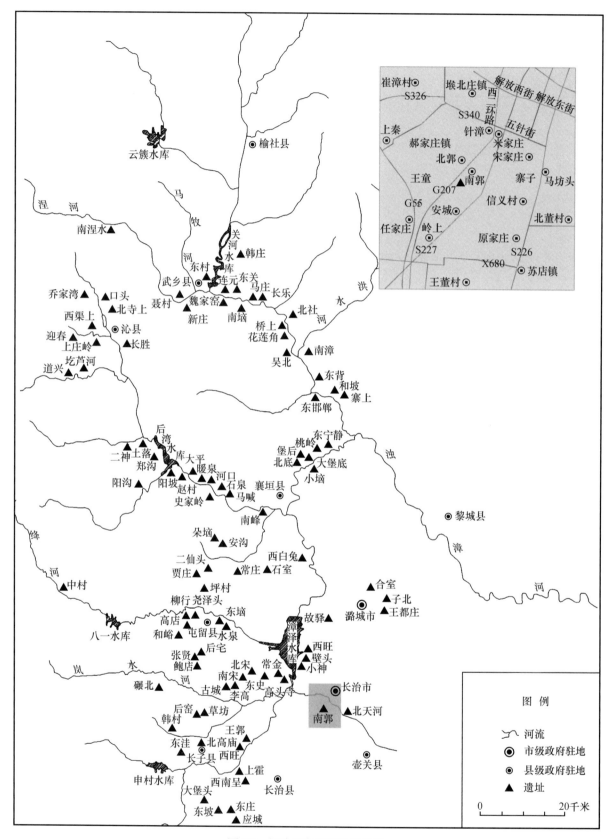

图216　长治县南郭遗址位置图

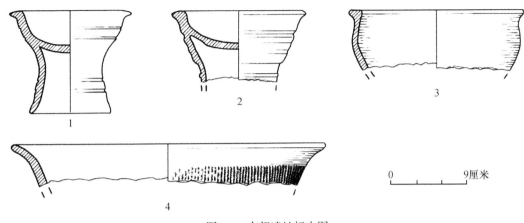

图217　南郭遗址标本图

（3、4为二里头时期，1、2为商时期）

1、2. 粗柄豆（CZNG9605：3、CZNG9605：1）　3. 簋（CZNG9605：6）　4. 盆（CZNG9605：4）

二、北天河遗址

北天河遗址位于长治县苏店镇北天河村，北为小坟上村和小山头村，南为南天河村，西临苏店镇，东向背靠老顶山南段山前陡坡（图218）。遗址地处上党盆地东部边缘的山前坡地，地势东高西低，最高点海拔988米。该遗址在20世纪90年代的考古调查活动中采集了相当数量的史前遗物，在本次考古调查中，再次采集到部分早期文化陶器标本。该遗址的陶器有罐、盆、豆、鼎等器形，从质地、纹饰和形态来看，最早的为庙底沟二期，但数量稀少，龙山、二里头、商时期的标本数量最大。

采集陶器

大口罐　1件。CZBTH1306：1，泥质灰陶。侈口，卷沿，圆唇。口径36.2、残高7.1厘米（图219-1）。

侈口折沿罐　5件。CZBTH1306：9，泥质灰陶。斜折沿，方唇，器表素面。口径18.4、残高5.2厘米（图219-2）。CZBTH1306：10，泥质褐陶。斜折沿，唇面略上翻，颈部附加堆纹一周，其下器表饰绳纹。口径36.3、残高8.1厘米（图219-3）。CZBTH1306：8，夹砂灰陶。斜折沿，圆唇，器表饰绳纹。口径16.2、残高6.9厘米（图219-4）。CZBTH9605：3，泥质灰陶。斜折沿，尖唇，鼓腹，下腹饰交错绳纹。口径14.3、残高9.6厘米（图219-6）。CZBTH9605：5，泥质灰陶。斜折沿，方唇，器表饰绳纹。口径23.3、残高13.8厘米（图219-7）。

折沿盆　1件。CZBTH1306：13，泥质灰陶。侈口，斜折沿，尖唇。口径36.5、残高3.2厘米（图219-5）。

束颈盆　1件。CZBTH9605：12，夹砂灰陶。侈口，方唇，束颈，颈部以下器身饰绳纹。口径22.2、残高5.2厘米（图219-8）。

腹片　1件。CZBTH9605：4，泥质灰陶。陶豆残片，可见弦纹数周，器表饰泥饼两个。残高6.5厘米（图219-9）。

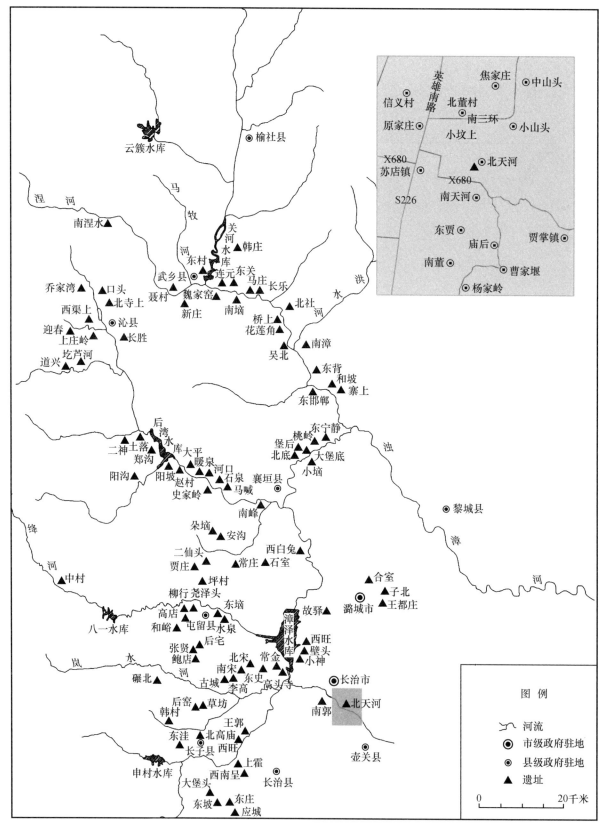

图218　长治北天河遗址位置图

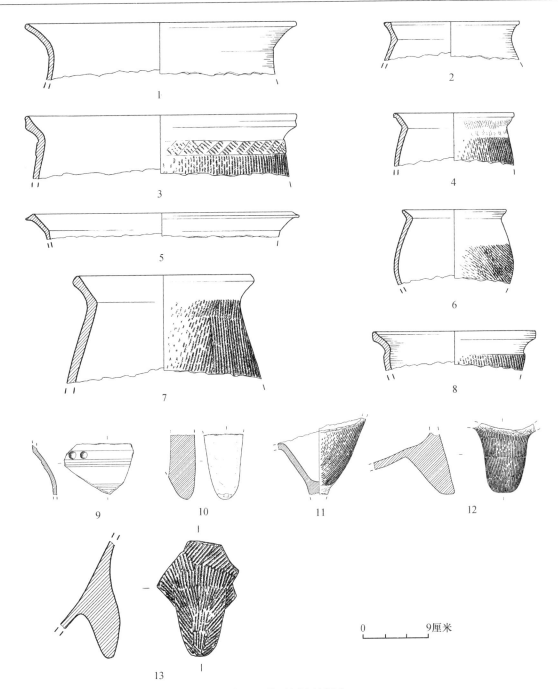

图219 北天河遗址标本

（3为庙底沟二期，1、2、4、6、7、9、10为龙山时期，8、11～13为二里头时期，5为商时期）

1. 大口罐（CZBTH1306：1） 2～4、6、7. 侈口折沿罐（CZBTH1306：9、CZBTH1306：10、CZBTH1306：8、

CZBTH9605：3、CZBTH9605：5） 5. 折沿盆（CZBTH1306：13） 8. 束颈盆（CZBTH9605：12） 9. 腹片

（CZBTH9605：4） 10～13. 器足（CZBTH1306：11、CZBTH1306：2、CZBTH1306：6、CZBTH1306：7）

　　器足　4件。CZBTH1306：11，泥质灰陶。舌形鼎足，素面。残高8.8厘米（图219-
10）。CZBTH1306：2，夹砂灰陶。袋状足饰绳纹，足根素面。残高9.8厘米（图219-11）。
CZBTH1306：6，泥质灰陶。舌形足外撇，表面饰致密绳纹。残高9.1厘米（图219-12）。
CZBTH1306：7，泥质灰陶。舌形足，表面饰交错绳纹。残高15.5厘米（图219-13）。

第八节　郊　区

一、壁头遗址

壁头遗址位于长治市郊区大辛庄镇壁头村西，北为下韩村，南为漳泽村，东为西旺村，东南距离长治市区约10千米（图220）。遗址地处上党盆地中心地带，地势平坦，西侧为浊漳河南源干流汇入的漳泽水库，平均海拔924米。遗址内遗迹和遗物分布在村西400米处的台地上大致东西300、南北100米的区域。该遗址于1959年的考古调查中被发现，在该遗址的断崖处距地表2米深的地方，暴露出夹砂绳纹、篮纹陶片，未进行发掘。在1960、1979、1987年的三次文物普查中，采集到的器物残件有石铲、石斧、鼎足、鬲口沿等，现为山西省重点文物保护单位。陶器标本显示，遗物的年代包括了仰韶中期、庙底沟二期、龙山时期和二里头时期。

采集陶器

深腹罐　1件。JQBT1306：8，夹砂灰陶。斜折沿，方唇，唇面压印呈索状花边，颈部泥条按压堆纹一周，其下器表饰竖向篮纹。口径40.8、残高8.2厘米（图221-1）。

大口罐　1件。JQBT1306：6，泥质灰陶。侈口，宽折沿，尖唇，束颈，素面。口径27.1、残高6.4厘米（图221-2）。

鼓腹罐　1件。JQBT1306：10，夹砂灰陶。斜折沿，圆唇，鼓腹，颈部泥条按压堆纹两周，其下器表饰竖向篮纹。口径34.7、残高9厘米（图221-3）。

小口罐　1件。JQBT1306：5，泥质褐陶。侈口，圆唇，束颈，圆肩，腹身饰绳纹。口径16.4、残高6.4厘米（图221-4）。

卷沿盆　1件。JQBT1306：11，泥质红陶。卷沿，圆唇，束颈，鼓腹，沿面有黑彩痕迹。口径37.1、残高5.8厘米（图221-5）。

敛口盆　1件。JQBT1306：13，泥质红陶。敛口，尖唇，器表可见宽弦纹数周。口径35.5、残高6.3厘米（图221-6）。

束颈盆　1件。JQBT1306：1，泥质灰陶。卷沿，圆唇，束颈，鼓腹，腹身饰绳纹。口径37、残高13.3厘米（图221-7）。

器底　1件。JQBT1306：7，泥质灰陶。下腹斜收，凹底，下腹可见竖向篮纹。底径18.4、残高7厘米（图221-8）。

甑　2件。夹砂灰陶，腰部内侧算隔一周，器表饰绳纹。JQBT1306：4，腰部外侧捺窝状泥条堆纹一周。腰径20.4、残高9厘米（图221-9）。JQBT1306：2，腰部外侧泥条按压堆纹一周。腰径19.6、残高9.2厘米（图221-10）。

尖底瓶口　1件。JQBT1306：3，泥质红陶。叠唇明显，表面饰线纹。外径8.8、内径3.5、残高5.9厘米（图221-11）。

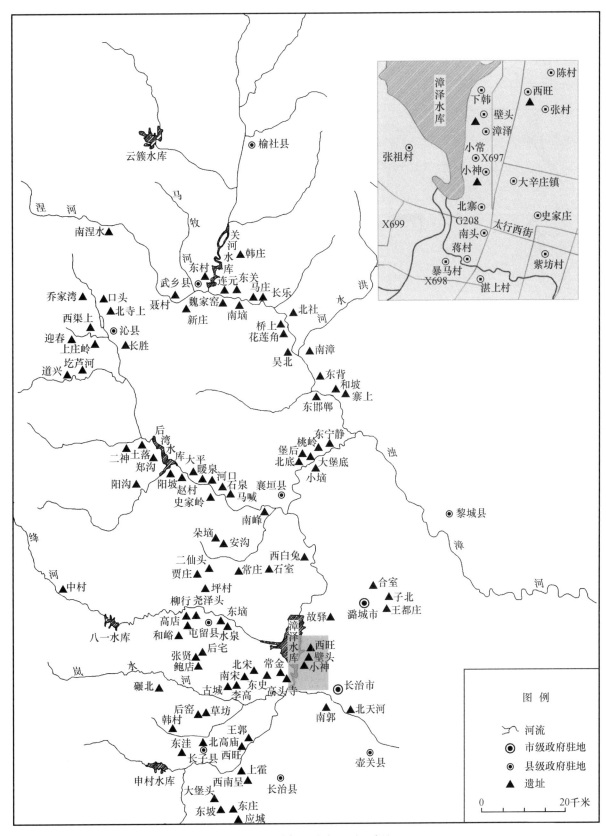

图220　长治郊区壁头、西旺遗址

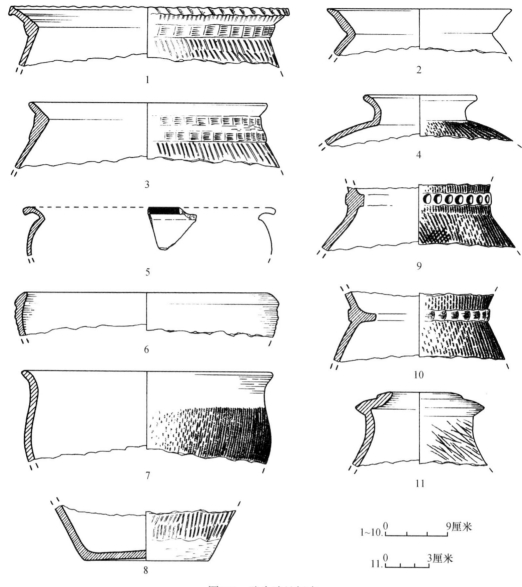

图221　壁头遗址标本

（5、6、11为仰韶中期，1、3、8为庙底沟二期，2为龙山时期，4、7、9、10为二里头时期）

1. 深腹罐（JQBT1306∶8）　　2. 大口罐（JQBT1306∶6）　　3. 鼓腹罐（JQBT1306∶10）　　4. 小口罐（JQBT1306∶5）

5. 卷沿盆（JQBT1306∶11）　　6. 敛口盆（JQBT1306∶13）　　7. 束颈盆（JQBT1306∶1）　　8. 器底（JQBT1306∶7）

9、10. 甗（JQBT1306∶4、JQBT1306∶2）　　11. 尖底瓶口（JQBT1306∶3）

二、西旺遗址

　　西旺遗址位于长治市郊区大辛庄镇西旺村，东为陈村、张村，西为下韩村、壁头村，北为凹里村，南为大辛庄镇（图220）。遗址地处上党盆地腹地的浊漳河南源干流东岸的二级台地，地势平坦，平均海拔926米。由于城镇化建设的发展，该地大部已成城郊建成区。在20世纪90年代的考古调查中，在该地采集到数量较多的早期文化时期陶器，标本有罐、盆、鬲、瓮、甗、豆等器形，皆为灰陶。根据其陶质、纹饰和形态，其年代应该为二里头至商时期。考虑到西旺遗址距离壁头、小神两处史前遗址距离咫尺，后两者均有夏商时期遗存，可以推测至少在二里头和商时期，三地应同属一处较大规模的聚落。本节内容选用皆为20世纪90年代所获标本。

采集陶器

　　鬲　4件。JQXW9605：6，夹砂灰陶。侈口，圆唇，高领，腹身饰绳纹。口径31.2、残高11.4厘米（图222-1）。JQXW9605：14，夹砂灰陶。侈口，高立领，腹身饰绳纹。口径19.2、残高9.2厘米（图222-2）。JQXW9605：8，夹砂灰陶。宽折沿，唇面上翻成子母口，上腹弦纹一周下饰绳纹。口径20.8、残高5.8厘米（图222-5）。JQXW9605：10，夹砂灰陶。折沿，唇面

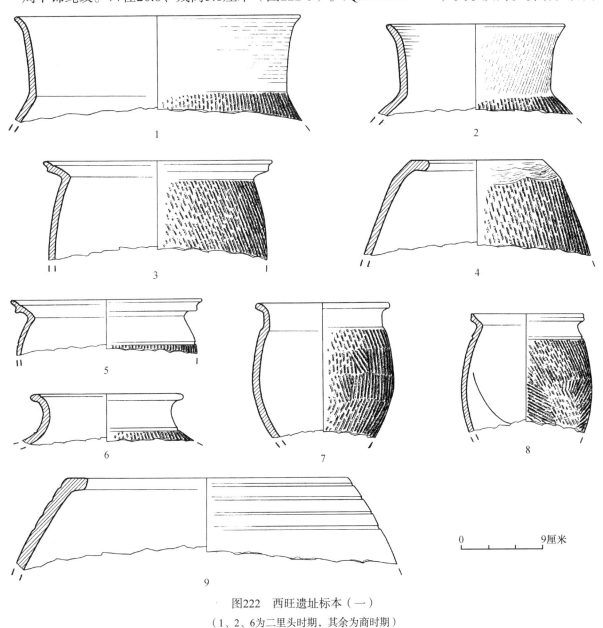

图222　西旺遗址标本（一）
（1、2、6为二里头时期，其余为商时期）

1、2、5、8.鬲（JQXW9605：6、JQXW9605：14、JQXW9605：8、JQXW9605：10）　3、7.深腹罐（JQXW9605：13、JQXW9605：15）　4、9.瓮（JQXW9605：16、JQXW9605：11）　6.小口罐（JQXW9605：9）

上翻，颈部弦纹一周，下部腹身饰绳纹，形体瘦高。口径12.3、残高12.6厘米（图222-8）。

深腹罐　2件。JQXW9605：13，夹砂灰陶。斜折沿，唇面上翻成子母口，腹身饰绳纹。口径25.1、残高10.9厘米（图222-3）。JQXW9605：15，夹砂灰陶。侈口，束颈，腹身饰绳纹。口径14.7、残高14.2厘米（图222-7）。

瓮　2件。JQXW9605：16，泥质灰陶。敛口，内折沿，通体绳纹。口径14.3、残高9.8厘米（图222-4）。JQXW9605：11，泥质灰陶。敛口，内折沿，沿部以下饰弦纹四周。口径30.8、残高9.4厘米（图222-9）。

小口罐　1件。JQXW9605：9，泥质灰陶。侈口，束颈，颈部弦纹一周，下饰绳纹。口径16.6、残高5.1厘米（图222-6）。

盆　3件。JQXW9605：1，泥质灰陶。折沿，圆唇，束颈，腹身饰绳纹。口径38.8、残高11.8厘米（图223-1）。JQXW9605：3，泥质灰陶。侈口，斜折沿，方唇，唇面有凹槽一周，下腹弦纹下饰绳纹。口径34.2、残高12.2厘米（图223-2）。JQXW9605：5，泥质灰陶。侈口，折沿，圆唇，弧腹，腹身饰弦纹数周和绳纹。口径40.7、残高12.3厘米（图223-3）。

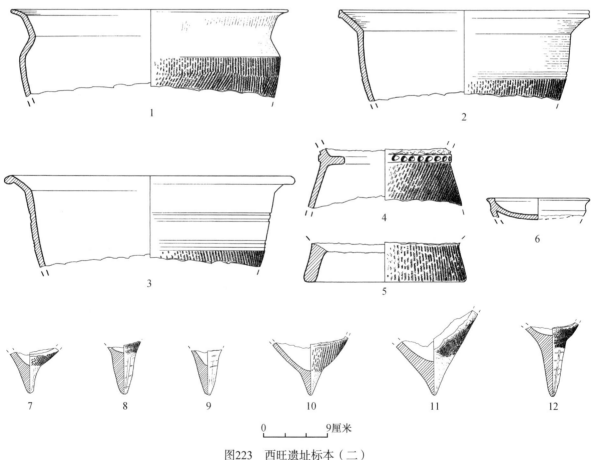

0 ————— 9厘米

图223　西旺遗址标本（二）

（4、5、8、9、12为二里头时期，其余为商时期）

1~3.盆（JQXW9605：1、JQXW9605：3、JQXW9605：5）　4.甗（JQXW9605：12）　5.圈足（JQXW9605：2）

6.豆（JQXW9605：17）　7~12.器足（JQXW9605：21、JQXW9605：23、JQXW9605：19、JQXW9605：22、

JQXW9605：7、JQXW9605：20）

甗 1件。JQXW9605：12，夹砂灰陶。腰部内侧可见箅隔一周，外侧捺窝状泥条堆纹一周，器表饰绳纹。腰径17.7、残高8.2厘米（图223-4）。

圈足 1件。JQXW9605：2，泥质灰陶。圈足外撇，表面饰绳纹。底径22.4、残高5.2厘米（图223-5）。

豆 1件。JQXW9605：17，泥质褐陶，侈口，平沿，尖唇，圜底，素面磨光。口径14.2、残高3.1厘米（图223-6）。

器足 6件。皆实心锥形足，足部绳纹，足根素面。JQXW9605：21，泥质褐陶。残高6厘米（图223-7）。JQXW9605：23，夹砂灰陶。可见竖向凹槽和横向绑扎痕迹。残高7.2厘米（图223-8）。JQXW9605：19，夹砂灰陶。可见竖向凹槽和横向绑扎痕迹。残高6.1厘米（图223-9）。JQXW9605：22，夹砂灰陶。根部较矮。残高7.8厘米（图223-10）。JQXW9605：7，夹砂灰陶。矮足根。残高11.3厘米（图223-11）。JQXW9605：20，夹砂灰陶。可见竖向凹槽和横向绑扎痕迹，根部瘦高。残高9.8厘米（图223-12）。

三、故驿遗址

故驿遗址位于长治市郊区马厂镇故驿村，东为郭家堡村，西为安阳村，北隔长邯高速为黄南村，南为马厂镇（图224）。遗址地处上党盆地中心地带，地势平坦，西北向1.3千米为浊漳河南源干流，平均海拔917米。遗址在20世纪90年代考古调查活动中曾采集到史前遗物，在本次考古调查中，早期文化遗迹已不可见，地面能采集到的早期陶片也较少，因此本节内容所选皆为20世纪90年代调查活动所获陶器标本。这些早期文化的陶器包括罐、缸、甗、瓮等器形，其年代最早为庙底沟二期，最晚为二里头时期。

采集陶器

鼓腹罐 2件。JQGY9605：5，夹砂灰陶。斜折沿，方唇，鼓腹，唇面压印呈花边状，器表饰斜向篮纹。口径31.5、残高10.4厘米（图225-1）。JQGY9605：8，夹砂灰陶。斜折沿，圆唇，素面。口径14.5、残高4.9厘米（图225-7）。

缸 1件。JQGY9605：4，夹砂褐陶。敛口，方唇，鼓腹，沿下齿轮状附加堆纹一周，腹身饰斜向篮纹。口径20.2、残高9.9厘米（图225-2）。

甗 1件。JQGY9605：7，夹砂灰陶。腰部内侧箅隔一周，外侧捺窝状泥条堆纹一周，器表饰绳纹。腰径19.2、残高7.6厘米（图225-3）。

圈足 1件。JQGY9605：2，泥质灰陶。足壁竖直，表面饰绳纹。底径23、残高5.2厘米（图225-4）。

高领罐 2件，泥质灰陶。侈口，圆唇，弧领，素面。JQGY9605：1，侈口幅度大。口径25.2、残高5.2厘米（图225-5）。JQGY9605：3，侈口幅度略小。口径16.7、残高5.8厘米（图225-6）。

器底 1件。JQGY9605：6，泥质灰陶。下腹斜收，平底，下腹器表饰竖向篮纹。底径16.7、残高5厘米（图225-8）。

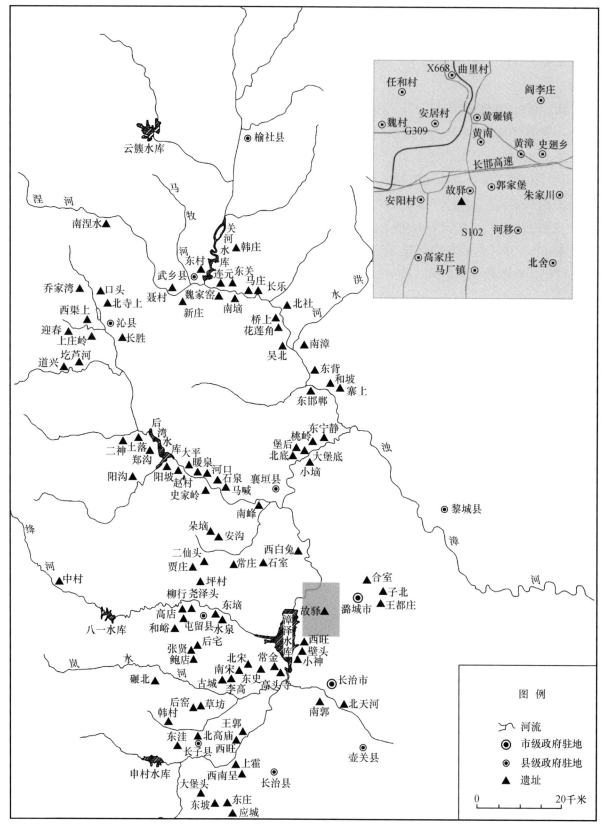

图224　长治郊区故驿遗址位置图

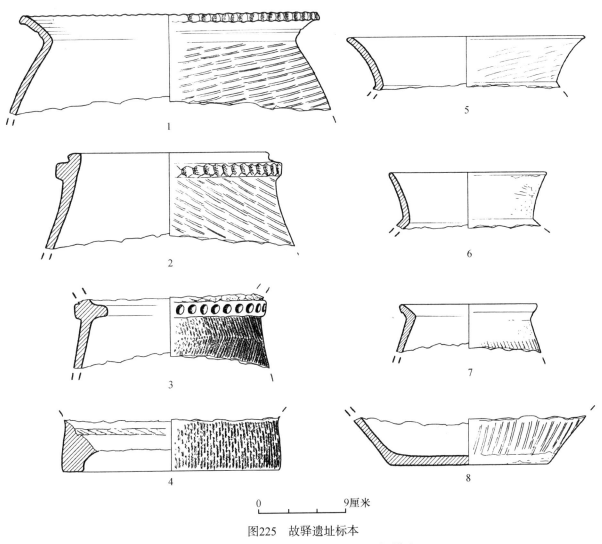

图225　故驿遗址标本

（1、2、5～8为庙底沟二期，3、4为二里头时期）

1、7. 鼓腹罐（JQGY9605：5、JQGY9605：8）　　2. 缸（JQGY9605：4）　　3. 甗（JQGY9605：7）　　4. 圈足（JQGY9605：2）

5、6. 高领罐（JQGY9605：1、JQGY9605：3）　　8. 器底（JQGY9605：6）

第三章 浊漳河上游地区早期文化探讨

浊漳河上游所在的山西省东南部地区，经过考古发掘时代最早的人类文化遗址是沁水县城西70千米的下川遗址。该遗址发现于20世纪70年代，是我国北方一处重要的旧石器晚期的细石器文化遗址。遗址位于中条山主峰历山及其附近的阳城、沁水、垣曲三县毗邻的山岳地带，保存较好且遗存丰富，故称为"下川遗址"。20世纪70年代，考古机构在该遗址进行过两次考古调查和发掘，其成果受到学术界的广泛关注，对研究细石器的起源和粟作农业起源有着极其重要的研究价值。下川文化上下分为3层，上层有6个数据，年代为距今23900年±1000年至距今16400年±900年[①]。上层不仅出土了典型的细石器，而且还出土了锛形器、磨棒、磨盘等进步生产工具，代表了旧石器时代晚期的最高技术水平。

全新世开始后，人类文化开始了从旧石器时代向新石器时代的过渡和演化。在浊漳河所在的山西东南部，旧石器时代之后至新石器时代中期，目前所发现的人类文化遗存仅有1984年武乡县石门乡牛鼻子湾征集的石磨盘和石磨棒[②]，两件石器被认为是磁山文化时期的遗物，20世纪80年代山西省考古研究所曾为此两次赴清漳河、浊漳河上游地区进行了专题调查，但均未能发现该时期的相关遗存。其实不止晋东南，在整个山西境内，新石器早中期的文化遗存近乎空白。虽然有部分学者认为晋南地区的枣园H1文化遗存也应属于前仰韶时期，但是随着周边豫西、关中地区更多同时期遗址的考古发现，通过对相关遗存的深入比较研究，学术界倾向于认同"枣园H1"遗存是仰韶文化最早、也就是最初阶段[③]，不应该将其纳入前仰韶时期的时间范畴。

在新石器时代早中期的中国北方地区，与磁山文化大约同时或稍有早晚的考古学文化主要有渭河流域的白家文化（亦称老官台文化、大地湾一期文化、北首岭下层文化、李家村文化等[④]）、中原地区的裴李岗文化、黄河下游的后李文化和太行山东北麓的北福地一期文化，在这些地区均发现了大量的文化遗址。白家文化遗址迄今已经发现40余处，主要分布在关中的渭河、泾河流域和陕南的汉江、丹江上游地区，两地区的数量约各占一半，年代在距今

① 中国社会科学院考古研究所：《中国考古学·新石器时代卷》，中国社会科学出版社，2010年，82页。

② 山西省考古研究所：《晋东南、晋南和吕梁地区的新石器时代遗址》，《中国考古学年鉴·1985》，文物出版社，1985年。

③ 魏兴涛：《豫西晋南和关中地区仰韶文化初期遗存研究》，《考古学报》2014年4期。

④ 中国社会科学院考古研究所编：《新中国的考古发现和研究》，文物出版社，1984年，38～41页；又见国家文物局主编：《中国文物地图集·陕西分册》，西安地图出版社，1998年，97～98页。

8000～7000年左右①。裴李岗文化遗址仅在河南境内已经发现105处，经发掘的也有10多处②，年代约在距今8500～7500年，约有一半此类遗址分布在京广铁路以东、大别山以北的广大黄淮冲积平原，海拔大都在200米以下。山东地区的后李文化共发现有8处遗址，均分布在泰沂山脉北侧的山前平原地带，¹⁴C测年约距今8500～7500年③；泰山南侧地区，也有类似后李文化的发现，叠压在北辛文化层之下。河北省境内的前仰韶时期文化遗址主要依太行山东麓分布，可分为两个系统：磁山文化和北福地一期文化。南部的武安磁山文化最早被发现，但典型文化遗址较少，其范围仅限于河北南部包括磁山在内的3处遗址④。北部的北福地一期文化主要位于河北中部的拒马河、大清河流域，包括了容城上坡一期、北福地一期等典型遗存。与中原的裴李岗文化以及关中、渭河地区的白家文化相比，河北地区太行山东麓的磁山、北福地一期文化在遗址数量上明显稀少，其分布密度也不如其东部的后李文化。

山西地区新石器时代早中期文化的缺失，一直是令学术界颇为困惑的谜团。有学者认为，抛开文化上可能存在的差别，环境、气候等自然因素恐怕就是造成这种现象的根本原因。山西地区的地貌特点是山地丘陵多、平川少，除南部盆地外，土地的质量一般都较差，土地普遍缺磷少氮，地力不足，无论耕地、林地或牧草地，生产水平都比较低，在全国位于中等偏下水平，这些基础生存条件的不足构成了早期人类生存的重大障碍。但是这种看法无法解释在地理、气候条件都明显优越的晋南汾河谷地，同样没有发现前仰韶时期文化遗存的现象。具体到浊漳河流域和其所在的晋东南地区，在地理位置上与磁山文化所在的冀南地区最为接近，因此两地的文化联系也理所当然会比较紧密。该地区前仰韶时期文化的探索还是应以仰韶早期文化遗存为线索，在更加细致的考古调查和发掘过程中加以找寻。

第一节　仰韶早期文化遗存

长期以来，学术界一直以半坡文化、庙底沟文化、西王村文化作为仰韶文化一脉相承的三个发展阶段，半坡文化及与其大约同时期的其他区域文化类型为仰韶文化的早期阶段。近二三十年来，随着垣曲古城东关、翼城枣园、侯马褚村、临潼零口、新安荒坡等遗址考古新材料的公布⑤，学术界逐渐意识到这些文化遗存在年代上可能更早，先后称之以"东关文化""枣园文化""零口文化""荒坡遗存"等。对于其年代，或认为其跨越前仰韶和仰韶时

① 国家文物局主编：《中国文物地图集·陕西分册》，西安地图出版社，1998年，97～98页。
② 孙广清：《河南裴李岗文化的分布和地域类型》，《华夏考古》1992年4期；国家文物局主编：《中国文物地图集·河南分册》，中国地图出版社，1991年，29～31页。
③ 栾丰实：《试论后李文化》，《海岱地区考古研究》，山东大学出版社，1997年。
④ 河北省文物管理处等：《河北武安洺河流域几处遗址的试掘》，《考古》1984年1期。
⑤ 中国历史博物馆考古部、山西省考古研究所、垣曲县博物馆：《垣曲古城东关》，科学出版社，2001年；山西省考古研究所：《翼城枣园》，科学技术文献出版社，2004年；山西省考古研究所：《山西侯马褚村遗址试掘简报》，《文物季刊》1993年2期；陕西省考古研究所：《临潼零口村》，三秦出版社，2004年；河南省文物管理局、河南省文物考古研究所：《新安荒坡》，大象出版社，2008年。

期①，应该是新石器时代晚期早段②，或视为仰韶早期豫西晋南地区的土著文化③，或称为初期仰韶文化④，或为仰韶初期文化⑤。本次调查中亦发现了属于该时期的少量陶器标本，但与稍晚的仰韶早期阶段标本相比，其数量和比例都相差悬殊，基于此种情况，本书仍沿用传统的仰韶早期概念，不做更细的阶段划分，仅在必要时对标本做个别说明。

　　自20世纪80年代长治小神遗址考古发掘⑥以来，浊漳河上游地区见诸报道的史前文化考古发掘有武乡东村⑦、屯留李高⑧等，上述发掘中最早的遗存为小神遗址出土的少量仰韶时期庙底沟文化阶段遗物，而在正式的考古发掘中，尚未发现属于仰韶早期的文化遗存。2010～2014年以来进行的浊漳河上游地区早期文化考古调查中，在襄垣北底、赵村、土落，武乡北社，沁县长胜和屯留李高、南宋7处遗址（图226）采集到仰韶早期遗物。

　　襄垣北底遗址采集的仰韶早期遗物有钵（图227-9、图227-10）、小口壶（图228-11）等器形。钵均为浅腹、侈口，沿部内侧或外侧饰彩带一周；壶口为内折唇形态。

　　赵村遗址采集到钵、罐（图228-3、图228-6）。钵为直口、浅腹；罐均为折沿，有鼓腹和深腹两型，其上腹和肩部皆饰弦纹。

　　土落遗址采集钵1件（图227-8），侈口、浅腹，沿部外侧饰红彩条带一周。

　　武乡北社遗址采集的仰韶早期遗物有鼎足1件（图228-13），为夹砂红陶，圆柱形。

　　沁县长胜遗址采集到仰韶早期遗物有钵（图229-1～图229-4、图229-6、图227-7）、罐（图228-1、图228-2、图228-5）。陶钵多为深腹、侈口或直口，少量口沿内、外侧均施黑彩条带；罐均为窄折沿，器表饰弦纹或线纹。

　　屯留李高遗址采集的仰韶早期遗物有钵（图227-1～图227-6、图229-5、图229-7、图229-8、图229-10）、罐（图228-9、图228-10）、盆（图228-7、图228-8）、壶（图228-12）、鼎足（图228-14）。陶钵深腹、浅腹约各占一半，唇部多内突呈尖棱一周，部分口沿内侧或外

①　田建文、薛新民、杨林中：《晋南地区新石器时期考古学文化的新认识》，《文物季刊》1992年2期；中国历史博物馆考古部、山西省考古研究所、垣曲县博物馆：《垣曲古城东关》，科学出版社，2001年。

②　孙祖初：《半坡文化再研究》，《考古学报》1998年4期。

③　戴向明：《试论庙底沟文化的起源》，《青果集》，知识出版社，1998年。

④　韩建业：《中国西北地区先秦时期的自然环境与文化发展》，文物出版社，2008年；河北省文物管理处：《磁县下潘汪遗址发掘报告》，《考古学报》1975年1期；河北省文物研究所：《正定南杨庄》，科学出版社，2003年；河北省文物管理处：《永年石北口遗址发掘报告》，《河北省文物考古论集》，东方出版社，1998年；拒马河考古队：《河北易县涞水古遗址试掘报告》，《考古学报》1988年4期；河北省文物研究所：《北福地》，文物出版社，2007年；北京市文物研究所：《镇江营与塔照》，中国大百科全书出版社，1999年；河南省文物研究所：《长葛石固遗址发掘报告》，《华夏考古》1987年1期；郑州市文物考古研究所：《郑州大河村》，科学出版社，2001年；郑州大学考古系等：《河南尉氏椅圈马遗址发掘简报》，《华夏考古》1997年3期；巩义市文管所：《巩义市坞罗河流域裴李岗文化遗存调查》，《中原文物》1992年4期；南阳地区文物工作队：《河南方城县大张庄新石器时代遗址》，《考古》1983年5期。

⑤　魏兴涛：《豫西晋南和关中地区仰韶文化初期遗存研究》，《考古学报》2014年4期。

⑥　山西省考古研究所晋东南工作站：《长治小常乡小神遗址》，《考古学报》1996年1期。

⑦　山西省考古研究所：《武乡东村新石器时代遗址发掘简报》，《三晋考古》第四辑，上海古籍出版社，2012年。

⑧　山西省考古研究所：《山西屯留西李高遗址发掘》，《文物春秋》2009年3期。

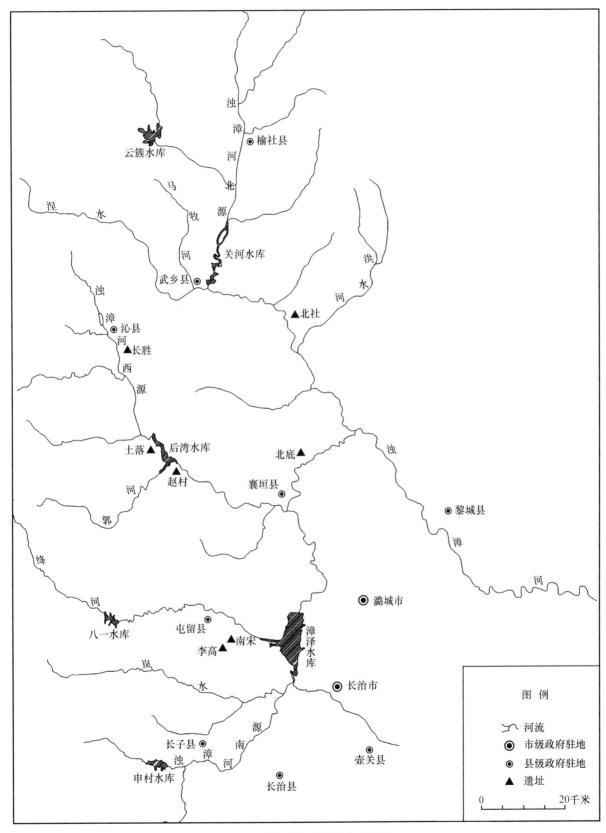

图226　仰韶早期文化遗存分布图

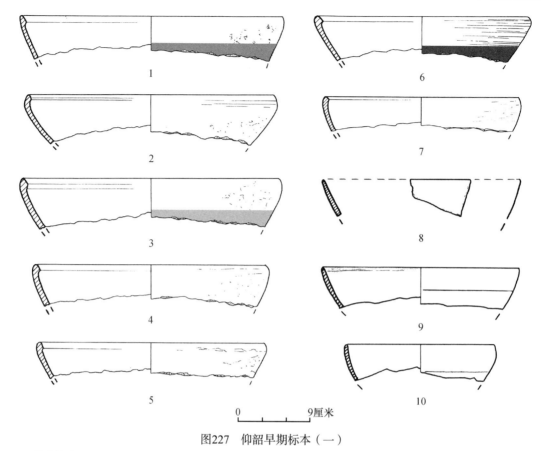

图227　仰韶早期标本（一）

1～10.浅腹钵（TLLG1204：11、TLLG1204：13、TLLG1204：23、TLLG1204：14、TLLG1204：26、TLLG1204：26、
QXCS1104：48、XYTL1007：2、XYBD1004：2、XYBD1004：4）

侧施彩带一周；罐有折沿深腹罐和圆腹罐两种，折沿深腹罐器表饰线纹，圆腹罐素面；盆分折腹和弧腹两种，器表均素面；壶的口部为小口内折唇，与北底遗址的壶口形态接近。

　　屯留南宋遗址采集到钵（图229-9）、罐（图228-4）、鼎足（图228-14）。钵为侈口、深腹，唇部内凸呈尖棱；罐为折沿，器表饰弦纹；鼎足为夹砂红陶、圆柱形。因为与上述李高遗址距离仅0.5千米，推测应为同一处仰韶早期文化遗址。

　　该地区采集的仰韶早期陶器标本，主要有钵、弦纹罐、绳纹罐、盆、缸、鼎足和小口壶等。其中钵、盆、壶等皆为泥质红陶或灰陶，弦纹罐多为夹砂夹石英红陶或灰陶，绳纹罐以泥质红陶为主，泥质灰陶、夹砂灰陶亦有少量，折腹盆、弧腹盆、小口壶皆为泥质红陶，缸为夹砂灰陶，鼎足皆为夹砂红陶。标本器表颜色，以红、褐为主，灰色少量，橙色极少。器表多为素面，仅罐类以弦纹和线纹装饰，除一定数量的陶钵在沿部内、外侧施黑彩外，未发现其他装饰纹样。

　　该阶段的陶钵多数采集于长胜和李高遗址，皆无法复原，仅能就口部和腹部形态做有限的分析。所采标本多为侈口或直口，有较少量的为敛口，同时陶钵有深腹和浅腹之分。陶钵中深腹、侈口、口沿内外侧施彩者占较大比例，这是仰韶文化初期—早期阶段陶钵的典型

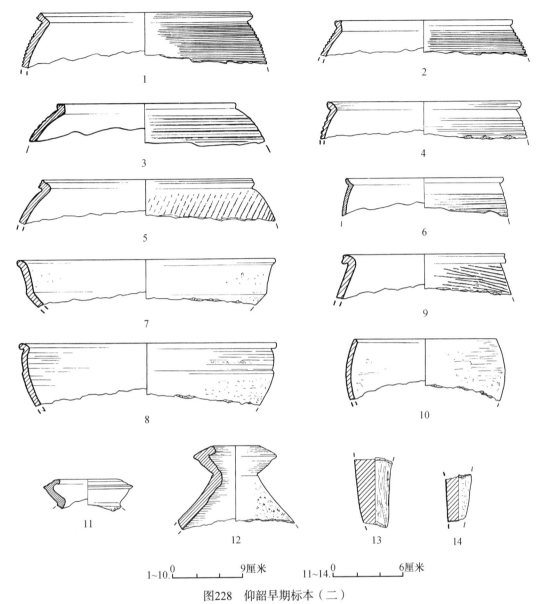

图228　仰韶早期标本（二）

1~4、6.弦纹罐（QXCS1104：23、QXCS1104：20、XYZC1007：8、TLNS1204：7、XYZC1007：4）　5、9.线纹罐
（QXCS1104：28、TLLG1204：27）　7、8.盆（TLLG1204：19、TLLG1204：17）　10.鼓腹素面罐（TLLG1204：7）
11、12.壶口（XYBD1004：5、TLLG1204：9）　13、14.鼎足（WXBS1103：4、TLNS1204：8）

形态，无论在晋南豫西的垣曲东关①、翼城枣园②、新安荒坡③遗址，还是东部的后冈一期文

———————————

① 中国历史博物馆考古部、山西省考古研究所、垣曲县博物馆：《垣曲古城东关》，科学出版社，2001年，63~97页。

② 山西省考古研究所：《翼城枣园》，科学技术文献出版社，2004年，49~159页。

③ 河南省文物管理局、河南省文物考古研究所：《新安荒坡》，大象出版社，2008年，77~85页。

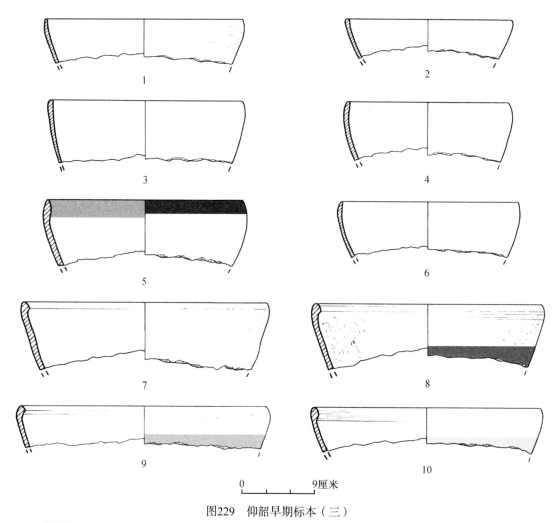

图229　仰韶早期标本（三）

1～10. 深腹钵（QXCS1104：42、QXCS1104：5、QXCS1104：11、QXCS1104：41、TLLG1204：8、QXCS1104：21、TLLG1204：6、TLLG1204：18、TLNS1204：1、TLLG1204：22）

化如安阳后冈①、磁县界段营②、武安赵窑③、永年北石口④、正定南杨庄⑤、安新留村⑥等遗址，该种形态都构成了该阶段陶钵中的主体。李高遗址采集的陶钵标本中，多数唇面内突形成一周尖棱，尤其是浅腹钵，沿内尖棱者比例更高，沁县长胜遗址部分标本也存在相同的做法，就该特征来看，与垣曲古城东关二期的部分陶钵形态相同⑦。土落和北底遗址采集的侈

---

① 中国科学院考古研究所安阳发掘队：《1971年安阳后冈发掘简报》，《考古》1972年3期。

② 河北省文物管理处：《磁县界段营发掘简报》，《考古》1974年6期。

③ 河北省文物管理处：《武安赵窑遗址发掘报告》，《考古学报》1992年3期。

④ 河北省文物研究所等：《河北永年石北口遗址发掘简报》，《文物春秋》1989年3期；《永年县石北口遗址发掘报告》，《河北省考古文集》，东方出版社，1998年。

⑤ 河北省文物管理处：《正定南杨庄遗址试掘记》，《中原文物》1981年1期。

⑥ 保定地区文物管理所等：《河北安新县梁庄、留村新石器时代遗址试掘简报》，《考古》1990年6期。

⑦ 中国历史博物馆考古部、山西省考古研究所、垣曲县博物馆：《垣曲古城东关》，科学出版社，2001年，98页。

口钵（XYTL1007：2、XYBD1004：2）腹浅、侈口角度较大，且器壁弧度较小，与翼城枣园遗存第一期至第二期[1]、正定南杨庄遗存第一期[2]、新安荒坡遗存第二期遗存[3]的圜底钵形态基本一致，其年代大概为标本中最早者，上限可至仰韶文化初期阶段。李高遗址的折腹盆（TLLG1204：19）是仰韶文化早期的常见器形，分布范围较广，不同地区之间形态差别不大，与其相似的有垣曲古城东关一期ⅣG3：30盆[4]和翼城枣园一期G1：4盆[5]，而河北邯郸义西遗址H11：12盆[6]则与该器形态、尺寸如出一辙，其年代应大体相同。XYBD1004：5、TLLG1204：9为仰韶文化早期的小口壶壶口，两者形态、尺寸基本一致，壶口为内折唇。根据河北正定南杨庄遗址出土的大量可复原标本，该形态个体多为球腹圜底，亦有部分球腹平底者[7]。该类型的小口壶近者可见于晋中地区的太谷上土河[8]、娄烦童子崖[9]（两地出土陶器的型式同后冈下层Ⅲ段类似[10]）、太行山东麓的峰峰义西遗址H17：7和H12：7[11]，远者见于晋南垣曲古城东关一期ⅣM9：4小口壶[12]，而距离更远的河北正定南杨庄遗址第一期至第三期遗存，出土了数量最多的该类小口壶，其中第一期至第二期壶口形态与北底、李高壶口形态近乎一致，其年代推测最为接近[13]。WXBS1103：4、TLNS1204：8为仰韶早期的圆柱形鼎足，该类型的鼎足多见于仰韶早期文化，翼城枣园、垣曲古城东关、新安荒坡、安阳后冈等遗址皆有出土，至仰韶中期时期已趋少见。

　　浊漳河上游早期文化考古调查采集的仰韶早期陶器标本，尽管涵盖了钵、罐、盆、鼎、壶等多数该阶段的主要器类，但由于无法复原整器，因此对区域文化面貌的更深入研究无从谈起，只能从较为有限的材料中略窥一二。

　　仰韶文化从早到晚，壶和瓶是型式最为丰富、同时演变脉络也比较清楚的两种器类。在

①　山西省考古研究所：《翼城枣园》，科学技术文献出版社，2004年。

②　河北省文物研究所：《正定南杨庄》，科学出版社，2003年。

③　河南省文物管理局、河南省文物考古研究所：《新安荒坡》，大象出版社，2008年。

④　中国历史博物馆考古部、山西省考古研究所、垣曲县博物馆：《垣曲古城东关》，科学出版社，2001年，62页。

⑤　山西省考古研究所：《翼城枣园》，科学技术文献出版社，2004年，70页图二九：1。

⑥　河北省文物研究所、邯郸市文物研究所、峰峰矿区文物保管所：《邯郸市峰峰电厂义西遗址发掘报告》，《文物春秋》2001年1期，图八：3。

⑦　河北省文物研究所：《正定南杨庄》，科学出版社，2003年，15～88页。

⑧　张忠培、乔梁：《后冈一期文化研究》，《考古学报》1992年3期。

⑨　山西省考古研究所：《山西考古四十年》，山西人民出版社，1994年，64页。

⑩　中国历史博物馆考古部、山西省考古研究所、垣曲县博物馆：《垣曲古城东关》，科学出版社，2001年；山西省考古研究所：《翼城枣园》，科学技术文献出版社，2004年；山西省考古研究所：《山西侯马褚村遗址试掘简报》，《文物季刊》1993年2期；陕西省考古研究所：《临潼零口村》，三秦出版社，2004年；河南省文物管理局、河南省文物考古研究所：《新安荒坡》，大象出版社，2008年。

⑪　河北省文物研究所、邯郸市文物研究所、峰峰矿区文物保管所：《邯郸市峰峰电厂义西遗址发掘报告》，《文物春秋》2001年1期，图八：7、8。

⑫　中国历史博物馆考古部、山西省考古研究所、垣曲县博物馆：《垣曲古城东关》，科学出版社，2001年，49页。

⑬　河北省文物研究所：《正定南杨庄》，科学出版社，2003年，46页。

较早阶段的关中、豫西和晋南地区，鼓肩（或溜肩）小口瓶分布范围甚广，垣曲古城东关[①]、翼城枣园[②]、侯马褚村[③]、新安荒坡[④]、灵宝底董[⑤]等遗址都大量出土，与此同时，长颈小口瓶（壶）也并行发展；而在东部的河北、山东地区的后冈一期文化和北辛文化中，壶、瓶则主要流行球腹小口壶（瓶），可见于南杨庄一、二期遗存[⑥]和邯郸义西一期遗存[⑦]，同时存在长颈瓶（壶）[⑧]，而鼓肩（或溜肩）小口瓶几乎不见。因此，在仰韶文化早期的中国北方地区，东、西两大区域的文化差别在瓶、壶系统上体现得最为明显。在山西地区的晋南和晋西南仰韶早期文化遗存中，大量存在小口溜（鼓）肩瓶和长颈小口壶，折唇小口壶仅见个别；而在山西其他地区，则罕见小口溜（鼓）肩瓶和长颈小口壶，但在晋中上土河和童子崖遗址均出土了小口折唇壶，有学者认为，晋中上土河遗存基本没有小口瓶和长颈壶，"文化面貌和后冈类型比较接近，而与半坡类型的东庄一期相差较远"[⑨]；还有研究者认为上土河陶器之壶、钵、鼎与"正定南杨庄、武安赵窑、遗迹濮阳西水坡等地后冈一期文化同类器非常相似"，"部分圜底钵又与半坡文化类似"，"可以暂归入后冈一期文化范畴"[⑩]。连同晋东南地区李高和北底遗址采集的折唇壶，目前该类器形已见5例，虽然其分布仍显零散，但仍能大致勾勒出仰韶文化早期后冈—北辛文化系统跨越太行山脉西向发展的态势。

就装饰风格来说，除一定数量的陶钵在口沿内外侧施彩外，浊漳河上游地区仰韶文化早期的陶器标本少见彩陶，这种现象究竟是采样标本数量较少所致，抑或不同的文化系统使然，笔者还是倾向于后者。仰韶早期的半坡文化中，彩陶纹样除宽带纹外，常见三角、折线网纹等几何纹和鱼纹、人面纹、鹿纹、鸟纹等象生图案，常见内彩；相比之下，后冈一期文化彩陶不多，主题多为红、黑彩的竖线、宽带、三角、网纹等几何纹。在浊漳河流域以西太岳山脉西侧的侯马褚村，其仰韶早期遗存中"彩陶甚少，无鱼纹、多红彩"[⑪]，已明显摆脱了半坡文化的影响，与其西部芮城东庄村仰韶早期陶器面貌有泾渭之别。因此，以汾河谷地为一个大致的边界，其西其南的关中、豫西为半坡文化的范围，其东其北的整个太行山麓甚至更大范围为后冈一期文化的范围，就目前掌握的资料，该种推测具有相当大的合理性。

长期以来，学术界主要把冀南、豫北地区作为后冈一期文化的分布范围，但也有学者认为"后冈一期文化并非居停于豫北冀南的狭小地带，而是以河套及山东半岛为犄角、广布于整个

①　中国历史博物馆考古部、山西省考古研究所、垣曲县博物馆：《垣曲古城东关》，科学出版社，2001年，49页。

②　山西省考古研究所：《翼城枣园》，科学技术文献出版社，2004年，59、71、80页。

③　山西省考古研究所：《山西侯马褚村遗址试掘简报》，《文物季刊》1993年2期。

④　河南省文物管理局、河南省文物考古研究所：《新安荒坡》，大象出版社，2008年，66、68页。

⑤　魏兴涛：《灵宝底董仰韶文化遗存的分期与相关问题探讨》，《中国国家博物馆馆刊》2011年1期。

⑥　河北省文物研究所：《正定南杨庄》，科学出版社，2003年，15、46页。

⑦　河北省文物研究所、邯郸市文物研究所、峰峰矿区文物保管所：《邯郸市峰峰电厂义西遗址发掘报告》，《文物春秋》2001年1期，图八：3。

⑧　河北省文物管理处：《磁县下潘汪遗址发掘报告》，《考古学报》1975年1期；中国社会科学院考古研究所：《中国考古学·新石器时代卷》，中国社会科学出版社，2010年，219页图4-5。

⑨　严文明：《略论仰韶文化的起源和发展阶段》，《史前研究》1984年2期。

⑩　许伟：《晋中地区西周以前古遗存的编年与谱系》，《文物》1989年4期。

⑪　山西省考古研究所：《山西考古四十年》，山西人民出版社，1994年，64页。

黄河下游地区的独立的考古学文化遗存"[1]。随着考古新资料的不断面世和研究的深入，在其周边更大范围内的太行山东、西两麓都发现了后冈一期文化遗存的普遍存在。本次调查中，仰韶早期后冈一期文化遗存在浊漳河上游地区的北、中、南部均有发现，其分布较为均衡。如果范围扩大，将太谷上土河、娄烦童子崖等太行山西麓后冈一期文化遗址纳入视野，可以看出，该文化在山西境内至少已占半壁。也就是说，在仰韶早期阶段，中国北方黄河流域存在着后冈一期和半坡两大文化系统东西共存的局面，其文化的分界线应该是山西西部汾河流域，而非传统上认为的太行山东麓一线。

第二节　仰韶中期文化遗存

在浊漳河上游地区，仰韶文化中期阶段遗存在襄垣县南峰、朵垴、石泉、桃岭、和坡、东邯郸、南漳、阳沟、郑沟，武乡北社、桥上、魏家窑、聂村、长乐，沁县长胜、道兴、二神、圪芦河、上庄岭，屯留张贤、柳行、尧泽头，郊区小神、壁头，长子东庄，潞城子北27处遗址均有发现，相比仰韶文化早期阶段，其分布范围在东、南两个方向有所扩大（图230），分布密度急剧增加，发生了数量级的变化。

在上述的27处遗址中，襄垣阳沟和屯留柳行的文化内涵最为单纯，所发现的遗迹和遗物全部属于仰韶中期：阳沟遗址面积较小，但遗物数量较多，采集陶器标本有盆、钵、缸、尖底瓶等，其中彩陶比例较大，彩陶的单体标本数量超过了30%；柳行遗址发现灰坑2处，出土陶器种类较多，数量较大，器形有钵、罐、盆、尖底瓶、瓮、缸、杯、壶、器座、刀、环等，尖底瓶个体数量超过46件。屯留张贤遗址的陶器出土于一处灰坑，该组陶器组合完整、形体较大，有瓮、罐、盆、钵等。沁县长胜遗址面积较大，采集的陶器遗物属于仰韶早期和中期，还有少量的属于庙底沟二期，仰韶中期陶器有钵、罐、盆、瓮、尖底瓶等器形，其中陶钵数量最大、型式多样，但彩陶数量较少。此外，屯留常庄、沁县道兴两地的仰韶中期文化遗存也较丰富。

陶器是该时期遗存的主要内容。陶器有泥质和夹砂两种，器表颜色以红、褐为主，有一定比例的灰陶和橙色陶。器形主要有钵、罐、盆、瓮、尖底瓶、平底瓶、壶、器盖、器座、陶塑等。钵（图231-1～图231-6）基本为泥质红陶，以敛口居多，有少量直口，腹部形态有深、浅之分，并有圜底和平底的区别，一定比例的陶钵上腹饰弧线三角主题的黑色彩绘，这类情况多出现于形体较大的陶钵。罐类（图231-7～图231-11）多为泥质陶，少量夹砂，有深腹、浅腹之分，多饰线纹，少量弦纹，形体较大的曲腹罐多施彩绘，往往红底黑彩，上绘弧线三角、回旋勾连纹和圆点，线条轻盈流畅。盆基本为泥质陶，其中叠唇、折沿者（图232-6～图232-15）器表多素面，少量在沿面施黑彩，卷沿盆（图232-1～图232-5）一般形体较大，通常表面施以黑色彩绘，大量见到的是包括弧边三角形、弧叶、曲线、圆点等组成的花卉主题的集合图案；尖底瓶（图233-1～图233-9）残器数量多，但复原器极少，皆为泥质红陶，器口普遍呈重唇形态，器底呈锐角尖底，柳行采集的尖底瓶腹部残片上可见黑白两色套绘的线条；平底瓶（图

---

① 张忠培、乔梁：《后冈一期文化研究》，《考古学报》1992年3期。

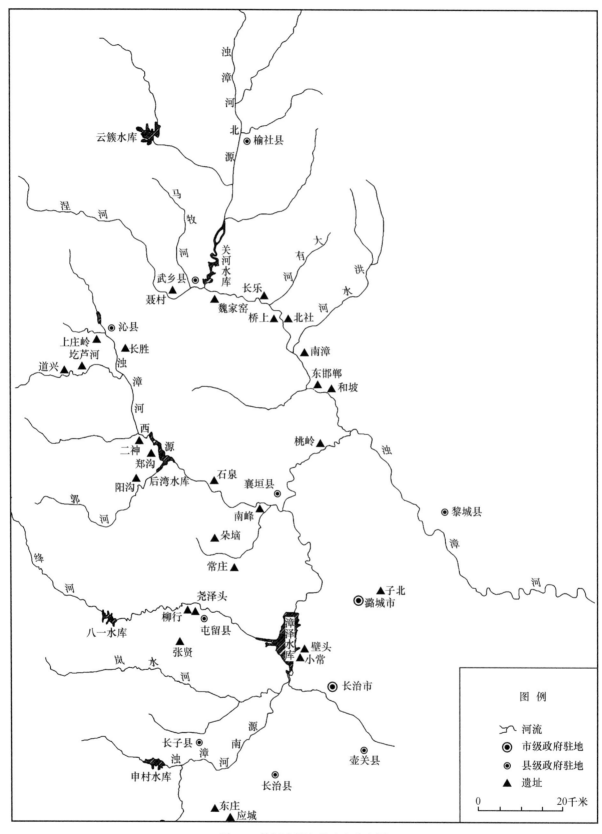

图例

〰 河流
◎ 市级政府驻地
⊙ 县级政府驻地
▲ 遗址

0 ————— 20千米

图230　仰韶中期文化遗存分布图

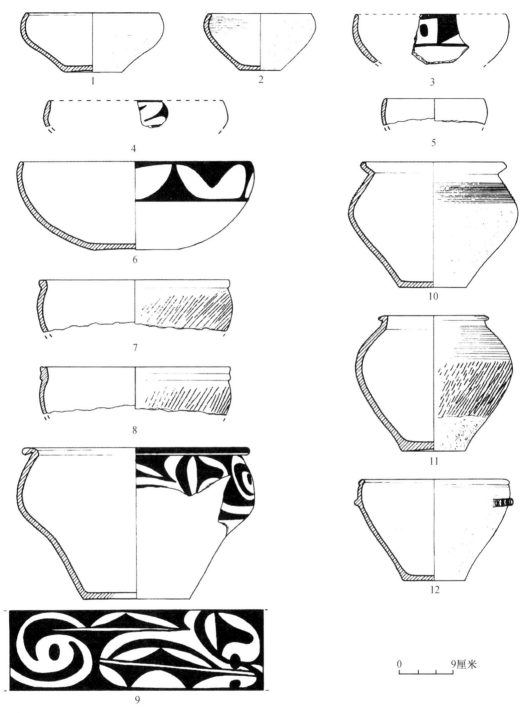

图231　仰韶中期标本（一）

1～6.钵（柳行H1：10、柳行H1：21、柳行H1：69、LCZB1404：15、WXNC1104：2、张贤H1：2）

7～11.罐（QXES1104：13、QXES1104：14、柳行H1：1、柳行H1：6、柳行H1：26）　12.瓮（柳行H1：9）

233-10）标本仅有屯留柳行一例，其器口呈葫芦状，形态与同时期周边同类器无异；柳行采集的两件小口壶口部标本，内折唇，口部表面施黑彩，纹饰为弧线和圆点（图233-12、图233-13）；形体较大的器盖通常施彩绘（图233-11），其纹样同于盆、罐，皆以弧线三角、圆点、曲线为主题；此外，陶球、陶环等小型器物经常见于当地的该时期遗址。

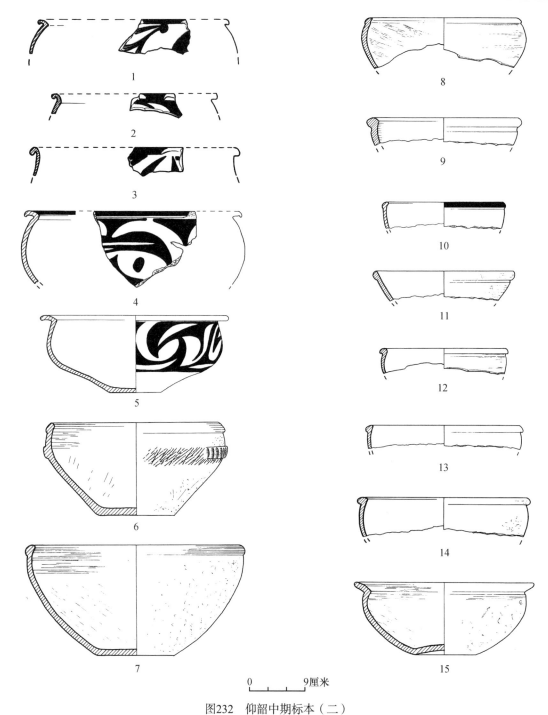

图232　仰韶中期标本（二）

1～5.彩陶盆（TLCZ1006：6、XYYG1007：1、XYYG1007：2、柳行H1：63、张贤H1：3）　6～15.盆（柳行H1：25、

柳行H1：2、TLCZ1006：7、QXES1104：51、柳行H1：68、WXWJY1103：101、XYTL1010：6、WXNC1104：1、

WXWJY1103：26、柳行H1：7）

　　上述遗址采集的仰韶中期遗存陶器从质地、器类到彩陶纹饰，都具有仰韶时期庙底沟文化阶段的典型特征。这种以重唇口尖底瓶、敛口钵、曲腹盆等典型器物和圆点、弧线三角、勾叶等植物纹样为主题的彩陶成为该时期文化的基本特征，在豫、陕、晋及周边更广大的区域内得到长时间的流行，也形成了中华文明形成和发展过程中的第一次大范围的文化一统局面。尽管

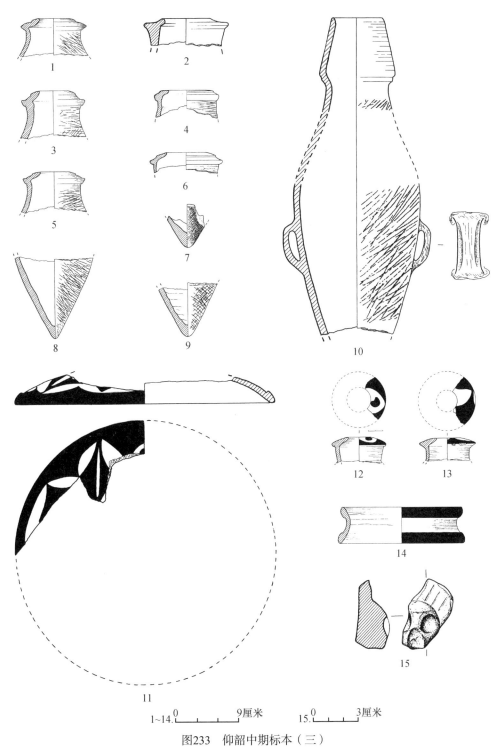

图233　仰韶中期标本（三）

1~6. 尖底瓶口（JQBT1306：3、QXDX1104：1、柳行H1：76、XYDHD1010：8、柳行H1：89、TLCZ1006：29）　7~9. 尖底瓶
底（TLCZ1006：14、柳行H1：128、柳行H1：129）　10. 平底瓶（柳行H1：24）　11. 器盖（柳行H1：149）　12、13. 壶口（柳
行H1：59、柳行H1：60）　14. 器座（柳行H1：23）　15. 鸟头陶塑（XYYG1007：10）

如此，由于地理因素的影响，庙底沟文化在不同的地区还是不可避免地表现出了一定的地域色彩。在晋南的运城盆地，彩陶中仍可以发现蛙、鸟动物图案[①]，显然是半坡文化的孑遗；在临汾盆地、晋中地区，以翼城北橄[②]、汾阳段家庄H3、柳林杨家坪F1、离石吉家村F1为代表[③]，陶器组合、彩陶纹饰皆同于陕晋豫地区，但彩陶中没有动物主题，缺乏釜、灶，已逐渐脱离了半坡文化的影响；在北部大同盆地的马家小村文化遗存[④]，除重唇口尖底瓶外，产生了一种新的壶形口尖底瓶，彩陶图案也发生了较为明显的变化，常用圆点纹将弧边三角、勾叶、弧线等组成的单元图案断开；在太行山东麓，主要有南杨庄四期[⑤]、曲阳钓鱼台、武安安二庄和招贤、任丘三各庄的同期遗存[⑥]，虽然遗存发现较少，但特征鲜明，属于较为典型的庙底沟文化。

　　在浊漳河上游所在的山西东南部地区，就器形而言，无论是罐、盆、钵、瓮、缸、尖底瓶等日用陶器，还是陶环、陶球等小型饰品，都与汾河流域的夏县西阴[⑦]、翼城北橄[⑧]、河津固镇[⑨]和晋中地区汾阳段家庄H3、柳林杨家坪F1[⑩]等同时期陶器都高度一致；但是该时期陕晋豫常见的釜、灶和太行山东麓常见的鼎等炊器在该区域则罕有发现。就纹饰而言，该地区的彩陶纹饰内容以单纯的圆点、弧线三角、勾叶为主题，缺乏关中、豫西、运城盆地等原半坡文化区域所具有的鱼、蛙等类动物题材，与大同马家小村为代表的晋北地区庙底沟文化彩陶也相差较大，而与临汾盆地、晋中地区和太行山东麓地区同期彩陶面貌较为一致。从这两方面综合来看，在仰韶文化的中期阶段，陕晋豫庙底沟文化核心区之外，在东北方向形成了包括临汾盆地、晋中地区、晋东南地区等区域的文化次级区域，该区域内文化面貌上与前者近乎一致，但由于地理因素而形成了局部面貌上的微小差别，在范围上，该区域可能还包括了太行山东麓南段和黄河以北、太行山南麓的部分区域。值得一提的是，这种文化较为稳定和统一的局面在该区域至少延续到了后来的庙底沟二期文化中期阶段，至该文化的较晚阶段才被逐步兴起的各地龙山文化所取代。

第三节　仰韶晚期文化遗存

　　相比于仰韶中期，仰韶晚期文化遗存的空间分布密度进一步增加，在襄垣南峰、北底、朵

---

①　中国社会科学院考古研究所山西工作队：《晋南考古调查报告》，《考古学集刊·6》，中国社会科学出版社，1989年。

②　山西省考古研究所：《山西翼城北橄遗址发掘报告》，《文物季刊》1993年4期。

③　晋中考古队：《山西娄烦、离石、柳林三县考古调查》、《山西汾阳孝义两县考古调查和杏花村遗址的发掘》，《文物》1989年4期。

④　山西省考古研究所、大同市博物馆：《山西大同马家小村新石器时代遗址》，《文物季刊》1992年3期。

⑤　河北省文物研究所：《正定南杨庄》，科学出版社，2003年，96～101页。

⑥　段宏振：《太行山东麓走廊地区的史前文化》，《河北省考古文集（二）》，北京燕山出版社，2001年。

⑦　山西省考古研究所：《西阴村史前遗存第二次发掘》，《三晋考古》第二辑，山西人民出版社，1996年。

⑧　山西省考古研究所：《山西翼城北橄遗址发掘报告》，《文物季刊》1993年4期。

⑨　山西省考古研究所：《山西河津固镇遗址发掘报告》，《三晋考古》第二辑，山西人民出版社，1996年。

⑩　晋中考古队：《山西娄烦、离石、柳林三县考古调查》《山西汾阳孝义两县考古调查和杏花村遗址的发掘》，《文物》1989年4期。

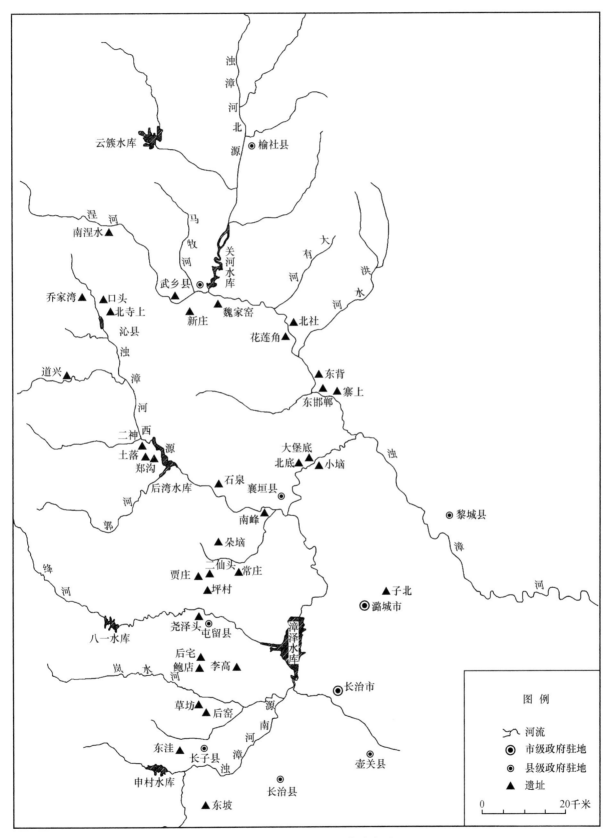

图234 仰韶晚期文化遗存分布图

堎、大堡底、东背、东邯郸、小堎、寨上、土落、郑沟，武乡花莲角、魏家窑、新庄、北社，屯留常庄、李高、二仙头、后宅、贾庄、尧泽头、坪村，沁县南涅水、口头、乔家湾、二神、道兴、北寺上，长子鲍店、草坊、东坡、东洼、后窑和潞城子北33处遗址发现该时期的遗存。其中在东邯郸、朵堎等遗址，还发现了数处属于该时期的白灰地面房址。

遗物中陶器以泥质橙陶为主，夹砂红陶和褐陶占比也较大，还有一定数量的泥质灰陶。器类主要有尖底瓶、钵、罐、盆、瓮、豆（图235~图238）等。尖底瓶口有退化重唇口和喇叭口两大类，退化重唇口数量较多，瓶底有尖底和钝底；钵多为敛口或折腹，部分标本上腹施彩绘；豆皆为折腹且折棱明显，并有上腹彩绘的现象；罐类形态多样，有喇叭口束颈泥质罐、折沿尖唇束颈罐、筒腹卷沿罐、卷沿鼓腹罐等，形体较大的罐类经常可见上腹施彩绘；盆类有凹槽宽沿盆、窄斜沿盆等形态，皆为素面，未见施彩者。

彩陶以黑彩为主，其次为红彩，再次为红褐彩；彩陶多饰于泥质陶器，一般绘于罐、钵、豆器物的沿面、颈部和上腹；彩陶图案简单，以几何图案居多，主要有窄带纹、斜撇纹、菱形网格纹、平行窄带纹、双垂弧纹、蝶须纹等。

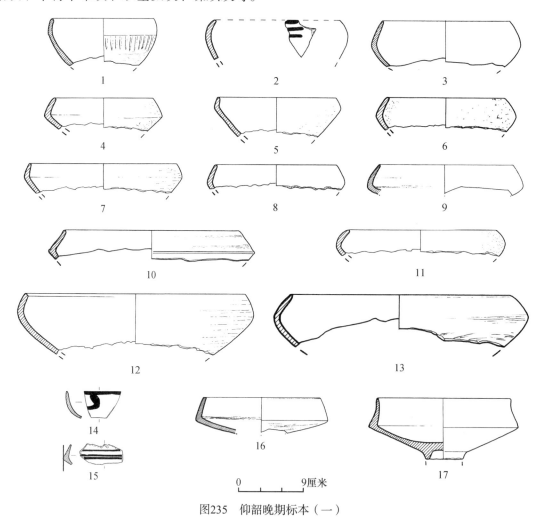

图235　仰韶晚期标本（一）

1~14.钵（XYBD1004：38、WXBS1103：9、XYDN1006：10、TLPC1209：4、ZZDP1502：1、QXNNS1104：130、WXHLJ1103：15、QXNNS1104：56、XYNF1006：51、XYZS1010：2、LCZB1404：8、ZZDW1502：1、XYDBD1010：6、TLCZ1006：12）15~17.豆（XYDB1011：20、XYNF1006：23、XYNF1004：139）

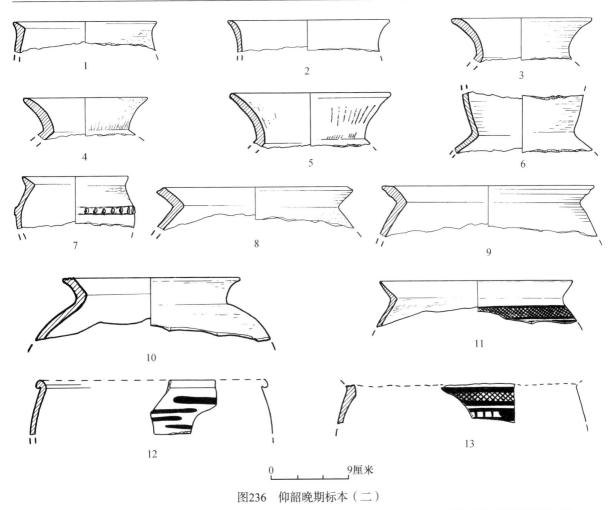

图236　仰韶晚期标本（二）

1~13.罐（WXBS1103：1、WXHLJ1103：13、WXNN1103：23、TLPC1209：1、QXNNS1104：44、QXNNS1104：50、
QXBSS1104：10、LCZB1404：21、TLYZT1306：19、XYDBD1010：8、XYDBD1010：4、WXWJY1103：15、XYZS1010：1）

　　仰韶晚期文化遗存在山西东南部地区的考古发掘工作中多有发现。在长治郊区小神遗址，仰韶时期的遗存多属晚期，"从整体上来看，多数器类形制接近西王村类型，如数量较多的盆、钵、罐……其陶器以泥质黄褐陶为主，陶器上的彩绘除少量为黑彩和褐彩外，均施红彩，这种情况同太行山以东大司空类型的陶器基本相似"[①]。报告认为小神遗址的仰韶文化陶器所含因素多数接近西王村类型，少部分接近大司空类型。在武乡东村遗址，"彩陶片上的网纹、成组相交的斜线纹和义井文化的彩陶纹饰类似，当属义井文化的孑遗。……显然是受到豫北冀南地区仰韶晚期文化大司空类型的影响"[②]。在泽州和村遗址，H15出土的折腹钵（H15：2）、尖底瓶口（H15：3）、鼓腹罐（H15：8）、彩陶罐（H15：5）[③]等形态、纹饰鲜明，其年代明确属于仰韶文化的晚期。从器类、器形来看，浊漳河上游地区调查采集的仰韶

---

①　山西省考古研究所晋东南工作站：《长治小常乡小神遗址》，《考古学报》1996年1期。

②　山西省考古研究所、山西省考古学会：《武乡东村新石器时代遗址发掘简报》，《三晋考古》第四辑（上），上海古籍出版社，2012年，29~30页。

③　刘岩、张光辉、程勇等：《山西泽州和村遗址发掘简报》，《中国国家博物馆馆刊》2014年5期。

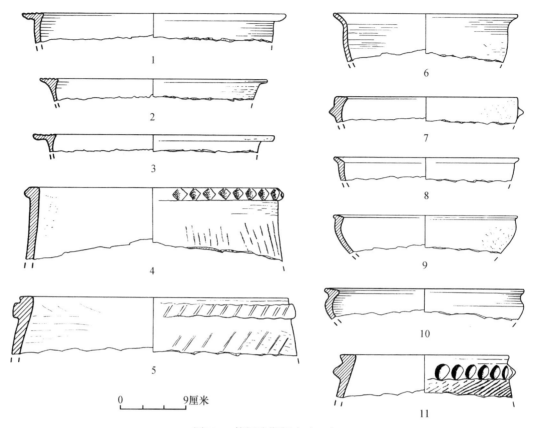

图237　仰韶晚期标本（三）

1~3、6~10. 盆（QXNNS1104：122、QXNNS1104：155、QXNNS1104：178、XYDN1006：26、QXQJW1104：6、TLYZT1306：8、TLYZT1306：24、ZZHY1501：8）　4. 缸（WXBS1103：2、）　5、11. 瓮（QXDX1104：43、ZZHY1501：6）

晚期陶器标本与小神、东村、和村同时期遗存大体相同，彩陶的装饰风格也基本一致，体现出本区域范围内较强的同一性。

仰韶文化晚期阶段，在晋东南地区周边存在的主要考古学文化有晋西南和关中地区的西王村文化①、以嵩山为中心伊洛郑州地区的大河村文化②、太行山东麓的大司空文化③和晋中地区的义井文化④。与这些文化进行对比，有助于深化对晋东南地区仰韶晚期文化面貌及性质的理解。

晋南地区的西王村文化较为复杂，根据其陶器组合和装饰风格，应该包括了多个地方类

①　安志敏：《裴李岗、磁山和仰韶——试论中原新石器时代文化的渊源及发展》，《考古》1979年4期；张天恩：《浅论西王村类型几个问题》，《考古与文物》1994年2期。

②　安志敏：《裴李岗、磁山和仰韶——试论中原新石器时代文化的渊源及发展》，《考古》1979年4期。

③　中国科学院考古研究所安阳发掘队：《1958~1959年殷墟发掘报告》，《考古》1961年2期。

④　严文明：《略论仰韶文化的起源和发展阶段》，《史前研究》1984年2期。

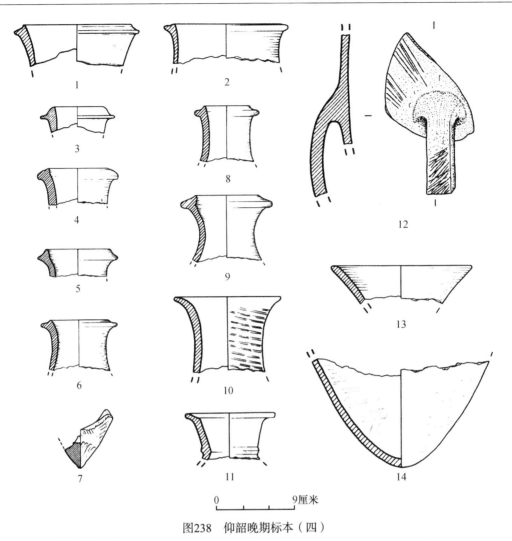

图238　仰韶晚期标本（四）

1~6、8~11、13.尖底瓶瓶口（XYDBD1010：16、ZZDP1502：5、XYDHD1010：9、TLWGZ1204：10、TLYZT1306：17、ZZHY1501：1、TLEXT1209：3、TLYZT1306：22、QXES1104：6、QXQJW1104：1、TLYZT1306：16）　7、14.瓶底（XYBD1004：30、TLLG1204：2）　12.瓶耳（QXKT1104：1）

型，其中西王村上层[①]、垣曲古城东关四期[②]和襄汾小陈一、二期[③]最为典型。在器类、器形上，晋东南地区与晋南地区存在相当程度的一致和接近，但也存在着一定的差异，最明显的就是西王村文化区域流行的带流盆（罐）始终未越过太岳山，至今在其东侧的晋东南地区难觅踪影。在彩陶装饰上，西王村遗址上层彩陶缺乏，但垣曲古城东关四期和襄汾小陈一、二期遗存出土了数量较多的彩陶，其图案以几何形图案居多，写实性图案很少，纹饰有斜撇纹、双垂弧

　①　中国科学院考古研究所山西工作队：《山西芮城东庄村和西王村遗址的发掘》，《考古学报》1973年1期。

　②　中国历史博物馆考古部、山西省考古研究所、垣曲县博物馆：《垣曲古城东关》，科学出版社，2001年，117~159页。

　③　山西省考古研究所：《襄汾小陈新石器时代遗址发掘报告》，《三晋考古》第三辑，山西人民出版社，2006年。

纹、带状网格纹、蝶须纹、星纹、日珥纹等图案[①]，较晋东南地区同期彩陶的纹饰更为丰富。

伊洛郑州地区的大河村文化陶器以泥质红陶和夹砂灰陶为主，代表性器形有釜形鼎、罐形鼎、小口尖底瓶、大口尖底缸、折腹盆、曲腹盆等。其中，釜形鼎、罐形鼎为晋东南地区所缺乏，两地在尖底瓶的口部形态上也有较为明显的区别，后者则显得更为多样化。在彩陶图案上，大河村有复彩和白色彩，图案有弧边三角形、月牙形、太阳纹、方格纹、六角星纹，有些瓮棺绘有各种寓意的图画，总体看来，两地存在着一定数量的共同装饰主题，但大河村在白彩的施用手法和表现内容上显示出的独特性，使两者的差异显得尤为突出，特别是前者在日用器物上的原始绘画，其所代表的同期艺术发展的最高水平，更令其他区域文化难以望其项背。

河北南部地区的大司空文化陶器以泥质和夹砂的灰陶为主，器表或素面或磨光，器形以敛口平底钵、直口平底碗、折腹盆、高领罐多见，还有釜、灶和鼎等。与晋东南地区相比，两者在钵、盆、罐等一些器形的形态上存在较大的一致，但是前者的釜、鼎在后者中几乎不见，后者重要的容器——尖底瓶在前者范围内也同样难寻，反映了太行山东西两麓人群在生活习惯上的明显差异。在陶器装饰上，前者彩陶以红褐色为主，少见黑色，纹饰有弧边三角纹、曲线纹、波纹、平行线纹等，结构简单，构图洗练。其纹饰主题与晋东南地区近乎相同，与晋南汾河流域面貌也大体一致，而与西南方向的大河村文化的白彩装饰系统差别明显。

晋中地区的义井文化陶器以泥质灰陶为主，篮纹数量较多，主要器形有敛口钵、夹砂罐、小口壶、豆、尖底瓶等，与南部的晋东南和晋南汾河谷地相比，本地因素非常突出，小口壶、钵、夹砂罐等器物组合发展演化轨迹清楚，尤其是典型器小口壶，数量极多，颇具特色，作为水器的尖底瓶，在陕晋豫地区司空见惯，而该地区只流行小口壶，显然在功能上取代了尖底瓶的作用[②]。义井文化彩陶十分发达，颜色有褐、红、紫和黑彩，图案有条带、棋盘格纹、网纹、垂线、漩涡、斜线人字形、同心圆、弧边三角与波折平行线纹组成的图案。因此在彩陶装饰上，无论是主题还是表现手法，相较于晋东南地区，晋中的义井文化都表现得更加丰富和繁缛。

综合观察，仰韶文化晚期阶段山西东南部地区的陶器在器形组合上，与上述四种文化所代表的晋南汾河流域地区、晋中地区、伊洛郑州地区和太行山东麓地区都存在的一定的差别，以程度论之，则与晋南为最小，晋中、冀南次之，伊洛郑州地区为最大。在彩陶装饰风格方面，晋东南地区与晋南、冀南风格最为接近，晋中地区次之，伊洛郑州地区为最远。因此从这两方面来看，仰韶晚期的晋东南地区与西部的西王村文化和东部的大司空文化有着最为密切的联系，但前者显然更为紧密；在北部晋中地区，仰韶中期庙底沟文化以来的文化一统现象逐步解体，发展演化出较为独立的文化系统[③]；南部伊洛郑州地区则受到了海岱地区大汶口文化的持续影响。在更大范围内，多种区域文化逐步形成和显示出自身的特色，马家窑、海生不浪、大司空、秦王寨、大汶口等脱颖而出，成为中国北方地区各区域的主体文化。

① 中国历史博物馆考古部、山西省考古研究所、垣曲县博物馆：《垣曲古城东关》，科学出版社，2001年，124页。

② 山西省考古研究所：《山西考古四十年》，山西人民出版社，1994年，79页。

③ 海金乐：《晋中地区仰韶晚期文化研究》，《山西省考古学会论文集（二）》，山西人民出版社，1994年。

第四节　庙底沟二期文化遗存

庙底沟二期文化因首先确认于1956～1957年发掘的河南陕县庙底沟遗址而得名。当时的认识是："从庙底沟二期文化的陶器上来看，具有从仰韶到龙山的过渡形态"，"它可能是仰韶到龙山的一种过渡性质的遗存。"[①]在其后，山西、河南、陕西等地发现了与其面貌相似的文化遗存。在学术界，关于庙底沟二期文化的名称及其内涵，存在多种认识，有的认为属于仰韶文化[②]，有的认为属于龙山文化早期[③]，有的认为其应为一个独立的发展阶段[④]，还有学者认为其时代较早的部分属于仰韶文化，较晚的属于庙底沟二期文化，即龙山时代的早期[⑤]。近年来随着大量考古新材料的出现，学术界倾向与将庙底沟二期文化作为一个独立的史前文化阶段，该阶段的上限为仰韶文化晚期结束，标志为彩陶、尖底瓶的消失和斝、釜灶等全新器类的出现；该阶段的下限为龙山文化开始，其标志为陶鬲开始出现。

在山西东南部地区的考古发掘中，长治小神、武乡东村、沁县南涅水都发现了庙底沟二期文化遗存，出土了数量较多的遗物。小神遗址的庙底沟二期遗存占比较小，仅有H43[⑥]和其中的遗物，在报告中被归入龙山早期。武乡东村遗址文化面貌单一，"早段单位的年代在白燕一期稍晚阶段，晚段单位年代与白燕一期二段相当"[⑦]（见后图245），属于庙底沟二期文化的较早阶段。沁县南涅水遗址出土了数量较多的庙底沟二期文化遗物，陶器器形主要有罐、盆、缸、鼎、钵、杯、豆等，形体较大的夹砂陶器如缸、罐、鼎等多在沿下和腹部饰以多道附加堆纹。

进入庙底沟二期文化阶段后，浊漳河上游地区的史前文化空前繁盛，文化遗址遍布整个流域。在襄垣县南峰、北底、安沟、朵垴、堡后、大堡底、东背、和坡、吴北、南漳、寨上、大平、马喊、石泉、史家岭、土落、阳坡、郑沟，武乡县北社、花莲角、姜村、连元、马庄、南垴、桥上、魏家窑、长乐，屯留县常庄、水泉、二仙头，长子县鲍店、草坊，沁县北寺上、道兴、二神、圪芦河、口头、南涅水、西渠上、迎春、上庄岭41处地点均发现了庙底沟二期文化遗存（图239）。

该时期的陶器以泥质灰陶和夹砂灰陶为主，其他还有夹砂红褐陶、泥质红陶、泥质褐陶、泥质黑陶。器物纹饰以篮纹占比最大，其次是绳纹，篮纹一般用于泥质陶器，而绳纹则多施于夹砂陶器上；在饰有篮纹、绳纹的罐、缸类器物颈部、腹部多饰横向泥条堆纹，成为该时期最为突出的特点。器形主要有深腹夹砂罐、大口罐、小口高领罐、鼓腹双耳罐、敛口瓮、宽沿盆、盆形鼎、灶，还出土了一定数量的白陶器，其器形有盘（豆盘）、罐、盆、杯等（图240～图244）。

---

① 中国科学院考古研究所：《庙底沟与三里桥》，科学出版社，1959年。

② 严文明：《略论仰韶文化的起源和发展阶段》，《仰韶文化研究》，文物出版社，1989年。

③ 中国历史博物馆考古部等：《1982～1984年山西垣曲东关遗址发掘简报》，《文物》1986年6期。

④ 宋建忠：《山西龙山时代考古遗存的类型与分期》，《文物季刊》1993年2期。

⑤ 卜工：《庙底沟二期文化的几个问题》，《文物》1990年2期。

⑥ 山西省考古研究所晋东南工作站：《长治小常乡小神遗址》，《考古学报》1996年1期。

⑦ 山西省考古研究所：《武乡东村新石器时代遗址发掘简报》，《三晋考古》第四辑，上海古籍出版社，2012年。

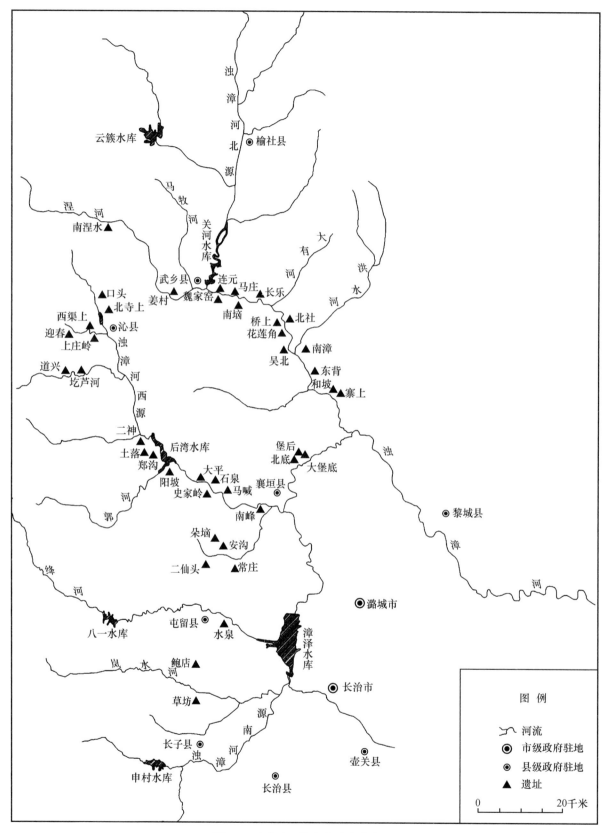

图239　庙底沟二期文化遗存分布图

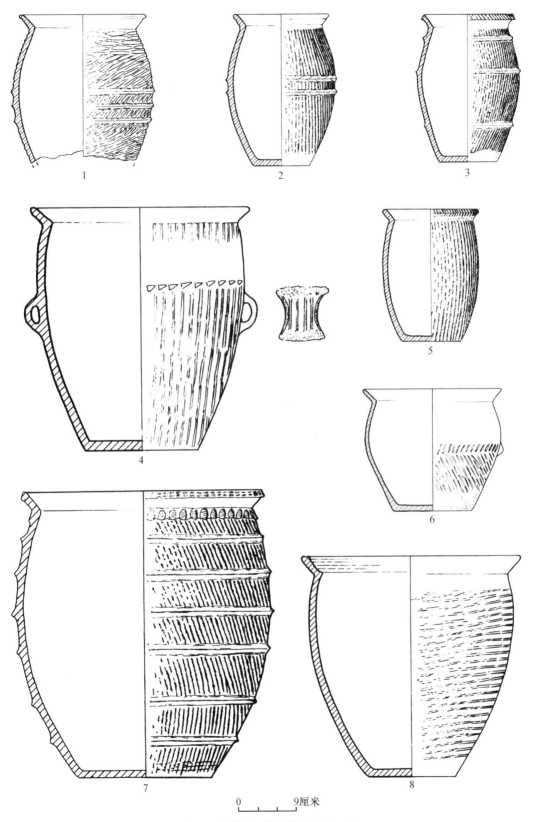

图240 庙底沟二期文化标本（一）

1~8.罐（水泉H2：20、水泉H2：15、水泉H2：14、水泉H2：5、水泉H2：16、QXBSS1104：1、水泉H2：1、水泉H2：4）

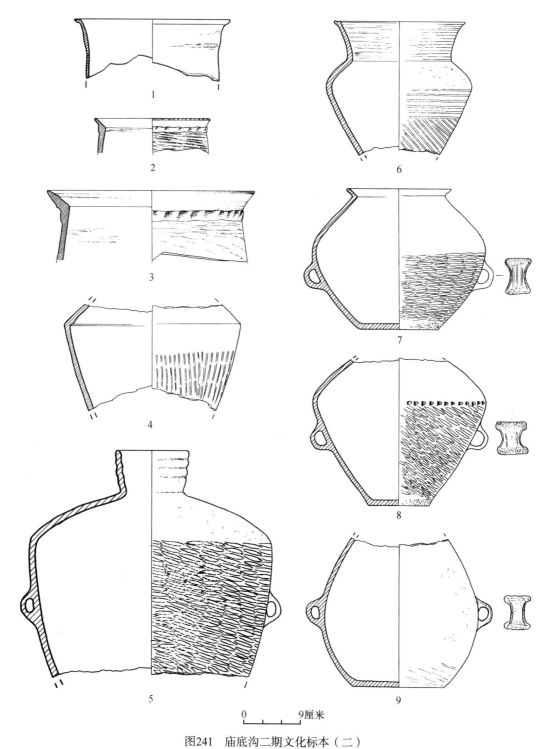

图241　庙底沟二期文化标本（二）

1～9.罐（XYAG1006：3、XYNF1006：103、XYNF1006：75、XYNZ1011：27、水泉H2：18、水泉H2：21、
水泉H2：7、水泉H2：25、水泉H2：31）

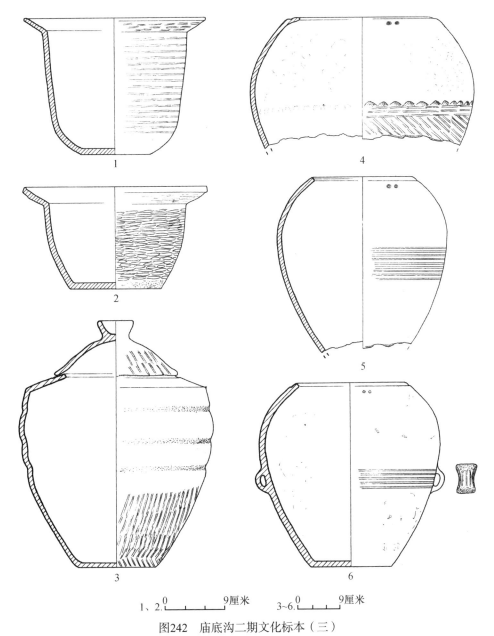

图242　庙底沟二期文化标本（三）

1、2.盆（水泉H2∶6、水泉H2∶8）　3～6.瓮（水泉H1∶1、水泉H2∶28、水泉H2∶30、水泉H2∶3）

　　晋东南周边地区的庙底沟二期文化考古资料，目前多集中于山西西南部地区和晋中地区，西南部地区有垣曲古城东关①、丰村②、龙王崖③等遗址，晋中地区有太谷白燕④、汾阳杏花

　　①　中国历史博物馆考古部等：《1982～1984年山西垣曲古城东关遗址发掘简报》，《文物》1986年6期。

　　②　中国社会科学院考古研究所山西工作队：《山西垣曲丰村新石器时代遗址的发掘》，《考古学集刊·5》，中国社会科学出版社，1987年。

　　③　中国社会科学院考古研究所山西工作队：《山西垣曲龙王崖遗址的两次发掘》，《考古》1986年2期。

　　④　晋中考古队：《山西太谷白燕遗址第一地点发掘简报》《山西太谷白燕遗址第二、三、四地点发掘简报》，《文物》1989年3期。

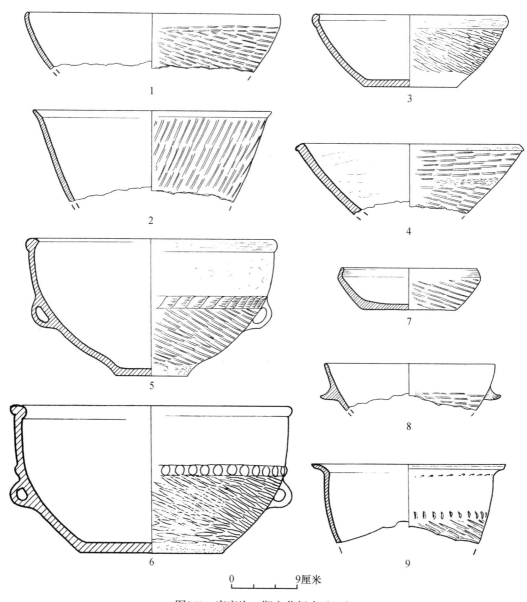

0 —————— 9厘米

图243 庙底沟二期文化标本（四）

1～9.盆（XYNF1006：161、QXLJG1104：2、水泉H2：10、ZZBD1204：2、水泉H2：9、水泉H2：11、
TLEXT1209：8、QXES1104：9、XYSJL1007：2）

村①、石楼岔沟②等遗址；此外在其南部的伊洛郑州地区有大河村五期类遗存③，东部太行山东麓有豫北冀南的台口一期类遗存④。由于资料丰富、成果较多，古城东关和太谷白燕的庙底沟二期文化遗存已经成为研究山西地区该时期文化最重要的标尺。通过与上述周边地区陶器的比

① 晋中考古队：《山西汾阳、孝义两县考古调查和杏花村遗址的发掘》，《文物》1989年4期。

② 中国社会科学院考古研究所山西工作队：《山西石楼岔沟原始文化遗存》，《考古学报》1985年2期。

③ 中国社会科学院考古研究所：《中国考古学·新石器时代卷》，中国社会科学出版社，2010年，525～526页。

④ 中国社会科学院考古研究所：《中国考古学·新石器时代卷》，中国社会科学出版社，2010年，527页。

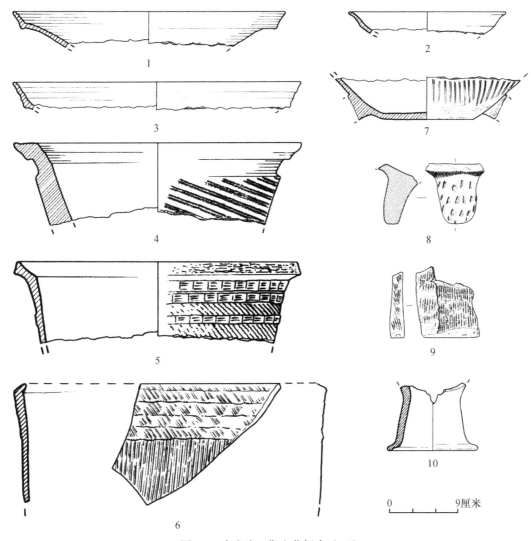

图244　庙底沟二期文化标本（五）

1～3、10.豆（水泉H2∶89、QXNNS1104∶147、水泉H2∶90、XYNF1006∶130）　4.厚壁缸（QXNNS1104∶101）

5、7、8.鼎（QXNNS1104∶170、WXHLJ1103∶12、XYHP1011∶22、）　6.缸（XYNF1006∶145）　9.灶（XYAG1006∶5）

较研究，可以加深对晋东南该时期文化面貌及内涵的理解。

　　与山西境内邻近地区陶器器类上的比较。在庙底沟二期文化时期，山西西南部存在着以涑水河流域与中条山南麓的黄河沿岸为主的晋西南地区、以汾河下游为中心的晋南地区两个区域文化类型。晋西南地区的陶器形制以平底器为主，次为三足器，也有少量圜底器、圈足器。器类以盆形鼎、釜形斝最多，釜灶、豆、敛口瓮、夹砂缸、敞口斜壁盆、高领折肩瓶、刻槽盆等器物的数量也较多。到晚期，盆形鼎减少和消失，大量出现罐形鼎，釜灶、敛口瓮、豆、刻槽盆、夹砂缸、折腹盆、高领罐等较为常见[①]。在晋南地区，主要器类有夹砂盆形鼎、尖底罐、深腹罐、直壁缸、高领双耳罐、泥质汲水罐、小口高领罐、浅腹盘、假圈足碗、宽沿盘等（图246）。至稍晚阶段。在晋中地区的白燕遗址，出土陶器的主要器类有盆形鼎、釜形斝、缸、

──────────

　　①　山西省考古研究所：《山西考古四十年》，山西人民出版社，1994年，82页。

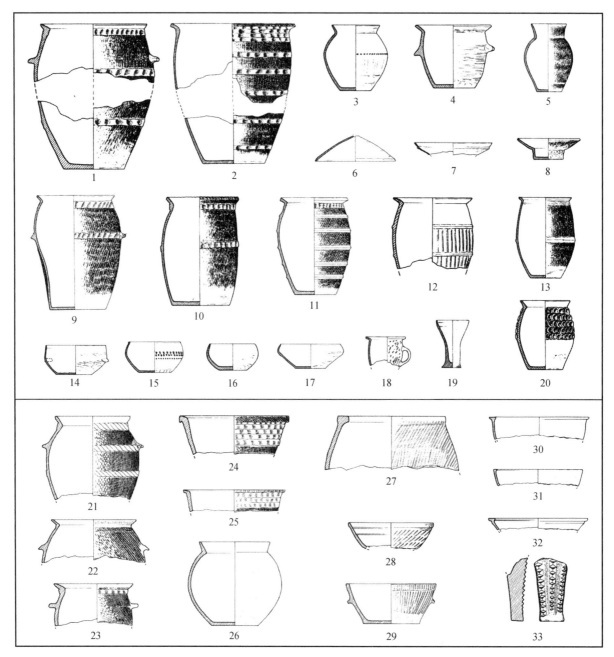

图245　武乡东村、沁县南涅水庙底沟二期陶器

1、9、21. 双錾深腹罐（东村H122∶40、东村H121∶2、南涅水F1∶1）　2、10、11. 深腹罐（东村H122∶34、东村H101∶11、东村H104∶1）　3、13、20. 小罐（东村H114∶5、东村H114∶10、东村H117∶5）　4. 双錾深腹盆（东村H117∶18）　5. 深腹小罐（东村H120∶12）　6. 器盖（东村H107∶7）　7. 白陶盘（东村H114∶3）　8. 盏托形盆（东村H122∶12）　12. 罐（东村H117∶22）　14. 鼓腹盆（东村H108∶3）　15. 敛口盆（东村H113∶5）　16、17. 敛口钵（东村H122∶10、东村H122∶25）　18. 单耳杯（东村H101∶10）　19. 杯（东村H113∶15）　22. 双錾鼓腹罐（南涅水H20∶19）　23. 双錾罐（南涅水H22∶21）　24、25. 鼎（南涅水H31∶5、南涅水H35∶4）　26. 球腹罐（南涅水H23∶37）　27. 敛口瓮（南涅水H3∶1）　28. 盆（南涅水H3∶5）　29. 双錾盆（南涅水H3∶18）　30、32. 宽沿盆（南涅水H10∶6、南涅水H20∶25）　31. 敛口盆（南涅水H10∶5）　33. 鼎足（南涅水H25∶11）

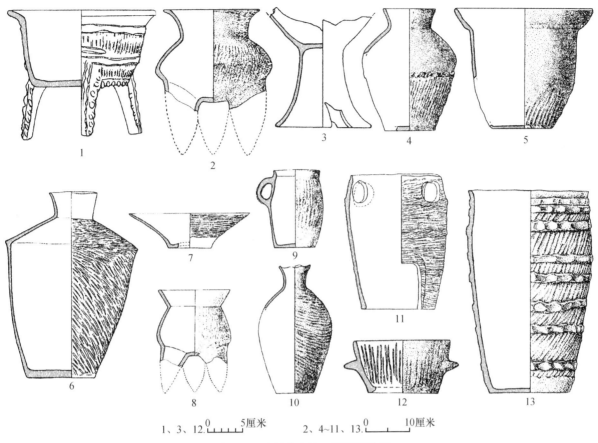

1、3、12. [0——5厘米]　　2、4~11、13. [0——10厘米]

图246A　陕县庙底沟二期早期陶器

（引自中国社会科学院考古研究所：《中国考古学·新石器时代卷》，中国社会科学出版社，2010年，514~515页）

1. 鼎（H558：50）　2. 斝（H35：92）　3. 豆（T551：5）　4. 高领罐（H564：22）　5. 盆（H564：24）　6. 小口折肩罐

（H564：23）　7. 钵（H563：45）　8. 斝（H564：20）　9. 单耳罐（H202：20）　10. 小口瓶（H563：44）

11. 灶（H35：90）　12. 刻槽盆（H568：22）　13. 深腹罐（H564：26）

绳纹罐、泥质长颈壶、短颈壶、深腹盆、盘口盆、豆、器盖，晚期的岔沟遗址出土了双鋬斝式鬲、小型单把斝式鬲、高领深腹罐、直腹罐、直口圜底瓮、细把浅盘豆、釜灶、尊、壶、粗柄豆[①]（图247）。其中，釜灶、尖底罐、锥刺纹筒形罐、长颈壶和白陶器都是极具地方特色的器形：釜灶在晋西南最为流行，在晋南、晋中有数量不多的发现，在晋东南地区几乎不见；尖底罐可见于晋南和晋东南，少见于晋西南和晋中；锥刺纹筒形罐仅见于晋南；长颈壶和盘口盆则具有明显的北方特色，在晋东南、晋南和晋西南罕见其踪迹；白陶器较多发现于晋东南地区，少见于晋中和晋南、晋西南地区。上述器物均体现了各区域的文化特色，从整体观察，晋中地区具有地方特色的器类在陶器中占比较大，晋东南、晋西南和晋南地区这一比例明显较小。

与山西境内邻近地区陶器装饰风格上的比较。晋南、晋西南地区庙底沟二期文化陶器器表以篮纹为主，绳纹次之，素面再次之，另外还有磨光、附加堆纹、方格纹等。至晚期，器表

---

① 山西省考古研究所：《山西考古四十年》，山西人民出版社，1994年，91~93页。

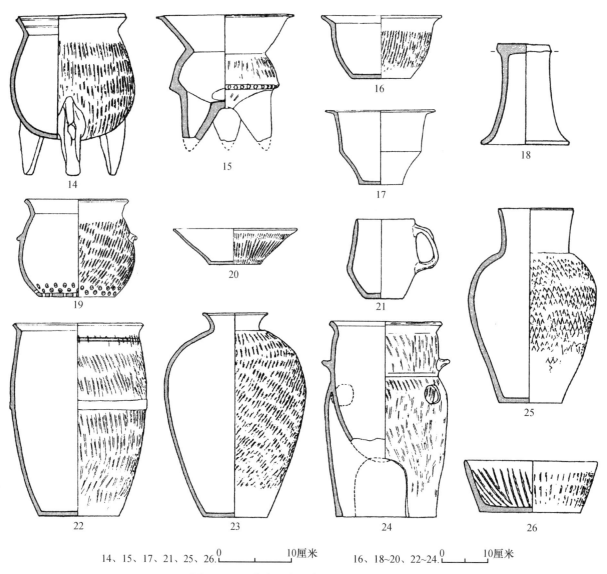

14、15、17、21、25、26. |0————————10厘米|　　　16、18~20、22~24. |0————————10厘米|

图246B　垣曲古城东关庙底沟二期晚期陶器

14. 鼎（H145：42）　15. 斝（H91：1）　16. 盆（H145：36）　17. 折腹盆（H231：10）　18. 豆（H252：165）　19. 甗
（H91：9）　20. 钵（H61：86）　21. 单耳罐（H145：47）　22. 深腹罐（H252：112）　23. 小口瓶（H145：34）
24. 釜灶（H30：20）　25. 高领罐（H32：36）　26. 刻槽盆（H44：30）

装饰中绳纹和素面的比例有所上升①。晋中地区同时期陶器以泥质灰陶为主，夹砂灰陶次之，
有一定数量的泥质黑陶和少量泥质、夹砂红陶，夹砂陶多饰绳纹和宽条带有纵向抹痕的附加堆
纹；泥质陶以篮纹为主，素面次之，有部分彩陶。细泥彩陶盆、壶颇具特色，多为橙色陶，饰
紫红色条带镶以黑边，此外还发现有少量红色彩绘的黑陶残片②。显而易见，与前两者相比，
晋东南地区该时期的陶器装饰风格、手法与晋南、晋西南地区更为接近，而晋中地区的同期陶
器中，相当比例的器物装饰手法尤其是陶器的彩绘，显然更多地继承了仰韶晚期的风格，从中

　　　①　山西省考古研究所：《山西考古四十年》，山西人民出版社，1994年，81~82页。
　　　②　山西省考古研究所：《山西考古四十年》，山西人民出版社，1994年，91页。

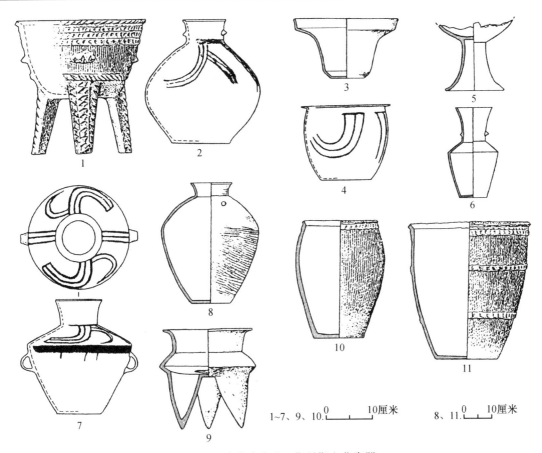

图247A　白燕庙底沟二期早期文化陶器

（引自中国社会科学院考古研究所：《中国考古学·新石器时代卷》，中国社会科学出版社，2010年，518页）

1. 鼎（F14：40）　2. 彩陶小口鼓腹壶（F2：27）　3. 盘口盆（F2：31）　4. 彩陶深腹盆（F14：31）　5. 豆（H259：8）

6. 长颈壶（F2：47）　7. 彩陶小口双耳壶（F2：49）　8. 小口罐（F2：29）　9. 斝（F2：30）　10. 深腹罐（F2：44）

11. 深腹罐（F2：70）

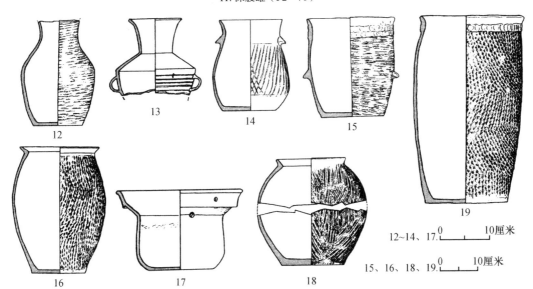

图247B　晋中地区庙底沟二期晚期文化陶器

12. 小口瓶（岔沟F11）　13. 壶（杏花村H2：1）　14. 双耳罐（岔沟H1）　15. 直腹罐（岔沟F12）　16. 深腹罐（岔沟H2）

17. 盘口盆（杏花村H2：4）　18. 折沿罐（岔沟H2）　19. 深腹罐（岔沟F2）

仍然可以依稀看出义井文化的遗风。

与省外邻近地区陶器的比较。大河村五期类遗存分布于郑洛地区的伊河、洛河、颍河和汝河流域，陶器以夹砂和泥质灰陶为大宗，红陶次之，有少量白陶。纹饰以绳纹为主，还有篮纹、附加堆纹和弦纹等，也有极少量彩陶。主要器类有鼎、罐、家、瓮、缸、盆、豆、杯、壶等；台口一期类遗存分布于豫北冀南地区，陶器以夹砂灰陶和泥质灰陶为主，其次是夹砂和泥质红陶，再次是黑陶，也有少量白陶。纹饰以篮纹为大宗，其次是绳纹、附加堆纹和方格纹等，亦存在少量彩陶。器类主要有罐、瓮、盆、钵、碗、杯等。总体来看，晋东南和豫北冀南共有的器形比例较高，与豫中的共有器形比例明显较低，如在庙底沟文化区域大范围流行的堆纹深腹罐在太行山东麓仍属多见，但在豫中地区几乎无迹可寻。除此之外，豫中地区陶器的纹饰以绳纹为主，篮纹比例明显偏小，这与豫西、晋南庙底沟二期文化中心区域、北部的晋东南和东北部的豫北冀南地区的陶器纹饰特点大相径庭。

不难看出，从仰韶中期到晚期，再到庙底沟二期文化阶段，浊漳河上游所在的山西东南部地区与太岳山脉以西的晋南、晋西南地区在文化面貌上始终保持着亦步亦趋的发展态势，这种文化统一的局面在整个山西南部地区得以长时期延续，而在北部的晋中地区则从仰韶晚期就开始有了较为明显的变化，逐步发展出具有明显自身特色的文化面貌。山西东南部的庙底沟二期文化在该时期也达到了前所未有的高度，无论是遗址的数量还是分布密度都有显著的提高，显示了社会的高度发展。由于该时期的时间跨度并不大（根据相关遗址的^{14}C数据，庙底沟二期文化系统的绝对年代为公元前2900~前2400年，大致经历了500年[1]），因此导致这种情况出现的原因极有可能是该阶段的生产力水平显著提高带来的社会繁荣，而其背后的动力大概来自于该时期日益频繁的大范围族群迁徙和文化交流。

第五节　龙山时期文化遗存

庙底沟二期文化结束之后，山西地区的考古学文化先后进入了龙山时期，时间在公元前2400年左右[2]，学术界目前认同陶鬲的出现和普遍流行是该时期的最主要标志。浊漳河所在的晋东南地区目前的龙山时期考古资料主要来自小神遗址，该遗址所代表的龙山时期遗存被称为小神类型[3]。

在庙底沟二期文化空前繁荣的基础上，浊漳河上游地区龙山时期文化遗存的发展达到了新的高度，目前发现龙山时期文化遗存的有襄垣县东背、东邯郸、东宁静、和坡、南漳、吴北、桃岭、小垴、寨上、北底、大平、朵垴、马喊、南峰、暖泉、史家岭、郑沟，武乡县东关、新庄、花莲角、姜村、连元、南垴、桥上、魏家窑，沁县道兴、二神、口头、南涅水、乔家湾、西渠上、迎春、长胜，屯留县张贤、中村、高店、北宋、常金、东史、水泉、尧泽头、二仙头、常庄、后宅、贾庄，长子县后窑、大堡头、东庄、鲍店、上霍、西南呈、西旺、碾北、应

---

①　中国社会科学院考古研究所：《中国考古学中碳十四年代数据集（1965~1981）》，文物出版社，1983年。

②　山西省考古研究所：《山西考古四十年》，山西人民出版社，1994年，96页。

③　山西省考古研究所：《山西考古四十年》，山西人民出版社，1994年，109页。

城，潞城市合室、子北、王都庄、郊区壁头、小神、北天河、故驿59处遗址（图248）。相较于庙底沟二期文化时期，在涵盖范围上，向东、南方向有了较大幅度的扩展，遗址的密度也较前期进一步加大。

该地区的考古发掘中，长治郊区小神遗址和沁县南涅水遗址均发现了丰富的龙山时期文化遗存（图249）。小神遗址龙山时期的以及有房址、灰坑和墓葬，2处房址均为半地穴式，一座为圆角长方形，另一座为"凸"字形。灰坑发现40处，圆形和椭圆形居多，多为袋形坑。8座墓葬均为土坑竖穴，均无葬具和随葬品，葬式多为仰身直肢。小神遗址龙山时期陶器以泥质灰陶为主，夹砂灰陶次之，另有少量的褐陶和磨光黑陶。器类中炊器有双鋬鬲、单把鬲、甗、甑，容器有敛口瓮、深腹盆、素面敞口盆、侈口鼓腹罐、矮领广肩瓮、双腹盆、双耳圆腹盆、子母口罐、浅腹盆、浅盘豆、圈足盘、平底盘等，形成一套较为完整的器物组合。南涅水遗址出土龙山时期陶器主要有高领罐、大口折沿罐、束颈鬲、敛口瓮、斝等，其数量和种类均不及小神遗址同期遗物。

本次调查获得的龙山时期标本主要为陶器（图250～图252），有少量的骨器、石器和蚌器。陶器中泥质灰陶占比最大，其次为夹砂灰陶、泥质褐陶和黑陶。陶器的装饰纹饰主要为绳纹，其次为方格纹和篮纹，还有个别的戳点纹。绳纹在罐、鬲、灶、瓮中施用较为普遍，方格纹主要出现在罐类器表，篮纹多应用于罐类的领部，多数的盆、豆、盘、壶、杯和少量的罐类器表素面，普遍采用轮修。器类有鬲、釜灶、鼎等炊器，鬲可见上部完整的双鋬鬲（图252-11）。容器中有罐、盆、瓮等，罐类种类多，数量较大，有侈口折沿罐、高领罐、双耳罐、垂腹罐，盆类有侈口斜腹盆、双腹盆等，陶瓮有敛口和直口两型，绳纹一般施直口部。饮食器有盆、盘、杯、豆、壶等多种器形，型式更为复杂、多样，普遍素面磨光，且轮修痕迹明显、做工精细。

调查采集的标本与该区域小神遗址出土龙山时期陶器[1]比较，相当数量在形态上基本一致，如双鋬矮领鬲（TLSQ1204：24与小神H99：1）、素面双耳罐（TLCZ1006：47与小神采H1：18）、平底盆（TLSQ1204：64与小神H96：2）、圈足盘（TLSQ1204：14与小神H75：4）、高颈壶（WXXZ1306：1与小神H75：32）、折腹杯（LCHS1404：8与小神H54：11）等。与太岳山脉西侧的晋南地区相比，在部分器形的形态、纹饰上也相当接近，如高弧领罐（TLCZ1006：44与侯村采：26[2]）、侈口深腹罐（XYBD1004：37与侯村采：27[3]）、高领鼓腹罐（ZZNB1306：2与南石采：11[4]）等。

龙山文化时期，存在于晋东南地区周边的主要地域性文化有晋南的陶寺文化、豫中的王湾三期文化和豫北冀南的后冈二期文化，与这些地区的同时期陶器面貌进行比较研究，是深入观察和理解晋东南地区文化发展和演变的重要途径。

①　山西省考古研究所晋东南工作站：《长治小常乡小神遗址》，《考古学报》1996年1期。
②　山西省考古研究所、山西省考古学会：《洪洞侯村新石器时代遗址调查、试掘报告》，《山西考古四十年》第二辑，山西人民出版社，1996年。
③　山西省考古研究所、山西省考古学会：《洪洞侯村新石器时代遗址调查、试掘报告》，《山西考古四十年》第二辑，山西人民出版社，1996年。
④　山西省考古研究所、山西省考古学会：《山西翼城南石遗址调查、试掘报告》，《山西考古四十年》第二辑，山西人民出版社，1996年。

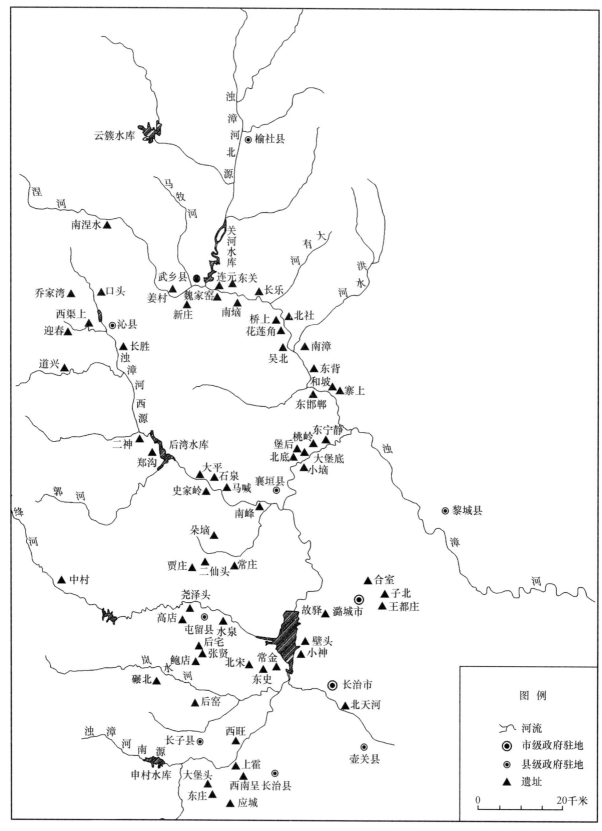

图248　龙山时期文化遗存分布图

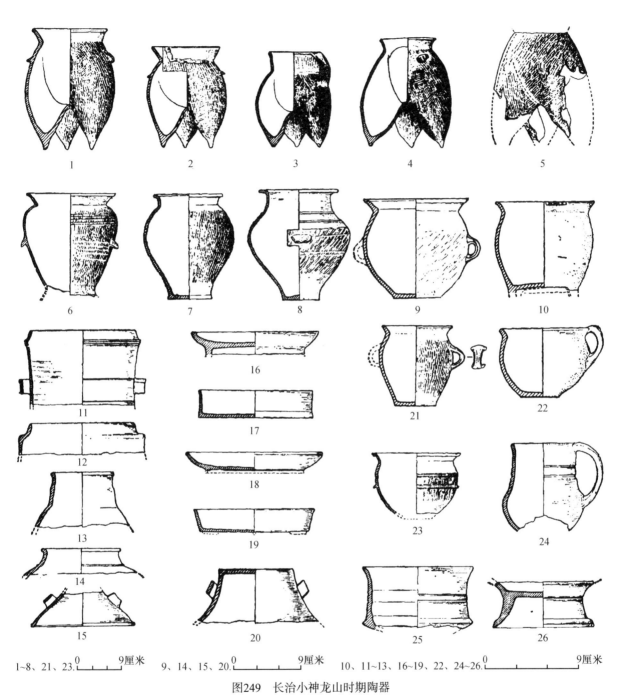

1~8、21、23.└─────┘9厘米   9、14、15、20.└─────┘9厘米   10、11~13、16~19、22、24~26.└─────┘9厘米

图249 长治小神龙山时期陶器

1、2. 双鋬鬲（H99∶1、H17∶24） 3. 单把鬲（H54∶1） 4. 肥足鬲（H57∶80） 5、6. 甗（H73∶1、H17∶30）

7、23. 罐（H57∶79、H73∶2） 8. 尊（H77∶23） 9. 双耳罐（H1∶18） 10. 釜灶（采∶33） 11、12. 子母口罐（H17∶29、

H75∶41） 13. 高颈罐（H75∶32） 14. 小口瓮（H15∶2） 15. 器盖（H54∶19） 16. 豆（H56∶5） 17~19. 盘（H96∶2、

H75∶4、H9∶3） 20. 器盖（H54∶21） 21. 双耳罐（采∶47） 22、24. 单把杯（采∶39、H77∶11） 25. 杯（H54∶11）

26. 簋（H75∶12）

图250　龙山文化时期标本（一）

1~15. 罐（XYDB1011：2、XYNQ1007：6、ZZBD1204：12、XYNF1006：18、TLCZ1006：4、TLCZ1006：44、
TLCZ1006：26、ZZNB1306：2、LCZB1404：2、XYDB1011：10、XYDB1011：31、XYDN1006：21、
XYBD1004：37、TLCZ1006：47、TLEXT1209：9）

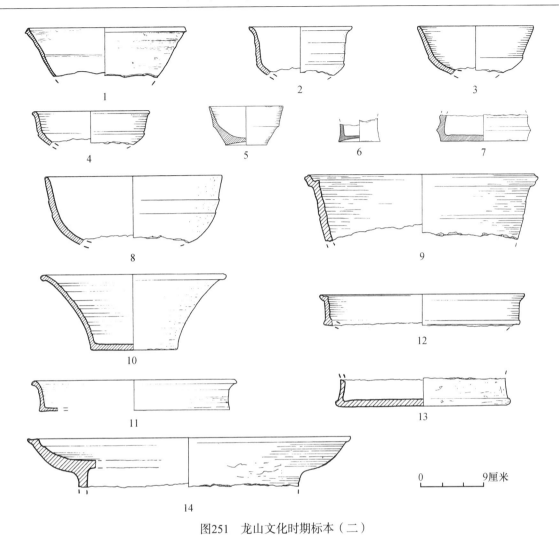

图251　龙山文化时期标本（二）

1～5、8～10.盆（XYDB1011：18、LCHS1404：8、WXXZ1306：2、ZZNB1306：5、ZZSH1502：3、WXXZ1306：7、

TLGD1204：5、ZZHY1501：2）　6、7.杯（XYBD1004：36、TLYZT1306：3）　11～14.盘（ZZNB1306：16、

ZZNB1306：4、TLSQ1204：64、TLSQ1204：14）

　　陶寺文化的陶器以夹砂和泥质灰陶为主，有少量的泥质磨光黑陶或黑衣陶。纹饰主要有绳纹和篮纹，其次是方格纹、附加堆纹等纹饰，同时还有彩绘陶。器类有釜灶、鼎、斝、鬲、甗、缸、瓮、罐、尊、簋、甑、壶、扁壶、瓶、盆、钵、盘、豆、碗、觚、杯等多种，其中出土数量较多的典型器物有釜灶、鼎、斝、鬲、圈足罐、扁壶等。王湾三期文化陶器大量使用灰色、特别是深灰色陶器，包括泥质灰陶和夹砂灰陶，有少量的泥质或夹砂红陶和泥质黑陶。纹饰有绳纹、篮纹、方格纹、附加堆纹和弦纹。常见器形有罐形鼎、矮足鼎、斝、簋、甑、深腹罐、小口鼓腹罐、盆、钵、碗、杯、盘、豆等。后冈二期文化陶器以灰陶为主，还有少量磨光黑陶和白陶。纹饰以绳纹为主，次为篮纹及方格纹。常见器形有深腹罐、甗、罐式斝、瓮、缸、双腹盆、平底盘、圈足盘、钵、碗、器盖等，还有鸟头式足鼎、长流鬶及少量蛋壳陶，不见或少见鼎、鬲（图253）。总体观察，晋东南地区的龙山时期陶器与上述三地文化的陶器有着同时代背景下的共同面貌，如陶色方面，灰陶已占绝对主流，黑陶数量明显增加；纹

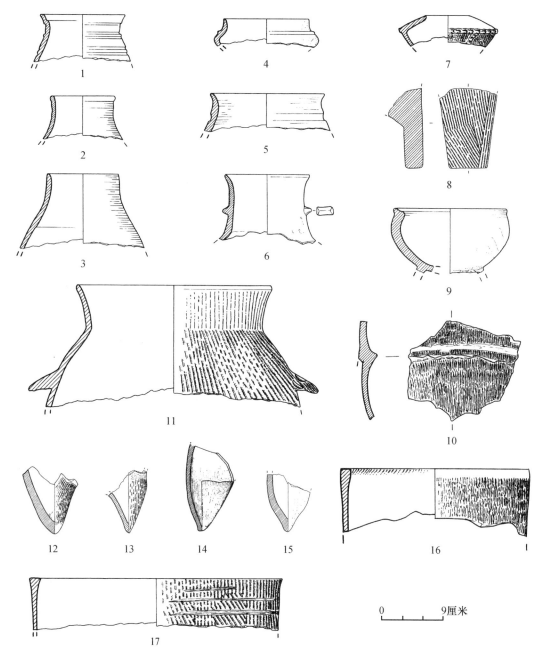

图252　龙山文化时期标本（三）

1～6.壶（ZZDBT1502：4、LCHS1404：9、WXXZ1306：1、QXES1104：47、QXDX1104：57、XYSJL1007：3）

7.斝（XYTL1010：11）　8.鼎足（WXHLJ1103：24）　9、10.灶（ZZDW1502：3、XYBD1004：33）

11.鬲（TLSQ1204：24）　12～15.器足（QXES1104：71、TLSQ1204：47、XYNF1006：82、WXQS1103：2）

16、17.瓮（TLSQ1204：1、XYBD1004：42）

饰方面，前期陶器以篮纹、绳纹为主演变为绳纹为主，篮纹、方格纹为辅；制法方面，快轮技术已普遍应用，相当数量的陶器采用磨制成型；出现了新的器形鬲、甗、鬶、盉等，双腹盆、圈足盘等在大范围内流行。在大体面貌一致的同时，各区域文化陶器在以下几方面有着鲜明的区别：

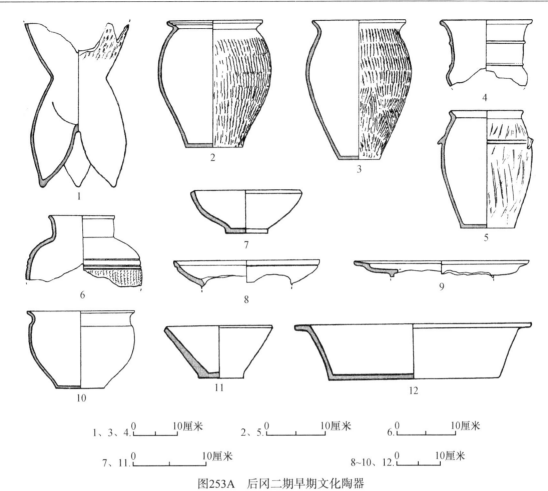

图253A　后冈二期早期文化陶器

1.甗（H48：6）　2、3.深腹罐（H45：4、M21：1）　4.双腹盆（H10：10）　5.深腹盆（H47：2）　6.瓮（T2⑦：47）
7.碗（T1⑥：58）　8.豆（H45：19）　9.圈足盘（H45：16）　10.盆（T1⑥：56）　11.钵（H45：6）　12.盘（H20：4）

一是作为最重要的器类，炊器的器类组合不同，晋东南地区以鬲、甗为主，有少量的斝、灶；陶寺文化区域以釜灶、鬲、斝为主，鼎、甗数量不多；豫中王湾文化区域以鼎为主，另有一定数量的斝，鬲、甗极少；豫北冀南地域则以甗、斝为主，鼎、鬲少见。炊器种类的不同，反映了这四个文化区域的人群在生活习惯上的差别，而这种差别通常用以区分不同的族群。四地的主要炊器类型互不相同，但是与其他两者相比，晋东南和豫北冀南地区的差别显得相对较小。

二是陶器纹饰风格差别较大。晋东南地区陶器纹饰以绳纹为主，方格纹次之，篮纹仅有少量；陶寺文化区域的陶器以绳纹和篮纹为主，其次是方格纹、附加堆纹等，泥质陶罐、壶、尊等多是下腹饰绳纹、上腹或肩部器表磨光并施黑陶衣，部分随葬器物常施以彩绘；王湾文化区域陶器的主要纹饰有绳纹、篮纹和方格纹，另有少量弦纹等其他纹饰；在后冈二期文化区域，纹饰以绳纹为主，次为篮纹以及方格纹。可以看出，四地在陶器纹饰的施用手法上形成了三种地域性风格，分别是方格纹盛行的豫中地区、绳纹和篮纹并行的山西西南部地区、以绳纹为主流的太行山两侧的晋东南和豫北冀南地区。

三是一些典型器形在风貌上迥异，表现出强烈的地域色彩。例如陶寺文化的高领双鋬鬲和

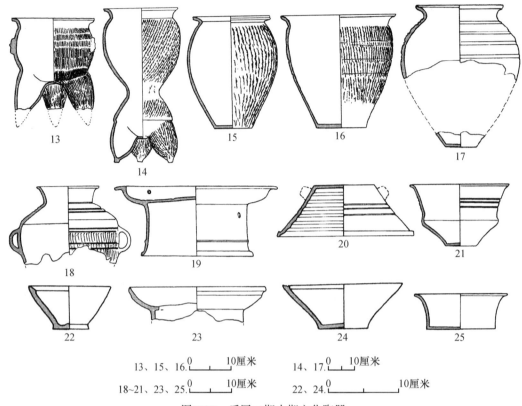

图253B　后冈二期中期文化陶器

13、15、16.　0———10厘米　　14、17.　0———10厘米
18~21、23、25.　0———10厘米　　22、24.　0————10厘米

13. 斝（H5:13）　14. 甗（H31:6）　15. 深腹罐（M7:4）　16. 深腹盆（F38:4）　17. 缸（H17:11）
18. 瓮（H16:10）　19. 圈足盘（F36:3）　20. 器盖（H17:16）　21. 双腹盆（H5:6）　22. 碗（H17:8）
23. 豆（T16⑤:23）　24. 钵（H5:8）　25. 盘（H49:2）

无领平沿鬲基本不见于其他文化，圈足罐和扁壶更是如此，即使在一山之隔的太岳山东部，也难以发现踪影；后冈二期文化的鬼脸足陶鼎和蛋壳陶，具有浓厚的山东龙山文化色彩，在地域上也未能跨越太行山，进入山西境内；王湾三期文化的矮足鼎、盉，流行范围较为狭小，基本上只分布于伊洛郑州地区。

综上所述，在龙山文化这一大的时代背景下的中原地区，各区域文化尽管在总体上有着趋同的风貌，但较之前期，均发展出更为鲜明的地区特色。浊漳河所在的晋东南地区，从仰韶中期至庙底沟二期文化以来，与周边的晋南临汾盆地、冀南豫北地区在发展过程中一直如影随形，但在进入龙山时期后，各地的发展产生了分化，从而走上了不同的道路。从陶器面貌可以看出，与前期庙底沟二期文化时期相比，晋东南地区在文化上与豫北冀南地区仍维持着较为密切的联系，但与西部临汾盆地兴起的陶寺文化相比，则显示出巨大的差异。而南部的豫中地区，虽然地理距离较近，但两地之间文化面貌始终保持着较大的差别，显示出两者分属截然不同的文化类型。

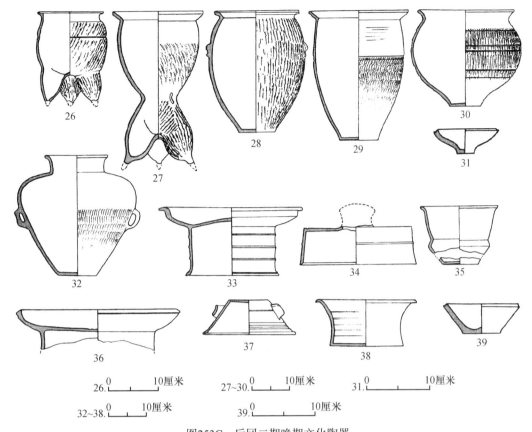

图253C　后冈二期晚期文化陶器

26.斝（T6④：12）　27.甗（H1：1）　28.深腹罐（M26：2）　29.缸（H1：7）　30.罐（T20④：4）　31.碗（H1：16）

32.瓮（T1③：26）　33.圈足盘（T20④：8）　34.器盖（T1④：47）　35.双腹盆（T3④：3）　36.豆（T13④：15）

37.器盖（T1③：22）　38.盘（T1③：25）　39.碗（H6：7）

第六节　二里头时期文化遗存

山西地区的龙山文化结束之后，进入了通常所说的"夏代"。由于对"夏"的认识和理解上存在较大的分歧，学术界一般将该时期称为二里头时期，对应于河南伊洛地区的二里头文化阶段。在河南郑洛地区，该时期结束于二里冈文化的较早阶段，即商代早期，在中原其他地区，由于文化发展的不平衡性，商代早期二里冈文化扩张及替代当地土著文化的进程存在着不同程度的滞后，亦即实际晚于商代早期。因此，晋东南地区的二里头时期文化，其较晚阶段的绝对年代应该已经跨入商时期。在考古发掘中，该区域的长治小神、屯留西李高、沁县南涅水相继发现了二里头时期的文化遗存。小神遗址的二里头时期文化遗存主要有灰坑、灰沟、陶窑等遗迹和陶器、石器等遗物，时代相当于二里头文化晚期[1]。西李高遗址的二里头遗存有灰坑等遗迹和陶器等遗物，相对年代与二里头文化东下冯类型第Ⅳ期接近[2]。沁县南涅水遗址的二里头文化遗存也非常丰富，遗存有灰坑、陶窑等遗迹和陶器、石器、骨器等遗物（图255），

————————

① 山西省考古研究所晋东南工作站：《长治小常乡小神遗址》，《考古学报》1996年1期。

② 山西省考古研究所：《山西屯留西李高遗址发掘》，《文物春秋》2009年3期。

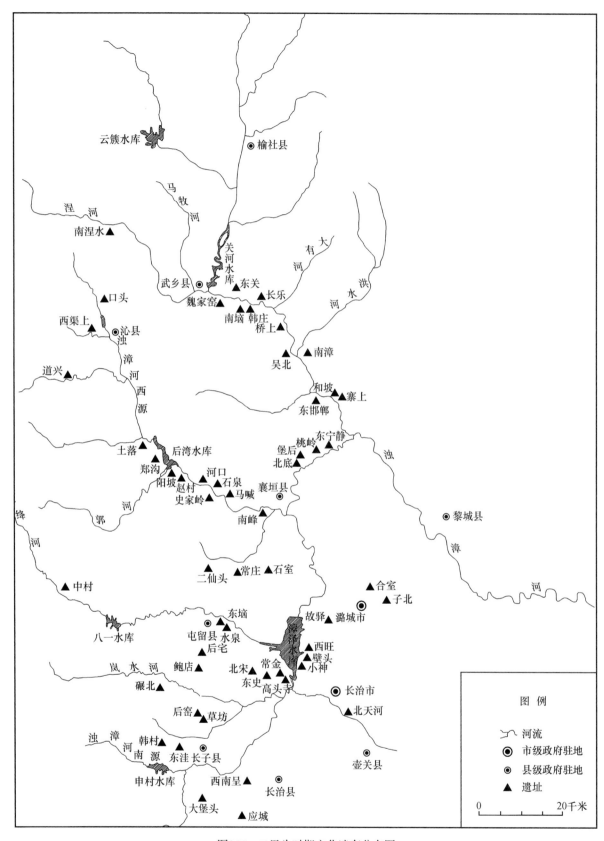

图254　二里头时期文化遗存分布图

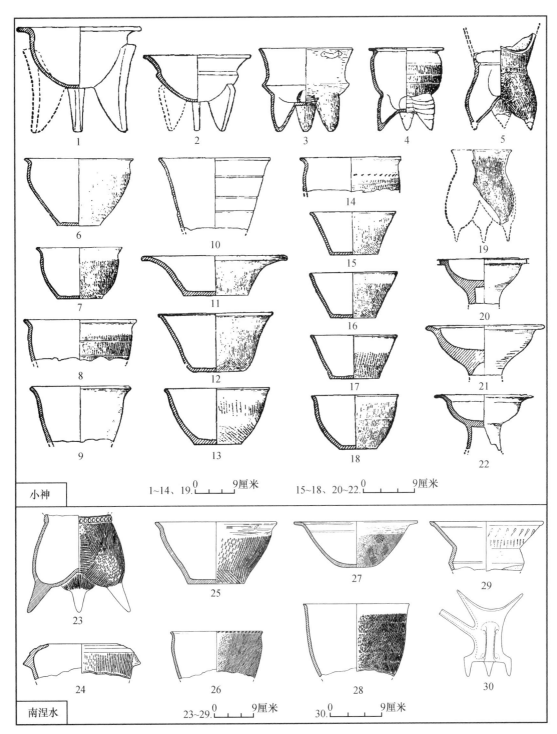

图255　长治小神、沁县南涅水二里头时期陶器

1、2.鼎（小神H92：1、小神H13：30）　3、4、24.斝（小神采62、小神采43、南涅水H22：32）　5、23.甗（小神H83：41、
南涅水H14：97）　6~19、25~28.盆（小神TG1③：8、小神H91：3、小神H83：6、小神H86：11、小神H13：1、小神H91：4、
小神TG1④：29、小神H91：8、小神H67：20、小神TG1①：17、小神H105：3、小神H59：1、小神H82：90、小神H91：45、
南涅水H21：41、南涅水H13：6、南涅水H32：82、南涅水H11：25）　20~22.豆（小神H83：5、H69：1、H83：42）
29.大口尊（南涅水H3：2）　30.管流爵（南涅水H21：40）

其中包括了具有典型二里头文化特征的管流爵等陶器。

目前为止，浊漳河上游发现二里头文化遗存的地点有53处（图254），分别是：襄垣堡后、东邯郸、东宁静、和坡、南漳、寨上、北底、池岩、河口、马喊、南峰、石泉、史家岭、土落、阳坡、赵村、吴北，沁县道兴、口头、南涅水、西渠上，武乡东关、韩庄、南垴、桥上、魏家窑、长乐，屯留北宋、常金、东垴、东史、西李高、水泉、二仙头、高头寺、后宅、石室、中村，长子鲍店、草坊、韩村、西南呈、应城、大堡底、东洼、后窑、碾北、郊区北天河、壁头、故驿、西旺、小神，潞城合室、子北。上述地点的地理位置、分布密度与龙山时期遗址在相当大程度上重合，因此该时期的遗址多数应是在龙山文化时期基础上连续发展而来的。与前期龙山时期相比，该时期遗址在数量上变化较小，反映出龙山—二里头阶段的文化发展处于一个较为平稳的状态。

该区域二里头时期文化遗物有陶器、石器、骨器，标本中陶器（图256～图259）占绝大多数。陶器以夹砂灰陶占比最大，多用以制作炊器和部分容器，泥质灰陶通常也夹砂少量的细砂，同时有少量的泥质红陶、褐陶和黑陶。陶器纹饰有绳纹、弦纹、三角几何纹、谷粒纹、楔点纹、捺窝状附加堆纹，盆、甑器表多饰弦断绳纹，三角几何纹等多见于罐、瓮的肩部和上腹部，捺窝状附加堆纹则多出现于甑腰外侧，主要用于加固器身，盘、豆等多作素面，一般表面磨光。陶器中主要有鬲、甑、鼎等炊器和罐、瓮、盆、盘、豆等容器：鬲皆高领，或直口或侈口卷沿束颈，足根多细高且有竖向凹槽和横向绑扎痕迹；陶甑上部多有双鋬，表面饰弦断绳纹，腰部则多饰以捺窝状泥条堆纹；陶鼎数量少，仅见平底，鼎足为扁平靴形，但小神遗址曾出土罐形鼎，鼎足为三角形。罐有小口矮领罐、中口罐、深腹罐，形体较大者一般器表饰以弦断绳纹，有的肩部饰三角几何纹，深腹罐与二里头文化的同类器形态一致；陶盆中形体较大者多侈口、卷沿，其中深腹者多为束颈，形体较小者多为侈口、斜腹；瓮种类多样，多为敛口鼓腹，有的沿部内折，足部有多足和圈足两类，多足者形状有锥形、舌形、兽蹄形等，数量多为三足，亦有四足，甚至七足；豆皆素面磨光，多平沿，亦有斜沿，个别形体大者叠唇明显。

二里头文化时期，晋东南周边的区域性文化有西南方向的二里头文化东下冯类型、南部太行山南麓的"潞王坟—宋窑类遗存"[①]、东部太行山东麓的下七垣文化漳河类型[②]和北部晋中地区的地方性文化（多被称为"白燕文化"[③]"东太堡文化"[④]"光社文化"[⑤]"尹村类遗存"[⑥]等），各地域文化遗存种类丰富、特色鲜明，它们相互之间的比较和分析，是认识晋东南地区该时期文化面貌的基础。

东下冯类型陶器群，以夹砂灰陶和泥质灰陶为主，褐、黑色陶占有一定比例，纹饰基本以绳纹为主，罕见篮纹和方格纹。炊器有鬲、甑、斝、深腹罐、圆腹罐、鼎；盛储器有折沿罐、大口尊、瓮、缸、深腹盆；食器有平底盆、豆等；水器有壶、捏口罐等；酒器有爵、盉（图

① 中国社会科学院考古研究所：《中国考古学·夏商卷》，中国社会科学出版社，2003年，158页。
② 中国社会科学院考古研究所：《中国考古学·夏商卷》，中国社会科学出版社，2003年，152页。
③ 宋新潮：《殷商文化区域研究》，陕西人民出版社，1991年，105～110页。
④ 宋建忠：《晋中地区夏时期考古遗存研究》，《山西省考古学会论文集（二）》，山西人民出版社，1993年。
⑤ 邹衡：《关于夏商时期北方地区诸邻境文化的初步探讨》，《夏商周考古学论文集》，文物出版社，1980年。
⑥ 闫向东：《论忻定及太原盆地夏时期考古学文化》，北京大学考古系硕士学位论文，1998年。

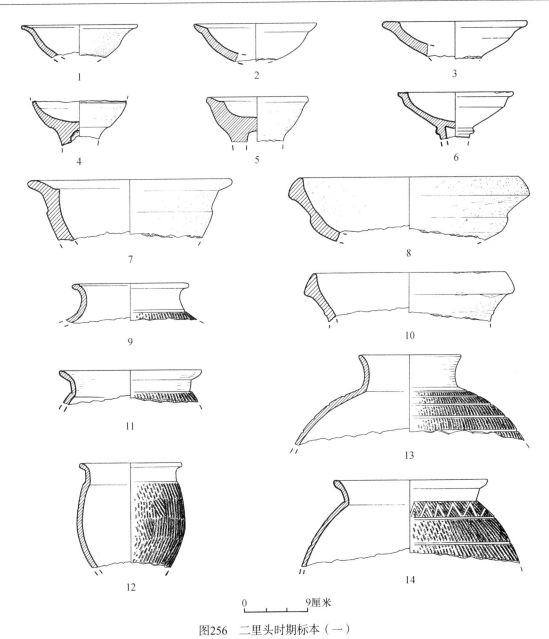

图256　二里头时期标本（一）

1~8、10.豆（QXKT1104：13、WXNN1103：55、QXNNS1104：19、XYTL1010：1、TLDN1204：14、
WXWJY1103：78、TLCJ1204：25、TLCJ1204：32）　9、11~14.罐（JQXW1306：9、WXWJY1103：92、
JQXW1306：15、TLDN1204：9、WXWJY1103：79）

260）。潞王坟—宋窑类遗存陶器以夹细砂陶占绝大多数，灰陶为主，黑陶次之，褐陶最少。
纹饰以绳纹为主，弦纹、附加堆纹等均很少。器类主要有深腹罐、鬲、鼎、甗、沿、斝、圆腹
罐、深腹盆、浅腹盆、豆、簋、盘、爵、盉、小口瓮、蛋形瓮、大口尊、花边罐、捏口罐、刻
槽盆等。炊器主要是深腹罐，鬲居于第二位。下七垣文化漳河类型陶器中夹砂陶稍多于泥质
陶，以灰陶为主，早期有部分红褐陶，晚期渐少。陶器以绳纹为主，早期绳纹较粗且散乱，往
后渐趋变细且规整，其纹饰以楔点和花边最具特色。器类有鬲、鼎、甗、斝、深腹罐、深腹
盆、小口瓮、蛋形瓮、豆、大口尊、杯等。早期以深腹罐为主要炊器，鼎的数量也较多，晚期

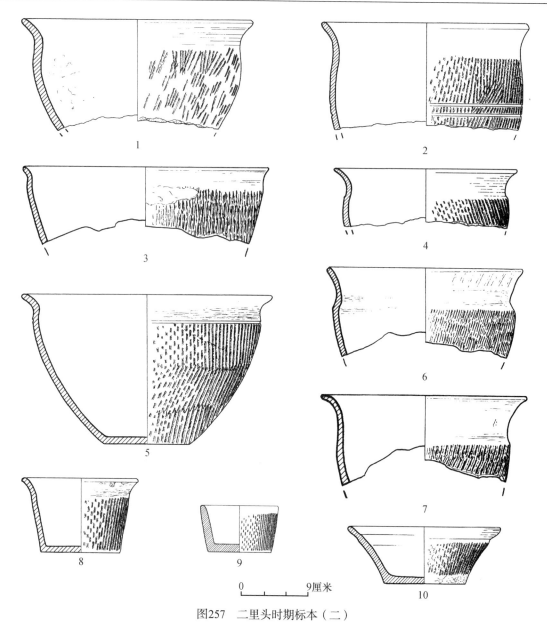

图257　二里头时期标本（二）

1~10.盆（TLCJ1204：5、TLCJ1204：1、XYHK1007：2、QXNNS1104：78、TLCJ1204：4、XYSQ1007：3、
XYTL1010：2、TLCJ1204：3、TLCJ1204：2、TLSS1306：2）

鬲的数量超过深腹罐，成为主要炊器（图260）。晋中地区白燕第四期遗存陶器胎质较粗，纹饰以绳纹为主，其他还有附加堆纹、楔点纹等。器类有鬲、甗、斝、盆、簋、罐、蛋形瓮、钵、角流爵等。炊器以鬲为主，甗、斝次之。游邀遗址晚期遗存陶器一夹砂陶为主，多为灰陶，夹砂陶多施绳纹，个别施篮纹，泥质陶以施斜向或竖向的浅篮纹为主。器形有斝、鬲、甗、盉、瓮、罐、盆、壶、豆、尊等。在炊器中，斝的比例高于鬲。总体观察，五地的区域文化，在陶器面貌上表现出明显的区别：

　　一是典型器物群不同。东下冯类型典型陶器群以深腹罐、圆腹罐、大口尊、敛口瓮等为主要特征；潞王坟—宋窑类遗存中，深腹罐、卷沿鬲、卷沿盆、盆形鼎、平口瓮为主要内容；下

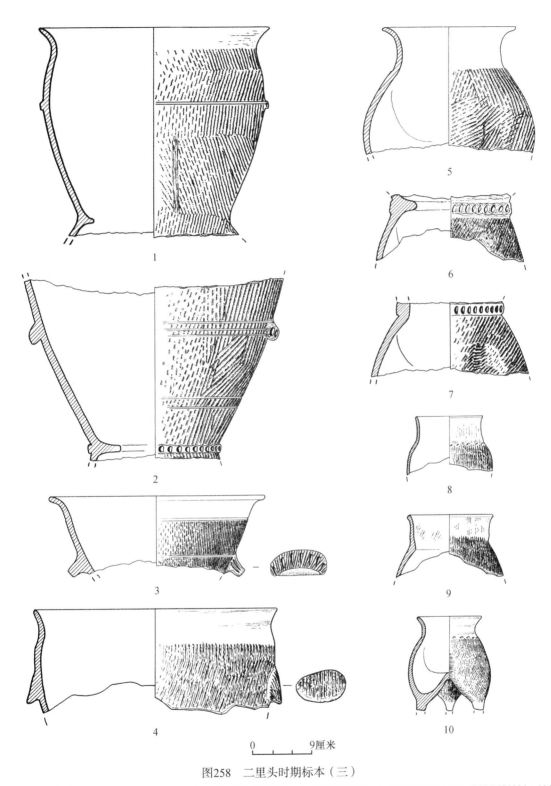

图258　二里头时期标本（三）

1~4、6、7.甗（WXWJY1103：2、TLCJ1204：34、TLGTS1204：5、XYSJL1007：7、XYHP1011：19、QXNNS1104：114）

5、8~10.鬲（TLDN1204：2、XYBD1004：29、XYDNJ1010：2、XYNF1006：135）

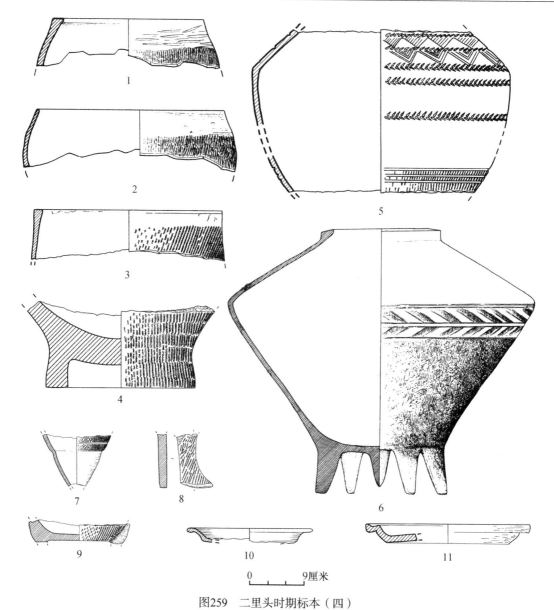

图259　二里头时期标本（四）

1～6.瓮（XYHK1007：4、XYHK1007：7、QXNNS1104：37、WXQS1103：31、WXWJY1103：1、XYTL1007：9）
7.尖底器（ZZNB1306：7）　　8、9.鼎（TLSQ1204：48、TLSQ1204：70）　　10、11.盘（LCZB1404：14、TLCJ1204：10）

七垣文化漳河类型典型陶器群为卷沿鬲、堆纹甗、卷沿束颈盆、碗形豆等；晋中地区主要包含高领鬲、堆纹甗、敛口瓮、小口罐、蛋形瓮等；在晋东南地区，高领鬲、堆纹甗、蛋形瓮、卷沿盆则是陶器中的主体。因此，五个区域大体分属于两种风貌不同的典型陶器群，即二里头文化陶器群和太行山区域陶器群。东下冯类型陶器群面貌与伊洛地区二里头类型大体总体一致，明显属于前者，晋中、晋东南和下七垣文化漳河类型属于后者，潞王坟—宋窑类遗存则兼具两者特点。

二是陶器中炊器器类的不同。东下冯类型以鬲、甗、斝、深腹罐、圆腹罐为主，其次为鼎和甑；潞王坟—宋窑类遗存炊器以深腹罐、鬲为主，其次为圆腹罐和鼎；下七垣文化漳河类型先后以深腹罐和鬲为炊器主体，另外鼎也占一定比例；晋中地区南部以鬲为主，甗、斝其次，

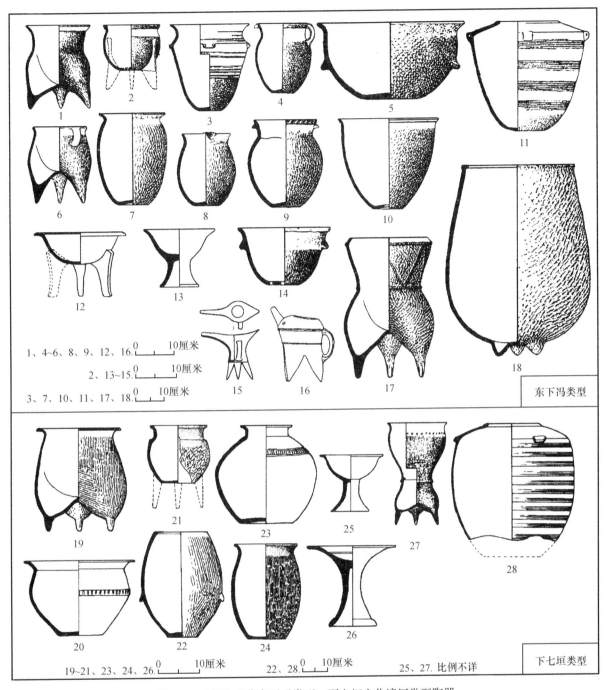

图260　二里头文化东下冯类型、下七垣文化漳河类型陶器

（引自中国社会科学院考古研究所：《中国考古学·夏商卷》，中国社会科学出版社，2010年，92、153页）

1、6、19. 鬲（东下冯H61：2、东下冯H41：40、何庄H1：1）　　2、12、21. 鼎（东下冯H1：10、东下冯M5：1、下七垣T7④：1334）
3. 大口尊（东下冯H418：34）　　4、9. 圆腹罐（东下冯H402：23、东下冯H402：1）　　5. 侈沿盆（东下冯T5514④b：24）
7. 深腹罐（东下冯T5532④：8）　　8. 捏口罐（东下冯F591：1）　　10. 深腹盆（东下冯H528：8）　　11. 敛口瓮（东下冯H42：3）
13. 豆（东下冯M515：1）　　14. 甑（东下冯H402：2）　　15. 爵（东下冯M401：2）　　16. 盉（东下冯M401：3）　　17. 斝
（东下冯H535：15）　　18、22. 蛋形瓮（东下冯H23：2、何庄T12②：1）　　20. 盆（何庄T11②：1）　　23. 小口瓮（何庄T1：3）
24. 深腹罐（下七垣T7③：954）　　25、26. 豆（涧沟T18③B：1、何庄T9②：2）　　27. 甗（涧沟T10②：14）　　28. 平口瓮
（何庄T9②：11）

北部斝的比例似乎更高；晋东南地区炊器以鬲、甗为主，斝、鼎较少。可以看出，在炊器结构上，深腹罐+鼎、鬲+甗是两种最基本的组合，前者是二里头文化二里头类型分布区域最主要的炊器类型，后者在太行山区域日用炊器中占绝对优势。潞王坟—宋窑类遗存和下七垣文化漳河类型早期遗存属于前者，晋中地区、晋东南地区、下七垣文化漳河类型晚期遗存属于后者，而东下冯类型则是两者的混合体。

由上可知，在二里头文化时期，浊漳河上游所在的晋东南地区周边区域存在着二里头和太行山区域两大文化系统：在西向，两系统似以太岳山脉为界，西侧的汾河下游盆地属于二里头文化东下冯类型；在南向，两文化系统似于豫北卫怀地区形成东西分界①，潞王坟—宋窑类遗存兼有两者特征，正是该种局面的反映。晋东南地区地处太行山腹地，该时期的陶器面貌无论从器物组合，抑或炊器结构、纹饰等诸方面观察，均与北部晋中地区白燕第四期遗存、东部太行山东麓的下七垣文化漳河类型存在较多的相似性，应属于较大范围的太行山区域文化系统。龙山文化时期已经形成的太岳山脉两侧山西西南、东南地区不同的文化面貌，在二里头文化时期仍然一直延续。

第七节　商时期文化遗存

在浊漳河上游所处的山西东南部地区，二里冈—殷墟时期的文化在年代上对应于商代的早—晚期。20世纪以来，该地区先后有商代的青铜器出土，计有：1971～1972年春，长子县北高庙遗址出土青铜器19件，器形有鼎2、斝2、爵3、甗1、觚2、罍1、鬲1、戈4、镞3②，推测这批铜器的年代在商代晚期的早段或中期向晚期的过渡阶段③；1975年9月潞城县拣选到青铜器3件，包括饕餮纹鼎、饕餮纹斝、弦纹斝各1件，形制和纹饰具有商代二里冈文化特点，年代应属商代中期④；1976年，长治市博物馆入藏青铜器4件，计有饕餮纹觚、弦纹爵、饕餮纹斝、饕餮兽面壶各1件，觚、爵、斝的形制和纹饰具有殷墟铜器第一期的特点，壶的形制与殷墟铜器第三期大致相同，因此这几件的时代应为商代晚期⑤；1973～1976年长子县拣选青铜器5件，计有饕餮纹鼎、弦纹斝、铭文甗、铭文戈、雷纹刀各1件，其时代为商代中期至晚期⑥。

近年来的考古发掘中，在长治郊区小常遗址、屯留县西李高遗址、沁县南涅水遗址均发现了商时期的文化遗存。小神遗址的遗迹有陶窑和灰坑，出土石器、骨器较多，石铲、石刀、石镰、各种骨器等，均同安阳地区的商代殷墟文化遗物相似，陶器也是如此，没有明显早于殷墟文化的陶器（图261）。总体来说，商代遗存较为单纯，基本同于安阳殷墟的商代文化，时

①　刘绪：《论卫怀地区的夏商文化》，《夏商周考古探研》，科学出版社，2014年。
②　长治市博物馆：《山西长子县北郊发现商代铜器》，《文物资料丛刊·3》，文物出版社，1980年。
③　山西省考古研究所：《山西考古四十年》，山西人民出版社，1994年，139页。
④　王进先：《山西长治市拣选、征集的商代青铜器》，《文物》1982年9期。
⑤　王进先：《山西长治市拣选、征集的商代青铜器》，《文物》1982年9期。
⑥　王进先：《山西长治市拣选、征集的商代青铜器》，《文物》1982年9期。

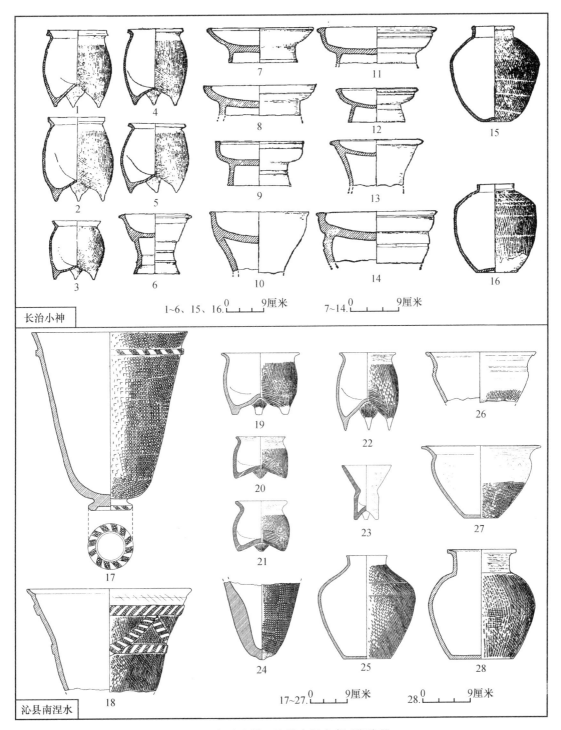

图261　长治小神、沁县南涅水商时期陶器

1～5、20～22.鬲（小神H2：42、小神H52：17、小神采：52、小神H96：1、小神H4：72、南涅水H15：49、南涅水H23：38、南涅水H14：99）　6～14.豆（小神H105：1、小神H105：2、小神H67：82、小神采：61、小神H67：34、小神H51：1、小神H32：45、小神采：2、小神H2：9）　15、16、25、28.罐（小神H40：1、小神H103：1、南涅水H15：50、南涅水H14：96）17、18.大口缸（南涅水H11：28、南涅水H32：68）　19.鬲（南涅水H14：98）　23.甗（南涅水H15：51）　24.尖底器（南涅水H30：1）　26、27.盆（南涅水H11：26、南涅水H14：100）

代相当于殷墟文化一期到三期[①]。屯留西李高遗址的商代遗迹为灰坑两处，遗物基本为陶器，纹饰以绳纹为主，但相对较粗，较为规整。鬲多为翻缘鬲，小实足。陶甑侈口，口内壁出现凹弦纹，腹外饰弦纹，这些特征与殷墟文化二期相当[②]。沁县南涅水遗址发现了墓葬等商时期遗迹，并出土了种类丰富、数量较多的商代遗物，包括了较多数量的二里冈文化中、上层陶器如大口缸、尖底器等，同时亦有殷墟文化时期的陶器（图261）。

除上文述及出土商代铜器和考古发掘发现商代遗存的6处地点外，考古调查还在26处地点发现了属于二里冈—殷墟时期的文化遗存（图262）：襄垣县大堡底、和坡、前坡头、小垴、北底、大平、南峰、土落、吴北，武乡县东关、桥上、魏家窑，沁县二神、圪芦河，屯留县张贤、东史、上村、水泉、王公庄，长子县鲍店、西旺、应城、碾北、后窑，郊区北天河、南郭、西旺、小神，潞城市子北。因此，目前有32处较为明确的属于该时期的遗址，其中南涅水、南峰、二神是其中规模较大的遗址。

调查所发现的商时期文化遗物有陶器、石器和骨器（图263～图266）。陶器多为灰陶，亦有少量的红陶和褐陶，根据器物的功用，陶质有夹砂和泥质两类，一般来说，炊器如鬲多为夹砂质，罐、盆、缸、豆、甑等容器则基本为泥质。在纹饰方面，绳纹仍然是主体，但较之前期纹路渐粗。弦纹开始大行其道，在罐、盆、豆、甑上均较常用，此外，雷纹、涡纹等也见于器表，并称为该时期特色鲜明的装饰符号。主要器形有鬲、罐、盆、瓮、缸、豆、甑等：鬲的数量较大，由于时代的先后，其唇部、足部、形体比例、纹饰等方面均存在较大的差别，魏家窑、大平、小垴、前坡头等地的高型鬲多属于二里冈文化时期，属于较早者，鲍店等地的翻唇鬲则多属殷墟文化时期，年代应为最晚，二神、郊区西旺的鬲其年代大致为两者之间；罐类有中口和小口之分，中口罐多形体较大，折沿、素面，器身多饰弦纹，小口罐则形体较小，多矮领、直口，腹身饰以绳纹；陶缸形体较大，器身多饰绳纹，有的颈部有较为规整的泥条压印堆纹装饰；瓮与二里头时期变化不大，仍然为敛口，不少沿口内折，足部有圈足、多足之分；陶盆形态变化较为多样，年代较早者多为大敞口、卷沿或折沿、纹饰简单，仅有颈部以下腹身饰绳纹，保留了较多二里头时期陶盆的特色，年代较晚者普遍深腹，沿部或折或卷，有的唇部下翻，器身大量装饰弦纹，绳纹装饰位置明显下移；陶豆形态较为多样，皆素面，二里冈时期、人民公园时期、殷墟时期均有相应的标本。骨器中除了部分的饰品外，最具价值的沁县二神遗址采集的卜骨，一面有不甚规则的钻孔，并可见明显灼痕，其背面有相应的裂纹，是典型的商时期遗物。

商代早期一般对应于二里冈下层文化时期，该时期晋东南周边地区的主要区域文化有西南的二里冈文化东下冯类型、南部太行山南麓的琉璃阁类型和东部太行山东麓的台西类型。相对于垣曲商城遗址[③]、夏县东下冯遗址[④]和侯马上北平望遗址[⑤]等山西西南地区较多重要发现，

① 山西省考古研究生晋东南工作站：《长治小常乡小神遗址》，《考古学报》1996年1期。

② 山西省考古研究所：《山西屯留西李高遗址发掘》，《文物春秋》2009年3期。

③ 中国历史博物馆考古部、山西省考古研究所、垣曲县博物馆：《垣曲商城——1985～1986年度勘察报告》，科学出版社，1996年。

④ 中国社会科学院考古研究所、中国历史博物馆、山西省考古研究所：《夏县东下冯》，文物出版社，1988年。

⑤ 侯马市博物馆：《山西省侯马市上北平望遗址调查简报》，《华夏考古》1991年3期。

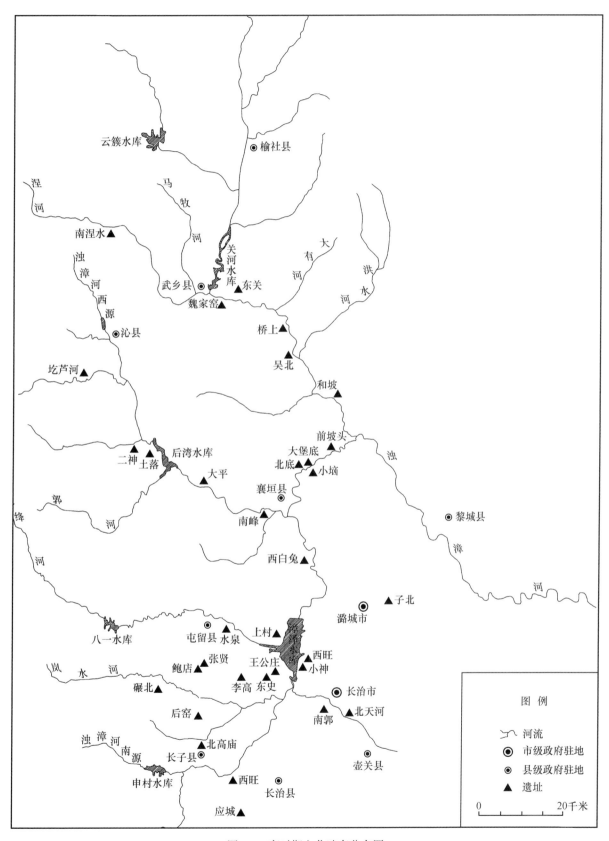

图262　商时期文化遗存分布图

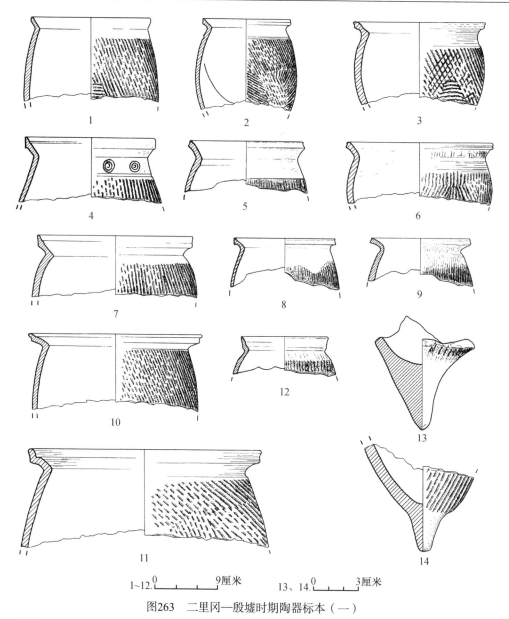

1~12.　0 ⌐—⌐—⌐ 9厘米　　　　13、14.　0 ⌐—⌐—⌐ 3厘米

图263　二里冈—殷墟时期陶器标本（一）

1~14. 鬲（QXES1104：1、JQXW1306：10、TLWGZ1204：8、WXWJY1103：82、XYQPT1010：1、TLZX1204：7、
QXES1104：2、XYXN1010：4、XYDP1007：4、JQXW1306：13、ZZBD1204：4、QXES1104：72、XYDP1007：5、
QXES1104：25）

该阶段的二里冈下层典型遗存目前在晋东南地区鲜有线索，这与近邻的冀南豫北的情况有类似
之处。豫北和冀南地区是下七垣文化分布区，被认为是先商文化的主要区域，但该地所见与郑
州二里冈下层文化相同的遗存甚少。学者认为"目前确定的先商文化，其下限可能进入早商时
期为商人本土故有文化的自然发展，故先商、早商不易区分"，"商王朝新拓疆域内的早商文
化—二里冈文化是在吸收了大量被占区的文化因素，主要是二里头文化因素而形成的，故与商
人本土的早商最早阶段（相当于二里冈下层文化时）的文化特征不尽相同"[①]。其实，从龙山

---

① 刘绪：《商文化在北方的进退》，《夏商周考古探研》，科学出版社，2014年。

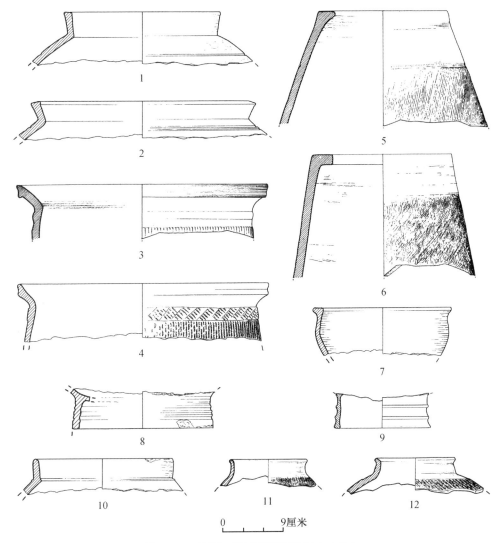

图264　二里冈—殷墟时期陶器标本（二）

1、2、10～12.罐（QXES1104：10、QXES1104：17、QXES1104：18、QXES1104：73、XYQPT1010：2）

3、4.缸（XYNF1006：9、CZBTH1306：10）　5、6.瓮（XYNF1006：97、XYNF1006：89）　7～9.簋（CZNG1306：6、
TLSQ1204：71、XYDP1007：1）

文化时期以来，太行山两麓的冀南、豫北和晋东南地区在文化面貌上渐趋一致，至二里头时期形成了以"高领刻足鬲、堆纹甗、蛋形瓮"为主要器物组合的文化共同体，因此，先商文化的主要区域除了冀南、豫北之外，晋东南地区也是至关重要的地区。基于此点，在晋东南地区，商代早期的文化遗存也应该大量存在于二里头时期较晚阶段的遗存之中，但要准确加以区分和辨识，目前还存在着相当的难度。

　　至商代中期，即二里冈上层到殷墟一期阶段，伴随着商王朝的四面征伐，具有"北部门户"战略意义的晋东南地区，自然成为商王朝需要争夺和控制的重地。该阶段遗存主要发现于襄垣小垴、大平、沁县南涅水、二神，武乡魏家窑等遗址。与前期二里头文化时期相对封闭的状况相比，浊漳河上游地区在进入二里冈文化时期后，与南部中原地区的文化交流呈现出明显的扩展和加深，在考古上表现为大批具有二里冈文化特征的典型陶器如方唇折沿鬲、假腹豆等

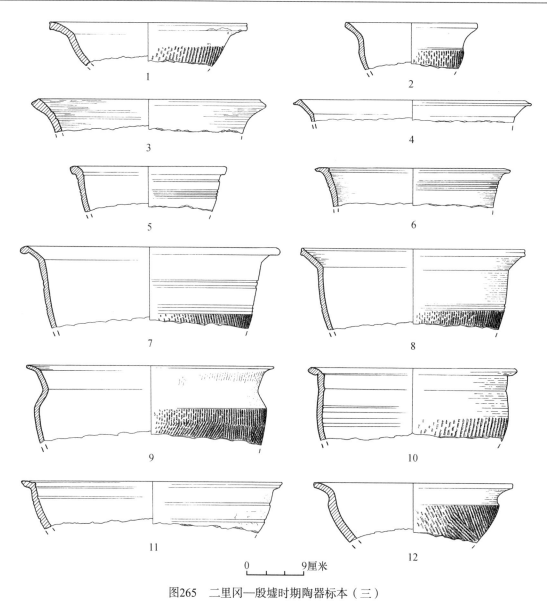

图265　二里冈一殷墟时期陶器标本（三）

1～12.盆（ZZBD1204：10、WXQS1103：15、ZZBD1204：22、CZBTH1306：13、QXES1104：7、QXES1104：27、
JQXW1306：5、JQXW1306：3、JQXW1306：1、QXGLH1104：1、ZZBD1204：3、WXDG1103：3）

在该地区出现。小垴、大平、魏家窑、二神等地采集的陶鬲多折沿方唇、形体瘦高，一般足根
较高，上腹一周弦纹，下饰较粗绳纹，有的在颈部以涡纹装饰，其形态已与河南地区二里冈文
化陶鬲没有差别；二神、郊区西旺、圪芦河等地采集的陶盆多深腹，器表饰密集弦纹，在纹饰
和形态上与郑州商城、辉县孟庄、焦作府城等遗址出土的二里冈文化陶盆基本一致；陶豆开始
脱离前期的细柄形态，粗柄的真腹和假腹豆开始逐步流行；在沁县南涅水遗址和长治市郊中村
遗址，也出土了具有典型二里冈上层文化特征的大口缸和大口尊[1]。尤其值得注意的是长子北
高庙和郊区西白兔遗址先后出土的一批中商时期青铜器，年代有早有晚，不仅有爵、觚、斝等
实用类青铜礼器，还有戈、刀、镞类青铜兵器，其形态具有郑州地区二里冈上层文化时期典型

---

① 刘绪：《商文化在北方的进退》，《夏商周考古探研》，科学出版社，2014年。

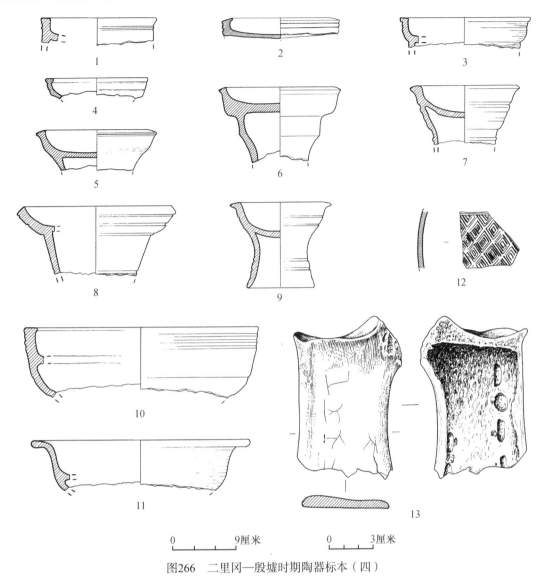

图266　二里冈—殷墟时期陶器标本（四）

1～11. 豆（QXES1104：29、XYNF1006：13、QXGLH1104：20、QXES1104：75、XYNF1006：132、XYNF1006：131、

CZNG1306：1、XYNF1006：157、CZNG1306：3、QXES1104：11、WXWJY1103：85）　12. 腹片（XYNF1006：7）

13. 卜骨（XYNF1006：134）

特征。这种情况可能是商王朝的上层势力随着王朝扩张从中原地区携带而来，亦有可能是两地贸易交流所获，但是考虑到二里冈文化青铜兵器的存在，显然前者具有更大的可能性。

商代晚期，晋东南地区周边主要为东部的殷墟二至四期文化。该时期，商王朝的势力在东方仍然维持甚至略有扩张，在其他三方向均有较大幅度退缩，在殷墟三至四期时，伊洛以西地区已不受王朝控制。但在西北方向，晋东南地区仍属王朝的势力范围。该阶段的遗存主要发现于襄垣南峰、沁县二神、长子鲍店、屯留张贤、郊区南郭等遗址。另外，据刘绪先生在20世纪80年代的调查，在屯留中村、堌张、东庄和长治韩店、景家沟、郝家庄安城均有该时期的遗存。在该阶段，多数种类的陶器在形态上与太行山东麓的王畿地区、南麓地区的中原地区实现了较高程度的融合，在鬲、豆、盆、罐等常用器类的面貌上已经差别甚小。在襄垣南峰遗址，从二里冈文化上层至白家庄文化，再到殷墟文化，商时期各个文化阶段的典型陶器都有大量的发现，体现了该地区一个较大规模商代聚落的完整发展过程。

在与东部、南部商时期中原文化交流和融合的同时，浊漳河上游晋东南地区的文化面貌仍然受到北方地区的强大影响。在北部的晋中地区，从商早期至晚期，典型的文化遗存主要有白燕遗址的四期二段至五期四段和杏花村遗址的H309、M3和M29等单位。从陶器来看，在二里冈文化因素出现之前，太行山东西两麓包括晋中、忻州、晋东南和河北西部、南部的较大范围内就流行一种高领、高锥形足的陶鬲，其时代属于二里头文化时期[①]，该器物与堆纹甗、蛋形瓮等成为该地域的标志性陶器组合。进入商时期后，尽管伴随着二里冈文化和后续中原商文化的持续进入，商式陶鬲、陶豆等在该地区开始了大范围和长时期流行，但与此同时一种筒形鬲也经常在考古发掘中被发现与前者在同期单位中共存。该种鬲直腹、弧裆，腹腔发达，形态完全异于商式鬲及较早时期的高领鬲，在北部的晋中、吕梁、忻州和太行山东北麓均有较多发现，属于北方文化系统。又如属于游邀晚期遗存中的侈口高领折腹罐，其侈口硕大、高领耸立，形态夸张，完全有别于该时期中原地区的大口尊，体现了晋陕高原和内蒙南部一带的文化因素，但在沁县南涅水遗址同期单位中却有类似器物出土。这些均反映了北方文化对该地的持续影响。

① 刘绪：《商文化在北方的进退》，《夏商周考古探研》，科学出版社，2014年。

第四章　浊漳河上游地区早期文化的人地关系

第一节　太行山新构造运动和浊漳河水系的形成

太行山是中国大陆Ⅰ级新构造运动分区（华北地区）中重要的构造地貌单元，其东缘和南缘构成了我国构造地貌的二级阶梯带，同时也是崩塌、滑坡、泥石流、地震集中带。其西侧是汾渭新生代裂谷带，既是晚新生代裂谷带、活动断裂带、第四纪火山活动区，又是我国东部强烈的地震活动带、地裂缝和其他地质灾害易发区，是我国东部新构造活动最强烈的地区之一。太行山以漳河、滹沱河分为南段、中段和北段。太行山南段发育的河流有西南界的沁河和北界的漳河。沁河及漳河均为曲流河，切过南太行，流域而积大。太行山南段的东部和南部以太行山山前断裂与华北平原分界。

太行山隆起是我国华北地区重要的构造地貌单元，其东缘和南缘不仅构成了我国构造地貌的第二级阶梯带，也是一条岩石圈尺度的构造变异带、地壳和岩石圈厚度的陡变带和现今地震活动带。沿该带的强烈断块隆升，不仅形成了我国重要的构造地貌边界，而且造就了众多的层状地貌景观以及河流冲积—侵蚀阶地。

地质历史时期，在地壳比较稳定、气候比较暖湿、海平面比较高的条件下，以流水为主的各种外营力剥蚀并削平了地直面与构造面，形成了地形上比较平坦或微波状起伏的准平原，后期又被地壳运动抬高而保留在山顶构成山地夷平面。华北山地有三级山地夷平面残存，分别是北台期、甸子梁期和唐县期夷平面[1]。北台期夷平面是在海拔2500～3050米的高中山山顶面，甸子梁期夷平面是海拔1000～2200米的中山山顶面，而唐县期夷平面位于海拔350～1400米的低山、丘陵面，分布在山西、河北和河南的太行山和燕山山麓地区。目前，太行山南段，北台面分布在山西平顺县、壶关县、陵川县以及阳城县。其中以在平顺县地势最高，海拔约1800米，向四周海拔呈下降趋势，表现为一种弯形形态。甸子梁面在太行山中主要表现为中山山顶面，北高南低，在恒山山地的顶部海拔为2000～2200米，在平顺县、壶关和陵川县等地，高度在1400～1650米。唐县面主要分布在北台面和甸子梁面外围的山麓地区或甸子梁面退出的区域，高度范围多在300～800米以内，在山前地带，唐县面也多被切割分解为低山梁面或山介面

---

[1]　吴忱、张秀清、马永红：《华北山地地貌面与新生代构造运动》，《华北地震科学》1996年4期；吴奇：《华北地块中部构造地貌与活动构造特征》，中国海洋大学博士学位论文，2012年。

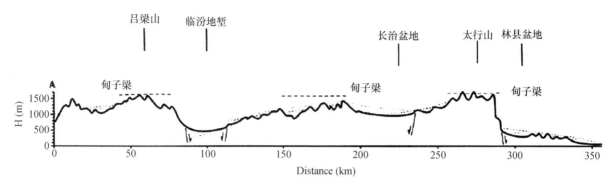

图267　太行山南段的山地夷平面

（引自吴奇：《华北地块中部构造地貌与活动构造特征》，中国海洋大学博士学位论文，2012年）

或残丘[①]（图267）。

据吴忱等调查研究[②]，太行山南段的层状地貌以安阳市西水冶镇，向西北经林州、山西黎城、武乡县直至长治盆地北侧的襄垣县为代表。从水冶镇向西北经过平原区后逐渐进入丘陵地带，地势渐向上升，后经过几个小台地，海拔由200米直到海拔约500米，构成山麓面。再向西经陡坡过渡到低山地，切割深度200米以上。芦家寨之东，有一条北东向正断层经过，正断层两侧地层面海拔相差500米以上；芦家寨之西，正断层两侧地层面海拔相差200米以上。再向西经陡坡过度到林州盆地北端。林州盆地为西部下降幅度相对东部下降幅度较大的掀斜式同时又是地堑式山间盆地，由盆地东西两侧多条相向的正断层形成，盆地底海拔400米左右，盆地面上由低丘和浅的宽谷构成，盆地两侧海拔700米左右。林州盆地以西经过一系列北东东向断层进入另一低山区，直到岩井乡此低山区切割深度最大达到达500米以上，地面上呈现出梁状及沟间隔景象，其山梁和深沟方向以北西向以及北东向为主，海拔在1000~1100米，中山丘梁顶面海拔接近。向西由岩井乡过停河镇，地势走低，至紫荆关断裂（南太行山西缘断裂）经过处，为长治盆地北段范围，东西宽约十几千米。经过紫荆关断裂时，地面呈陡坡过渡，东西海拔高差在500~600米，从而进入太行山中段的黎城县、武乡县交界区的中山区域，地势高峻，切割深超500米。在太行山中段南部，以梁赤地貌形态出现，顶部海拔在1700~1800米。其下约200米海拔在1500米左右，主要以山腰面和宽谷形态出现。向西经过陡坡地形向低山丘陵过渡，同时地层逐渐也向新地层过渡，地面起伏不大（图268）。

太行山地区在上新世晚期至第四纪初期，先后生成了一些断陷盆地，从而阻断并诱导了一些河流流入该盆地，形成了内流水系，包括榆社—长治盆地的形成，使浊漳河南流入丹的流路阻断，形成了内流水系，留下了西火、赵庄古垭口[③]。长治盆地形成于上新世初[④]，早更新世为湖泊相堆积。中更新世，北耽车以下的浊漳河先是切穿了以西的分水岭，先使榆社湖水外泄，浊漳河北源形成，接着又使长治湖水外泄，西源和南源形成。到晚更新世，清漳河南岸一支流

---

① 吴奇：《华北地块中部构造地貌与活动构造特征》，中国海洋大学博士学位论文，2012年。

② 吴忱、张秀清、马永红：《华北山地地貌面与新生代构造运动》，《华北地震科学》1996年4期。

③ 吴忱：《华北山地的水系变迁与新构造运动》，《华北地震科学》2001年4期。

④ 耿田波：《长治盆地的形成历史及新构造运动特征浅析》，《华北国土资源》2004年6期。

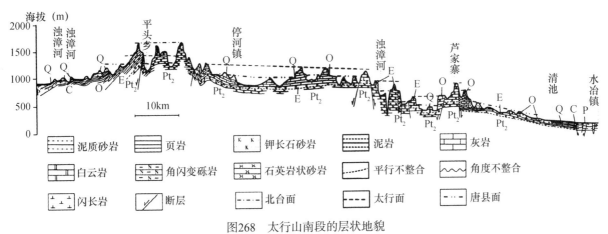

图268　太行山南段的层状地貌

（引自吴忱、张秀清、马永红：《华北山地地貌面与新生代构造运动》，《华北地震科学》1996年4期）

在合漳村以上袭夺了浊漳河，使二漳河合并，留下了分水岭古河谷，漳河水系形成，长治湖盆再不是封闭的环境。随着马兰期风成黄土沉积，加之浊漳河流水的冲蚀切割，这样便形成了浊漳河两岸的多级基座阶地。到全新世时期，浊漳河进一步下切，形成了多级冲积—侵蚀阶地，逐步形成今日的浊漳河流域形态。

在太行山南段众多的层状地貌及河流冲积—侵蚀阶地河流阶地景观中，据龚明权调查研究[1]，河流阶地总体发育有4～6级。目前，第五级和第六级河流阶地保留较少，或不明显，而且第五级或第六级其阶地面常常与盘状宽谷谷底重合或接近，第一级至第四级河流阶地则明显且普遍可见（图269）。主要剖面特征包括：

（1）西黄漳村地区六级阶地：发育在新近系红土层之上，第六级阶地高出河床90米，为基座阶地。阶地上为厚约20厘米、砾石直径在5～10厘米的砾石层，被一层古土壤层和马兰黄土覆盖。第五级阶地为基座阶地，高出河床70米，基座为新近系红土，前缘被约1.5米厚并含有姜结核的黄土覆盖。第四级阶地为基座阶地，拔河高50米，基座为厚约10厘米的砾石层，被厚约3米的棕色黄土覆盖。第三级阶地为剥蚀阶地，拔河高35米，整体向河床方向倾斜，前缘较低，后缘上有一层棕色黄土。第二级阶地为堆积阶地，拔河高22米，宽约350米阶地上为堆积层，砾石成分以砂岩为主。第一级阶地为堆积阶地，阶地上砾石层被棕色红土层和黄土层覆盖。

（2）实会镇地区三级阶地，其中第三级阶地为侵蚀阶地，拔河高为130米，基岩为寒武系白云岩、页岩和奥陶系灰岩。第二级阶地为嵌入阶地，由河流冲积物组成，砾石下粗上细，拔河高70米，被腐殖质土壤覆盖。第一级阶地为嵌入阶地，也为河流冲积物构成的阶地，砾石同样下粗上细。河漫滩拔河约3米。实会村东可见5级阶地，阶地面T1～T5拔河高度分别为25、40、55、75、115米。

（3）石梯地区五级阶地：第五级阶地拔河高度约250米，为侵蚀阶地，阶地直接出露前寒武纪石英砂岩。第四级阶地拔河高度约120米，为基座阶地。阶地组成物质为直接在前寒武纪

① 龚明权：《新生代太行山南段隆升过程研究》，中国地质科学院博士学位论文，2010年。

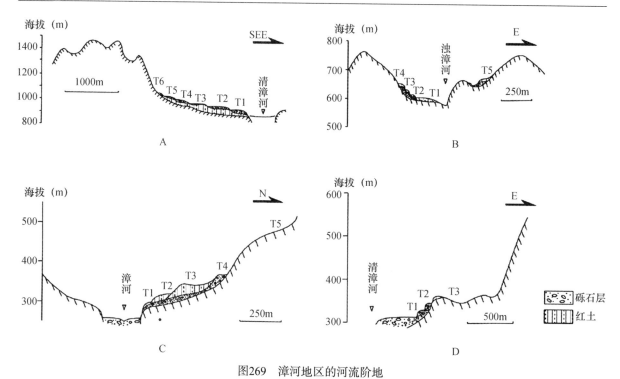

图269　漳河地区的河流阶地

（引自耿田波：《长治盆地的形成历史及新构造运动特征浅析》，《华北国土资源》2004年6期。

A、B、C、D分别代表西黄漳村、实会镇、石梯地区以及西达镇地区情况）

石英砂岩上堆积的河流相砾石层以及其上的黄土层。砾石磨圆度及分选性较差，成分以砂岩和灰岩为主，为砂泥质胶结，较坚硬。第三级阶地拔河高度约90米，阶地上覆砾石层和红色黏土层。第二级阶地拔河高度约75米，为基座阶地，以第四级阶地的砾石层为基座。阶地上覆地层由下而上为砾石层、砖红色黏土层，砾石无分选，磨圆度为半圆状，成分以砂岩为主。砖红色黏土层之中含有少量砾石。第一级阶地拔河高度约55、宽达20~30米，为基座阶地。基座地层为第四级阶地的较为坚硬的砾石层。阶坡上可见紫红色及黄绿色石英砂岩，为前寒武纪岩层，阶地上覆较为松散砾石，并被砂质黏土和腐殖土覆盖。

　　（4）西达镇地区三级阶地：第三级阶地为基座阶地，拔河高度61米，被黄土所覆盖。第二阶地为基座阶地，高出河床约43米，为粉砂层夹两层含贝壳的中砂层，并被一层含砂黏土岩覆盖。第一级阶地为基座阶地，拔河高度约26米，阶地上发育有分选差、磨圆度高的砾石层，成分主要为灰岩，并被红土层覆盖。

　　太行山地区存在的三期山地夷平面以及多期河流阶地面，表明太行山地区新生代地壳运动具有垂直差异性质，且以上升运动为主，平均上升速度以第四纪为最大[①]。除山地夷平面外，太行山地区存在着大量近东西方向的河流，如滹沱河、浊漳河等，它们横穿太行山流入华北平原地区，其河流阶地很好地揭示了太行山的相对隆升历史，同时，也从侧面也反映出第四纪以来太行山山前断裂的垂向活动性质。夷平面及河流阶的测年数据研究结果表明，浊漳河流域所在的长治盆地上新世—第四纪期间，盆地及周边山地一直处于构造抬升以及河流平均下切之

────────────

①　吴忱、张秀清、马永红：《华北山地地貌面与新生代构造运动》，《华北地震科学》1996年4期。

中。根据浊漳河流域各级阶地之间的高差及时间差，可以推算出不同期河流的下切速率，其中全新世时期浊漳河的下切速率达到5.7毫米每年[1]。由此可见，第四纪以来，太行山抬升速率正在加大，太行山山前断裂的垂向活动在加强。特别是全新世以来，晋南地区冲沟溯源侵蚀加剧，山前倾斜平原和台塬被强烈切割[2]，形成了流域总体发育的4~6级阶地，为晋南地区仰韶至夏商时期先民生活及文化聚落的形成奠定了良好的环境基础。

第二节　浊漳河上游早期文化中的人地关系

浊漳河上游所处的山西省东南部地区在地理上紧邻中原文化核心区域，其东、南、西三个方向分别为冀南—豫北文化区、郑州—洛阳文化区和晋南—豫西文化区，属于中原文化核心区域的外缘地带。该地区早期文化考古工作开展较少，20世纪80年代以来对长治郊区小神遗址、进入21世纪以来对武乡东村、沁县南涅水等遗址的考古发掘初步展示了该地区的早期文化面貌。2010~2015年开展的浊漳河上游地区早期文化考古调查中，确认了263处西周以前的周期文化遗址，其中标本数量较多、器形可辨、时代明确的遗址共95处，这些遗址中，包含仰韶文化早期遗存的有7处，包含仰韶文化中期遗存的有27处，包含仰韶文化晚期遗存的有33处，包含庙底沟二期文化遗存的有41处，包含龙山文化遗存的有59处，包含二里头文化时期遗存的有53处，包含二里冈—殷墟文化时期遗存的有32处。

浊漳河上游地区所发现数量众多的早期文化遗址，显示了该地区在黄河中游地区古代文明发展进程中的重要地位。从目前的考古发掘及调查资料来看，浊漳河上游地区的史前文化遗址，从时间上涵盖了仰韶文化时期、庙底沟二期文化时期、龙山文化时期以及夏、商各主要时期。从空间分布来说，该地的早期文化遗址多位于浊漳河三源干流以及主要支流的两岸。具体地说，其分布范围主要集中在北部襄垣、武乡、沁县丘陵、山地的河谷地带，以及南部屯留、长子地区临近河谷的丘陵黄土台塬，海拔区间为880~1080米，平均为960米左右。调查统计的早期文化遗址空间分布情况表明，该地区的早期先民在仰韶文化、庙底沟二期文化、龙山文化以及夏、商时期，选择的居住地点除少量分布于上党盆地的冲积平原、台塬和山前倾斜平原地区外，绝大多数是分布于河流两岸的阶地面上。

在该区域人类的早期文化发展阶段，先民对居住地的选择所反映出的文化遗址区域分布规律，充分表明了较早时期人类对于自然环境的认识、利用和改造状况。王志俊曾将早期人类对居住地自然环境的选择归纳为五种情况：一是选在河边台地或河流转弯处及支流交汇点高于四周的岗上；二是水泉近旁；三是依湖而居；四是近水区域高出周围的土墩上；五是沿海地区的贝丘上[3]。这几种情况均反映了水源对早期人类生存和发展的制约、甚至可以说是决定性的作用。在这个阶段，人类对水的需求只能依赖天然水源，因此必须选择距离水源较近同时又要

---

① 吴奇等：《华北地块中部活动构造特征及汾渭地堑成因探讨》，《地学前缘》2013年4期。
② 苏宗正等：《临汾盆地的近代地壳运动》，《山西地震》1995年Z1期。
③ 王志俊：《史前人类对自然环境的利用与改造》，《环境考古研究》第一辑，科学出版社，2001年。

避免水侵等灾害发生的合适地点居住，因此，较短的平面距离和适当的高差是居住地选择必须考虑的两个因素。浊漳河上游地区早期文化遗址的调查统计情况可以看出，该区域早期先民对居住地的选择，总是考虑地势较高、靠近水源的地点，无论是北部山区河谷地带的两岸高地，抑或是南部浊漳河南源干流和支流的二、三级阶地，其上所发现的遗址皆属这种情况。与此同时，该地区早期文化遗址所在的阶地或台塬面上一般广泛覆盖着疏松肥沃的黄土土壤，这种黄土或次生黄土含有丰富的腐殖质和氮、磷、钾等植物生长所需的矿物质，并具有质地均匀、结构疏松、保肥保墒、易于耕种、熟化等特点，是种植粟、黍等粮食作物和养殖牛羊等牲畜的良好土壤，这为早期人类发展农业提供了天然的物质基础，为原始农业的产生和发展提供了得天独厚的条件。

根据浊漳河上游地区早期文化考古调查统计结果，该地区早期文化遗址的空间分布存在着以下两个特点：

第一，浊漳河流域的早期文化遗址，除少量分布于上党盆地的冲积平原和山前倾斜平原地区外，绝大多数是分布于河流沿岸阶地或台塬面上，在丘陵山地以及盆地内冲积平原上分布较少。究其原因，应该是河流沿岸阶地或台塬的顶面较为平坦，距河流较近，便于取水生活，且上有黄土覆盖，为农耕提了基本的生产条件，既有利于日常生活，又有利于农业生产。台塬虽然距河流相对较远，但其海拔相对较高，可以防范河流洪水侵袭，同样适宜农耕和人类定居。丘陵上虽有黄土覆盖，但其顶面起伏较大，不利与成规模的农业生产活动；盆地内的冲积平原虽然比较平坦，但由于距离河湖水面太近，易受洪水侵袭，不利与农业发展和人类定居。因此，丘陵以及盆地内的冲积平原上的早期文化遗址发现较少。

第二，时代较早的遗存多分布在目前较高的河流阶地或台塬面上，而较晚的遗存多发现于海拔较低的二级至一级阶地或盆地内冲积平原的高滩地上。这种现象的产生原因，过去学界一般多以气候变化引起水面下降来解释，其实这种看法现在看来值得商榷，我们认为这更多的是地质构造运动引起的地面抬升和河流下切所致。早期人类为了便于生活取水和农业生产，同时为了避免水患，往往都是选择在地势较低的浊漳河水系的沿岸低阶地（一级至二级阶地）或冲积平原的高滩地上。随着太行山地区全新世以来的构造抬升及河流不断下切，太行山地区的冲沟溯源侵蚀加剧，山前倾斜平原和台塬被强烈切割。漳河以5.7毫米每年[①]左右速率下切，原先低矮的沿岸低阶地（一级至二级）或冲积平原高滩地不断地被下切、抬升到了处于较高海拔的高阶地（三级或更高）或台塬面，使得原先比较适宜生产生活的聚落环境变得不再便于取水生活和农业耕作，生产生活条件变差。因此，后期的先民不得不从较高的阶地或台塬面上，向低海拔地区新形成的河流沿岸低阶地（一级至二级）上迁移，从而导致出现早期遗存大多分布在目前较高海拔的河流阶地或台塬面上，而晚期遗存大多分布于海拔较低的河流阶地或高滩地面上的现象。

综上所述，浊漳河上游所在的山西东南部地区，其早期文明的发展与该地区地形地貌、气候水文密切相关。该地区气候宜人，四季分明，降水适中。这里地形复杂，区内分布着大量的

---

① 吴奇等：《华北地块中部活动构造特征及汾渭地堑成因探讨》，《地学前缘》2013年4期。

山脉和河流，山脉之间有谷地，河流两岸有阶地、台地、冲积扇等，具有高山、平原、盆地、沼泽等多种地形，既能避洪水之灾，又有取水之便。在生产力水平原始低下的人类早期发展阶段，这些良好的自然环境既是人类生存、繁衍的庇护所，同时又是人类文明不断发展、壮大的孵化器。植根于这片肥沃的土地，先民们在史前时期创造了灿烂的文明，至夏、商时期，逐步融入到中原地区文明发展的主流，成为中华文明发展的重要部分。

Abstract

Zhuozhang River is one of the headstreams of Zhang River. It forms the main stream of Zhang River with Qingzhang River in She County in Hebei Province. Zhuozhang River is located at the southeast of Shanxi. This area comprises hills of Loess Plateau in the West, basins among plateaus and Taihang Mountains in the East. It is an enclosed and separated geographic unit surrounded by Taihang Mountains and Taiyue Mountains. In this case, this region has a unique advantage in the study of human activities in early times. However, for a long time we know little about the prehistoric archaeological culture of this region because of a small amount of archaeological work in the past. In recent years, with The Origin Chinese Civilization Project deeply carried out across the country, study on the archaeological culture in early times in southeast Shanxi is becoming increasingly urgent. In view of this circumstance, National Museum of China and Shanxi Provincial Institute of Archaeology start archaeological work in this area. The survey of prehistoric archaeological culture in upper Zhuozhang River Valley is the first step of the plan.

With the support and cooperation of Shanxi Bureau of Culture Relics, Changzhi Tourism Bureau, southeast Shanxi workstation of Shanxi Provincial Institute of Archaeology and relevant Bureaux and administrations of Culture Relics, the archaeology team conducted a survey of main stream and tributaries including Jiang River, Lanshui River, Yvni River and Jiaochuan River of upper Zhuozhang River valley. The survey lasted for 5 years and covered 2300 square kilometers, focusing on Zhuozhang River Terrace. Field investigation of Zhuozhang River basin was carried out in Xiangyuan County from May to August, October to December in 2010, in Wuxiang and Qin County from March to June in 2011, in Tunliu County from April to July, August to October in 2012, in Zhangzi County from April to July, September to December in 2013, in suburbs of Changzhi and Lucheng County from April to June in 2014. Because the purpose of this survey is a large range of preliminary understanding, we used traditional methods of archaeological survey. We searched for clues by observing the farmland sections and defined the range of sites by distributions of cultural layers and potteries. The time of lower limit of specimens collected in the survey is late Shang Dynasty. 263 sites were investigated and confirmed. 88 cultural sites with abundant of identified specimens were selected, including 7 sites of early stage of Yangshao, 27 sites of medium term of Yangshao, 33 sites of late stage of Yangshao, 41 sites of Miaodigou phase II, 59 sites of Longshan, 53 sites of Erlitou and 32 sites of Erligang-Yinxu. This report is the outcome of the survey.

On the basis of the survey, the three units conducted an excavation in Nannieshui Site of Qin County. Abundant of cultural materials of early and medium stage of Yangshao and Shang Dynasty were discovered in the excavation, especially cultural materials of Miaodigou Period II and Xia and Shang Dynasty accounted for a large proportion. The excavation is a complement and confirmation of the survey. They both make a promotion in the depth and breadth of the study on prehistoric culture in this region.

We get to know about the general facts of prehistoric archaeological cultures in this area through the survey. In the early stage of Yangshao, upper Zhuozhang River Valley belongs to Hougang I cultural system which is bounded on Fen River Valley with Banpo cultural system in Shanxi. In the medium term of Yangshao, this unit becomes part of Miaodigou culture. Upper Zhuozhang River Valley under the unprecedented unified cultural control shares the same culture with southwest Shanxi, central Shanxi, southern Hebei and northern Henan in this period. From the Late stage of Yangshao to medium term of Miaodigou II, east part of this region stays consistent with southern Hebei and northern Henan located in the eastern foot of Taihang Mountains while the west part keeps in step with Fen River Valley located in the western Taiyue Mountains. However, it begins to show cultural differences with Zhengzhou, Luoyang in the south and medium Shanxi in the north. Since medium term of Miaodigou II, cultural differences between upper Zhuozhang River Valley and Fen River Valley have grown. These two regions gradually belong to different cultural systems. In a long term of Longshan and Erlitou Culture period, this area becomes part of Taihang Mountain Cultural System with southern Hebei , northern Henan and central Shanxi. This region successively inspired and controlled by Erligang from the north and Yinxu from the west has become part of Shang and Zhou Civilization in Central Plains since Shang Dynasty.

后　记

从2010年开始的浊漳河上游早期文化考古调查持续进行了五年时间，取得了丰硕的成果。因为调查的初始目的是对该区域的早期文化面貌进行一个大概的情况摸底，因此未进行更为细致的区域系统调查，而采用传统的大面积踏查，以实现在较大范围内对整体文化面貌的宏观把握。从这个角度来说，目标已经基本达到。

2011年7～9月，在充分调查和详细勘探的基础上，中国国家博物馆、山西省考古研究所和山西大学历史文化学院三家单位共同在沁县南涅水早期文化遗址进行了考古发掘，所发现的仰韶—商时期丰富的文化遗存显示了该地早期文化连绵发展的历史过程，极大推进了长治地区早期文化考古研究工作。

这次调查和发掘工作出发点相同，但目标有差别，一个着眼于面，一个落实于点，点、面结合，殊途同归。在中华文明探源工程于全国各地如火如荼开展的背景下，通过更多考古工作，逐步建立浊漳河地区的早期文化发展序列是当前的工作目标，但作为基础，初步梳理和全面把握浊漳河上游地区早期文化的整体面貌是重中之重，因此，出版一本该地区的考古调查报告显得尤为重要。有鉴于此，我们决定把这五年的调查材料整理出版，一方面是几年来工作成果的反映，同时亦可方便读者使用和参考。

本报告是项目合作三方共同努力的成果。在调查工作中，一直得到山西省文物局、长治市文物旅游局和相关区县文物部门的大力支持，谨此致谢！

报告的编写始于2012年12月，完稿于2015年1月。编写人员主要有：第一章，李嵘、雷生霖；第二章，李嵘、雷生霖；第三章，李嵘、雷生霖；第四章，李国胜；绘图，畅红霞、孙先徒、杨小川；摄影，杨小川。

本书出版之际，谨向为本报告的编辑出版付出辛勤劳动的各位同志深致谢意！同时由于时间仓促，报告中难免有诸多错误和不足之处，敬请读者谅解。

编　者

2015年1月15日

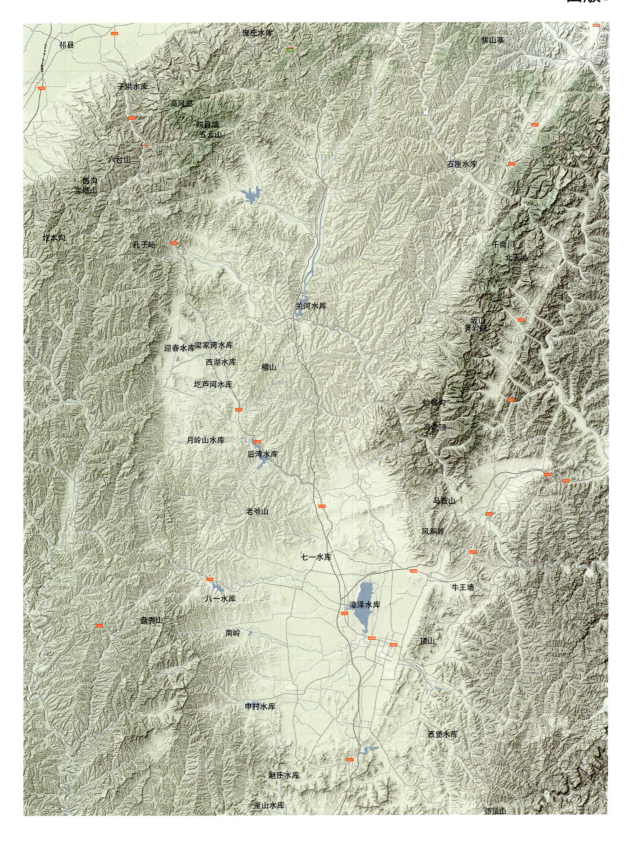

祁县
庞庄水库
焦山寨
子洪水库
高风垴
四县垴
五云山
石匣水库
六台山
西沟
宝塔山
千亩川
北天池
垴禾沟
孔子岭
坂山
黄岩随
关河水库
迎春水库 梁家湾水库
西湖水库
槐山
蛤蟆沟
圪芦河水库
寺圪顶
月岭山水库
后湾水库
马鞍山
老爷山
凤和岭
七一水库
牛王垴
八一水库
漳泽水库
盘秀山
顶山
南岭
申村水库
西堡水库
赵庄水库
釜山水库
郊顶山

浊漳河上游地貌图

图版2

1. 南涅水遗址远景

2. 南涅水遗址文化层

沁县南涅水遗址远景及文化层

1. 沁县圪芦河遗址远景

2. 沁县乔家湾遗址远景

沁县圪芦河遗址及乔家湾遗址远景

图版4

1. 上庄岭遗址远景

2. 上庄岭遗址远景

沁县上庄岭遗址远景

1. 花莲角遗址的红烧土地面房址

2. 魏家窑遗址断面上暴露的陶甑残器

武乡花莲角遗址及魏家窑遗址遗迹

1. 襄垣土落遗址

2. 土落遗址包含大量陶片的灰坑

3. 从灰坑中采集的陶鬲

襄垣土落遗址远景及遗迹

1. 郑沟遗址远景

2. 二神遗址远景

襄垣郑沟遗址及沁县二神遗址远景

图版8

1. 阳坡遗址文化层

2. 灰坑中塌落的早期陶片

襄垣阳坡遗址文化层及遗迹

1. 暖泉遗址早期文化层

2. 遗址道路边侧断面上的灰坑

襄垣暖泉遗址文化层及遗迹

1.大平遗址土崖上的灰坑

2.遗址土坡上暴露的商代陶鬲足

襄垣大平遗址遗迹

1. 襄垣县南峰遗址远景

2. 南峰遗址土崖上暴露的早期陶窑

襄垣南峰遗址远景及陶窑

1.南峰遗址土崖上暴露的文化层

2.南峰遗址灰坑中露头的石铲

3.石铲近景

襄垣南峰遗址文化层及遗物

1. 襄垣安沟遗址灰坑中叠压的早期陶片

2. 安沟遗址断崖上暴露的红烧土地面房址

襄垣安沟遗址遗迹

1. 襄垣北底遗址断崖上暴露的石灰地面房址

2. 石灰地面近景

襄垣北底遗址遗迹

1. 北底遗址冲沟断面上的灰坑

2. 灰坑中层层叠压的庙底沟二期文化陶片

襄垣北底遗址遗迹及遗物

1.北底遗址二次堆积中包含的早期陶片

2.北底遗址断崖上暴露的磨光石器

襄垣北底遗址遗迹及遗物

1. 东邯郸遗址远景

2. 断面上暴露的石灰面房址

3. 第二处白灰地面房址

襄垣东邯郸遗址远景及遗迹

1. 寨上遗址远景

2. 南漳遗址远景

襄垣寨上遗址及南漳遗址远景

1. 襄垣和坡遗址远景

2. 遗址内的白灰面房址

襄垣和坡遗址远景及遗迹

1. 襄垣东背遗址土崖上暴露的文化层

2. 遗址内的石灰面房址

襄垣东背遗址文化层及遗迹

1. 长子碾北遗址文化层

2. 屯留古城遗址内灰坑

长子碾北遗址文化层和屯留古城遗址遗迹

1. 贾庄遗址早期陶窑

2. 柳行遗址远景

屯留贾庄遗址遗迹及柳行遗址远景

1. 李高遗址早期文化层

2. 遗址内散落的仰韶时期弦纹罐残片

屯留李高遗址文化层及遗迹

1. 水泉遗址文化层

2. 遗址内散布的早期陶片

屯留水泉遗址文化层及遗迹

1. 红陶弦纹罐（TLLG1204：1）

2. 水泉遗址H1陶器组合

3. 水泉遗址H2陶器组合

屯留李高遗址及水泉遗址陶器

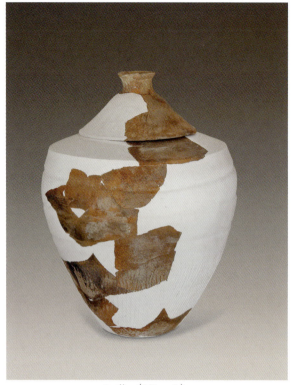

1. 瓮（H1：1）

2. 双耳瓮（H2：3）

3. 双耳鼓腹罐（H2：7）

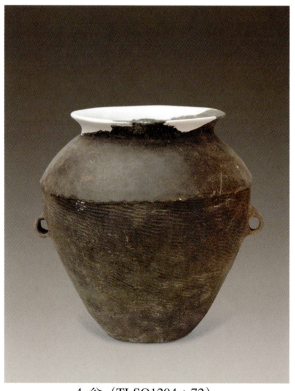

4. 瓮（TLSQ1204：72）

屯留水泉遗址陶器

1. 双耳鼓腹罐（H2：25）

2. 垂腹瓶（H2：12）

3. 器盖（H1：3）

4. 器盖（H2：17）

5. 尊（H2：21）

屯留水泉遗址陶器

1.缸（H2：1）

2.深腹罐（H2：14）

3.深腹罐（H2：15）

4.深腹罐（H2：16）

屯留水泉遗址陶器

1. 大口罐（H2：4）

2. 双耳大口罐（H2：5）

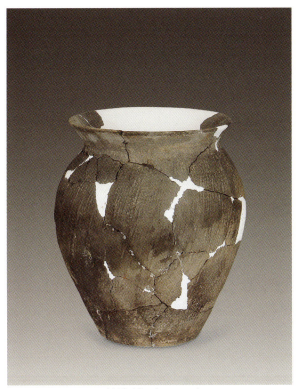

3. 鼓腹罐（H1：2）

4. 篮纹浅腹盆（H2：10）

屯留水泉遗址陶器

1.宽沿盆（H2：6）

2.宽沿盆（H2：8）

3.双耳盆（H2：9）

4.双耳盆（H2：11）

屯留水泉遗址陶器

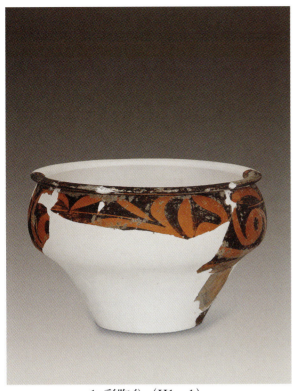

1. 彩陶盆 (H1∶1)

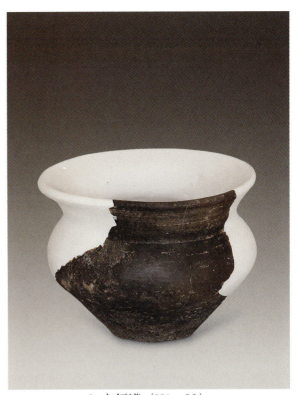

2. 高领罐 (H1∶22)

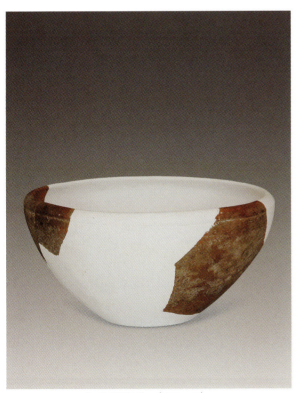

3. B型陶盆 (H1∶2)

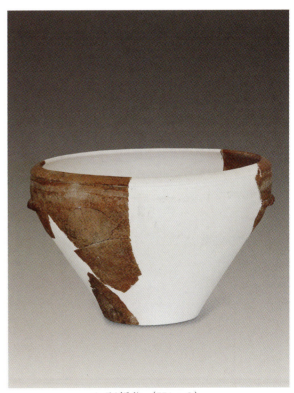

4. 双錾瓮 (H1∶9)

屯留柳行遗址陶器

1.C型钵 （H1 : 8）

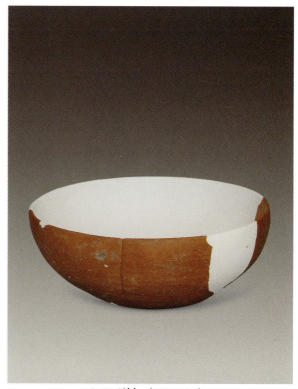

2.B型钵 （H1 : 11）

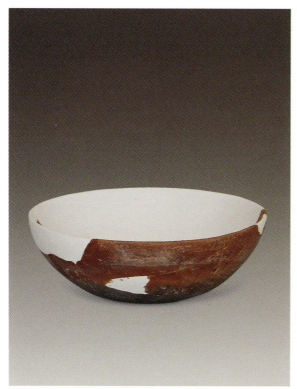

3.A型钵 （H1 : 12）

4.B型钵 （H1 : 13）

屯留柳行遗址陶器

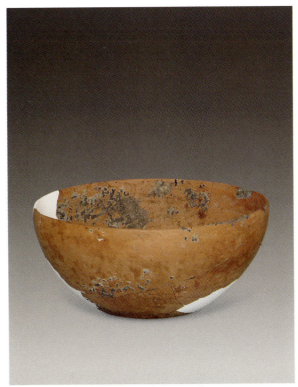

1.B型钵（H1：14）

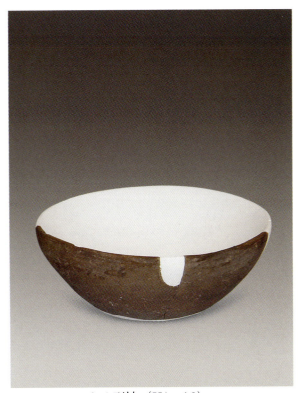

2.A型钵（H1：16）

3.A型钵（H1：17）

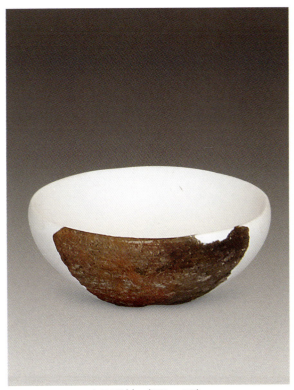

4.B型钵（H1：18）

屯留柳行遗址陶器

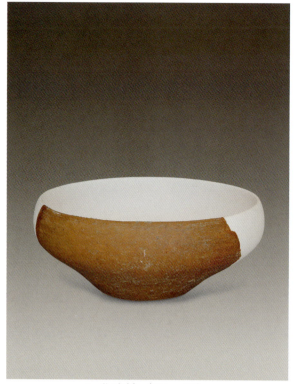

1. 曲腹钵 (H1：10)

2. 浅腹钵 (H1：15)

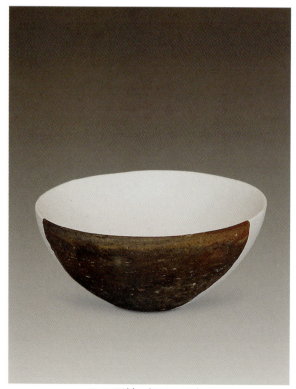

3. A型钵 (H1：19)

4. C型钵 (H1：21)

屯留柳行遗址陶器

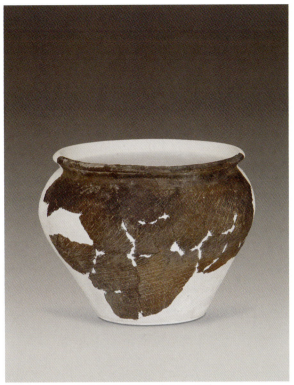

1. B型鼓腹罐（H1：26）

2. 器座（H1：23）

3. 套彩尖底瓶腹片（H1：190）

屯留柳行遗址陶器

图版36

1.张贤遗址H1陶器组合

2.彩陶盆（H1：3）

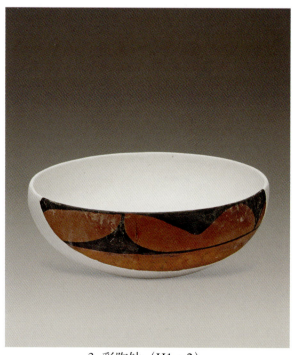

3.彩陶钵（H1：2）

屯留张贤遗址陶器

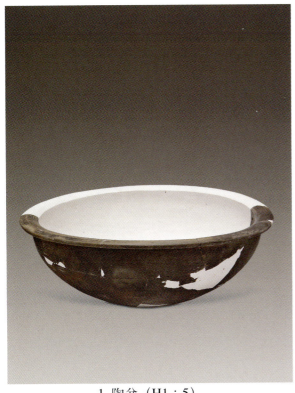

1.陶盆（H1:5）

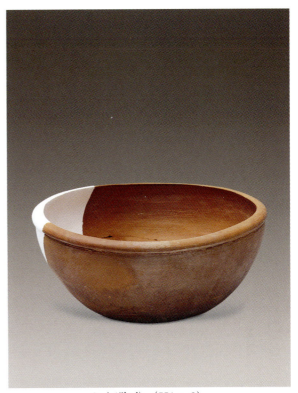

2.红陶盆（H1:6）

3.瓮（H1:1）

4.红陶罐（H1:4）

屯留张贤遗址陶器

1. 陶罐 (H1：7)

2. 弦纹罐 (H1：8)

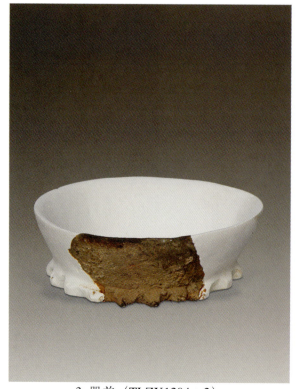

3. 器盖 (TLZX1204：2)

4. 罐 (TLZX1204：3)

屯留张贤遗址陶器

1. B型盆（TLCJ1204：3）

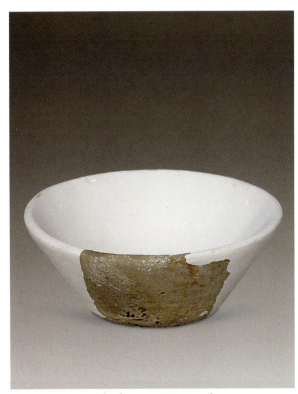

2. 碗（TLCJ1204：1）

3. 盆（TLCJ1204：2）

屯留常金遗址陶器

1. 双耳罐（TLEXT1209：9）

2. 七足瓮（XYTL1007：9）

3. 罐（XYDB1011：31）

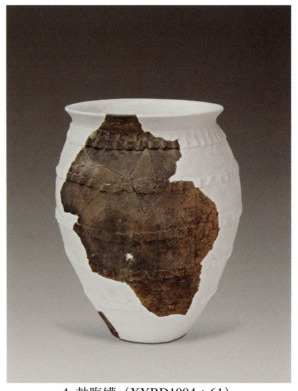

4. 鼓腹罐（XYBD1004：61）

屯留二仙头及襄垣土落、东背、北底遗址陶器